国家出版基金项目
NATIONAL PUBLICATION FOUNDATION

中国竹器

ZHONGGUO ZHUQI ZHUQI LISHI

竹器历史

第一卷

张小开　孙媛媛　李亮之　著

合肥工业大学出版社
HEFEI UNIVERSITY OF TECHNOLOGY PRESS

内容简介

本书为“中国竹器”丛书第一卷。本书是根据现有的文物、典籍、实物、绘画等资料与文献，从竹制器物的角度，按照史前竹器、商代竹器、周代竹器、秦汉竹器、魏晋南北朝竹器、隋唐五代竹器、宋代竹器、元代竹器、明代竹器、清代竹器及手工业时代之后的竹器的顺序，首次系统地回顾和总结了中国竹器的历史演变，特别是通过对早期出土的各类竹器文物的研究，以实物的形式展示了中国竹器的出现和发展过程。

图书在版编目（CIP）数据

中国竹器. 第一卷, 竹器历史 / 张小开, 孙媛媛, 李亮之著. —合肥 : 合肥工业大学出版社, 2019.4
ISBN 978-7-5650-4466-3

Ⅰ. ①中… Ⅱ. ①张… ②孙… ③李… Ⅲ. ①竹制品 – 历史 – 介绍 – 中国 Ⅳ. ①F768.5

中国版本图书馆CIP数据核字(2019)第066761号

中国竹器·竹器历史

项目负责人：钟小要
策　　划：汤礼广
责任编辑：汤礼广
责任校对：孙南洋　江　鼎
责任印制：郑　洁　樊珊珊
出　　版：合肥工业大学出版社
地　　址：合肥市屯溪路193号
邮　　编：230009
网　　址：www.hfutpress.com.cn
发　　行：全国新华书店
印　　刷：安徽联众印刷有限公司
开　　本：889mm × 1194mm　1/16
印　　张：21
字　　数：450千字
版　　次：2019年4月第1版
印　　次：2019年5月第1次印刷
标准书号：ISBN 978-7-5650-4466-3
定　　价：110.00元
市场营销部：0551-62903198

序　言

古往今来，每一个伟大民族都有自己博大精深的文化，每一个国家都把文化作为推动社会发展进步的重要力量之一。中华民族是一个勤劳和富有智慧的优秀民族，其所孕育出的灿烂文化，经历了五千年的文明发展，如今愈加光彩夺目。中华文化是中华民族伟大复兴取之不尽、用之不竭的力量源泉，是国家核心竞争力的重要因素。历史告诉我们，对我国传统文化资源的挖掘、整理、保护、继承和开发是繁荣我国文化的重要途径，是构建新时代国家新文化体系的重要保障，是推动我国建立高度文化自信的前提，更是新时代全体中国人肩负的重要历史使命。

在我国丰厚的文化遗产中，竹器及竹文化是我国传统文化的重要代表之一。英国著名科学史学家李约瑟（Joseph Needham）在其巨著《中国科学技术史》中指出，东亚文明为“竹子文明”，中国为“竹子文明”的国度。这体现了中国竹文化在世界文化史上的独特形象和重要影响。

国际竹藤组织（International Bamboo and Rattan Organisation，简称 INBAR）的文章《世界竹类资源概况》指出：全球的竹产业已发展成为一个与约 25 亿人的生产、生活密切相关且年产值近 50 亿美元的产业。全球竹子约有 150 属、1225 种。目前全世界竹林面积已达 2200 万公顷，占森林面积的 1% 左右。尽管全球森林面积急剧下降，但竹林面积却以每年 3% 的速度递增，年竹材产量 1500 万～2000 万吨。世界竹子分布区可分为亚太竹区、美洲竹区和非洲竹区三大竹区。其中，亚太竹区是世界竹子的分布中心，竹林面积占世界竹林面积的 45%，竹种资源占世界竹种资源总数的 80%。

竹产业是一个历史悠久和全球公认的绿色产业，拥有巨大的经济价值、生态价值和文化价值。在当今全球气候变暖、木材资源短缺的背景下，研究我国竹产业和竹文化对传承传统文化、减轻环境问题和资源短缺问题带来的压力以及解决竹产区的就业问题、消除贫困、振兴地域经济具有重要的学术价值和现实意义。

我国是世界上竹类资源最丰富的国家，现有竹类植物 500 多种，竹林面积达 720 万公顷。竹产业涉及建筑、建材、家居等多个领域，竹产品形成 100 多个系列，数千个品种；竹产业与花卉业、森林旅游业、森林食品业一起，成为中国林业发展中的四大朝阳产业。据不完全统计，中国竹产业产值 1981 年仅有 3.49 亿元，但到 2015 年竹产业产值就达 1923 亿元，每年以 20% 的速度增长。我国竹产业不仅成为我国经济新的增长点，而且带动了世界各地竹产区竹产业的发展。

我国是竹材利用历史最悠久、应用领域最广泛的国家。考古资料证明，我国先民在新石器时代初期就已开始用竹材制造竹器。目前我国发现较早的竹器实物有距今 6800 ～ 7800 年的湖南洪江高庙遗址出土的竹篾垫子，距今 6000 ～ 7000 年的浙江田螺山遗址出土的竹编器物以及距今 4700 ～ 5200 年的浙江钱山漾遗址出土的 200 余件各式竹筐、竹篓、竹簸箕，等等，显示了我国古代先民很早就掌握了竹器的制作和使用技术。商周时代的铜矿竹器和竹乐器、汉代马王堆墓的漆绘龙纹勺、魏晋南北朝时期典籍记载的竹器、唐代的竹椅与尺八、宋代斗茶专用的竹茶具、明代的嘉定竹刻、清代的江浙竹篮等，显示了我国竹器及其文化不断繁荣和发展的历史，并由此证明我国是名副其实的“竹子文明”的国度。

中国竹器在跨越七千年的历史发展过程中，不但产生了很多竹器类型和品种，而且形成了我国特有的竹文化内涵。例如，《诗经 · 卫风 · 淇奥》开创了“以竹比德”的先河；至魏晋时期，书法家王徽之对竹感叹“何可一日无此君”；唐代以李白为代表的“竹溪六逸”高风绝尘；宋代苏轼有“宁可食无肉，不可居无竹。无肉令人瘦，无竹令人俗”的诗句；明代有松竹梅“岁寒三友”和梅兰竹菊“四君子”；清代郑板桥喜欢画“胸中之竹”；等等。竹器在传承和发展过程中，竹文化的内涵不断升华，竹子成为中华民族追求崇高人格品质和民族气节的象征。这从文化和精神层面上再次证明了中国是“竹子文明”的国度。

这套“中国竹器”丛书分为《中国竹器 · 竹器历史》《中国竹器 · 竹器设计》《中国竹器 · 竹器品类》和《中国竹器 · 地域竹器》四卷，分别从中国竹器的历史发展、造物与设计规律、品种类别、地域分布与特点等不同维度全面归纳整理和分析阐述中国竹器的物质与非物质文化特征，较为系统地总结中国七千年竹器发展的历史，探讨传统竹器的造物思想与设计规律，阐述现代竹产业的设计思想、发展方向、转型途径与方式等。“中国竹器”丛书四卷相对独立，又互为整体。

“中国竹器”丛书的研究定位就是挖掘、归纳、整理中国竹器造物及竹文化的系统资源，努力探索和搭建中国竹器造物及竹文化的理论框架体系，传承、丰富和繁荣中华民族传统竹文化，同时为推动我国竹产业高质量和可持续发展提供有益的历史经验。

“中国竹器”丛书始于 2004 年张小开博士《多重设计范式下竹类产品系统的设计规律研究》的论文选题。“中国竹器”丛书作者之一的张小开博士在毕业后不但没有中断论文选题的研究，而且不断扩大选题研究范围和领域，确立更高、更系统的研究方向和目标。他不仅刻苦地检索和查阅历史文献，同时还历尽千辛万苦深入全国各地竹产区进行实地考察、调研与走访，几乎走遍了中国所有的竹产区以及部分非竹产区，获取了大量有关中国竹器现状的第一手珍贵资料，并遴选典型的竹器品类和不同地域竹器，初步构建了中国竹器的品类体系，并总结了中国竹器的地域分布特征。在研究的过程中，他与参与本书写作的作者精诚合作、全力以赴，还得到近百个单位和个人为课题研究提供的无私帮助。经过前后近十五年的努力，数十人的共同协作，终于迎来了“中国竹器”丛书的出版。

“中国竹器”丛书的出版虽填补了国内外关于中国竹器研究的空白，但由于我国竹文化源远流长，博大精深，本丛书的研究只是从竹器造物的角度窥其一斑，书中涉及的竹器种类和数量也只是我国竹器中的沧海一粟，因此本书仍存在诸多不足之处：关于各个历史时期的竹器还缺乏翔实的考古出土实物资料给予有力佐证；关于现代竹产业在后工业文明时代的创新发展思路研究，所提供的我国竹产业转型升级与创新实践的案例还不够丰富；对竹产业中高科技产品的开发以及竹资源在新的领域的利用、创新设计还有待进一步探究；等等。当然，对这些问题的研究不可能一蹴而就，还需要进一步做细致、深入的工作。

“中国竹器”丛书不是对我国竹器与竹文化研究的终点，而是新的起点，希望这套丛书的出版，能够起抛砖引玉的作用，吸引更多的专家、学者及社会其他人士共同参与到竹器与竹文化研究和中国传统文化的保护与传承、振兴与创新发展研究之中。尽管我国竹产业的经济规模位于世界前列，但我们必须清醒地认识到我们对竹资源的开发利用还没有完全摆脱传统模式的束缚，竹产业基本上属于劳动密集型产业，生产效率低，易污染，产品质量不易控制，容易受到“技术壁垒”影响，等等，因此我国竹产业的转型升级和高质量发展任重道远。为使我国成为世界竹产业和竹文化的强国，为弘扬民族传统文化，振奋民族精神，希望“中国竹器”丛书的作者不忘初心，牢记使命，继往开来，再创辉煌。

江南大学设计学院教授、博士生导师
日本千叶大学名誉博士
張福昌
張福昌印

2019 年 3 月 18 日

目　录

绪论

第 1 章
史前竹器
滥觞期

第 2 章
商代竹器
工具时代

第 3 章 周代竹器 第一繁荣期

第 4 章 秦汉竹器 繁荣发展期

第 5 章 魏晋南北朝竹器 过渡传承期

第 6 章 隋唐五代竹器 传承发展期

第 7 章 宋代竹器 第二繁荣期

第 8 章
元代竹器
传承
发展期

第 9 章
明代竹器
新发展期

第 10 章
清代竹器
传承
衰落期

第 11 章
手工业
时代
之后的
竹器

绪论

0.1 “竹子文明”的国度

英国著名科学技术史专家李约瑟（Joseph Needham）在《中国科学技术史》（*Science and Civilisation in China*，1954年剑桥大学出版社出版）中称：“东亚文明往往也被称为‘竹子文明’。有证据表明，商代人们已经知道竹子的多种用途，其中之一就是用作书简。书简有时也用木制。这些书简与保存至今的汉初书简大致相同。人们将写有文字的竹片或木片用两根绳子编缀在一起，因而有了‘册’这个字。我们从‘册’字的甲骨文字形可以知道，它本来是描绘一部书的形状。‘典’字也是这样，它现在作‘字典’解释，而当时却表示放在桌上即放在受尊重的位置上的一部书。”①这里的“东亚”指的就是中国，因为李约瑟在“竹子文明”这一论断后面紧接着说“商代人们已经知道竹子的多种用途”②。简、册、典都是最具代表性的记录文字和文明的器具，而这些器具均以竹器为主。实际上在李约瑟的这一段话中，有一句话是引用美国著名汉学家顾立雅（Herrlee G.Creel，1936）的论据，那就是“商代人们已经知道竹子的多种用途”，可见，李约瑟在此处说中国是“竹子文明”的国度并不仅仅是其个人观点，而是具有一定代表性。

类似这样的认识，早在1925年德裔美国汉学家劳佛尔（Berthold Laufer）在其专著《中国篮子》③（*Chinese Baskets*，1925年菲尔德自然史博物馆出版）中也提到过。劳佛尔对中国篮子（绝大部分是竹篮）进行了摄影记录，并将其传播到美国。劳佛尔在该书的前言中指出：“就笔者所知，尚未有人研究过中国的篮子，甚至连当代中国的著作及中国学者都未曾正视过中国篮子存在的价值。事实上，篮子自古以来就是中华文明的一部分。”

在中国，还有一种具有代表性的竹器就是筷子。在西方人的眼里，相对于他们熟悉的刀叉，中国人以筷子作为进食工具是不可思议的，这也恰恰加深了西方世界对“竹子文明”的认知。很有意思的是，“竹子文明”不是中国人自己喊出来的，而是英美学者喊出来的，这正印证了“不识庐山真面目，只缘身在此山中”这句诗的哲理性。中华文明，博大精深，身在其中的中国人看到自己的文化都是热闹灿烂的，若真要国人说出其中最具代表性的，反而不知道如何选择；而对于身在其外的外国人来说，则容易看到中国最具代表性的事物。

李约瑟的《中国科学技术史》影响巨大，英国著名历史学家汤因比（Arnold Toynbee，1889—1975）曾对这部著作做了如下评价：“李约瑟博士著作的实际影响，正如它的学术价值一

---

① 李约瑟．中国科学技术史［M］．北京：科学出版社，1990:86.
② 顾立雅．中国之诞生［M］．伦敦：Jonathan Cape Thirty Bedford Square，1936:24.
③ 劳佛尔．中国篮子［M］．叶胜男，郑晨，译．杭州：西泠印社出版社，2014.

样巨大，这是比外交承认更高层次的西方人的‘承认’行动。”由于这部著作具有持续、广泛的影响，于是，中国“竹子文明”的国度的美名也随之远扬世界各地。

0.2 跨越7000年的中国竹器及其文化

中国人使用竹器的历史可以追溯到史前时期。考古资料显示，在新石器时代早期，我国先民就已开始用竹子制造竹器。目前已知最早的竹器是距今7800～6800年的出土于湖南洪江高庙遗址的女性人体骨架下的竹篾垫子；早期竹器还有距今6000～7000年的出土于浙江田螺山遗址的竹编器物，距今4700～5200年的出土于浙江钱山漾遗址的200余件各式竹筐、竹篓、竹簸箕，等等，这显示出在新石器时期中国的竹器制作技术已经达到很高的水平。再后来还有商周时代的铜矿竹器和竹乐器、汉代的漆绘龙纹勺、魏晋南北朝典籍记载的竹器、唐代的竹椅与尺八、宋代斗茶用的专用竹茶具、明代的嘉定竹刻、清代的江浙竹篮等代表性竹器，显示出中国竹器及其文化的不断发展与进步，中国被称作“竹子文明”的国度名副其实。

在历史的长河里，中国竹器走过了约7000年的时光，其发展一直没有中断过。在竹器的发展过程中，中国不但制作出了洋洋大观的竹器器物，而且孕育出特有的竹文化。例如，从出土的周代各类竹制乐器中可以看出周代盛行“礼乐”之风。《诗经·卫风·淇奥》①还开创了以竹比喻君子的先河，它借竹赞美了西周卫国卫武公的美好才德，以竹喻人美德，这对后世人们的评价思想产生了重要的影响。至魏晋时期，竹的人格意义和“比德”概念被进一步固化和符号化，如“竹林七贤”“何可一日无此君”②等均体现了该时期文人士大夫对竹之品德的向往。到唐代，出现了以李白为代表的“竹溪六逸”；宋代苏轼大声说出“宁可食无肉，不可居无竹。无肉令人瘦，无竹令人俗”③；明代推崇“岁寒三友”④和“四君子”⑤；清代的郑板桥做到“胸中有竹”。不断发展和升华的竹文化，体现了中国人追求完美人格的品质。竹文化是在中华大地上生长起来的原创文化，竹子的形象已成为民族气节的象征。这从文化和精神层面上再次证明了中国是“竹子文明”的国度。

① 原文：“瞻彼淇奥，绿竹猗猗。有匪君子，如切如磋，如琢如磨。瑟兮僩兮，赫兮咺兮。有匪君子，终不可谖兮。瞻彼淇奥，绿竹青青。有匪君子，充耳琇莹，会弁如星。瑟兮僩兮，赫兮咺兮。有匪君子，终不可谖兮。瞻彼淇奥，绿竹如箦。有匪君子，如金如锡，如圭如璧。宽兮绰兮，猗重较兮。善戏谑兮，不为虐兮。”

② 《晋书·王徽之传》：“王徽之，字子猷，性卓荦不羁……子猷性爱竹，尝暂寄人空宅住，便令种竹。或问：‘暂住何烦尔？’王啸咏良久，直指竹曰：‘何可一日无此君？’”

③ 苏轼《於潜僧绿筠轩》：“宁可食无肉，不可使居无竹。无肉令人瘦，无竹令人俗。人瘦尚可肥，士俗不可医。旁人笑此言，似高还似痴。若对此君仍大嚼，世间哪有扬州鹤？”

④ 明代无名氏《渔樵闲话（第四折）》：“到深秋之后，百花皆谢，唯有松、竹、梅花，岁寒三友。”

⑤ 明代黄凤池辑有《梅竹兰菊四谱》，从此，梅、兰、竹、菊被称为“四君子”。世人常用“四君子”来比喻圣人高尚的品德。

0.3 中国传统竹器发展的四个阶段

中国竹器发展的历史绵延约 7000 年，根据中国竹器发展过程的特点，可将中国传统竹器的历史大致分为起源、发展与完善、成熟与饱和、衰退转型 4 个阶段（表 0-1）。其中，起源阶段历时最长，跨越了竹器发展历史的一半时间；发展与完善阶段历时也比较长，从中国进入有文字记载的历史开始一直到宋代中国竹器的成熟阶段到来之前，经历了约 2600 年；宋代成为中国竹器成熟的重要阶段，竹器的功能开发、加工工艺、竹器类型、精神内涵等均达到中国古代竹器的发展高峰；元明清时期是对宋代竹器的传承和发展时期，与宋代同属于传统竹器的成熟阶段，这一阶段历时约 1000 年；到了近现代，随着世界范围内工业革命的兴起，工业技术改变了人们的生产方式和生活方式，传统竹器的发展开始衰退，竹器被动转型，这一阶段历时最短，只有约 100 年，衰退转型最明显的是最近 40 年。目前竹器仍处于转型期。

表 0-1 中国传统竹器发展的四个阶段

<table>
<tr><th colspan="2">阶 段</th><th>时 期</th><th>时 长</th><th>阶 段</th><th>竹器特点</th></tr>
<tr><td colspan="2">起源阶段</td><td>滥觞期</td><td>3500～4000 年</td><td>—</td><td>功能单一，品种较少，竹材利用方式简单。</td></tr>
<tr><td rowspan="6">发展与完善阶段</td><td rowspan="3">第一发展阶段</td><td>工具时代</td><td rowspan="3">约 1400 年</td><td>商代（约 550 年）</td><td rowspan="3">功能逐步拓展，品种逐渐增加，文化内涵初现。</td></tr>
<tr><td>“工具 +”时代</td><td>西周（约 276 年）</td></tr>
<tr><td>第一繁荣期（“礼乐”时代）</td><td>东周（约 550 年）</td></tr>
<tr><td rowspan="3">第二发展阶段</td><td>繁荣发展期</td><td rowspan="3">约 1200 年</td><td>秦汉时期（约 400 年）</td><td rowspan="3">系统化和专门化发展，功能与类型优化整合，文化内涵进一步拓展。</td></tr>
<tr><td>过渡传承期</td><td>魏晋南北朝时期（约 360 年）</td></tr>
<tr><td>第一传承发展期</td><td>隋唐五代时期（约 380 年）</td></tr>
<tr><td colspan="2" rowspan="4">成熟与饱和阶段</td><td>第二繁荣期（“风雅”时代）</td><td rowspan="4">约 1000 年</td><td>宋代（约 320 年）</td><td rowspan="4">功能体系完整，品种形制固定，文化内涵丰富。</td></tr>
<tr><td>第二传承发展期</td><td>元代（约 100 年）</td></tr>
<tr><td>新发展期</td><td>明代（约 276 年）</td></tr>
<tr><td>传承衰落期</td><td>清代（约 267 年）</td></tr>
<tr><td colspan="2">衰退转型阶段</td><td>衰退转型期</td><td>约 100 年</td><td>近现代（约 100 年）</td><td>传统竹器衰落，由手工到工业化的被动转型。</td></tr>
</table>

1. 中国竹器的起源阶段（史前时期）

中国竹器的起源阶段，其最大的特点就是历时最长。在目前可查的考古资料中，数百万年甚至千万年前的竹化石[①]因其时间远远超过发现竹器实物的年代，因而不能作为竹器出现的依据。目前我国发现的最早的竹器是出土于新石器时代湖南洪江高庙遗址中的竹篾垫子，距今约 7800 ～ 6800 年。虽然竹器的起源阶段跨越了 3500 ～ 4000 年，但是出土的竹器实物却不多，留有竹器实物的遗址较少，出土竹器的遗址以浙江良渚文化区域居多。出土的史前时期的竹器如表 0-2 所示。

表 0-2　出土的史前时期的竹器

年　代	代　表　竹　器
距今 7800 ～ 6800 年	湖南洪江高庙遗址出土的竹篾垫子
距今约 6000 年	陕西半坡遗址出土的带竹席纹的陶片
距今 4700 ～ 5200 年	浙江钱山漾遗址出土的 200 余件竹器
距今 4000 ～ 5000 年	浙江尖山湾遗址出土的带有十字编、人字编的竹编器物
距今 3855 年左右	浙江毗山遗址出土全长 60 米的大型竹围堰

这一阶段出土的竹器以平面式的竹编为主。其中浙江钱山漾遗址出土的竹器显然具有较高的工艺水平，有竹簸箕、竹席、竹绳及残片等，据推测，遗址中残片可能是竹筐（箩）、竹篰、竹篮等竹器上的一部分。总体来说，这一时期的竹器功能较单一、品种不多，但竹编技法已有多种，如在钱山漾出土的大量竹器中就发现了十字编、人字编、三角编等编织形式。

浙江良渚文化时期（公元前 3200 年—公元前 1800 年）遗址出土的竹器最多，显示出在良渚文化期间，长江下游一带的人们已经掌握了较先进的竹器制作技术。

2. 中国竹器的发展与完善阶段（商周至五代时期）

（1）第一发展阶段：竹器功能拓展期（商周时期）

①商代（约 550 年）：竹器的工具时代

从目前出土的商代竹器来看，以铜矿遗址出土的生产竹器为主，主要有竹篓、竹筐、竹席、竹绳等。从现有的甲骨文来看，有关竹器的文字比较少，主要有“簋”“箙”“箕”“册”“典”“矢”等文字。因此，这一阶段竹器主要以实用工具的形式出现，与史前竹器相比较，竹器基本功能有了拓展。根据目前发现的该时期现有竹器品类，可以看出商代是竹器功能拓展的初始时期，而且其功能拓展的领域有限。

① 2013 年，中国科学院西双版纳热带植物园研究人员与合作者在云南镇沅哀牢山西坡河谷发现大量保存良好的竹子叶片化石和竹化石，化石标本来自距今 15.97 百万至 11.61 百万年前的中新统地层。

此阶段竹器的加工技术相对简单，出土的竹器粗糙，显然是耐用品，而不是精致器物，基本上就是对竹材的直接使用，如竹梯、竹签、竹竿等。

②西周（约 276 年）：竹器的“工具 +”时代

周代作为我国历史最长的朝代，前后有 800 多年的时间，出土的竹器相对丰富。周代分为东周和西周两个时期，不同阶段竹器特点相对不同。

从目前出土的竹器来看，西周时期的竹器仍延续商代竹器的特点，以实用工具为主，如湖北大冶铜绿山古铜矿遗址出土的大量采矿用生产竹器、河南信阳孙砦遗址出土的大量渔业用生产竹器等。西周阶段，与竹器相关的金文文字同商代的甲骨文相比，字形并没有太大的变化，竹器文字的数量也没有增加。

西周竹器虽然仍以实用的生活工具、生产工具和军事工具为主，但竹器的种类有了增加，竹器的功能有了拓展。因此，西周时期虽然仍是竹器的工具时代，但它应是升级版的“工具 +”时代。

③东周（约 550 年）：竹器的第一繁荣期（“礼乐”[①]时代）

东周竹器与西周和商代竹器出土时的地点有一些不同，东周竹器绝大部分是从墓穴中出土的，而西周和商代竹器主要是从铜矿、渔场等生产遗址中出土的。同样，史前时期出土的竹器也均是从生活或生产遗址中发现的，如钱山漾遗址、毗山遗址、尖山湾遗址中的竹器等。

若论厚葬之风，在商代甚至更早的时期就已经开始，如商代妇好墓出土了 1928 件精美的随葬品，其中青铜器 468 件、玉器 755 件、骨器 564 件，并出土海贝 6800 枚。妇好墓出土的陪葬品虽然数量很多，但并没有发现竹器陪葬品。可见此段时期竹器一直作为实用工具存在，它还没有成为生活中的贵重物品或祭祀用品（礼器[②]）。直到东周时期，这一情况才得以改变。

例如湖北江陵九店东周墓出土的竹笄、方竹笥、圆竹盒（笥）、竹扇、竹枕等竹器，制作精良、设计独特，明显不是一般的生活用具，特别是方竹笥和圆竹盒（笥）上的竹编图案，达到了东周时期竹编技艺的最高水平，此类竹器显示出墓主人生前不一般的地位。由此看出，东周的竹器已经升级到“礼器”的等级，是用来表明墓主人身份的。同样的例子还可以从湖北荆门包山战国楚墓出土的“凤鸟双联杯”“竹熏罩”及江西靖安李洲坳春秋墓出土的“天下第一扇”中得到印证。

东周竹器的第一个显著特点，就是竹器有了精神“内涵”，即超出了实用工具的范畴。竹器在东周时期能够和青铜、玉石、金银、陶器等器物一起成为随葬的明器，显示了竹器在东周时期逐渐有了工具之外的含义。例如，《诗经·卫风·淇奥》“以竹比德”，歌颂卫国的第十一任国君卫武公（约公元前 852 年—公元前 758 年）。按照卫武公生活的年代推算，至少在东周初年，社会上就已经有“以竹比德”的意识。可见，竹器在东周时期已被赋予实用工具之上的精神内涵。

---

① “礼”“乐”文化始自夏商时期，到周朝初期，周公“制礼作乐”，形成了独有的文化体系，后经孔子和孟子承前启后，聚合前人的文化精髓，创建了以“礼”“乐”“仁”“义”为核心的儒学文化系统。

② 礼器是古代我国贵族在举行祭祀、宴飨、征伐及丧葬等礼仪活动时使用的器物，通常用来表明使用者的身份、等级与拥有的权力等。

东周竹器的第二个显著特点，就是出土的东周竹器中有一批精致的竹制乐器。例如，湖北随州曾侯乙墓（公元前 433 年）中出土了装饰精美的竹制乐器“篪”“排箫”“笙”，湖北望沙山塚楚墓出土了竹“相”。作为与周代“礼乐”文化相联系的器物，乐器一直是出土的周代文物中的重要品类。竹制乐器的出土，不仅表明在东周时代，竹制乐器已经有较高的制作水平，而且说明竹制乐器的历史可能早于东周时期，因为竹制乐器应该是经过了一段时间的发展后，才得到了王公贵族重视的。中国古代常用“丝竹”① 指代音乐，其中“竹”主要指竹制管乐器，竹制乐器在中国乐器史上具有重要的地位。东周墓出土的各式精美竹制乐器展示了该时期“礼乐”文化的特色。

东周竹器的第三个特点是首次在竹器上进行装饰。在目前出土的史前竹器、商代竹器、西周竹器中还没有发现竹器使用装饰及图案的先例。到了东周，无论是江陵九店东周墓、马山楚墓等出土的竹编纹样，还是随州曾侯乙墓、荆门包山楚墓、望沙山塚楚墓等出土的带有漆绘装饰的竹器，都表明东周竹器已使用装饰，且并非个案，而是大量使用装饰。这显示出该时期人们对竹器的审美水平有了进一步提高，该时期竹器装饰手法主要有竹编的图案装饰、上漆装饰等。

另外，东周竹器的功能开拓达到了这一时期的最高水平，人们对竹器的材料特性也有深刻的认识。新功能被开发的最典型代表就是都江堰水利工程（约公元前 256 年—公元前 251 年）中使用的防洪竹笼。李冰父子使用大型竹编的长笼，内置石块，用于防洪和护坝。这显示出东周时期竹器的功能有了新的发展。

东周时期，中国竹器得到了一次较为全面的发展，其中有对原有竹器功能用途的拓展（包括竹器品种大量增加），也有对赋予竹器寓意和内涵的开启。东周时期，竹器迎来了其发展史上的第一次繁荣。第一繁荣期的标志性特征就是竹器功能得到进一步拓展、竹器品种较为丰富、竹文化内涵初现。

（2）第二发展阶段：竹器系统化与专门化发展阶段（秦汉至五代）

①秦汉时期（约 400 年）：竹器的繁荣发展期（竹器最早的系统化与专门化）

秦汉时期竹器继承了春秋战国时期竹器的主要特点，并在第一繁荣期的基础上有所发展，特别是在竹器的系统化、专门化方面还有所突破。

首先，秦汉时期竹器继承了东周竹器的特点，表现在对“礼乐”竹器发展的延续上。例如在马王堆汉墓出土的竹器中，竹器的装饰手法和战国时期有很强的关联性，竹器的品种既有实用器具，也有装饰精美的“礼器”，同时也有竹笛、竹律、竹笙等乐器。这些竹器在装饰手法上也沿用了春秋战国时期红色、黑色搭配的手法，装饰图案及纹样也有一定的延续性。

秦汉时期竹器在继承基础上的发展还表现在对竹器功能、制作技艺的拓展上。例如，马王堆汉墓出土的一套具有完整音律的“竹律”，显示出秦汉时期的竹制乐器已有了更高的制作水平；

① 《礼记·乐记》：“德者，性之端也；乐者，德之华也；金、石、丝、竹，乐之器也。”

马王堆汉墓出土的“漆绘龙纹勺”使用了竹刻、竹雕等多种雕刻手法，并且还使用了简易的榫卯结构等，这显示出该时期竹器制作技术又有进一步发展；长柄和短柄竹扇的出现，说明该时期同一种功能的竹器在类型上有所丰富。

其次，秦汉时期首次出现系统记载竹器的文字。例如汉代许慎《说文解字》共记载了151个“竹”部文字，其中明确表示竹器的文字有115个，这从侧面表明秦汉时期竹器的发展已经具有系统性。《说文解字》记载的竹器文字显示，秦汉时期竹器已经涉及生活、生产、军事、文化、娱乐、居住、服饰等诸多方面。

再次，秦汉时期竹器还向专门化的方向发展。例如马王堆汉墓出土的一套“竹律”就是竹乐器专门化发展的重要表现。另外，《说文解字》中记载的各类竹制乐器达18种之多，与饮食有关的各类竹器，如“籔”“箱”“筥”“籅”“箅”“笥”“箄”等有10余种，说明了一段时期内竹器围绕人们日常的衣食住行活动向深入细化的方向发展，呈现了专门化的特征。

最后，秦汉时期竹器还具有使用地域广的特点。出土秦汉时期竹器的遗址遍及湖南、湖北、广东、广西、江苏、山东、江西、四川、陕西等地，传统的竹产区如浙江、福建等地也应该是竹器的使用地。于阗（今新疆和田）、居延（今内蒙古额济纳旗、甘肃西北部一带）、乐浪郡（今朝鲜境内）等地都有秦汉时期的竹器出土。但根据竹子的生长特点，汉代的于阗、居延等地并不是竹产区，这一带出现的竹器可能是从其他竹产区带过去的。因此，相比商周时期，秦汉时期竹器的使用地域更广。

②魏晋南北朝时期（约360年）：竹器的过渡传承期（典籍记载竹器种类的高峰）

魏晋南北朝时期是竹器发展的一个模糊阶段。目前的考古研究显示，魏晋南北朝时期的竹器实物很少，相关壁画、绘画中记载的竹器也十分有限。因此限于相关实物或图像资料的匮乏，研究人员无法深入了解该时期竹器的发展情况。但根据南朝梁《玉篇》记载，该时期共有“竹”部文字508个，其中表示竹器的文字有267个，同汉代相比显示出该时期的竹器有了发展。限于竹器实物及图像资料的不充分，我们只能推断魏晋南北朝时期是典籍记载中国竹器发展的高峰时期。通过比对《说文解字》和《玉篇》《广韵》中的“竹”部文字，可以看出该时期竹器发展基本上处于传承阶段，在功能或文化内涵上没有较大的突破，因此，它是一个较平缓的过渡阶段。

③隋唐五代时期（约380年）：竹器的第一传承发展期（竹家具的出现）

隋唐五代时期是中国竹器史上紧跟着第一繁荣期之后的一个传承发展期，对传统的竹器有所传承，对传统竹器的功能（用途）也有所拓展，同时还开发出新的竹器种类，其中最具有影响意义的就是竹家具。另外，还出现了笊篱、竹夹膝（竹夫人）等竹器。新的竹乐器如尺八与筚篥等也出现了，团扇获得进一步的发展。生产竹器进一步系统化，而且新的生产竹器不断出现。

同魏晋南北朝及其之前的竹器相比，唐代竹器有了一定的发展。唐朝前期，国力强盛，经济繁荣，催生出一些新的生活方式。其实，在隋唐之前，人们的生活方式就已经发生改变，如魏晋时期人们逐渐开始改席地而坐为垂足而坐。新的生活方式和习惯催生了新的家具形式。到了唐代，家具有了很大的变化，更接近现代家具形式。在这一过程中，使用竹材制作的具有“现代”意义的家具也开始出现了，例如唐代画家卢楞伽的《六尊者像》中就留下了我国最早的纯粹竹制椅子的记录。

唐代的“尚乐”之风在竹器中也有所体现。与前代不同的是，唐代的竹乐器品种有了新的发展。无论是《宫乐图》、吴道子《八十七神仙图》等唐代绘画作品，还是唐代墓室壁画、敦煌壁画等，都显示出唐代对乐器的重视。竹制乐器作为丝竹乐的核心乐器也出现了固定的组合形式，如竽、箫、排箫、笛、箜篌、筚篥等组合。

五代时期的绘画作品还留有该时期的竹制渔具图像，这是我国目前发现的最早的渔具图像资料。而且该时期的渔具较前代有了很大的发展，如董源的《夏景山口待渡图》和赵干《江行初雪图》中的捕鱼船、大型捕鱼工具“罾”以及渔篓等。从一般意义来说，这些画作中清晰可见的渔篓形式与现代乡村使用的竹制渔篓基本相同。

五代卫贤《闸口盘车图》则描绘了五代时期长江以南地区使用系统竹制生产工具进行劳作的场景，显示出竹制生产器具在该时期进一步系统化。该图还描绘了部分新的生产类竹器，如竹砻、筛谷簖以及运输粮食用的竹篷船和竹篷车等。

3. 中国竹器的成熟与饱和阶段（宋元明清时期）

(1) 宋代（约320年）：竹器的第二繁荣期（竹器的“风雅”时代）

宋代竹器，不论是一般的生活或生产竹器，还是具有宋代文化特色和竹文化内涵的竹茶具、竹家具、竹帘以及宋代《广韵》中记载的竹器等，都达到了传统农业时代竹器发展的高峰。因此，宋代是中国传统竹器发展的第二繁荣期。

竹器在宋代进入了一个新的发展层次，这是宋代竹器发展的第一个特征。由于宋代经济和文化的繁荣，竹文化不仅受到文人与士大夫的青睐，在普通百姓中也得到了普及。例如，宋代的“斗茗”（即斗茶）之风，在上到贵族阶层、下至黎民百姓中都较为盛行。在老百姓斗茗的茶具中，竹茶具占有重要的地位，如出现各种精致的竹篮、竹架、竹茶筅、竹篼等，其中竹篮有装茶具的、装炭条的，造型各异。另外，无论是做工十分讲究的宋代竹席，还是宋代人热衷使用的便面（扇子），以及采用湘妃竹制作的篱笆、椅子和笔筒，还有文人士大夫使用的竹帘、竹杖等，都和竹文化息息相关。宋代竹器的发展迈向更高的文化层次。

宋代竹器发展的第二个特征是竹器体系完善。宋代竹器的完善体系主要体现在竹器的使用已深入到生活、生产、文化、音乐等方方面面。例如，张择端在《清明上河图》中系统地展示了宋代日常生活中使用的近20种不同类型的数百件竹器；李嵩《货郎图》则集中显示了包括竹制货架在内的10余种不同的日常生活用竹器；楼璹《耕织图》展示了宋代农业生产和蚕丝业中使用的各类竹器；《雪渔图》描绘了宋代捕鱼用的各类竹器；《斗茶图》《茗园赌市图》《斗浆图》等展示了宋代各类竹茶具及斗茗辅助器具；刘松年《十八学士图》、李公麟《商九老图卷》、张胜温《画梵像》等绘画作品均从不同方面展现了宋代竹家具的面貌。此外，《广韵》中共记载了表示竹器的文字227个，涉及生活、生产、军事、文化、音乐等诸多领域。

宋代竹器发展的第三个特征是竹器的使用进一步专门化，竹器的功能和形制进一步明确。在继承前人对竹器功能开发的基础上，宋代对竹器功能做了进一步完善，竹器的规格和形制也进一步固定。宋代《广韵》一书比南朝梁《玉篇》的出现晚了近500年，但《广韵》中记载的竹器文字反而比《玉篇》少了40个，如果深入分析就会发现，实际上《广韵》中还有28个代表竹器的文字是《玉篇》中没有的。这就表明了竹器在这一阶段出现了“优化整合”，即对相似功能、不同称谓的竹器逐渐合并称谓，于是合并后新出现的竹器便有了新的称谓。“优化整合”后的竹器在功能上更加明确、成熟。专门用于耕种、蚕织、渔业、饮茶、制帘等领域的竹器相继出现，这在《耕织图》《雪渔图》《斗茶图》等宋代绘画作品以及宋代竹帘等实物中体现得特别明显。

(2) 元代（约100年）：竹器的第二传承发展期（竹器的大型化发展）

元代竹器的发展进入一个新的传承发展期。虽然这个时期只有约100年的时间，但元代竹器在继承的基础上又有一定的进步，特别是《王祯农书》较为系统地整理和记载了元代农耕器具的使用情况，展现了元代农用竹器的整体面貌。

元代竹器的第一个特征就是完整地传承了前代竹器样式和特点。元代不仅传承了宋代的农耕类竹器、蚕织类竹器，而且传承了宋代的渔业竹器、乐器类竹器等，这从元代的《耕作图》《蚕织图》《雪山图轴》《东山丝竹图轴》等绘画中可以看出，因为画中的各类竹器基本上沿用和继承了宋代《耕织图》《雪渔图》等绘画作品中的竹器表现样式。如果没有《王祯农书》对元代农用竹器进行系统的整理和记载，那么可以认为元代的《耕作图》和《蚕织图》等作品基本上就是对宋代相关题材绘画作品的临摹，只不过是对个别器具样式做了微调。

元代竹器的第二个特征就是宋代竹器“风雅”内涵的衰落。元代竹器虽有对宋代竹器及其文化内涵的继承，如陈鉴如在《竹林大士出山图》中将各类竹器与文人雅士联系起来，王振鹏《神仙图》等作品也有对各种竹杖与文人及宗教人物关系的描绘，还有各种竹帘的使用等，但是元代竹器总体上已没有在宋代竹器中盛行的那种“风雅”之风。元代竹器中竹文化的精神内涵仍在，但是与宋代竹器的表现不可同日而语，相关竹器的创新也很少，这同元代历史变迁与社会转型的大背景有一定关系。

元代竹器的第三个特征就是向大型化发展。元代竹器特别是生产类竹器有了大型化发展的趋势，如《王祯农书》中记载用于晾晒粮食的“笐”“乔扦”等竹器，高度达数米或数丈；用于脱粒的“惯稻簟”尺寸也不小，丈许见方；用于收麦子的“麦笼”和“麦绰”是“广可六尺”的大型竹器；“高转筒车”更是“高以十丈为准”的竹木器。王振鹏在《大明宫图卷》中还绘制了元代用竹席制作的大型船帆。这一类竹器的出现，充分说明了元代竹器的发展呈现大型化，目的是以适应当时生产发展的需要。

(3) 明代（约276年）：竹器的新发展期（科学技术思维的融入）

明代竹器在继承前代竹器发展的基础上，有了新的发展特征，这一新特征就是早期科学技术思维融入竹器。所谓新发展期，实质上首先是一个传承发展期，由于在明代，早期科学技术思维融入到了竹器制作中，使得这一时期竹器的发展有了新的内涵，因而被称为“新发展期”。

明代竹器的第一个特征是对宋元时期定型竹器的继承。例如，明代以宋代《耕织图》为蓝本所绘制的《便民图纂》中的《农务之图》《女红之图》，其中描述的相关农耕和蚕织竹器与宋元时期成熟的农耕和蚕织竹器基本相似，并没有太大的改变。周臣《渔乐图》中描绘的竹渔具也与宋元时期的竹渔具有相似性。这也证明了自宋代以来，相关农耕、蚕织和渔具等竹器功能和形制已进入成熟期。

明代竹器的第二个特征是科学技术思维融入竹器发展。例如《天工开物》记载的竹器，除了传承传统竹器的特点外，还增加了一定的技术含量，即一些传统竹器已被“技术化”，如弧矢、桔槔、木竹、船篷等。《天工开物》详细地记载了这些竹器的技术标准，如功能模式、制作技术、规格参数、性能指标等。特别是用于制作井盐时取卤水的“竹木”，经过技术上的革新，其长度可以不断增加，最长可达到数十丈，以汲取地下更深处的卤水，在技术手段上突破了原有竹器的使用局限。科学技术理念与技术手段的融入，对明代竹器的发展产生了重大的影响，也推动明代竹器的进一步发展。

明代竹器的第三个特征是竹雕成为单独的艺术形式。竹雕和竹刻虽然早在汉代就已经出现，但其成为独立的艺术形式并获得全面发展则是在明代。明代的竹雕、竹刻技术获得了长足的发展，如著名的嘉定“三朱”竹刻、南京濮仲谦雕刻等都是明代竹雕的代表。

(4) 清代（约267年）：竹器的传承衰落期（竹器的饱和与追逐工艺时代）

清代竹器是中国传统竹器发展的一个饱和期，竹器的发展陷入一个艰难的传承衰落期，常用竹器的形制趋于成熟和规范，竹器发展缺乏推陈出新的动力。例如，清代焦秉贞的《御制耕织图》是以宋元时期的《耕织图》为蓝本创作的，绘制的相关竹制农耕和蚕织器具也基本沿用了宋元时期竹器的形制，几乎是对传统耕织竹器的全部继承。另外，清代热衷将一些普通竹器变为精致的竹器工艺品。过于精致和过度装饰，使得清代竹器最终成为显示“奇技淫巧”的物品。清代传统竹器的发展由于无法走出成熟竹器体系的桎梏，因此最后逐渐走向衰落。

清代竹器的第一个特征是竹器向精致化方向发展。不论是竹花篮、竹食篮，还是竹考篮、竹点心篮等，清代竹篮所使用的竹篾更加细密、编织手法更加多样、造型更加丰富和讲究，以至于德裔美国汉学家劳佛尔为此专门写了一本《中国篮子》的著作以介绍清代精美的竹篮。此书在美国出版后曾风靡一时。其实不只是对竹篮，清代对各式竹盒、竹盘、竹碗、竹雕等竹器的精致追求均已到了无以复加的地步。清代竹器的加工工艺还出现了竹黄工艺、竹丝工艺、竹胎编工艺等精致繁复的工艺形式。

清代竹器的第二个特征是竹器的装饰性发展。由于清代竹器注重精致，所以竹器在发展过程中越来越注重装饰性，竹器的实用功能却被逐渐忽视，部分竹器出现了装饰性大于实用性的现象，如使用竹雕、竹胎编、贴黄工艺等纯装饰性工艺制作的竹器越来越多。竹器由功能性转向装饰性发展，竹文化也仅作为符号保存在相关的竹器上。

4. 中国竹器的衰退转型阶段（近现代）

传统竹器经过数千年的发展，终于由成熟与饱和阶段走向衰退期，这是自然规律。自宋代以来，常见的用于耕种、蚕织、渔业、音乐、军事等生活和生产类竹器形制趋于成熟。进入近代后，受西方工业革命的影响，人们的生活和生产方式也随之发生了重大的变化，工业机器生产逐渐成为社会生产的基本方式，我国手工生产的传统竹器产品市场不断被挤压，竹器使用领域越来越窄，并且越来越无法融入人们的生活和生产中。到了现代，随着生产方式的变革，中国社会由传统的农业社会转型为工业社会，现代城市的出现更是改变了人们使用器物的传统习惯，传统竹器逐渐从城市中淡出，仅在乡村等从事农业生产的区域使用。随着我国城市化的快速发展，越来越多的人进入城市生活，传统竹器的使用人群和领域被进一步压缩。传统的农耕竹器被现代农业生产用具替代，传统的竹篮、竹筐等被现代塑料制品代替，传统的纺织设备也被现代纺织机器取代……传统竹器不但在使用空间、使用地域方面受到挤压，在使用功能领域也被迅速挤压，传统竹器需求量急剧下滑。

目前，传统竹器需要进行工业化转型。竹材在我国有广大的生长地域和很大的产量优势，随着传统竹器使用量的减少、使用领域变窄，竹材利用量也大量减少。虽然竹材大量剩余，但人们对适应现代生活需要的竹器需求却在增加。传统竹器若要在现代生活中获得发展的空间，转型是必然的。传统竹器的转型不是放弃传统竹器，而是借助传统竹器品牌以及竹文化内涵，根据现代人的生活需要，创造出更好和更适合工业化生产的新竹器。

第1章 史前竹器

——滥觞期

中国人使用竹材的历史最早可以追溯到遥远的史前时期。下面通过新石器时代的出土文物，来简单了解一下我国各地的先民对竹材的利用情况。

（1）湖南洪江高庙遗址（距今 7800 ～ 6800 年）出土的竹篾垫子 1 个。①②

（2）浙江余姚田螺山遗址（距今 7000 ～ 5500 年）出土的芦苇编织物、竹竿等竹器。③

（3）湖北洞庭湖新石器时代遗址（距今 6500 ～ 5600 年）出土的竹制建筑材料。

（4）江苏常州戚墅堰圩墩新石器时代遗址（距今 6200 ～ 5900 年）出土的竹矛。

（5）湖南常德澧县城头山古文化遗址（距今 6400 ～ 5300 年）出土的竹编织物。

（6）陕西西安半坡村仰韶文化遗址（距今约 6000 年）出土的竹席纹陶片。

（7）江苏吴县新石器时代晚期的草鞋山遗址（距今约 6000 年）发现的竹制建筑材料。

（8）江苏张家港东山村新石器时代遗址（距今约 5800 年）出土的竹制建筑材料。

（9）浙江吴兴新石器时代钱山漾遗址（距今 5200 ～ 4700 年）出土的 200 余件竹器。④

（10）浙江诸暨尖山湾遗址（距今 5000 ～ 4000 年）出土的竹编、竹篮等竹器。

（11）四川广汉三星堆文化遗址晚期（距今 4000 ～ 3100 年）出土的竹片、竹杖。

（12）广东高要县茅岗新石器时代遗址（距今 4000 ～ 3500 年）出土的竹编残片等。

（13）浙江湖州毗山遗址（距今3855年左右）出土的新石器时代的竹篱笆。

史前时期是中国竹器从无到有的漫长发展阶段，是中国竹器的滥觞期。竹器滥觞期虽然历史跨度长，但这一阶段恰恰为我国后来 2000 多年竹器的发展和繁荣奠定了基础。

从地域上看，滥觞期的竹器主要出现在长江沿岸及以南地区，最主要的是分布在以浙江及其周边为中心地区，其他地区是零星分布。

从目前发现的竹器实物来看，最早的竹器实物是距今 7800 ～ 6800 年的湖南洪江高庙遗址出土的竹篾垫子，虽然该竹篾垫子的编织形式极其简单，但表明我国在 7000 多年前已经开始使用竹器。此后各个不同的史前文化遗址中都有不同的竹器或相关文物出土。

史前时期我国出土的竹器主要有四类：

（1）直接利用竹材的竹器。有竹竿、竹片、竹杖等，如毗山遗址中出土的大型竹片篱笆护栏。

（2）竹编类竹器。主要是以钱山漾遗址出土的竹簸箕、竹篓（筐）、竹席等竹器为主，还有其他遗址零星出土的其他竹编类残件。另外，带有竹席纹的陶片等也间接证明了竹席的使用。

（3）建筑用竹材。在新石器时代的遗址中还发现了部分用作建筑构件的竹材。

（4）竹绳。钱山漾遗址还发现了长达 16.3 米的竹绳，显示出新石器时代人们已经掌握了竹纤维的用法。

---

① 湖南省文物考古研究所．湖南洪江市高庙新石器时代遗址［J］．考古，2006（7）：9-15.
② 张应军．武陵竹编文化研究［M］．成都：西南交通大学出版社，2015.
③ 浙江省文物考古研究所，余姚市文物保护管理所，河姆渡遗址博物馆．浙江余姚田螺山新石器时代遗址 2004 年发掘简报［J］．文物，2007（11）：4-24，73.
④ 浙江省文物管理委员会．吴兴钱山漾遗址第一、二次挖掘报告［J］．考古学报，1960（2）：73-91.

由于距今时间太长，所以新石器时代的竹器多数都已经完全碳化，融入土层，即使竹器刚被发掘出来时还是青色或黄色的，但一旦接触空气则很快就会碳化变黑（图 1-1）。对新石器时代出土的竹器进行保存是一个十分困难的技术问题。由于出土的竹器一般都以碳化的形式同泥土层融为一体，因此极难保存。目前出土留存的新时器时代的竹器实物极少，大部分仅以出土时或处理后的照片或图片形式存在（图 1-2）。

图 1-1　浙江尖山湾遗址刚出土的竹器

图 1-2　经过处理后的新石器时代竹器实物
（现藏于浙江省博物馆）

1.1　浙江余姚田螺山遗址中的竹器

田螺山遗址位于浙江省余姚市三七市镇相岙村的田螺山周围，是一处重要的河姆渡文化遗址，遗址距今 7000 ～ 5500 年，出土文物中包括大量的植物遗存、动物遗骸及纺织工具等。该遗址是迄今为止发现的河姆渡文化中地面环境保存最好、地下文物遗存相对完整的一处史前村落遗址。

在该遗址中挖掘出土了编织物及竹竿等器物（图 1-3、图 1-4、图 1-5、图 1-6）。其中出土的编织物距今 7000 ～ 6000 年，采用多经多纬十字编的编织手法。经考古专家鉴定，出土的编织物为芦苇编织物①，这显示出在 6000 多年前，河姆渡人已经掌握了较复杂的十字编和人字编技巧。虽然发掘的是芦苇编织物，但由于田螺山遗址后期也有竹竿出土，因此可推测生活在该遗址上的人们可能也掌握了同样的竹编技巧。

① 浙江省文物考古研究所，余姚市文物保护管理所，河姆渡遗址博物馆．浙江余姚田螺山新石器时代遗址 2004 年发掘简报 [J]. 文物，2007（11）：4-24,73.

图 1-3　田螺山出土的编织物（一）
（距今 7000 ～ 6000 年）

图 1-4　田螺山出土的编织物（二）
（距今 7000 ～ 6000 年）

图 1-5　田螺山出土的竹竿（一）（距今约 5000 年）

图 1-6　田螺山出土的竹竿（二）（距今约 5000 年）

1.2　浙江吴兴钱山漾遗址中的竹器

钱山漾遗址是新石器时代晚期的古村落遗址，位于浙江省湖州市以南约 7 千米的常路乡钱山漾东南岸。1956 年和 1958 年浙江省文物管理委员会分两次对该遗址进行了挖掘考察。

出土的竹器情况如下：

（1）在甲区第四层，出土各式竹编器、小竹头、大竹席等竹器。竹器大都是在这一层或其旁边区域被发现的。①

（2）乙区第四层，与甲区第四层类似，出土的竹编器比较完整，许多器型尚可识别；另外，出土竹绳一根。②

（3）在丙区第三层，竹编器只有一小块，已腐朽。③

钱山漾遗址出土的竹器有以下几个特点：

① 浙江省文物管理委员会．吴兴钱山漾遗址第一、第二次发掘报告［J］．考古学报，1960（2）：74.
② 浙江省文物管理委员会．吴兴钱山漾遗址第一、第二次发掘报告［J］．考古学报，1960（2）：75.
③ 浙江省文物管理委员会．吴兴钱山漾遗址第一、第二次发掘报告［J］．考古学报，1960（2）：76.

（1）数量多。出土新石器时代的竹器是最多的，正因为钱山漾遗址出土竹器数量众多，所以它改写了新石器时期我国竹器的考古格局。

（2）编织手法丰富。其中出现了我国最早的十字编、人字编、梅花眼、菱形眼等编织手法，显示了新石器时代我国先民高超的竹织编技巧。

（3）器型可辨，种类较多。这在出土的新石器时代文物中很少见到的。该遗址出土的部分竹器是可以直接分辨出器型的，如簸箕、席类竹器、篓形器、竹绳等，箩、箈、篮等竹器。竹器器型和种类在同时期出土的竹器中也是最丰富的。

对于出土的竹器，浙江省文物管理委员会的考古发掘报告描述如下：出土竹编物共200多件，但由于它们埋在潜水面以下的黏湿泥土中，清理异常困难，能够取出的只占总数的四分之一。刚出土时多数色泽尚新，但一接触空气，就很快变为黑色。从已出土的竹编物来看，多是用刮光的篾条编制，偶尔也有直接用没有加工过的竹片编制的。所用的竹子，是一种直径不过2.5厘米的小竹，它与现在杭州一带的刚竹相似，竹编物多数已经残缺，其中能够确定其用途的有捕鱼用的“倒梢”，有坐卧或建筑上用的竹席，有农业（包括养蚕）和日常生活中用的扇、篮、箅、刀箈、簸箕等。编织手法丰富多样，有的器物接近口沿的部分用较细密的纹丝，下半部则用扁篾，这与目前的“杭州竹篮”是一致的。特别是像“梅花眼”“辫子口”等这些较为复杂的编织样式，没有相当的技术水平是不能运用自如的。①

1. 人字形竹编纹陶片

在钱山漾遗址出土的大量陶片中，有一部分陶片的纹样很特别（图1-7），带有“人字纹”，而且人字纹的大小、尺寸和疏密均有变化，这既体现了纹样的丰富性，也显示出当时人们的编织工艺水平已经很高超了。浙江省文物管理委员会在发掘报告中指出，这一类纹样应该是竹编纹样，同时更进一步地说明：“在许多方面证明，几何形印纹陶的装饰是起始于竹编织纹的。”②

1　2　3　4

图1-7　人字形竹编纹陶片拓片

① 浙江省文物管理委员会．吴兴钱山漾遗址第一、第二次发掘报告[J]．考古学报，1960（2）：85.
② 浙江省文物管理委员会．吴兴钱山漾遗址第一、第二次发掘报告[J]．考古学报，1960（2）：81.

2. 籤箕类竹器

浙江省文物管理委员会在考古发掘报告中将籤箕类竹器归类为“一经一纬”人字纹竹编器具(图1-8)。“篾条均匀细薄，编织紧密，四周加圆形或椭圆形硬框，形状与现在农村中所用的‘圆籤’和‘籤箕’极为相似，用途很广，可以做扬器、晒器，也可以养蚕。”[①]从考古报告中的图片来看，钱山漾遗址出土的竹器与现代竹编籤箕在形制上有很高的相似性，只因埋在地下的时间太长，有所变形。

图 1-8　竹籤箕残件

3. 竹席类竹器

考古发掘报告中还描述了一类竹器，数量较多，编织很紧密，器型较大，使用了较粗糙的竹篾片，甚至部分竹篾条连竹节都未处理，编织纹样为“二经二纬”人字纹（图 1-9）。浙江省文物管理委员会考古发掘报告认为这一类竹器主要是用于“篷盖、门扉和晒谷物或供坐卧之用”[②]。显然，这是竹席类竹器，是采用较粗的竹篾编织而成。

图 1-9　竹席类竹器残片

4. 梅花眼竹篓

目前出土的梅花眼竹篓只有一件（图 1-10），其造型、编织技法均和出土的其他竹器不一样，因此考古人员猜测此竹器为装刀的“箹”。由于考古发掘报告中未说明这片竹器残片的尺寸，因此无法做进一步的研究。但从考古发掘报告的描述

① 浙江省文物管理委员会．吴兴钱山漾遗址第一、第二次发掘报告 [J]．考古学报，1960（2）:86.
② 浙江省文物管理委员会．吴兴钱山漾遗址第一、第二次发掘报告 [J]．考古学报，1960（2）:86.
③ 浙江省文物管理委员会．吴兴钱山漾遗址第一、第二次发掘报告 [J]．考古学报，1960（2）:86.

来看，这件竹篓的尺寸不大，应该是一种中小型的竹器。梅花眼竹篓与现今浙江慈溪一带的竹编“罱篰”（图1-11）在编织技法、造型上均有较高的相似性，但由于出土的竹器残缺不全，因此无法对其功能做准确判断。

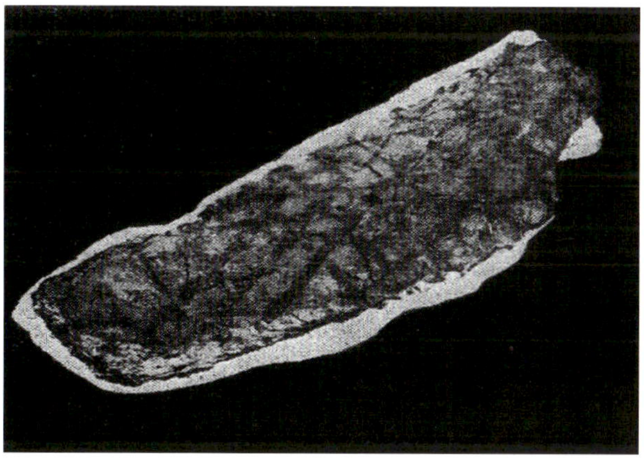

图1-10　钱山漾遗址出土的梅花眼竹篓

图1-11　浙江慈溪的竹编“罱篰”

5. 菱形花格竹器

菱形花格竹器“以稠密的平行纬线和疏朗交叉的经篾编织而成”。其出土时的残片（图1-12）编织纹理清晰，菱形花格造型可辨，但因残缺不全，因此无法确定其具体的功能和器型。钱山漾遗址出土的各种竹器采用的都是不同的编织工艺，它们的使用功能也应该有所不同。

图1-12　菱形花格竹器的残片

6. 竹绳

钱山漾遗址出土的竹绳“直径3厘米，长达16.3米，用三股篾片拧成。出土时一端搭在木头上”①。这应该是中国到目前为止出土的最早的竹绳实物。这条长达16.3米的竹绳，显示出新石器时代人们对竹材特性有更多的了解。图1-13所示的照片拍摄于20世纪50年代，虽然照片已经模糊不清，但从中仍可看清竹绳的基本结构。大木头上的竹绳，似乎是用来捆绑器物或负重的。

7. 其他竹器

在钱山漾遗址出土的竹器中，还发现许多“密纬疏经”十字纹竹器的残片（图1-14），根据考古报告统计，这一类竹器占出土竹器的一半以上。“密纬疏经”十字纹的编织手法是这类竹器的主

① 浙江省文物管理委员会．吴兴钱山漾遗址第一、第二次发掘报告[J]．考古学报，1960（2）：86.

要编织工艺，“器形多样，有箩、箬、篮等”[①]。从出土的竹器残片中可以看出，这一类竹器有不同的器型，但由于这类竹器年代久远，且残缺不全，因此其器型无法一一考证。

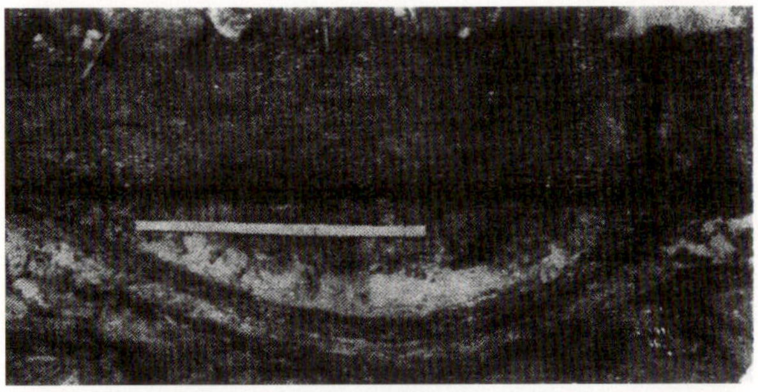

图 1-13　钱山漾遗址出土的竹绳

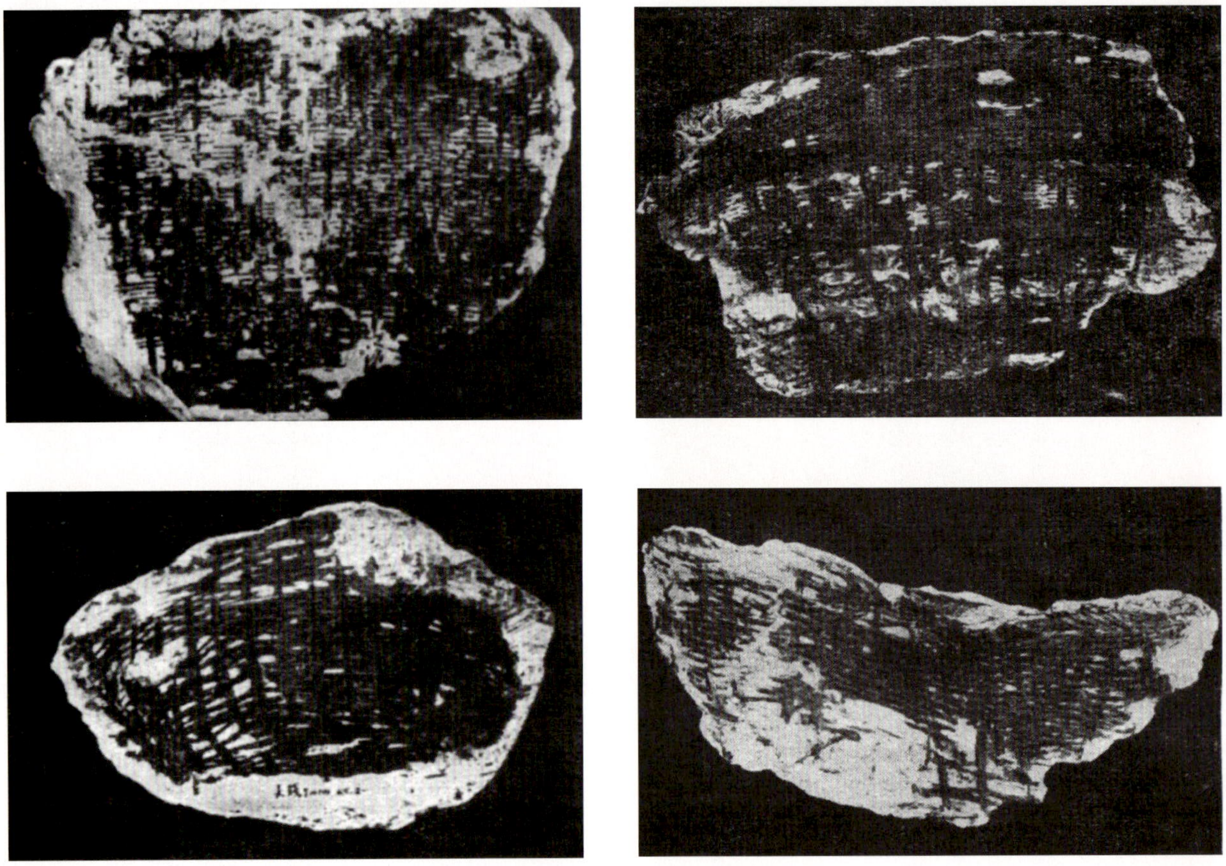

图 1-14　“密纬疏经”十字纹竹器的残片

① 浙江省文物管理委员会．吴兴钱山漾遗址第一、第二次发掘报告［J］．考古学报，1960（2）：86.

1.3　浙江诸暨尖山湾遗址中的竹器

尖山湾遗址是新石器时代晚期的村落遗址，位于浙江省诸暨市陈宅镇沙塔村南侧的山湾坡地。2000 年曾进行小范围试掘，2005 年浙江省文物考古研究所对之进行了抢救性发掘。遗址文化层厚 2 ～ 4 米，分为 6 层。第一层、第二层为近现代堆积；第三层为宋代堆积；第四层、第五层、第六层是遗址的主体堆积，形成于新石器时代晚期，平均厚度约 1.5 米。出土较完整器皿 100 多件。

出土的竹器主要在第五层、第六层。第五层是黏软的多层次的灰黑色泥土层，发掘区中部有一个锅底形的大坑，出土了木桨，还出土了短柄木豁、陀螺、棒糙等木器和竹篮、竹筐之类的编织物以及表面带铅光的黑皮陶器等。第六层是青灰色沙土和淤泥混杂堆积层，该层向中部倾斜，出土了木质遗物、竹编织物等，还有鹿角、骨头、酸枣、桃核等动植物的残骸，并发现了不少粒形不大的碳化米粒和少量果核。

图 1-15　尖山湾遗址出土的竹编器物

尖山湾出土的竹编器物（图 1-15）表明，在 4000 ～ 5000 年前，诸暨一带的先民至少已经掌握了十字编和人字编这两种竹编技法。虽然没有看到更多的实物，但是据现有实物可以推断此时该地区的先民不但使用竹编器物，而且也使用圆竹制品，这显示出该时期竹制品的种类在不断丰富。

尖山湾遗址中出土的竹编器物，虽然都是和淤泥混杂在一起，但仍可看到其中一个簸箕的外形（图 1-16）。簸箕中间部分采用较细密的十字编工艺编织，外框则是采用数片竹条弯曲组合而成。

图 1-16　尖山湾遗址中的竹簸箕

1.4 浙江湖州毗山遗址中的竹器

湖州毗山遗址是新石器时代的晚期遗址，位于浙江省湖州市吴兴区八里店镇，面积约10万平方米。遗址主要分布在八里店镇毗山周围，尤以毗山东北的后圩和毗山南侧的邱家漾、石坟前一带最为丰富。

毗山遗址中出土的竹制围堰是我国目前发现的最早的竹制围堰（图1-17、图1-18），全长60米左右，编织工整。这也是我国先民在大型工程中使用竹器的实物记录。

浙江省文物考古研究所、湖州市博物馆共同编写的《毗山考古发掘报告》对毗山遗址考古现场曾这样描述：“T106南部呈东西向布列的以木桩或集束竹桩和竹编结合的围堰为第二阶段的淤泥所压……围堰北部有呈集束状或直线布列的竹桩多组，柱状底部加工成尖状。采集的竹桩C14年代（BP）为3855±40年……”①

图1-17　浙江湖州毗山遗址出土的竹围堰（距今3855±40年②）

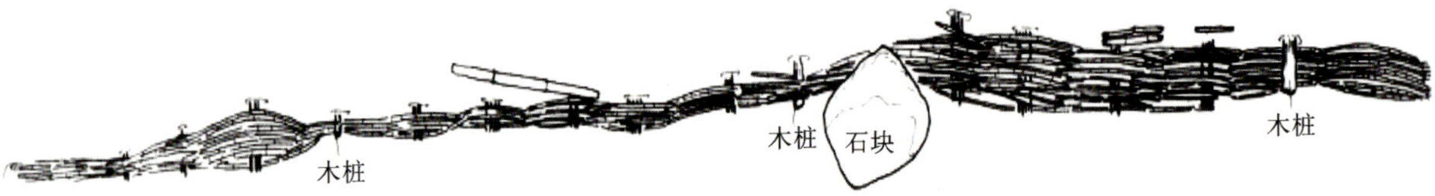

图1-18　浙江湖州毗山遗址出土的竹围堰（部分）示意图③

① 浙江省文物考古研究所、湖州市博物馆．毗山考古发掘报告［M］．北京：文物出版社，2006:296.
② 浙江省文物考古研究所、湖州市博物馆．毗山考古发掘报告［M］．北京：文物出版社，2006:296-297.
③ 浙江省文物考古研究所、湖州市博物馆．毗山考古发掘报告［M］．北京：文物出版社，2006:298.

1.5 陕西西安半坡遗址中的印纹陶

陕西虽然产竹较少，但是在出土的陶器上常见到有竹编的压印纹（图1-19，图1-20）。竹器保存的时间较短，尤其是史前竹器实物，一般很难保留到现在，因此在陶器上面的竹编压印纹就成了我国先民在史前使用和开发竹器的证据。陶器上的竹编压印纹或许是无意或许是为了装饰而留下的，但有一点可以肯定，那就是在这个陶器（印纹陶）被制作之前，人们就已经使用这类竹器了。

印纹陶出现于石器时代，盛行于商代、西周以及春秋时期，随着战国时期暗纹陶、彩绘陶等的兴起和迅速发展，印纹陶的使用逐渐走向衰落，至汉代以后逐渐消失。

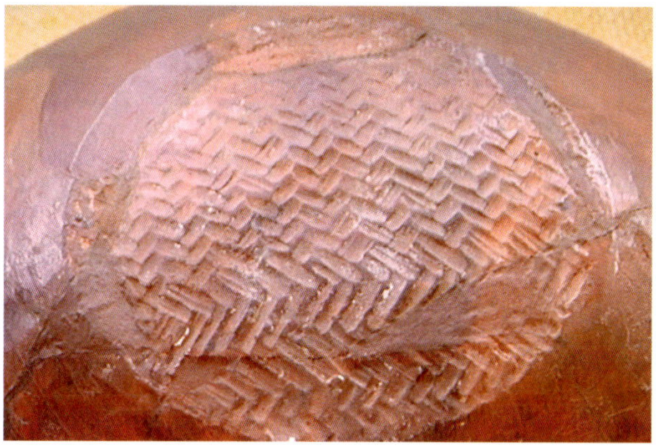

图1-19 陕西西安半坡遗址出土的带竹席纹的陶器（距今约6000年）

图1-20 陕西西安半坡遗址出土的带竹席纹的陶片（距今约6000年）

史前时期竹器小结

新石器时代是竹器发展的原始阶段。在这一阶段，因出土文物较少，目前出土的竹器实物仅有竹席、竹竿等，竹器种类单一；对竹材的开发利用程度较低，属于竹材利用的原始阶段；竹编已有式样的变化。

在新石器时代，人们已经广泛使用竹器。由于竹材本身无法长期保存，因此现有的该时期实物资料无法全面地展现这一时期竹器全貌，但根据出土的文物可以推测，新石器时代我国先民已掌握了一定的竹编技术。

根据竹编印纹可以推测竹席的使用应该在新石器时代就已经开始，至于竹席的规格、形制等，限于实物资料的短缺而无法准确了解。

总之，新石器时代，我国竹器使用已经较广泛，但竹器的品种和功能还相对单一，从目前出土的文物来看，主要是竹编类、竹竿类竹器。

第2章

商代竹器

——工具时代

商代遗址中的竹器有：湖北省大冶铜绿山古矿遗址出土的竹器①，九江新河乡神墩商代水井遗址出土的竹棍、竹筐、竹席等工具②，江西德安县石灰山商代遗址出土的竹编残片③，江西德安县陈家墩商周遗址出土的竹编器、竹筒④，江西瑞昌铜岭商周矿冶遗址出土的竹筐等工具⑤，等等。但总的来说，商代遗址出土的竹器数量较少，出土的竹器十分珍贵。相关资料显示，湖北大冶铜绿山遗址中商代竹器在出土时保存了较好的面貌，并留下了完整的影像资料，它为研究商代竹器提供了较好的样本。

2.1 商代竹器研究的虚化

在有关中国竹器历史的研究中，关于史前时期、商周时期的竹器研究，往往容易同"先秦"这个概念混淆。如在现有的研究文献中，关于商代竹器的研究几乎没有，代替"商代"概念的主要是"商周时期""先秦时期"⑥⑦等。其实从历史时间段上来看，商代从公元前1600年—公元前1046年，有近600年的历史；周代从公元前1046年—公元前256年，有约800年的历史。商代历史并不算短暂。但由于东周的春秋战国时期是我国文化出现空前繁荣的时代，这一时期留下的历史文献及出土这一时期的文物等资料均较为丰富和完整，因此，学者关于先秦竹器的研究大多集中在春秋战国时期，从而导致人们对商代竹器研究的弱化和虚化。

此外，还有一部有助于研究先秦时期竹器的重要文献那就要是《诗经》⑧。《诗经》记录的主要是公元前1100年—公元前600年的诗歌，但书中大部分内容还是关于西周时期的资料。除了《诗经》，同时代其他文献的内容也是如此。因此，人们对商代相关领域的研究只能靠推测，而推测的结果不能真正反映商代使用竹器的实际情况，有助于人们了解商代使用竹器实际情况的应该是商代留给后人的甲骨文和商代青铜器铭文。

① 潘艺，杨一蕾．试述竹材在古代采矿中的作用 [J]．江汉考古，2002，85（4）：80-86.
② 李家和，刘诗中，曹柯平．江西九江神墩遗址发掘简报 [J]．江汉考古， 1987，25（4）：12-31.
③ 李家和，江西德安石灰山商代遗址试掘 [J]．东南文化，1989（1）：13-25.
④ 江西省文物考古研究所，德安县博物馆．江西德安县陈家墩遗址发掘简报 [J]．南方文物，1995（2）：30-49.
⑤ 刘诗中，卢本姗．江西铜岭铜矿遗址的发掘与研究 [J]．考古学报，1998（4）：465-496，529-536.
⑥ 关传友．论先秦时期我国的竹资源及利用 [J]．竹子研究汇刊，2004，23（2）：59-64.
⑦ 张宗登．先秦楚地竹制器具考析 [J]．艺术探索，2015，29（4）：42-45.
⑧ 王秀梅．中华经典名著全本全注全译丛书：诗经 [M]．北京：中华书局，2015.

2.2 竹器发展的工具时代

从商代开始，中国进入了有文字记载的历史。中国的文字先后被记录在甲骨、竹简、竹牍等器具上，其中竹简成为记载中华文明的最重要的书写工具。

实际上，从目前发掘的商代竹器文物来看，商代竹器主要是以“工具”的形式出现的，而且几乎都是实用工具。例如，各铜矿遗址中的采矿用竹器，其他遗址出土的竹筐、竹席、竹竿、竹编护套等也都是实用工具。甲骨文记载的各类相关的竹器也以实用工具为主，如甲骨文记载关于竹器的文字“簋”“箙”“箕”“册”“矢”“西”“宿”等均是生活、生产或军事中的实用工具，唯独“龠”是表示乐器。以装饰为目的或具有文化内涵的竹器则没有发现。

就竹器发展的延续性来说，商代竹器与新石器时期的竹器之间虽然没有必然的一一对应关系，但有一定的延续性。例如，“箕”（簸箕）在甲骨文中多次出现，而钱山漾、尖山湾等新石器时期遗址中也有箕类竹器出现，商代的“箕”应该是史前竹器的延续。商代与竹席相关的竹器文字“西”“宿”以及九江神墩商代水井遗址中出土的竹席等，显示出竹席在商代使用的领域很广。

作为工具，商代竹器在工具功能的开发上，比新石器时期更进一步，如出现有军事用途的“矢”“箙”，即不仅有箭，而且还有装箭的竹袋（“箙”在后期制作中使用的材料有多种，不限于竹）；还有作为食器出现的“簋”，作为乐器出现的“龠”。“册”“典”也是新式竹器。另外，还有竹梯、竹编护套、竹火签等竹器。这些新发现的竹器显示出商代竹器的发展要比新石器时代迅速。新的竹制工具不断出现，显示商代竹器发展进入了一个新的时代。

2.3 甲骨文中的竹器

自甲骨文被发现以后，国内学者对甲骨文的研究成果较为丰硕，如清末学者刘鹗所著的《铁云藏龟》及近代徐中舒所著的《甲骨文字典》[①]、中国社会科学研究院考古研究所编写的《殷周金文集成》[②]等。本书通过检索商代甲骨文文字，发现与竹器有关的字形有 70 余个，涉及各类竹器的文字至少有 12 个（表 2-1）。

① 徐中舒．甲骨文字典［M］.3 版．成都：四川出版集团，四川辞书出版社，1989.
② 中国社会科学研究院考古研究所．殷周金文集成（1-6 卷）［M］. 北京：中华书局，1984.

表 2-1 甲骨文中的涉及竹器的文字

序号	竹器文字	甲骨文字形	序号	竹器文字	甲骨文字形
1	簋		7	龠	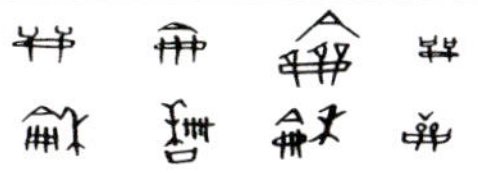
2	箙		8	丙（现已不用）	
3	箕		9	宿	
4	册	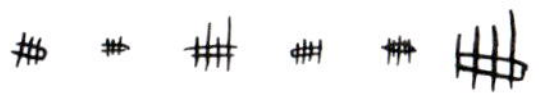	10	卌	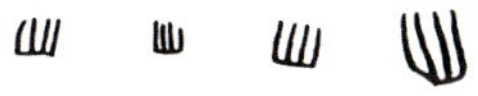
5	典		11	—	
6	矢	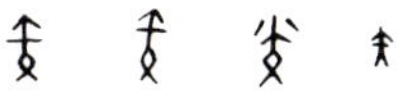	12	—	

在甲骨文中，“竹”部文字有10余个，但“竹”字没有单独出现过。“惟甲骨文竹字不独出，仅见于偏旁”[①]，这是很有意思的现象，值得研究。

1. 簋

“簋”字在甲骨文中至少有5个字形（图2-1）。《说文解字》解释：“簋，黍稷方器也。”但徐中舒先生指出《说文解字》的解释有误，认为“簋”应该是圆形器皿，因为“像圆形容器，像手持匕柶汲取食物”[②]。不管是圆形器皿，还是方形器皿，但作为食器存在于商代是不存在疑问的。另外一点，在甲骨文中，虽然“簋”字的字形上没有竹字头，但不论是篆体的簋字“簋”，还是后世的隶书、楷书等字形，均保留了“竹”字头，这充分说明了在使用青铜器制作簋之前已有竹制的簋。

图 2-1 “簋”字的甲骨文字形

2. 箙

“箙”字在甲骨文中出现的字形如图2-2所示，根据其象形字的字形，可以认为它指的是装箭用的袋子，因为从不同的甲骨文中均可以看到，该类字形中有的带一支箭，也有的带两支箭。《说文解字》解释：“箙，弩矢箙也，从竹，服声。”由此可以认为早期的箭袋子是用竹子制作的。

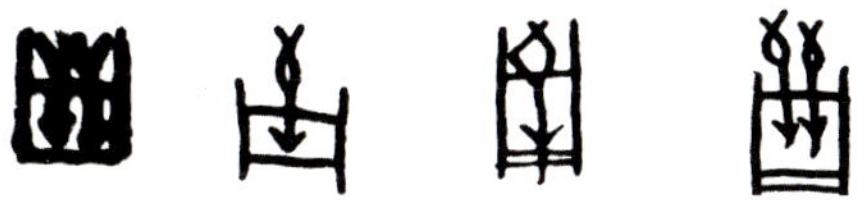

图 2-2 “箙”字的甲骨文字形

① 徐中舒．甲骨文字典 [M]．成都：四川辞书出版社，1989:1488.
② 徐中舒．甲骨文字典 [M]．成都：四川辞书出版社，1989:485.

3. 箕

在甲骨文中，“箕”字至少有4种不同的写法，如图2-3所示，显示出“箕”字同“簋”“箙”一样，在商代是常用的竹器，而且使用广泛。

图2-3 “箕”字的甲骨文字形

4. 册

《尚书·多士》记载 ：“惟殷先人，有典有册。”可以看出商代就有“典”“册”（图2-4）。徐中舒的《甲骨文字典》中共收录了6个不同时期的“册”字，并解释了“册”字的意思，由此说明 “册”在商代已得到使用。同时也显示出在商代，并非所有的文字都刻画在甲骨上，也可能有写在竹简上的，“唯年代久远，竹木保存不易，殷代简策尚无出土可作佐证者”①。由于“册”的出现，甲骨文“典”字出现也就不奇怪了。徐中舒在《甲骨文字典》中按时间顺序共列出了7种不同时期的甲骨文“典”字（图2-5）。从象形字的字形看，它们基本上都是用手拿了一卷“册”。

徐中舒在《甲骨文字典》中还指出“古文‘典’从竹”②，表明了“册”“典”等字均与竹子有关。

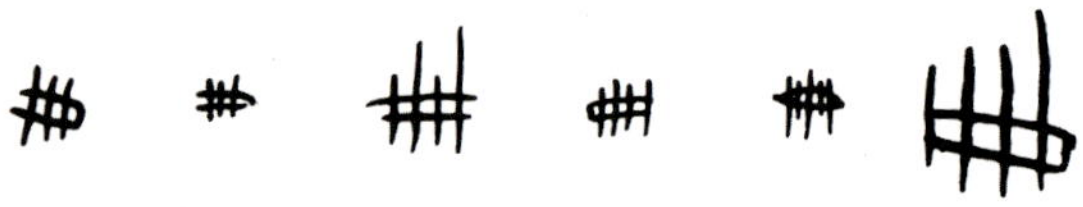

图2-4 “册”字的甲骨文字形

图2-5 “典”字的甲骨文字形

5. 矢

在甲骨文中，“矢”字的基本字形变化不大（图2-6）。古时候，人们把用竹材制作的箭杆称为“箭”；把用木材制作的箭杆称为“矢”。由于古代植物资源分布的限制，中国的东南地区多用竹材制作箭杆；东北、西北地区多用桦木、杨木、柳木制作箭杆；华北地区则多用萑柳制作箭杆。但是，在甲骨文中并没有“箭”这个字，可以推测，在商代“矢”和“箭”还没有明确地分开。因此，甲骨文中的“矢”既可以指竹制的箭杆，也可以指木制的箭杆。

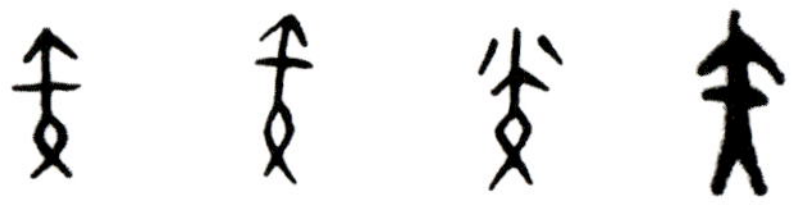

图2-6 “矢”字的甲骨文字形

另外，对甲骨文进行检索，可以查出众多跟“矢”有关的甲骨文字形（图2-7），其中大部分的字义不明。即使它们的字义不明，但这些甲骨文的文形仍可以反映出，作为一种竹制器物，其在商代的应用应该是广泛的。

① 徐中舒．甲骨文字典[M]．成都：四川辞书出版社，1989：201.
② 徐中舒．甲骨文字典[M]．成都：四川辞书出版社，1989：490.

图 2-7 与“矢”字相关的其他甲骨文字形

6. 龠

《说文解字》解释：“龠，乐之竹管，三孔以和众声也。”这已经很明确地指出“龠”就是一种竹制的乐器。“龠”字在甲骨文中出现得比较频繁（图 2-8），特别是以“龠”字为基础的衍生字形也相对丰富，可以判断在商代“龠”的使用也比较广泛。

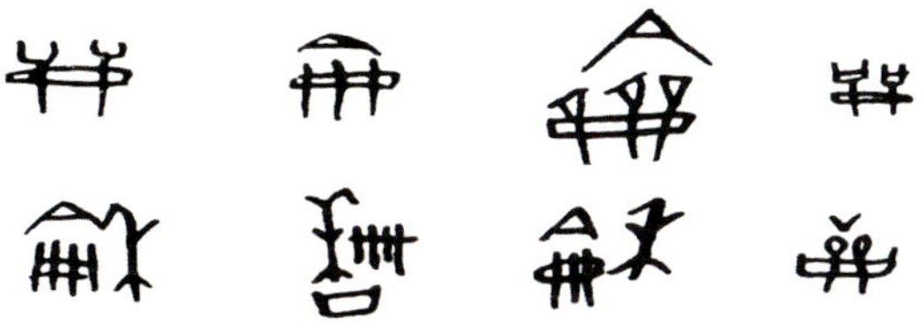

图 2-8 “龠”的甲骨文字形

7. 㐁与宿

在篆文中，“㐁”字即“㐁”字，经过后世演化，“㐁”现在已经不用。根据徐中舒先生的观点：“㐁像竹席形，甲骨文宿（宿）像人寝于竹席之上。”在甲骨文中（图 2-9），“㐁”表示的是竹席，同时佐证竹席字体的便是“宿”（宿），它不但说明在商代先人已经会制作竹席，而且也说明竹席是先人就寝的器具。

图 2-9 “㐁”与“宿”字的甲骨文字形

8. 卌

“卌”字（图 2-10）“并连四枚竖直之算筹以表示四十之数”[①]。根据史书的记载和考古材料的印证，古代的算筹实际上是一根根同样长短和粗细的小棍子，一般长为 13 ～ 14 厘米，直径为 0.2 ～ 0.3 厘米，多用竹子制成，也有用木头、兽骨、象牙、金属等材料制成的，大约 270 枚为一束，放在一个布袋里，系在腰部随身携带。由此可推测，在商代就已经使用竹制或木质的小棍子来计数。图 2-10 的四个不同的“卌”字，跨越了商代的不同时期，这表明在商代，竹制或木质计数器物已经出现，并长期使用，一直延续到后世。

图 2-10 “卌”字的甲骨文字形

9. 其他竹器文字字形

甲骨文中还有两个字“”“”（图 2-11）也是竹字头，但是很遗憾，这两个字都因为字义不明，无法判断其具体字义。但从字形来看，也应该是一种表示竹制的器物。特别是第一个字，上面是竹字头，下面有一个“勺”子，推测它与日用工具有关。

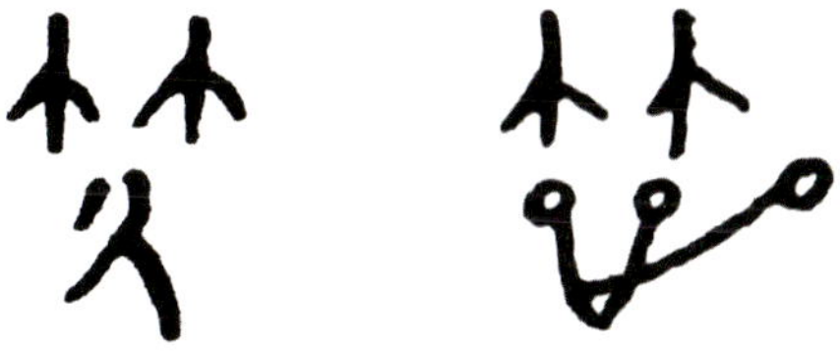

图 2-11 其他竹器文字字形

① 徐中舒．甲骨文字典 [M]．成都：四川辞书出版社，1989:221.

2.4 湖北大冶铜绿山商代铜矿遗址中的竹器

湖北省大冶铜绿山商代铜矿遗址位于大冶市城区西南约 4 千米处。铜绿山古铜矿的开采和冶炼从商代晚期一直延续到汉代，其总面积约 8 平方千米，地表积存了约 40 万吨古代炼铜渣，是一处规模庞大、保存完好、埋藏丰富、延续时间较长的古代矿冶基地。在遗址内清理出各种采矿井巷数有百条以及生产、生活用具上千件，还发现了多种样式的炼铜炉，其中春秋时期的炼铜炉 8 座。在出土的生产器具中含有大量的竹篓（筐）、竹篼篮、提梁挂篓、竹梯、竹火签等竹器。出土的这些竹器，分布时间很长，其中既有商代的竹器，也有西周时期、春秋战国时期、西汉时期的竹器。本节介绍的主要是商代晚期的生产类竹器，这一类竹器代表了商代生产竹器的最高制作工艺水平。

根据相关资料记载①，在铜绿山Ⅶ号矿体 2 号点的商代晚期至西周早期采矿遗址中，“30、32、37、38、46、71 号竖井和 1 号平巷均采用了圆木棍夹竹席护壁。在 21、10 号平巷用成排的竹竿支护。6、11、16、25、43 号竖井和 2、15、11 号平巷出土竹篓各 1 件，31、36 号竖井出土竹篓各两件，3、10 号平巷出土竹篓各 5 件，加上填土层所出竹篓共计 24 件。井巷中还有零散的竹火签出土”。

1. 竹梯

竹梯是在商代晚期和西周早期的竖井中被发现的。它常设在井壁上（图 2-12），既便于矿工上下矿井，又可对井巷起到一定的支护加固作用。这种竹梯形状与现代木梯相似。梯柱用直径约 4 厘米的圆竹制成，梯柱上凿有对称的卯孔，卯孔间装有木制横撑，横撑与梯柱相接处又用竹篾捆扎，梯高 1.5 ～ 2 米，宽 20 ～ 24 厘米，横撑 4 级，每级间距 30 厘米左右。

图 2-12　Ⅺ号矿体 53 号竖井出土的竹梯

① 潘艺，杨一蕾．试述竹材在古代采矿中的作用 [J]．江汉考古，2002，85（4）：80-86.

2. 单提梁圆柱形竹篓

单提梁圆柱形竹篓（图 2-13）是在Ⅺ号矿体4号草棚旁出土的，制作年代为商代晚期至西周早期。该篓为“米”字底，采用盘缠法编织而成。篓的深度大于其直径。出土时篓内装满氧化矿石，旁边同时出土木铲1把。竹篓口径20厘米，高33厘米；提梁全长60厘米；经篾宽0.8厘米，厚0.5厘米；纬篾宽0.5厘米，厚0.4厘米。

图 2-13　Ⅺ号矿体出土的单提梁圆柱形竹篓

3. 锅形篼篮

锅形篼篮（图 2-14）是在Ⅶ号矿体1号竖井中出土的，制作年代为商代晚期至西周早期。该篮以“米”字状起头，采用盘缠法编织，用立竹弯曲法收口，口沿装有对称提耳，形似双耳小锅。口径35厘米，深25厘米；经篾宽0.6厘米，厚0.4厘米；纬篾宽0.4厘米，厚0.4厘米。

图 2-14　Ⅶ号矿体1号竖井出土的锅形篼篮

4. 单提梁挂篓

单提梁挂篓是在Ⅺ号矿体大草棚下出土的（图 2-15），制作年代为商代晚期至西周早期。扁方体，三角形单提梁。口宽32厘米，残件高33厘米，提梁高30厘米。

图 2-15　Ⅺ号矿体大草棚下出土的单提梁挂篓

5. 竹火签

竹火签是古代用竹片制作的照明工具，一般长15～20厘米。竹材质地细密、竹纤维长，用竹片做燃料，既方便携带，将它点燃后又能使用较长时间。

6. 竹护壁

矿井内需要使用材料把井壁支护起来，防止井壁倒塌。在遗址中，考古人员既发现了木质的护壁，也发现了竹制的护壁。图2-16、图2-17所示就是遗址中的竹席护壁，该竹护壁同浙江毗山的竹篱笆有很高的相似性，采用的竹材编织技术处于同一水平。

图2-16　Ⅶ号矿体11号点33号平巷护壁竹席

图2-17　Ⅺ号矿体111号竖井的背板竹席护壁

7. 铜矿遗址出土的竹器特点

（1）从铜矿遗址出土的众多竹器来看，铜矿开采时主要是使用竹器作为运输铜矿的工具。由于竹材不易保存，所以出土的竹器是当时使用竹器的极小部分。因为竹材本身有良好的强度和韧性，且制作成本相对较低，所以竹器便成为铜矿开采的使用工具。竹器的大量使用，也表明竹器是当时开采铜矿使用的主要器具。

（2）商代各类遗址中出土的竹器较少，除本书论述的几处遗址有竹器实物外，其他商代遗址出土的完整竹器很少，但在铜绿山铜矿遗址中却出土各类竹篓24个，出土竹护壁、竹梯、筢篮、竹火签若干，这些竹器是研究商代竹器使用情况的珍贵实物。

（3）出土的单提梁圆柱形竹篓，篓深提梁长，而锅形筢篮，则篮身较浅，这两种竹器均系商代至西周早期的装载矿石容器。当时井巷断面仅为0.5米×0.6米，工人只能伏地爬行，侧身曲臂操作，对装载矿石的容器只能采取推、拉、拖的办法实行短距离移动，所以这些竹器适合井下运输需要。

（4）从竹器造型来看，竹器基本上以竹竿的简单利用和圆形竹器为主，造型单一；从编织方法来看，商代晚期至西周早期的圆柱形竹篓和锅形双耳筢篮，它们均为“米”字底，以盘缠法编织，边口采用立竹篾扭转倒插穿锁而成。篾条加工粗糙，编织方法简单，器物牢固性较差。竹器主要以最简单的“十字编”为主，变化形式较少。

2.5 商代其他遗址中的竹器

商代其他遗址中的竹器有江西九江神墩商代遗址出土的竹棍、竹筐、竹席等竹器[①]，江西德安县石灰山商代遗址出土的竹编残片[②]，江西德安县陈家墩商周遗址出土的竹编器、陶罐竹保护套、竹筒[③]，江西瑞昌铜岭商周铜矿遗址中出土的商代单提梁竹篓[④]，等等（表 2-2）。但总的来说，商代遗址中出土的竹器数量少，出土的竹器十分珍贵。

表 2-2 商代遗址中出土的竹器（部分）

序号	遗 址	所在地	出土竹器	竹器数量
1	九江神墩商代遗址	江西九江	圆竹筐、竹席、竹棍	圆竹筐 1 个，竹席、竹棍若干
2	德安石灰山商代遗址	江西德安	竹编残片	若干
3	德安陈家墩商周遗址	江西德安	竹编器、陶罐竹护套、竹筒	竹编器残件两件、陶罐竹保护套若干、竹筒 1 个
4	瑞昌铜岭商周铜矿遗址	江西瑞昌	单提梁竹篓、带篾箍和竹楔的木桶、竹火签	数件

1. 九江神墩商代遗址中的圆竹筐

在江西九江的神墩商代遗址中出土了圆竹筐 1 个（图 2-18），圆竹筐下面垫有竹席。“圆竹筐残片五块，竹筐上部保存较好，出土时围圈清晰。竹席有宽、细两种残片。”[⑤]经过考古人员的复原，该圆竹筐的形态得以留存。圆竹筐无耳。如图 2-18 所示，挖掘时发现其采用挖坑后在坑上面架木棍、铺竹席再放置圆竹筐的方式，这显然是有意为之，从中可以看出这一圆竹筐更像是祭祀或放置物品的生活器具，不是生产用的竹筐。

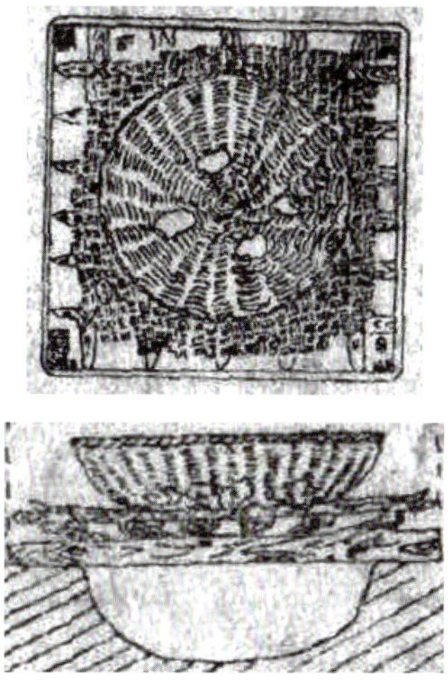

图 2-18 九江神墩商代遗址中出土的圆竹筐

① 李家和，刘诗中，曹柯平．江西九江神墩遗址发掘简报 [J]. 江汉考古，1987，25（4）:12-31.
② 李家和．江西德安石灰山商代遗址试掘 [J]. 东南文化，1989（1）:13-25.
③ 江西省文物考古研究所，德安县博物馆．江西德安县陈家墩遗址发掘简报 [J]. 南方文物，1995（2）:30-49.
④ 刘诗中，卢本姗．江西铜岭铜矿遗址的发掘与研究 [J]. 考古学报，1998（4）:465-496.
⑤ 李家和，刘诗中，曹柯平．江西九江神墩遗址发掘简报 [J]. 江汉考古，1987，25（4）:12-31.

2. 德安陈家墩商周遗址出土的商代陶罐竹护套

陈家墩遗址中出土了数件商代陶罐竹护套。遗址挖掘简报是这样描述附有竹护套的陶罐:“陶罐外表还留有竹编器物之痕迹，使我们领悟出，原来当时是用竹编器物裹着罐类器，以绳索和钩状器连接着放入井中汲水和提水的。”[①]这种使用竹材保护内胆的做法直至现在仍在使用，如竹套葫芦、竹套火盆、瓷胎竹编茶具等。这也是目前发现的最早的竹制护套类实物。

同样的制作手法在瑞昌铜岭商周铜矿遗址中J94商代矿井出土的“带篾箍和竹楔的木桶”[②]中也能看到。这说明在商代，先民对竹材的柔韧性已经有很高的认识，并将其应用到了生活、生产中。

3. 瑞昌铜岭商周铜矿遗址出土的商代单提梁竹篓

在瑞昌铜岭商周铜矿遗址中，“盛矿土用的工具主要是竹编器，早期多用竹篓，晚期则大量使用竹筐。竹篓为单提梁，底呈圆角方形，篓内底为格状编织，口径32厘米、底径21厘米、高28厘米”[③]。从铜岭商周铜矿遗址中可以看出，商代使用的竹器主要是单提梁竹篓（图2-19）。从使用的竹篾大小来看，单提梁竹篓采用粗篾，坚实耐用，是典型的工具型竹器。

图2-19　瑞昌铜岭商周铜矿遗址中出土的商代单提梁竹篓

商代竹器小结

（1）商代竹器是中国竹器发展的初始阶段。中国竹器的历史源远流长。中国竹器是中华民族在历史的长河中通过自己的劳动和智慧逐步创造出来的。商代是中国竹器发展的初始阶段，也是中国竹器在中国步入文明后的重要定型阶段。这些原始竹器应该说是后世竹器发展的母体，后世丰富多样、系统化的中国竹器产品正是在这些母体的基础上，经过不断演化发展出来的。

（2）商代至少出现18种不同种类的竹器。根据对商代甲骨文、出土竹器的研究可知，除了甲骨文中记载的12种不同的竹器外，还

① 江西省文物考古研究所，德安县博物馆．江西德安县陈家墩遗址发掘简报［J］．南方文物，1995（2）：30-49.
② 刘诗中，卢本姗．江西铜岭铜矿遗址的发掘与研究［J］．考古学报，1998（4）：486.
③ 刘诗中，卢本姗．江西铜岭铜矿遗址的发掘与研究［J］．考古学报，1998（4）：483.

有竹梯、竹篓、竹篮、竹筐、竹编护套(竹护壁)、竹火签等竹器实物，也就是说，在商代至少有18种不同种类的竹器出现。

（3）商代竹器的使用面有所扩大。商代竹器的使用已经达到一定水平，涉及生活、生产、军事、文化、乐器等方面。例如，簋、箕、竹筐、丙、宿等属于生活类竹器，竹梯、竹篓、竹篮、竹席、竹火签等则是典型的生产类竹器，矢、箙等属于军事类竹器，册、典、卌等则属于文化类竹器，龠则是商代竹乐器的代表。虽然发现的商代竹器种类仍然不是十分丰富，但可以看出商代竹器的分布地域比较广泛。

（4）商代竹器的制作与编织工艺处于起步和发展阶段。从出土的竹器文物中可以看出商代对竹材的利用基本上处于起步阶段。例如，竹火签、竹梯等竹器是对原始竹材的简单利用，竹篓、篼篮、竹席等竹器展现出的竹编技艺也只是简单的编织，还没有看到采用较为先进的人字编和三角编等编织技法制作的竹器。

同商代青铜器物的制造工艺相比，商代竹器制作的工艺处于较低的水平，完全不能同商代精湛的青铜器制作工艺相比。竹器在商代还没有上升到礼器的地位。

第3章

周代竹器

——第一繁荣期

周代与竹器有关的主要遗址如下：

（1）湖北大冶铜绿山周代铜矿遗址出土大量竹制采矿用具。[①]

（2）江西瑞昌铜岭商周铜矿遗址出土竹盘、竹筐、竹火签等采矿竹器。[②]

（3）河南信阳孙砦遗址（西周早期至西周晚期）出土西周竹篓、竹簸箕、竹渔罩、竹环形器座等竹器 80 余件。[③]

（4）河南光山宝相寺黄君孟墓（约公元前 648 年）出土春秋早期的竹排箫 4 组、竹弓 1 件、竹席等竹器。[④]

（5）湖北宜昌当阳金家山 9 号楚墓（春秋中期）出土红彩竹席、竹篓等。[⑤]

（6）江西靖安县李洲坳古墓（约公元前 512 年）出土竹扇、竹席、竹笥等竹器。[⑥]

（7）河南固始侯古堆春秋大墓（春秋晚期）出土竹木制肩舆 3 乘、彩绘竹竿、竹席等。[⑦]

（8）湖北江陵秦家咀楚墓（春秋晚期至公元前 278 年）出土长方形竹笥 8 件、带细竹竿箭镞 18 支、竹扇（残缺）1 个、竹席 1 张、竹简 41 支。[⑧]

（9）河南信阳长台关楚墓（战国早期）出土竹席 6 张、竹篓 6 个、竹毛笔及竹笔管 1 套、竹竿 29 根、竹木床 1 张、竹枕 1 个、竹简 148 支等。[⑨]

（10）湖北襄阳余岗楚墓（春秋中期至战国中期）出土竹容器、乐器、兵器、生活竹器等。

（11）湖北江陵雨台山楚墓（春秋晚期至战国晚期前段）出土笙 1 件、竹笥 7 件、竹弓 1 张、竹席 2 张、竹律管 1 套，竹木器腐烂残缺较多。[⑩]

（12）江西贵溪崖墓（春秋晚期至战国早期，距今约 2650 年）发掘竹编、竹纺织工具等 24 件，其中竹盘 1 个、竹席 6 件、竹管 3 节、竹器残底（筛形器）1 个、竹筒 1 件、竹片 3 件，竹梭 1 件、竹杼 2 件、导经棍 1 件、绕线框 1 件、引经杆 1 件、纺埠 4 件。[⑪]

（13）四川荥经曾家沟战国墓群（战国早期）出土竹编器套 1 个、竹圆盒 1 个、竹笥 1 个、竹篮 1 个、竹绳若干。[⑫]

（14）湖北曾侯乙墓（公元前 433 年）出土竹篪、竹笛、竹排箫等竹乐器以及竹积木殳、竹席、

① 潘艺，杨一蕾．试述竹材在古代采矿中的作用［J］．江汉考古，2002，85（4）：80-86.
② 刘诗中，卢本姗．江西铜岭铜矿遗址的发掘与研究［J］．考古学报，1998（4）：465-496.
③ 河南省文物研究所．信阳孙砦遗址发掘报告［J］．华夏考古，1959（7）：1-68.
④ 河南信阳地区文管会，光山县文管会．春秋早期黄君孟夫妇墓发掘报告［J］．考古，1983（4）：302-348.
⑤ 湖湘省宜昌地区文物工作队．当阳金家山 9 号春秋楚墓［J］．文物，1982（5）：41-45.
⑥ 江西省文物考古研究所．江西靖安县李洲坳东周墓葬［J］．考古，2008（7）：47-53.
⑦ 固始侯古堆 1 号墓发掘组．固始侯古堆 1 号墓发掘简报［J］．文物，1981（1）：1-8.
⑧ 荆州铁路考古队．江陵秦家咀楚墓发掘简报［J］．江汉考古，1988（7）：36-43.
⑨ 河南省文物研究所．信阳楚墓［M］．北京：文物出版社，1986.
⑩ 湖北省文物考古研究所．江陵雨台山楚墓发掘简报［J］．考古，1980（9）：1-7.
⑪ 江西省历史博物馆，贵溪县文化馆．江西贵溪崖墓发掘简报［J］．文物，1980（11）：34-53.
⑫ 四川省文管会，雅安地区文化馆，荥经县文化馆．四川荥经曾家沟战国墓群第一、二次发掘［J］．考古，1984（12）：1072-1091.

竹笥、竹简等竹器。[①②]

（15）四川成都市商业街船棺墓葬（战国早期）出土竽和竹编的席、筐、篮、篓等。[③]

（16）湖北江陵天星观1号楚墓（约前340）出土笙6件、竹简70余支，竹弓、积竹殳、积竹戟若干等。[④]

（17）河南新蔡葛陵楚墓（约公元前340年）出土竹简1571枚。[⑤]

（18）湖北荆门左冢楚墓（公元前330—公元前300年）出土竹席、竹笥、竹篓、竹墨盒、竹枕、竹木箙、竹筒、竹竽、竹片、积竹柲等竹器23件。[⑥]

（19）四川青川县战国古墓出土竹簪4件、竹笄18件、竹筐2件。[⑦]

（20）湖北江陵九店东周墓（春秋晚期至战国晚期）出土竹笄、竹弓、圆竹笥、方竹笥、竹扇、竹枕、竹席、竹篓、竹算筹、竹毛笔及笔筒等竹器98件，分属37座墓；竹卮（木盖）12件，分属5座墓；竹简239枚，分属3座墓。[⑧⑨]

（21）湖北枝江县姚家港楚墓（战国中期）出土竹弓、竹乐器、竹笥片、竹管、竹伞把、竹牛角器、竹片等。[⑩]

（22）湖北荆州望山桥1号楚墓（战国中期）出土竹笥、竹筒、竹席、竹弓等竹器53件，竹简15枚。[⑪]

（23）湖北江陵望山1号楚墓（约公元前300年）出土彩绘竹席1件、竹简23支、竹盒等。[⑫]

（24）湖北江陵沙冢1号楚墓（约公元前300年）出土彩绘竹席1件。[⑬]

（25）广东广宁新楼铜鼓岗春秋战国晚期的墓葬群出土竹编盛器。

（26）安徽寿县出土战国时期（公元前323年）的竹形铜制“鄂君启节”。

（27）湖北荆门郭店1号楚墓（约公元前350年—公元前300年）出土大批竹简、竹弓、竹笥、竹席、竹帘、箙等竹器。[⑭]

（28）湖北江陵马山1号楚墓（约公元前340年—公元前278年）出土竹枕1件、精美方竹笥17件、精美圆竹笥1件、彩绘矩纹竹扇1件、竹筐1件、竹席等竹器，另有带叶竹枝一段。[⑮]

---

① 随县擂鼓墩一号墓考古发掘队．湖北随县曾侯乙墓发掘简报［J］．文物，1979（7）:1-24.
② 谭维四．曾侯乙墓文物艺术［M］．武汉：湖北美术出版社，1992.
③ 成都市文物考古研究所．成都市商业街船棺、独木棺墓葬发掘简报［J］．文物，2002（11）:4-30.
④ 湖北省荆州地区博物馆．江陵天星观1号楚墓［J］．考古，1982（1）:71-116.
⑤ 河南省文物考古研究所．新蔡葛陵楚墓［M］．郑州：大象出版社，2003.
⑥ 湖北省文物考古研究所，荆门市博物馆，襄荆高速公路考古队．荆门左冢楚墓［M］．北京:文物出版社，2006.
⑦ 四川省博物馆，青川县文化馆．青川县出土秦更修田律木犊：四川青川县战国墓发掘简报［J］．文物，1982（1）:1-21.
⑧ 湖北省文物考古研究所．江陵九店东周墓［M］．北京：科学出版社，1995.
⑨ 湖北省文物考古研究所．湖北江陵县九店东周墓发掘纪要［J］．考古，1995（7）:589-605.
⑩ 湖北省宜昌地区博物馆．湖北枝江县姚家港楚墓发掘报告［J］．考古，1988（2）:157-168.
⑪ 荆州博物馆．湖北荆州望山桥1号楚墓发掘简报［J］．文物，2017（2）:4-37.
⑫ 湖北省文化局文物工作队．湖北江陵三座楚墓出土大批重要文物［J］.文物，1966（5）:33-55.
⑬ 湖北省文化局文物工作队．湖北江陵三座楚墓出土大批重要文物［J］.文物，1966（5）:33-55.
⑭ 湖北省荆门市博物馆．荆门郭店1号楚墓［J］．文物，1997（7）:35-48.
⑮ 湖北省荆州地区博物馆．江陵马山1号楚墓［M］．北京:文物出版社，1985.

（29）湖北老河口安岗1号楚墓（战国中期）出土竹绕线棒40件、竹双联筒2件、笙1个、竹笥11件、竹管2件、竹弓4张、竹幡杆1件、竹简21枚。①

（30）湖北老河口安岗2号楚墓（战国中期）出土竹枕1个、竹笥8件、竹席2张、竹简4枚。②

（31）湖北荆门包山2号墓（前292）出土凤鸟双联杯1件、彩绘凤纹竹筒1个、竹毛笔及竹笔筒1套、竹席8张、竹笥60件，竹弓、竹枕、竹篓、竹扇、竹箕、竹圈、竹笼等若干，折叠竹木床1张，积竹柲若干，竹简444支。③

（32）湖北江陵拍马山楚墓（战国中晚期）出土篾盒2件、竹卮3件、竹弓3个、竹席1张。④

（33）浙江安吉县良朋楚墓（战国晚期）出土大量竹编。

（34）四川成都市蒲江县船棺墓出土圆形竹筐（残件）7个。⑤

（35）金文中记载竹器27种以及各类竹器文字字形470余个。⑥

3.1 中国竹器发展的第一繁荣期

周代是中国竹器发展和完善阶段的重要时期。在这一阶段，周代竹器经历了工具时代的新发展和竹器的第一次繁荣。由于周代经历的时间较长，从公元前1046年开始到公元前221年，前后有800多年时间，在这个时间跨度里，西周可以被称为我国竹器的“工具+”时代，西周竹器是对商代竹器工具时代的竹器实用功能进行进一步强化和发展；东周由于竹器获得了较大的创新和发展，因此成为中国竹器的第一繁荣期，东周也是中国竹器的“礼乐”时代。

就文字记录而言，周代金文记录的代表性竹器有27种，与竹器有关的字形约为473个。⑦相比商代甲骨文记录的12种竹器70余个字形，周代文字记录的竹器数量增加很多。

就出土的竹器实物而言，周代遗址出土的竹器实物种类和数量比商代也有了大幅度增加。大量竹器实物的出土，显示出周代竹器的繁荣。周代竹器品种多样、造型丰富、装饰性强，具有独特的文化内涵，这是史前及商代竹器所不及的。

---

① 襄阳市博物馆，老河口市博物馆．湖北老河口安岗1号楚墓发掘简报[J]．文物，2017（7）：4-37.

② 湖北省文物考古研究所，襄阳市博物馆，老河口市博物馆．湖北老河口安岗2号楚墓发掘简报[J]．文物，2017（7）：38-58.

③ 湖北省荆沙铁路考古队包山墓地整理小组．荆门市包山楚墓发掘简报[J]．文物，1988（5）：1-14.

④ 湖北省博物馆，荆州地区博物馆，江陵县文物工作组发掘小组．湖北江陵拍马山楚墓发掘简报[J]．考古，1973（3）：151-161.

⑤ 成都市文物考古工作队，浦江县文物管理所．成都市蒲江县船棺墓发掘简报[J]．文物，2002（4）：27-31.

⑥ 容庚．金文编[M]．北京：中华书局，1985.

⑦ 容庚．金文编[M]．北京：中华书局，1985.

在出土竹器的西周遗址中，湖北大冶铜绿山周代铜矿遗址、江西瑞昌铜岭商周铜矿遗址、河南信阳孙砦遗址等遗址，出土的竹器较为丰富，展示了西周时期采矿竹器、渔业竹器的面貌。东周时期遗址出土的竹器也十分丰富，代表性的有湖北荆州、河南信阳等地诸多楚墓及江西贵溪崖墓出土的竹器。作为楚国都城所在地的荆州地区（纪南故城），其周边出土的竹器较为全面地展现了东周竹器的全貌，如曾侯乙墓出土的竹制乐器、望山和沙冢1号楚墓出土的彩绘竹席、江陵马山1号墓出土的彩绘竹笥和彩绘矩形竹扇等竹器以及荆州包山2号墓出土的凤鸟双联杯和彩绘凤纹竹筒等竹器，涉及生活、生产、军事、文化、乐器等方方面面。另外，河南信阳长台关楚墓出土的竹木肩舆、竹木床等大型竹器以及江西贵溪崖墓出土的竹制纺织工具也具有很好的代表性。

总之，周代竹器品种十分丰富，仅出土的竹器实物至少有50种，数量达到数百个，竹简的数量更是数以千计，这不仅在史前时期及商代是没有的，即使是周代之后直至明清时期的各朝代也与之无法相比。

出土的周代竹器所涉及的地域较广。目前出土周代竹器的地域有湖北、河南、江西、四川、广东、安徽、浙江等地，与史前时期及商代相比，使用竹器的地域扩大了许多。

周代竹器，特别是东周竹器，无论是装饰性还是文化内涵都有长足的发展。精致竹器的出现和对其文化内涵的充实，推动东周竹器进入“礼乐”时代。

周代竹器在商代竹器的基础上，各方面都获得进一步发展，其中“礼乐”竹器主要表现为竹器是“用”与“美”的结合和“用”与“礼”的结合。

首先是作为实用工具，周代竹器的发展表现为竹材的使用功能得到了进一步拓展。例如，周氏发展出较系统的竹制铜矿采集工具、竹制渔代生产工具以及纺织用的各类新型竹器；还出现了供书写用的竹毛笔、竹笔筒，甚至出现了竹墨盒；供军事用的则新增了竹积木杆，使各种长兵器的攻击范围和强度增强了，还出现大量竹弓；出现了竹笥、竹盒等新式竹器，用于存储食物、衣物、梳妆用品等；还有竹枕、竹扇、竹卮等新竹器出现；竹简更是被大量使用。周代竹器在“用”上有了进一步发展。

其次是周代竹器的发展表现为代表周代“礼乐”之风的竹乐器和竹礼器的出现及发展。在出土的周代竹器中，有排箫、篪、笛、笙、相、竹律管等竹乐器，竹制乐器在东周时代登上了大雅之堂，成为中国传统乐器的代表之一；另外目前出土的竹乐器几乎都带有精美的彩绘装饰，显示出周代竹乐器除了具备“音乐”功能外，其“审美”功能也十分重要，是“用”与“美”的结合。周代竹器还出现了同一种竹器有不同的表现形式，如竹席有普通竹席和彩绘竹席之别；而彩绘的精美表现也不尽相同，如有的是表现在色彩上，有的是表现在编织图案上，最具代表性的是望山1号墓（图3-1）和沙冢1号墓（图3-2）出土的两张竹席，其精美表现非同一般，堪称周代彩绘竹席的代表。

周代竹器发展到春秋战国时期，由注重实用性的阶段逐渐过渡到注重实用性和装饰性兼有、装饰性大于实用性的阶段，竹器实现了从只讲实用到同时注重审美的升级，即竹器出现了“用”与“美”的结合。

同时，由于周代盛行“礼乐”，人的等级高低和身份贵贱往往也是通过“乐”和“礼”来体现，因此推动竹器不断地向精美和装饰性方向发展。例如，曾侯乙墓、包山2号墓、马山1墓等诸侯贵族大墓出土的竹器要比从一般身份的士大夫墓出土的竹器更精美，而一般士大夫使用的竹器又比百工（如矿工、渔工、纺织工）使用的竹器更精致。因此，周代竹器除了“用”与“美”的结合之外，更隐含着“用”与“礼”的结合，说明周代的“礼乐”文化对该时期竹器的发展产生了深刻影响。

图3-1 江陵望山1号墓出土的彩绘竹席，长47厘米，宽41厘米（现藏于湖北省博物馆）

图3-2 江陵沙冢1号墓出土的彩绘竹席，长42厘米，宽23厘米（现藏于湖北省博物馆）

3.2 金文中的竹器

金文是商、西周、春秋、战国时期铜器上铭文字体的总称。金文应用的年代，上至西周早期，下至秦灭六国之前，前后时间约 800 多年。金文的字数，据容庚的《金文编》记载，共计 3722 个，其中可以识别的文字有 2420 个。虽然金文是在商代晚期到秦汉时期出现的，但主要应用时间是在周代，因此，金文中记录的竹器大多数是周代竹器。

经统计，容庚先生的《金文编》记录的竹器文字至少有 27 个（表 3-1），与这些竹器文字有关的字形至少有 473 个。这同甲骨文记录 12 种竹器文字、几十个字形相比，在数量上又有了很大的发展。如果统计《殷周金文集成》中所有的金文，关于竹器的文字肯定会更多，如“箙”在《殷周金文集成》中有 42 个字形之多。金文同甲骨文相比，文字增加的字数较多，因此记录关于竹器的文字相应地也增加了许多。

表 3-1　金文中的竹器文字

序号	竹器文字	金文字形举例	收录字形数量（个）	备注
1	竹		1	战国晚期，首次出现
2	箭		1	公元前 323 年，首次出现
3	笱		8	同“笋”，首次出现
4	節		5	战国，首次出现
5	簟		2	西周晚期，首次出现
6	筥		6	西周中期，首次出现
7	簋		162	在甲骨文中已出现
8	簠	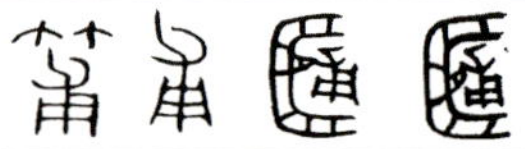	4	春秋早期，首次出现
9	篚		1	公元前 314 年，首次出现
10	笭	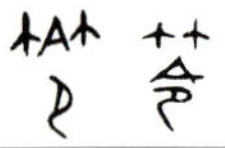	2	西周中期，首次出现
11	箙	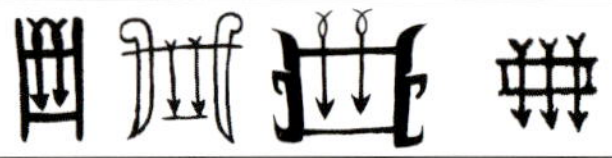	14	在甲骨文中已出现

（续表）

序号	竹器	金文字形举例	收录字形数量（个）	备　注
12	簧		1	公元前878—公元前841，首次出现
13	笲		1	一说同“简”[1]，战国时期，首次出现
14	筛		1	一说同“策”[2]，战国时期，首次出现
15	篙（xì）		1	出现时间不详，金文中首次出现
16	箕		135	在甲骨文中已出现
17	笄		1	同“箕”
18	簙		1	同“尊”
19	築		1	同“筑”
20	典		9	在甲骨文中已出现
21	侖		3	在甲骨文中已出现
22	龢		29	—
23	龠	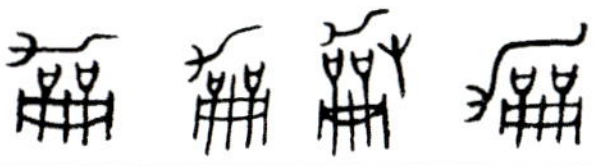	8	—
24	册		56	在甲骨文中已出现
25	矢		13	在甲骨文中已出现
26	侖		1	同“論”
27	宿		6	在甲骨文中已出现
合计	473			

① 中国社会科学院考古研究所．殷周金文集成［M］．北京：中华书局，2007：5145.
② 中国社会科学院考古研究所．殷周金文集成［M］．北京：中华书局，2007：5145.

1. 竹

“竹”作为一个单字，在甲骨文中并没有单独出现。虽然在商代甲骨文中有11个同“竹”字有关的文字，但是作为单字，“竹”字在周代金文中才出现，而且出现的字形不多。根据容庚的《金文编》记载，金文“竹”字仅有1个，是在战国晚期的螸壶上的铭文中出现的。这个铭文拓片上的文字（图3-3）为：“昔者先生□恣百每。竹胄亡彊。日夜不忘。”其中“竹胄”的意思是竹制的铠甲，这说明战国时期竹材又有了新的利用形式。

图3-3 带有金文“竹”字的拓片

2. 箭

“箭”字的首次出现是在青铜器上（图3-4），它是作为战国时期鄂君启节中的铭文第一次出现在金文中的，因为在这之前的商代甲骨文中，只有“矢”，而没有“箭”。在容庚《金文编》收录的金文文字中，“箭”字也仅在鄂君启节中出现过这一次。鄂君启节中原铭文为：“车五十乘，岁能返。毋载金、革、黾（渑）、箭。”可见“箭”在公元前300多年前也已经使用。

图3-4 金文“箭”

3. 節

“節”现在的含义更多的是指“节日”的“节”，但从与金文铭文相关的文物来看（表3-2），在周代它主要是指“竹节”的“節”。鄂君启节的出土，证明了“節”在周代不仅仅指“竹节”，还是一种作为凭证的竹器。“節”在周代晚期出现的频率相对较高，显示其此时使用已比较普遍。容庚的《金文编》收录的5个“節”字均带“竹”字头，显示出其源头一定与竹子有关。

表3-2 “節”字的金文字形

陈猷釜	子禾子釜	鄂君启舟节	鄂君启车节	中山王方壶
战国早期	公元前404-公元前385	公元前323年	公元前323年	公元前314年
—				

4. 簟

“簟”主要指竹席。《礼记》记载：“君以簟席，大夫以蒲席。”“簟”在商代甲骨文中没有出现过，在容庚的《金文编》中共出现两次（图3-5），分别是在番生簋和毛公鼎上的铭文中出现，巧合的是番生簋和毛公鼎均是西周（公元前1046—公元前771）晚期的青铜器，因此可以推断在西周晚期，簟已经在周代上层社会中使用。例如，毛公鼎上的铭文：“金簟弼。鱼箙。马四匹。”“金簟”显然是一种比较高贵、精致的竹席制品。

图3-5 “簟”字金文字形

5. 筥

“筥”（表3-3）在《说文解字》中的解释：“筥也。从竹，吕声。”可见筥是指古代盛物的圆形竹筐。在金文中，“筥”字的首次出现是在西周中期的“筥小子簋”上，铭文已清晰地显示“筥”字字形，铭文中“筥”字的字形与其现代字形没有太大区别。

另外，金文中还有一个字，是“竹”字头下面有一个“膚”字，容庚在《金文编》中，也将其归为“筥”，认为“簬”同“筥”字。“簬”虽然在商周时期大部分都是指青铜器，但从字形来看，它应该跟早期先人使用竹子制作有关。“簬”字的字形在《金文编》中共出现过4次。

表3-3 “筥”字的金文字形

筥小子簋	申鼎	筥平钟	筥侯簋	中子化盘
出现在西周中期	—	—	—	出现在东周早期，一说出现在东西周之间①
	—	—		

① 陈絜．中子化盘铭文别释［J］．东南文化，2008，205（5）：43-45.

6. 簋

“簋”字在甲骨文中已经出现，作为器具，它在周代已得到普遍使用。在容庚的《金文编》中一共列举了该字出现在不同器皿上的 162 个字形（图 3-6）。其字形的变化虽然较为丰富，但此时该字有一个主要特征变化就是其字形中的“竹”字部首已少见，甚至见不到，显示出此时竹制的簋已经逐渐变为由青铜器制作的簋。

图 3-6 “簋”字的金文字形

7. 簠

“簠”字，是指古代祭祀时盛稻粱的器具。其在甲骨文中没有出现过，在金文中出现的次数也不是很多。容庚的《金文编》共收录“簠”字的 4 个金文字形（表 3-4），这 4 个“簠”字的字形不完全一样。最早出现“簠”字的青铜器是微伯兴簠，铭文为：“微佰瘐乍（作）箭。其万年永寶。”[1]这里的“箭”同“簠”，明显带有“竹”字部首。

《金文编》中 4 个“簠”字字形都始于春秋早期或中期，相对年代比其他器具出现的时间要早一点。四个“簠”字字形中，能明确看到“竹”字部首的只有一个，其他三个字形均有不同程度的变化，这反映了“簠”在春秋时期制作使用材料的变化。

表 3-4 “簠”字的金文字形

微伯兴簠	曾仲斿父簠	鲁大司徒厚氏元簠	鲁大司徒厚氏元簠
不详	春秋早期	春秋早期[2]或春秋中期[3]	春秋早期[4]或春秋中期[5]

8. 筐

“筐”（图 3-7）是一种竹器，用来盛物。《说文解字》对其这样解释：“如竹筐是也。”到周代，筐多用青铜器制作。《金文编》仅收录出自中山王方壶铭文中一个“筐”字字形。在前文中，已经说明中山王方壶出现于约公元前 314 年。

在中山王方壶铭文中，“筐”字前后文为：“受賃（任）㷗（佐）邦。夙夜篚（匪）解（懈）。進孯（賢）散（措）能。”[6]后世将其概括为成语“夙

图 3-7 带有“筐”字的金文拓片

① 中国社会科学院考古研究所．殷周金文集成 [M]．北京：中华书局，2007:3040.
② 中国社会科学院考古研究所．殷周金文集成 [M]．北京：中华书局，2007:3045.
③ 马承源．商周青铜器铭文选 [M]．北京：文物出版社，1988：519-520.
④ 中国社会科学院考古研究所．殷周金文集成 [M]．北京:中华书局，2007:3047.
⑤ 马承源．商周青铜器铭文选 [M]．北京：文物出版社，1988:519-520.
⑥ 中国社会科学院考古研究所．殷周金文集成 [M]．北京：中华书局，2007:5141.

夜匪解”，意思是日夜谨慎工作，勤奋不懈。

9. 笭

《说文解字》解释：“笭，车笭也。”也就是说“笭”原指古代车子的竹帘。该字在商代甲骨文中没有出现过。容庚的《金文编》收录了该字两个字形（表3-5）。该字在征乍笭公觶上的铭文为：“征乍（作）笭公寶尊彝。”该字在訇簋上的铭文为：“□夷。师笭。侧薪□。华夷。”[①]“笭”字的部首明显是“竹”部。

表3-5 “笭”字的金文字形

征乍笭公觶	訇簋
—	西周中期

10. 箙

“箙”字在甲骨文中已经出现，有多种字形，字形区别不大。《金文编》及《殷周金文集成》记录的“箙”字字形虽然多样，但其与甲骨文的字形区别也不大，而且看其字形基本就能识别其字义（表3-6）。

11. 簧

“簧”在甲骨文中没有出现过，在金文中是第一次出现，而且在《金文编》中也仅此1例（图3-8），即该字出现在西周厉王在位时期的胡簋上。其记录该字的铭文为：“余亡康昼夜。（经）（拥）先王。用配皇天。簧（横）黹（致）朕心。墜（施）于四方。”[②]

表3-6 “箙”字金文字形

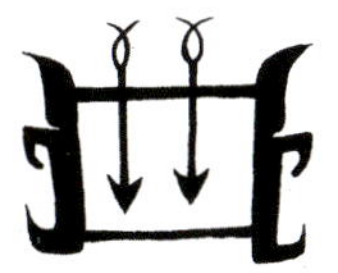			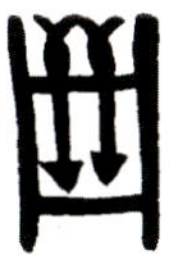	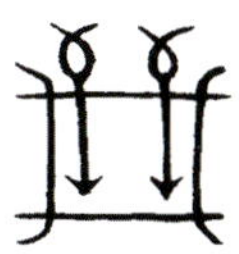	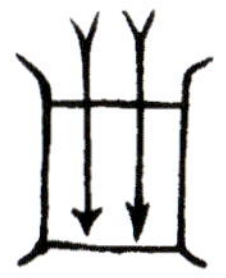	
盘文	箙父乙簋	父乙尊	戊箙卣	箙参父乙盉	戊父癸甗	佳父己尊
—	—	—	商代	商代	—	—
	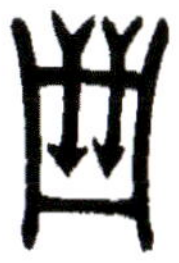	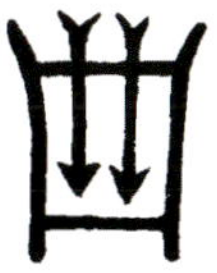				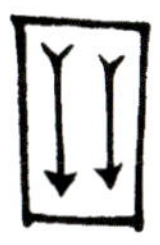
启卣	父庚鼎	䀠子壶	箙□爵	册戊父辛卣	且乙卣	戈文
西周	商代晚期	—	—	—	—	—

① 中国社会科学院考古研究所．殷周金文集成［M］．北京：中华书局，2007:2697.
② 中国社会科学院考古研究所．殷周金文集成［M］．北京：中华书局，2007:2689.

图 3-8　带有“簧”字的金文拓片

“簧”本义为乐器中用以发声的薄片。《诗经·小雅·巧言》中有“巧言如簧”，说明在周代“簧”作为乐器的一部分，已经广为人知。《说文解字》解释：“笙中簧也。”但是作为实物，胡簋铭文上的“簧”字是第一次出现。

12. “笲”与“箣”

这两个字是在中山王方壶上出现的（图 3-9）。中山王方壶最受学术界珍视之处是在它的四个光平的腹壁上有一篇用纤细的笔道和工整优美的篆书刻下的 448 字的铭文。在这 448 字的铭文中，跟竹器有关的不仅有前文的“節”“篚”“笲”与“箣”，还有“箕”等，其中“箣”出现两次，“箕”出现 8 次。铭文涉及不少竹器，可见周代的中山国使用竹器的品种较多。

容庚在《金文编》中指出，“笲，说文所无，从竹从閖省，閖为古文间（简）”①“箣，说文所无，义为策”②。《殷周金文集成》也在文字注释的时候把这两个字解释为“简”和“策”③。因其带“竹”字部首，所以“笲”与“箣”也是周代竹器的一部分。

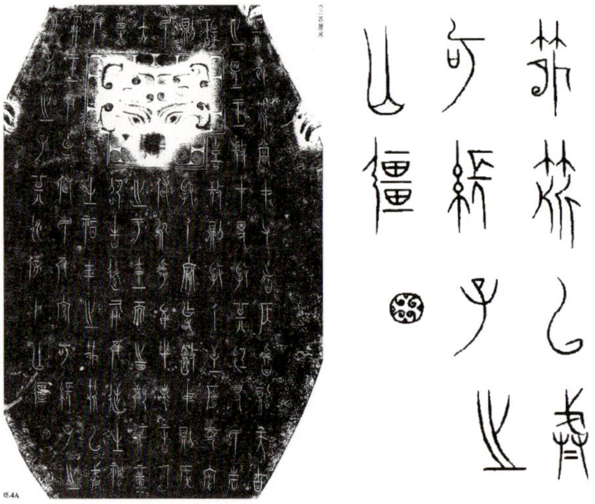

图 3-9　中山王方壶铭文拓片及其细节

13. 篙

“篙”字的金文字形，像饮食器具形状，该字指古代炊器，即用于烧煮或烹炒的锅，特指类似于鼎状的炊具。金文“篙”字的出现说明了在“鬲”之前有过用竹材制作的“篙”。不过“篙”字在金文中仅出现 1 次（图 3-10），《殷周金文集成》中也仅收录 1 例。

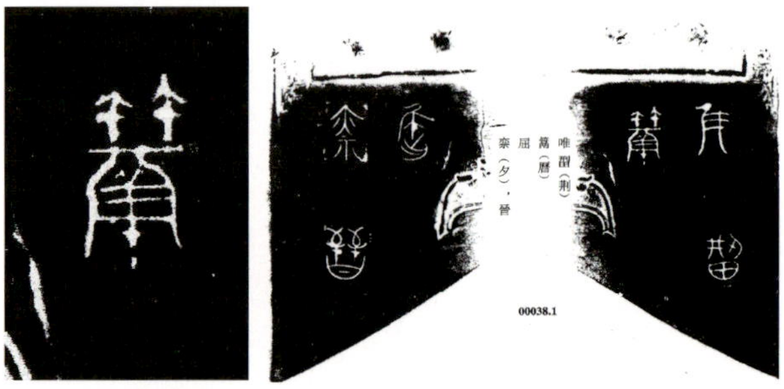

图 3-10　带有“篙”字的金文拓片

① 容庚．金文编中华书局 [M]．北京：1985:303.
② 容庚．金文编中华书局 [M]．北京：1985:303.
③ 中国社会科学院考古研究所．殷周金文集成 [M]．北京：中华书局，2007：5145.

3.3 铜绿山铜矿遗址中的周代采矿竹器

表 3-7 铜绿山铜矿遗址中的周代采矿竹器

序号	品种 \ 阶段	西周早中期①	春秋早中期②	春秋时期③	春秋晚期④	春秋晚期至战国早期⑤	战国至西汉初期⑥
1	竹 篓	9 件	3 件				
2	提 篓	10 件					
3	竹箢箕						20 余件
4	竹 筐	3 件	5 件		3 件	若干	10 余件
5	竹 篮			8 件		多件	
6	篾 条	1 卷					
7	竹编井	1 个					
8	竹 索	1 根		若干			
9	竹 梯	3 个					
10	竹浇筒	1 个					
11	竹护壁	若干		若干	若干		
12	竹火签	若干	若干	很多	若干		多处
13	竹 灯		1 个				
14	竹 屑			1 捆			
15	竹火把						较多

① Ⅺ号矿体为西周早中期采矿遗址。在原始井口比较集中的地方，出土了利用竹、木、草 3 种材料搭盖的大工棚，在一些竖井井口上发现护井的小草棚。工棚上遗存篾条 1 卷、残竹篓 6 个。48 号竖井是竹编井。19 号竖井采用竹索吊框结构。4、12 号竖井内采用青皮竹竿支护。17、20 号竖井内局部地方采用废竹篓、竹席填塞井壁。5、57、53 号竖井两壁均发现竹梯。1 号竖井出土了 3 个竹篓、1 个竹浇筒。45 号竖井内清理出 1 个竹浇筒。3、13、14、35、34 号竖井均采用了圆木棍夹竹席作护壁。井巷内到处可发现竹火签，共出土提篓 10 件、双提梁竹筐 3 件。

② Ⅶ号矿体 5 号点为春秋早中期采矿遗址。出土竹篓 3 件、竹筐 5 件，其内有孔雀石等氧化铜矿石，还发现有散落的竹火签及竹灯 1 个。

③ Ⅶ号矿体 1 号点为春秋时期采矿遗址。6、10、13、28 号竖井均为竹索吊框结构支护。遗址中 63 个竖井、43 条平巷基本都是采用圆木棍夹竹席糊青膏泥作护壁。1、8 号平巷、23 号盲井及在井巷充填物中共出土竹篮 8 件、竹屑 1 捆和很多竹火签。

④ Ⅳ号矿体为春秋晚期采矿遗址。43、44、50、55、56、60 号竖井均采用圆木棍夹竹席作护壁。31、34、44、60 号竖井各出土竹篮 1 件。12、18、22 号平巷内各出土竹筐 1 件。2、4 号平巷顶板局部发现有黑色烟熏痕迹及竹火签。

⑤ Ⅱ号矿体为春秋晚期至战国早期采矿遗址。出土多件单提梁竹篮和有对称藤编立耳的竹筐。

⑥ Ⅰ号矿体 24 线为战国至西汉初期采矿遗址。共发掘 5 个竖井、1 条平（斜）巷，它们除采用木框架结构支护外，还采用了许多竹节较粗的青皮竹竿作支护。6 号平巷出土的木槽底部，发现垫有大量破损的竹箢箕、竹筐、藤篓，其形可辨的竹箢箕约有 20 余件、竹筐 10 多件。井巷多处发现竹火签及用竹签做成的火把。

铜绿山铜矿遗址出土的周代竹器远多于商代竹器。从品种上看，至少有 15 种，涉及铜矿开采的各个环节。其中竹编井、竹索、竹灯等是周代对竹器的创造性利用和开发。

从数量上看，在出土的竹器中，竹篼箕、竹篓、竹筐、竹篮、竹火签较多。因此，在周代竹器中，箕、篓、筐、篮等是使用较多的竹器，器型也已基本形成。竹席制品则使用在各个方面，如工棚、护壁等均使用竹席制作。

1. 竹木井巷护壁

在铜绿山铜矿遗址中，可以看出，西周和东周时期的井巷大多采用木板或细圆木棍夹竹席的护壁结构，同商代晚期的护壁结构相比没有太大变化。其竹席的编织过程是先将细竹竿对剖、砸扁，然后以经三纬二或经二纬一的编织方法将竹篾按“井”字形编织。竹席一般长 300 厘米、宽 250 厘米左右。

2. 竹索与吊框结构支护

竹索就是细竹篾编成的绳索，其结构强度大。在铜绿山铜矿遗址中发现的西周时期的竹索，是我国目前发现的最早的竹索（图 3-11）。

图 3-11　Ⅶ号矿体 1 号点竖井竹索

竹索主要用于竖井中的吊框结构支护，即在竖井木制方框井架两头，以竹篾捆扎牢固，将竹索中间扭成麻花状后，再把下面一组框架连接起来，用来增强支护强度。这是因为在矿井潮湿条件下，竹篾比麻绳、藤条强度大且耐腐蚀。

3. 竹编井

Ⅺ号矿体 48 号竖井为竹编井（图 3-12）。井口呈椭圆形，井深 1.35 米，有 4 组藤圈。藤圈长轴 50 厘米、短轴 30 厘米，藤条直径 1.5～2 厘米。藤圈接头处重叠 20 厘米，用竹篾捆扎，藤圈间距 50 厘米。竹编井封闭性良好，但不能供人上下通行，推测该井为送风井。

图 3-12　Ⅺ号矿体 48 号竖井为竹编井

4. 圆形双提耳篼篮

Ⅵ号矿体 2 号点出土了西周时期的圆形双提耳篼篮（图 3-13）。该篮以“米”字状起头，采用盘缠法编织，篮口采用裹口锁边，篮身与篮底交接处采用了绞篾法编织，编织方法比锅形篼篮有所改进。其底径 28 厘米，口径 32 厘米，壁高

25 厘米；经篾宽 0.8 厘米，厚 0.5 厘米；纬篾宽 0.5 厘米，厚 0.4 厘米。

图 3-13　Ⅵ号矿体 2 号点出土圆形双提耳篼篮

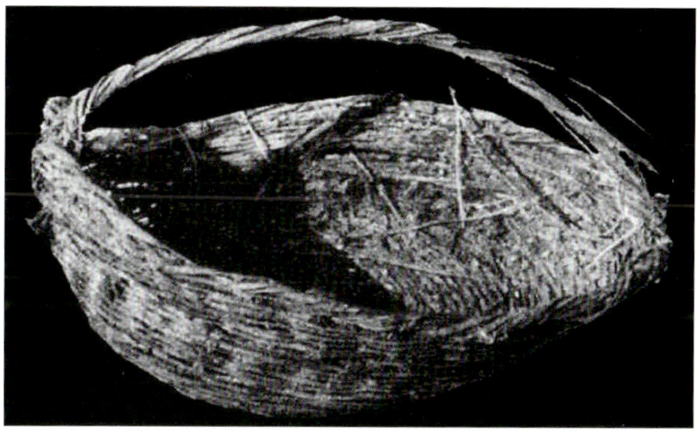

图 3-14　Ⅶ号矿体 1 号点出土的圆形篮

图 3-15　Ⅶ号矿体 1 号点出土的椭圆形篮

5. 六角孔花双耳篼篮

Ⅺ号矿体 1 号巷出土了西周时期的六角孔花双耳篼篮，其口沿采取轮口腕收边，底部加有强筋篾，并编有六角孔花，壁用盘缠法编织，口径 34 厘米，壁深 40 厘米。这种篼篮的透水性比较好。

6. 单提梁竹篮

铜绿山古铜矿遗址还出土了很多春秋时期的单提梁竹篮，其形状有锅形、圆形、椭圆形等（图 3-14、图 3-15），均为“米”字底，采用盘缠法编织，以裹口或穿口法锁边。用 1～2 厘米宽的硬篾从篮底中间来回穿过两壁，在口上扭成麻花状弧形提梁。底径一般为 20～25 厘米，口径 25～30 厘米；经篾宽 0.8 厘米，纬篾宽 0.5 厘米。

同样的采矿用单提梁竹篮在江西瑞昌铜岭商周铜矿遗址中也有发现（图 3-16），该篮出自西周时期，两者在造型、制作工艺和手法上均比较相似。这显示出在周代，不同地区的采矿竹器具有相似性。

图 3-16　瑞昌铜岭商周铜矿遗址出土的西周单提梁竹篮

7. 竹筐

Ⅶ号矿体 3 号点出土了春秋时期的竹筐（图 3-17）。该筐为圆口方底，筐口装有对称提耳。口沿用裹口收边，底部采用“井”字形编织，壁用盘缠法编织，底与壁交接处采用绞编，底板四角穿有强筋篾。该筐在出土时装满矿石。口径 83 厘米，底边长 22 厘米，高 35 厘米；经篾宽 0.6～0.9 厘米，纬篾宽 0.4～0.6 厘米，厚 0.5 厘米。

图 3-17　Ⅶ号矿体 3 号点出土的竹筐

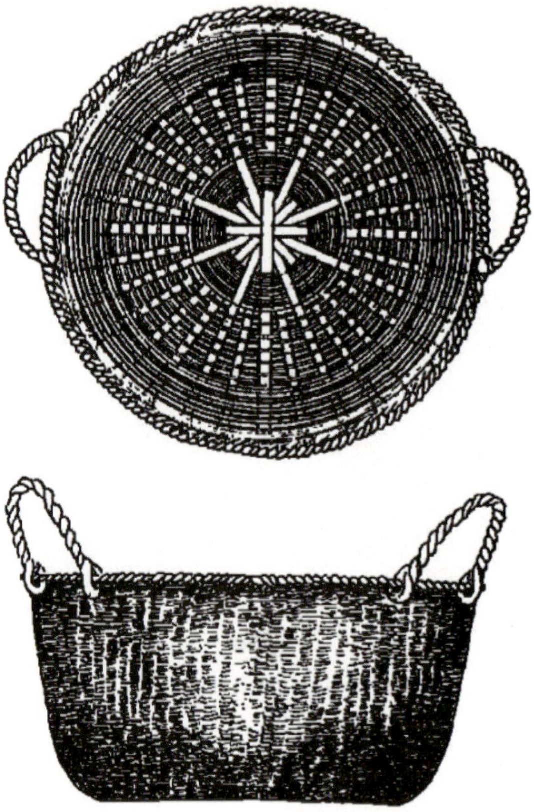

图 3-18　瑞昌铜岭铜矿遗址使用的周代双耳竹筐[①]

江西瑞昌铜岭商周铜矿遗址中也有类似的双耳竹筐出现（图 3-18），竹筐的编织方法大同小异，两者属于同一织编技术水平的同类竹器。瑞昌铜岭铜矿遗址出土的竹筐，口沿篾条为绞股式，内底编织呈放射状，麻花状双耳立于筐口沿，口径 43 厘米、底径 34 厘米、高 30 厘米，容积较早期大。

8. 竹畚箕

Ⅰ号矿体 24 线出土了竹畚箕（图 3-19）。这种竹畚箕出自战国至西汉时期，为“U”字形敞口，两侧装有对称提耳。经篾在箕畚处挽成一个大疙瘩，由畚箕向箕口成放射状排列，箕口上有“U”形硬篾，纬篾绕硬蔑穿插，经篾往返来回编织。竹畚箕口宽 36 厘米、深 20 厘米、长 33 厘米。

图 3-19　Ⅰ号矿体 24 线出土的竹畚箕

① 刘诗中，卢本姗．江西铜岭铜矿遗址的发掘与研究［J］．考古学报，1998（4）：485.

9. 双提梁小竹篮

Ⅰ号矿体24线5号竖井出土了双提梁小竹篮（图3-20）。该篮出自战国至西汉时期，为圆形弧壁，底附圈足。口沿中部编有对称双提梁。编织方法与遗址中出土的其他竹篮基本相同。

图3-20　Ⅰ号矿体24线5号竖井出土的双提梁小竹篮

10. 竹舀子

Ⅺ号矿体1号竖井出土了西周时期的竹舀子（图3-21）。竹舀子用一端带竹节的竹筒制作而成。距筒口4.7厘米的一边外壁刻有一道长1.2厘米的榫槽，槽内装有一根长25厘米的舀柄。舀子直径6厘米，高12厘米。

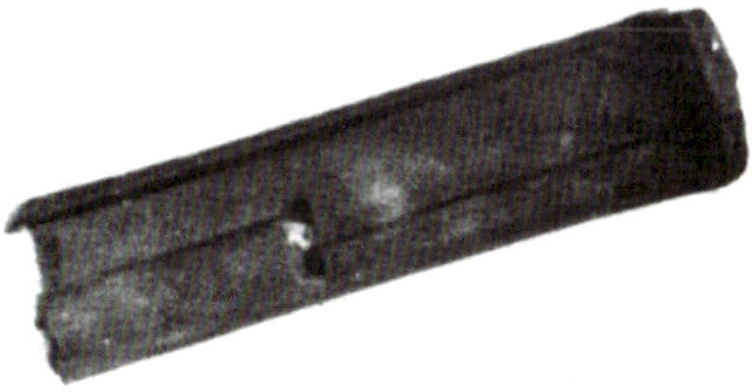

图3-21　Ⅺ号矿体1号竖井出土的竹舀子

11. 小竹灯

Ⅶ号矿体5号点的两口井中出土了春秋时期的小竹灯（图3-22），它是用一端带竹节的竹筒制作而成。距筒口3厘米处挖有一个1厘米见方的对穿插口，插口内装有一根活动拨火棒，筒口一侧有火烧痕迹。竹灯直径5厘米、高12厘米。这种小竹灯可能是用油脂（在Ⅶ号矿体1号点的春秋时期采矿遗址1号竖井底层曾出土过一块像牛粪一样的油脂）作燃料。竹灯较竹火签（图3-23）点燃时间长、亮度高。

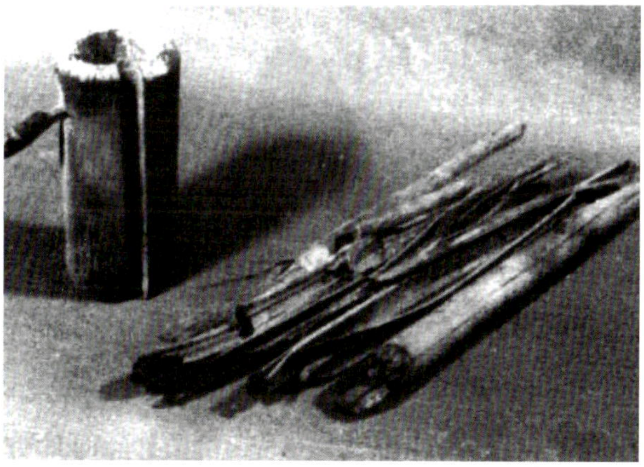

图3-22　Ⅶ号矿体5号点出土的小竹灯

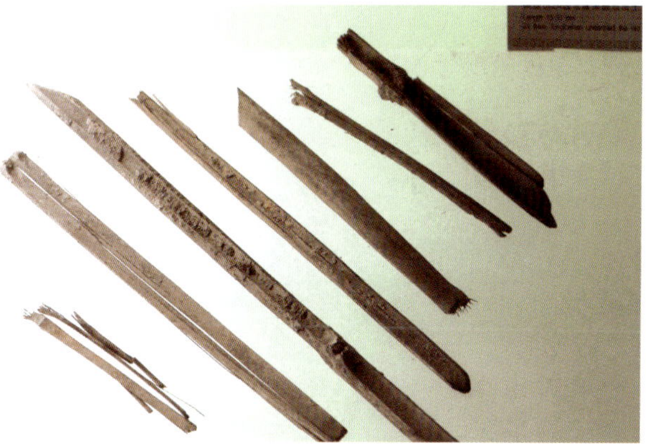

图3-23　湖北大冶商代铜矿山遗址出土的竹火签

12. 竹箅子

Ⅶ号矿体出土了竹箅子，这种竹箅子出自春秋时期，为圆饼状（图3-24）。其制作方法是先用一根粗篾制作一个直径20厘米的竹圈，在竹圈上等距插上3根经篾，再用一根宽1厘米、厚0.5厘米的纬篾，绕竹圈横穿经篾往返编织。它可能是用来蒸食物的炊具。

图 3-24 Ⅶ号矿体出土的竹箅子

13. 竹盘

在铜绿山铜矿遗址的Ⅶ号矿体中还发现了一种棱花竹盘（图 3-25），该竹盘底部采用“米”字形竹篾框架，边缘收口采用棱花的形式。其尺寸不详，竹盘的功能有待考证。

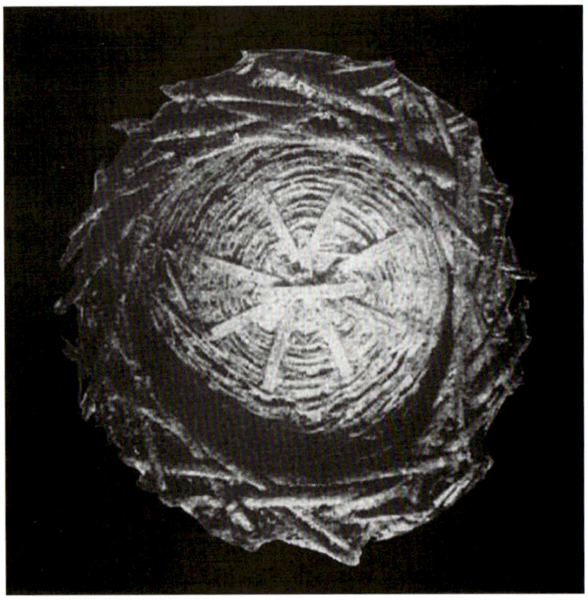

图 3-25 Ⅶ号矿体采集的棱花竹盘

在江西瑞昌铜岭商周铜矿遗址中也出土了类似竹盘（图 3-26），其口径 32 厘米、底径 26 厘米、高 6 厘米，经过研究发现，该类竹盘是用来筛选铜矿的。“将（竹）盘内矿砂置入水中，盘缘露出水面，使竹盘保持悬空平衡，先将竹盘在水中直抖，让轻矿物浮在上部，随着有节奏的抖动，水从盘底鼓入，盘内矿物受到上升水和下降水的交变水流作用，矿物按轻、重、大、小产生分层，然后将盘在水中旋转，使盘缘形成浪冲式分选流，将轻矿物甩出盘外，细小的泥沙经篾孔排出，铜矿物显露得清清楚楚。”①

图 3-26 瑞昌铜岭铜矿遗址中的周代竹盘②

14. 竹木草工棚

在Ⅺ号矿体， 考古人员发现一处原始工棚，南北低、中间高，呈龟背形。工棚东西长 11.1 米，南北宽 6.8 米。棚顶是用竹、木、草 3 种材料搭盖。顶层是一层草质物，中间是一层六角形空花竹篾网，下面有直径 3 ～ 10 厘米的圆木棍，再下面有木炭渣、竹屑、灰烬等堆积物。

① 刘诗中，卢本姗．江西铜岭铜矿遗址的发掘与研究［J］．考古学报，1998（4）：488.
② 江西省文物考古研究所，铜岭遗址发掘队．江西瑞昌铜岭商周矿冶遗址第一期发掘简报［J］．江西文物，1990（3）：1-12.

3.4 孙砦遗址中的西周渔业竹器[①]

信阳位于豫南大别山的北麓，素有豫南“鱼米之乡”之称。20 世纪 50 年代，在信阳北约 20 千米的淮河北岸的孙砦村发现了一处遗址，即孙砦遗址。孙砦遗址文化层的堆积厚度一般在 1 米左右，最厚处达到 3 米左右。该文化层包含了西周和新石器时代两个不同时期的文化层，其中以西周文化层堆积最厚，出土的文物最多。

孙砦遗址的西南部是遗迹和遗物分布最丰富的区域，通过挖掘，发现这是一处西周时期养殖鱼苗的沟池遗迹。孙砦遗址出土了许多石器、骨器和陶器，特别是出土了“罕见的用于渔捞的竹木工具”[②]。

根据河南省文物研究所的统计，孙砦遗址出土的竹器“80 余件（表 3-8），出自长方形坑中的黑灰色淤泥中，堆积极其稠密，有的甚至两三层互相叠压在一起。器形多因泥水冲压变形。竹篾质地若泥，极不易剔剥出来”[③]。因为竹器在出土时已经和泥土融合，剥离出来相当困难，出土的 80 余件竹器仅是遗址中竹器的一部分，且多为残片或竹器的一面。“初出土时，篾片尚保持青黄色，与新的无大差别。出土后逐渐收缩干裂，篾片翘起变形，不易保存。还出土了未经加工的竹竿。”[④]

表 3-8　信阳孙砦遗址出土的西周竹器

序　号	名　称		数量（件）	形 状 特 点
1	竹篓（篮）	扁圆形	3	口长 17 厘米、20 厘米、50 厘米不等
		长方形	2	高 17 厘米、口长 35 厘米，其中残件高 13.5 厘米、口宽 8.5 厘米
		圆形	2	残件长 29 厘米、高 20 厘米、直径 34 厘米
		残存底部	4	和常见的竹篮底相似
		其他	13	—

① 该节使用的图片均引自河南省文物研究所撰写的《信阳孙砦遗址发掘报告》。
② 河南省文物研究所．信阳孙砦遗址发掘报告 [J]．华夏考古，1989（2）：1-68.
③ 河南省文物研究所．信阳孙砦遗址发掘报告 [J]．华夏考古，1989（2）：1-68.
④ 河南省文物研究所．信阳孙砦遗址发掘报告 [J]．华夏考古，1989（2）：1-68.

（续表）

序　号	名　称		数量（件）	形 状 特 点
2	竹渔罩	梯形	1	单经多纬长方孔，梯形格孔，上口较小，直径 13 厘米，下口宽大，直径 101 厘米，高 120 厘米
		若簸箕状	2	残件长 29 厘米、宽 46 厘米、高 70 厘米
		圆锥形	1	上端为尖状，单经双纬或三纬编织成梯形孔纹网格，残件长 5.3 厘米、宽 3.9 厘米
		近三角形	1	单经双纬，长方形孔较大，残件长 49 厘米，最宽处 33 厘米
		其他	2	—
3	单经单纬十字纹竹器		8	竹黄编织，器型不明，功能不详
4	六角形网眼竹器		7	出土均是碎片，器型大小不一，残件长 59 厘米、宽 20 厘米；六角形网眼长宽约 4 ～ 4.5 厘米
5	单经单纬人字形竹器		7	编织方法与今竹席一样，出土的样本有类似于当地储粮的席圈，也有类似圆形筐类竹器
6	多经多纬人字形竹器		4	器型较小，圆形、圆筒状为主，底径 10 厘米、14 厘米、20 厘米不等，残件高最大 75 厘米、最小 4.5 厘米，功能不详
7	密经少（无）纬纹竹器		4	器型不明，功能不详
8	竹圈		5	环形器座，竹竿粗细约 1 厘米，圈直径 10.5 ～ 28 厘米不等
9	簸箕		1	残件长 23 厘米，柄长 13 厘米，柄直径 3 厘米，前端最宽处约 10 厘米
10	圆筒状竹器		1	形体较小，器型不明，直径 8 厘米
11	其他		12	—
	合　计		89	—

1. 竹篓（篮）

孙砦遗址出土竹篓（篮）24 个（图 3-27），数量很大，器型也不尽相同，有扁圆形（图 3-28）、长方形和圆形等。

长方形竹篓（篮），口大底小，两边及底，周边凸起成脊，中间呈凹形，底近长方形。图 3-29 所示的长方形竹篓（篮），高 17 厘米，口部长 35 厘米、宽 12 厘米，底部长 16 厘米、宽 6 厘米、由此可知该竹器不大，如果用于养鱼场，应该是小型用具。

图 3-30 所示的圆形竹器残件高 20 厘米，直径 34 厘米，底部竹编呈圆形。根据河南省文物研究所绘制的图稿，可以看出竹篓（篮）呈腰大收口的造型。

另外还有一部分残件，似是竹篓（篮）的底部残件（图 3-31），整体造型已无法辨认。

图 3-27　密纬疏经十字纹竹篓（篮）

图 3-28　扁圆形竹篓（篮）

图 3-29　长方形竹篓（篮）

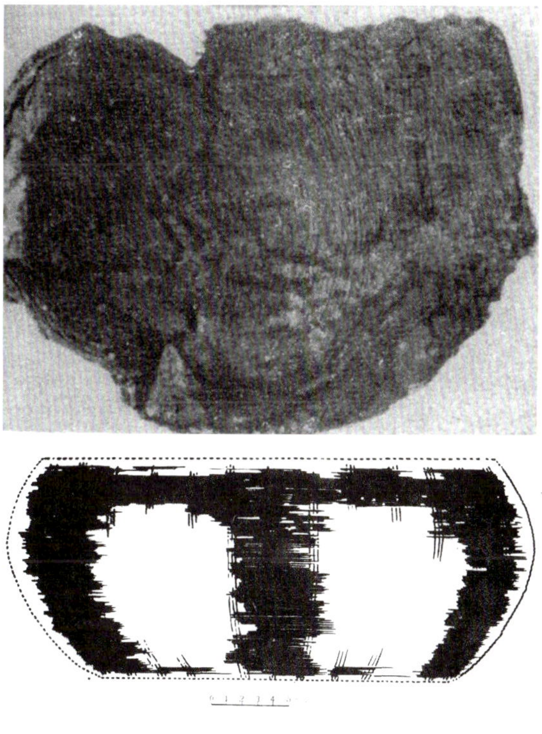

图 3-30　圆形竹篓（篮）

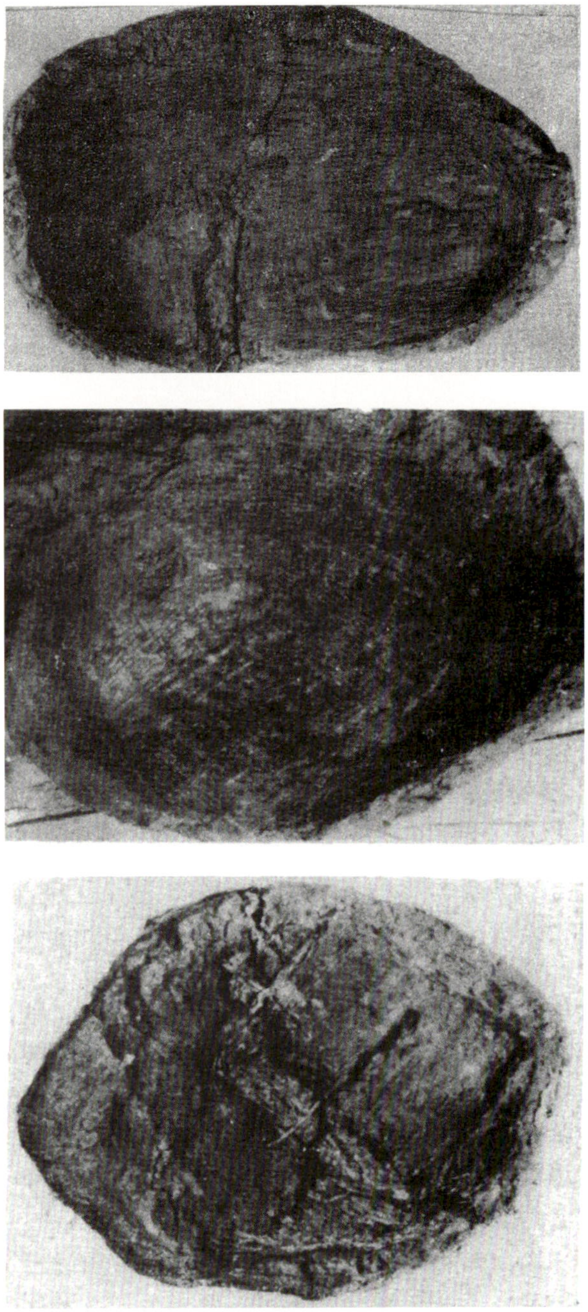

图 3-31　竹篓（篮）底部

2. 竹渔罩

孙砦遗址出土的竹渔罩共有 6 个（图 3-32 至图 3-35），总体上呈梯形，编织方法和网孔大小不完全相同，与这一类竹器同时出土的还有鱼虾遗骸及菱角等水生物，因此这一类竹器属捕捞类竹器。从整体造型和网孔大小来推测，它们应该是用于捕鱼、罩鱼的工具。

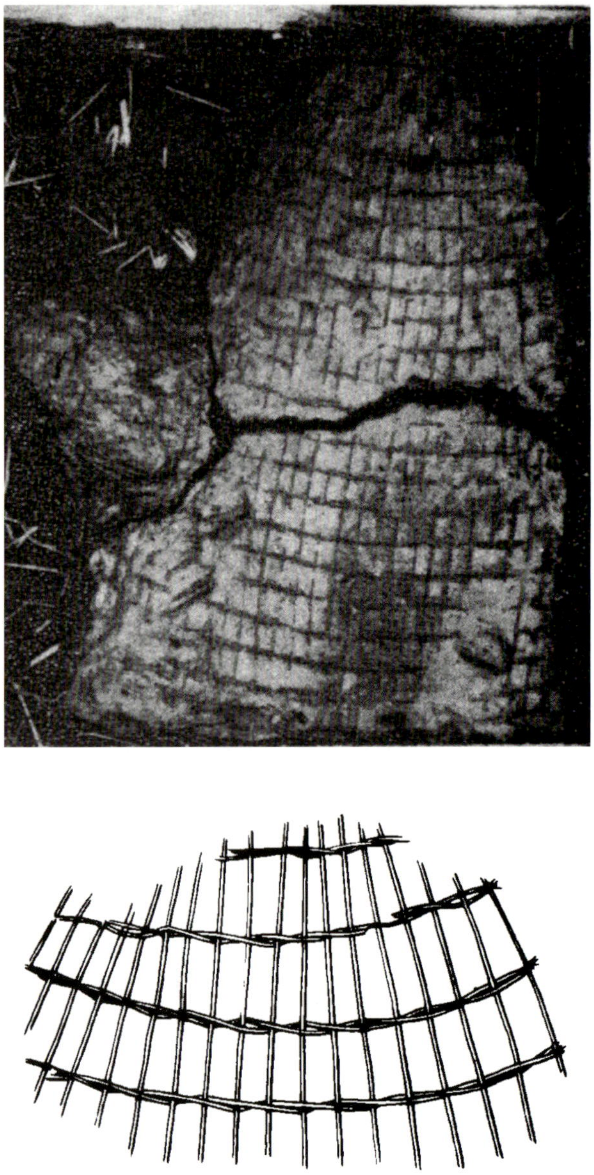

图 3-32　簸箕状竹渔罩及网孔编织示意图

图 3-34 大竹渔罩

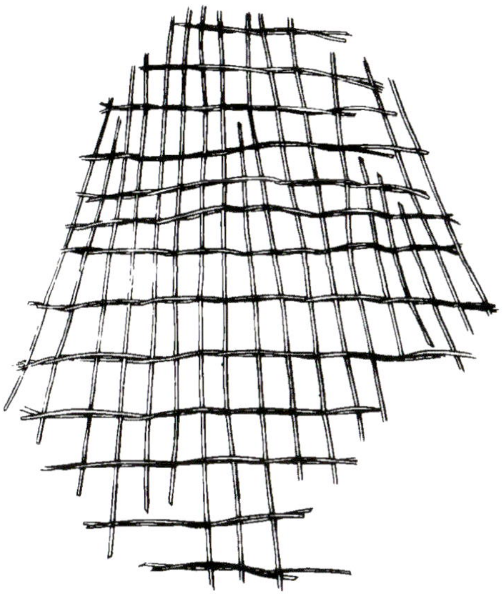

图 3-33 三角形竹渔罩及网孔编织示意图

图 3-35 圆锥形竹渔罩

3. 单经单纬十字纹竹器

对于这一类竹器，孙砦遗址没有出土一件完整的竹器，仅有部分残存物（图3-36、图3-37），残存的竹器，采用的都是单经单纬十字编的编织工艺。虽然无法推测出残存竹器的用途和功能，但是它可反映当时竹编的编织工艺水平等情况，显示出西周时期竹编的编织工艺水平已经达到较高水平。

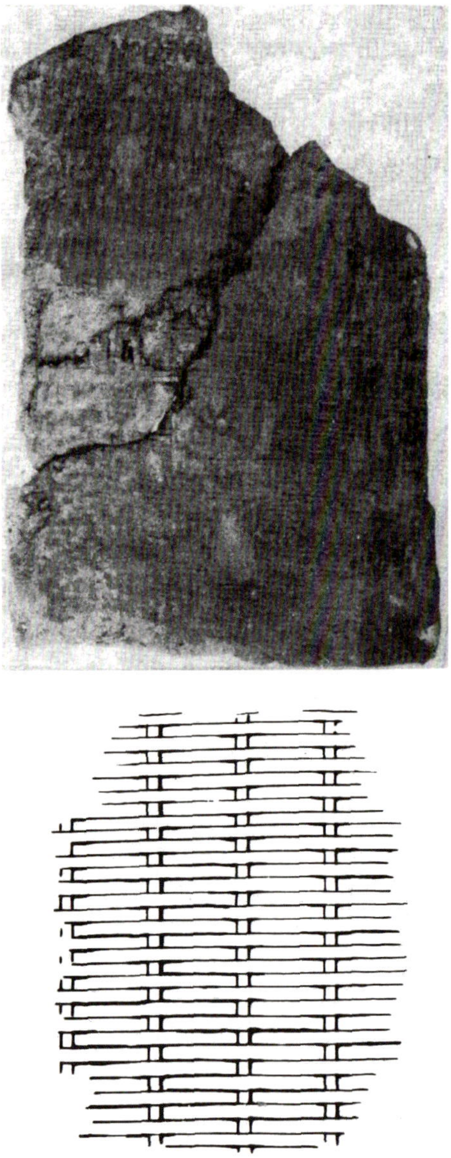

图3-36　单经单纬十字纹竹器残件及其编织示意图

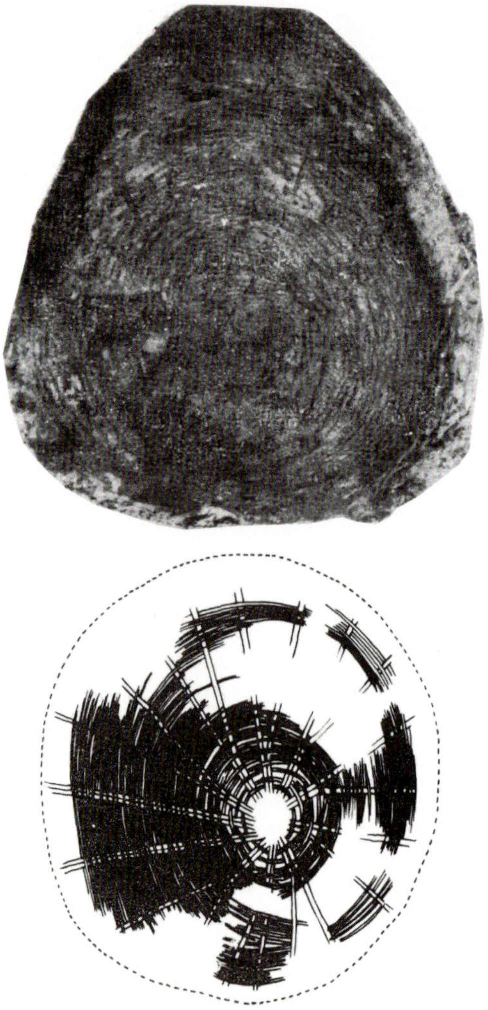

图3-37　单经单纬十字纹竹器残件（圆形底部）及其放射形编织示意图

4. 六角形网眼竹器

六角形网眼竹器的竹编方法与孙砦遗址中的其他竹器不同，因此它是一种功能不同于其他竹编的竹器。由于出土的该类竹器都不完整，因此无法推测出该类竹器的基本功能和用途。该类竹器一共出土了7件（图3-38、图3-39、图3-40），这说明了这一类竹器在当时使用得较普遍，应该是一种常用竹器。该批竹器是目前我国发现的最早采用六角形网眼编织方法编织的六角形竹编实物。

图 3-38 六角形网眼竹器残件（长 59cm、宽 20cm）

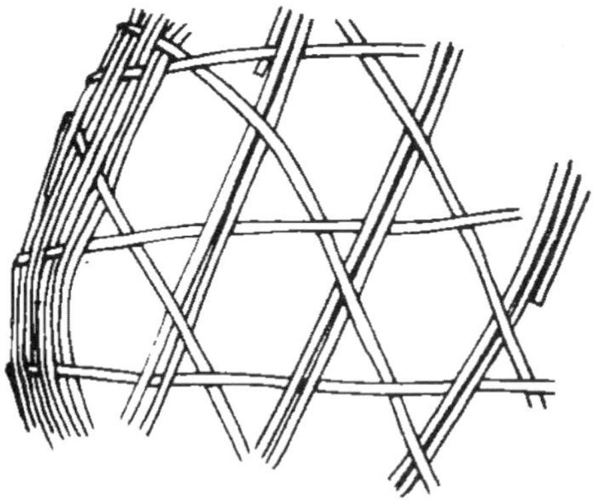

图 3-39 六角形网眼竹器残件编织示意图

图 3-40 六角形网眼竹器残件（高 67 厘米、宽 35 厘米）

5. 单经单纬人字形竹器

孙砦遗址共出土单经单纬人字形竹器7件(图3-41 至图 3-43），数量较多，应该也是西周时期较常用的竹器，但因大部分竹器不完整，因此不能推测其具体功能。其中的圆形竹器，周边向上

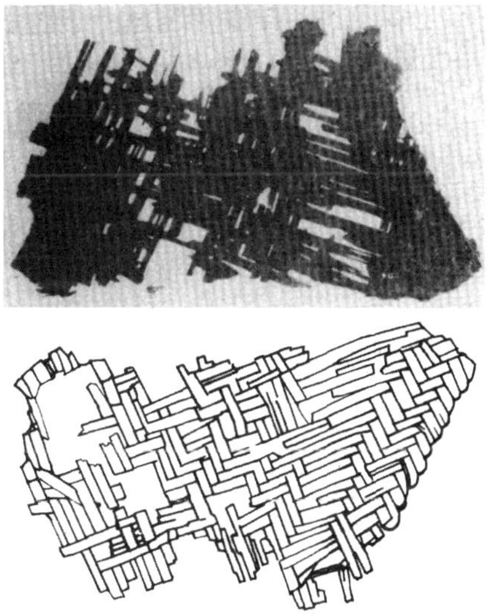

图 3-41 单经单纬人字形竹器残件及其编织示意图

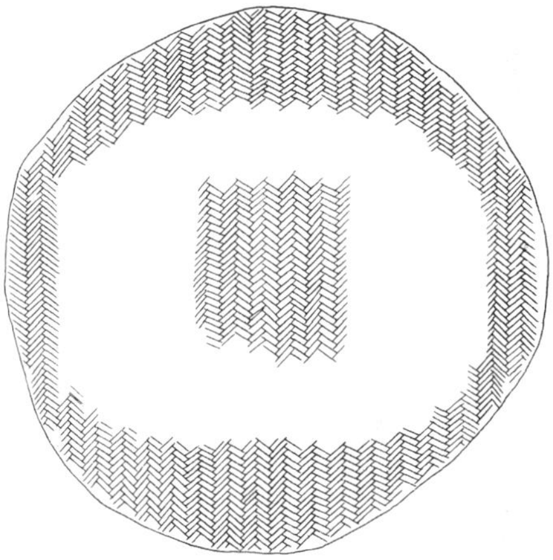

图 3-42 圆形筐类竹器编织示意图

图 3-43 单经单纬人字形竹器残件

折，似筐类器具，直径为37厘米。因此，这一类竹器更像是一种生活、生产用的储物竹器。该批竹器是目前发现的最早一批采用的单经单纬人字形编织方法编织的竹编实物，同浙江尖山湾遗址中出土的竹编在编织方法上有相似性。

6. 多经多纬人字形纹竹器

孙砦遗址共出土多经多纬人字形竹器4件（图3-44），均为圆形和圆筒状竹器，小的直径为10～14厘米，大的直径为20厘米左右，具体功能无法确定。该批竹器是我国目前发现的最早的一批采用多经多纬人字形编织方法的竹编实物。

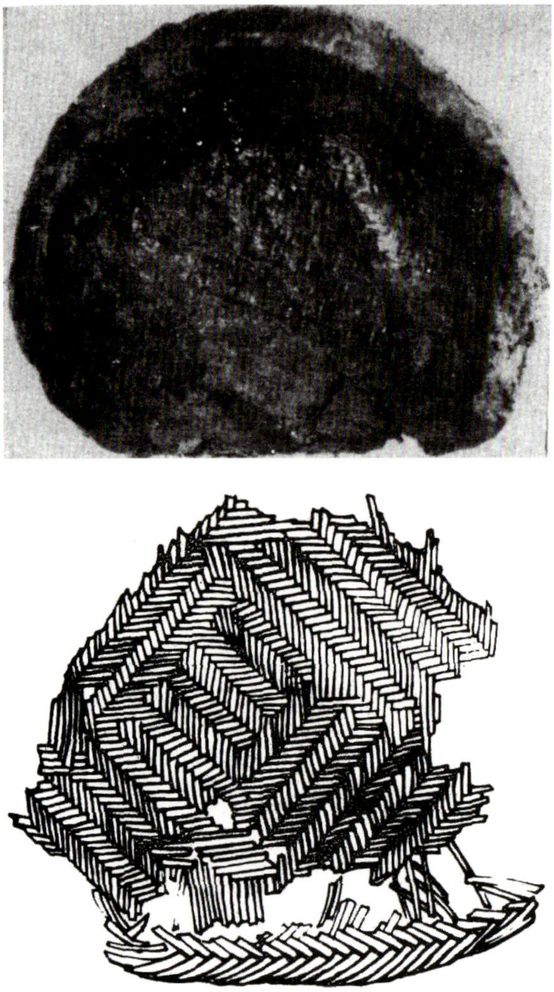

图3-44　多经多纬人字形纹竹器残件及其示意图

7. 密经少纬纹竹器

孙砦遗址出土这类竹器4件（图3-45），它们在编法上有变化，为密经少纬纹竹器。由于出土的竹器不完整，不能推断其功能和用途，但其在编织技法上有一定的特点，表明西周时期竹器的编织工艺已经向多样化发展。

8. 竹圈

孙砦遗址共出土竹圈5件（图3-46），均用一束篾丝或篾片绞扭成单圈或多圈连环。其中有一个竹圈在出土时还有一个完整的葫芦放置其上，因此推断该竹圈是环形器座。该竹圈粗1厘米、直径为10.5左右厘米。出土的其他竹圈直径分别为10～20厘米，最大直径为28厘米。

图3-45　密经少纬纹竹器残件

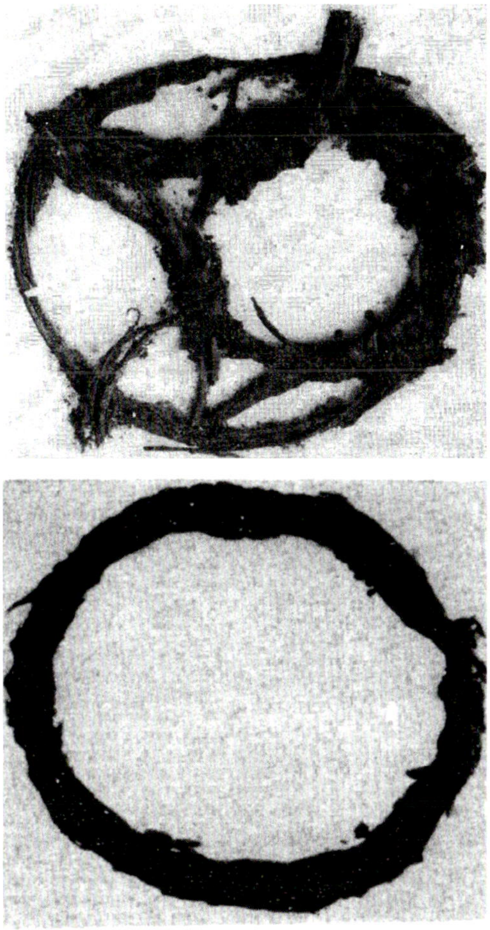

图 3-46 竹圈

图 3-47 竹编簸箕

9. 竹编簸箕

图 3-47 所示为出土的竹编簸箕，主体为近三角形竹编，后端为一竹制长柄。竹柄的前端被劈开作经，用篾片上下十字交叉作三角形铲头。竹编簸箕残件长 23 厘米，柄长 13 厘米，柄径 3 厘米，前端最宽处约 10 厘米。

这件竹器不仅是一件功能独特的竹器，更主要的是其采用了新的竹器编织方法。特别是在 3000 多年前的西周时期就采用了这种一半竹竿、一半竹编的造物手法，实在令人惊叹。这一竹制品的出现，说明西周时期对竹材的开发利用又向前迈进了一步。

10. 其他竹器实物

孙砦遗址出土的竹器80余件，涉及竹篓(篮)、竹渔罩、竹筐、竹圈、簸箕等 11 个品种。虽然出土的部分竹器因残缺不全(图 3-48 至图 3-51)，只能观察到其编织的样式和特点，不能推断其功能和用途，但孙砦遗址出土的竹器表明西周时期的竹器不仅种类多、使用量大，而且竹器编织方法和技艺已经有很高的水平。

如果说大冶铜绿山周代铜矿遗址出土的竹器体现了周代采矿生产竹器的特点和制作水平，那么信阳孙砦遗址出土的竹器则主要体现了西周渔猎竹器的特点和制作水平。但不论从哪方面看，周代竹器都具有较高的制作水平并获得了较普遍的使用，特别是渔猎竹器的编织工艺水平达到了前所未有的高度，竹器的使用功能也得到了拓展。

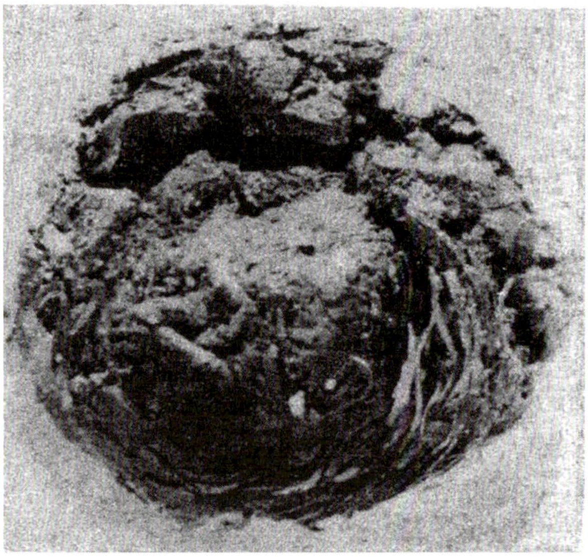

图 3-48　圆筒状竹器

图 3-50　单经单纬十字纹竹器（二）

图 3-49　单经单纬十字纹竹器（一）

图 3-51　单经单纬人字纹竹器

3.5 九店东周墓中的生活竹器

湖北江陵县九店（今纪南乡）一带，共发掘东周墓597座。根据湖北省文物考古研究所编写的《江陵九店东周墓》等相关资料统计，该墓群共出土竹笥等竹器98件，分属37座墓；竹卮（木盖）12件，分属5座墓；竹简239枚，分属3座墓①。主要器物有竹简、竹笥、竹席、竹筐、竹篓、竹枕、竹扇、竹算筹、竹笄、竹笔筒、竹毛笔、竹帘（用来覆盖棺木）、竹弓以及竹卮等。九店东周墓群出土的竹器器型有15种之多，涉及生活的各个方面。

1. 笄

笄是古代中国妇女在装饰头发时使用的一种簪子，用来插住挽起的头发，或插住帽子。在古代，女子到15岁时称为"及笄"，也称"笄年"，此时需结发，即将头发挽起用笄贯之。毫无疑问，九店墓出土的笄是墓主人用来挽头发和装饰用的器物。出土于九店东周墓的竹笄（图3-52、图3-53）出自战国晚期。该竹笄有两种形式：一种是将一块竹片直接开槽分成三股，但他们是一个完整结构；另一种是用三根细长竹片拼在一起，穿孔后用线捆扎。竹笄虽小，但就材料利用而言，竹笄是东周时期对竹材巧妙利用的代表性竹器。

2. 竹弓

早在新石器时代先人就已经掌握弓箭的制作和使用方法，但是竹弓实物的发现相对较晚。目前出土周代早期竹弓的遗址有河南光山黄君孟夫妻墓（约前648年），出土周代稍晚时期竹弓的遗址有湖北江陵雨台山楚墓（春秋晚期至战国晚期前段）、湖北荆门郭店1号楚墓（约公元前350—公元前300）、湖北江陵天星观1号楚墓（约公元前340年）、湖北枝江县姚家港楚墓（战国中期）、湖北荆州望山桥1号楚墓（战国中期）、湖北荆门包山2号墓（公元前292年）、湖北江陵拍马山楚墓（战国中晚期）等。

九店东周墓出土的竹弓共有7件，一般由两块竹片捆绑而成，中段重合处增厚。图3-54为其中的一张竹弓示意图，竹弓呈波浪形，髹黑漆，造型的细节处理细腻精巧，总长145.5厘米，竹弓的制作时间为战国中期。河南光山黄君孟夫妻墓出土的竹弓（图3-55）则是用一根竹片制作而成，竹片弹性强，还可将其加工成不同形状的截面，以满足竹弓的不同功能需要。

① 湖北省文物考古研究所．江陵九店东周墓[M]．北京：科学出版社，1995.

图 3-52　竹笄（复制品）

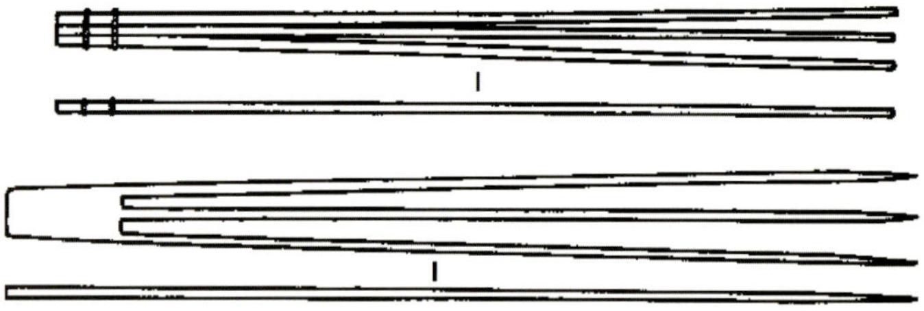

图 3-53　竹笄示意图①

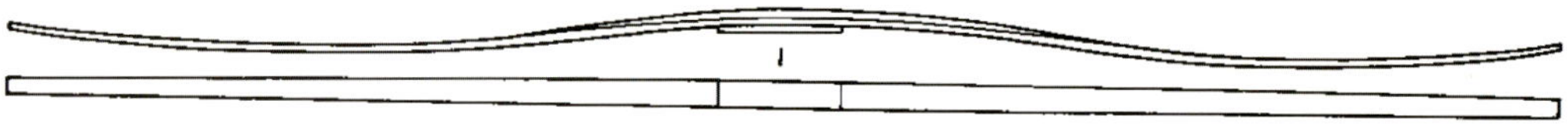

图 3-54　江陵九店东周墓出土的竹弓示意图②

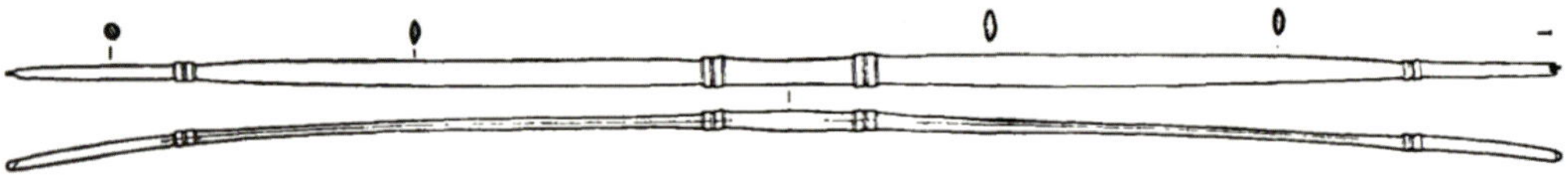

图 3-55　河南光山黄君孟夫妻墓出土的竹弓示意图③

3. 圆竹笥

九店东周墓出土的圆竹笥有 3 件，均为带盖的竹编盒子，有里外双层，其中表层为彩漆篾编织，里层为素篾，彩漆为红、黑两色。圆竹笥内装有铜镜、木梳、篦、笄、竹签牌等物品。这应是一种梳妆盒。圆竹笥做工精美，体现了“用”与“美”的周代竹器特点。

图 3-56 所示的圆竹笥出自战国晚期。该圆竹笥的图案设计十分讲究，采用上漆的竹篾，利用精巧的编织工艺制作而成。图案为直线型不对

① 湖北省文物考古研究所编．江陵九店东周墓［M］．北京：科学出版社，1995：325.
② 湖北省文物考古研究所编．江陵九店东周墓［M］．北京：科学出版社，1995：325.
③ 河南信阳地区文管会，光山县文管会．春秋早期黄君孟夫妇墓发掘报告［J］．考古，1983（4）：328.

称切分的圆面，细密回转的折线丰富了圆竹笥的形态，使圆竹笥显得十分精美，该圆竹笥代表了东周时期竹器图案设计的最高水平。在出土的周代竹器中，圆竹笥比较少见。湖北江陵马山1号楚墓（约公元前340—公元前278）、湖北荆门包山2号墓（公元前292年）也出土过该时期的圆竹笥，它们均做工精美，彩绘和装饰纹样设计独特。

4. 竹筐

竹筐是常见的生活类器具，九店东周墓出土了1件方形竹筐。该方形竹筐采用人字形编织方法（图3-57），双层，素面，用篾黄编成。出土时，方竹筐内装有竹笥一件，说明竹笥比竹筐更贵重，也显示出竹筐在东周时期已是常用竹器。

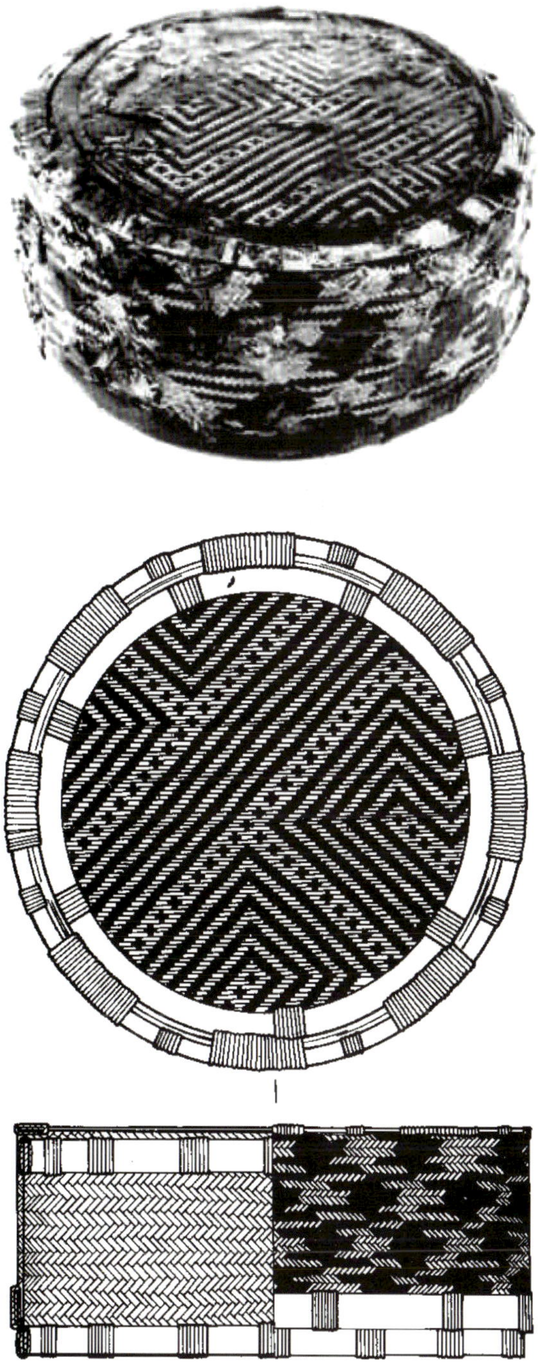

图3-56 圆竹笥及其编织示意图①

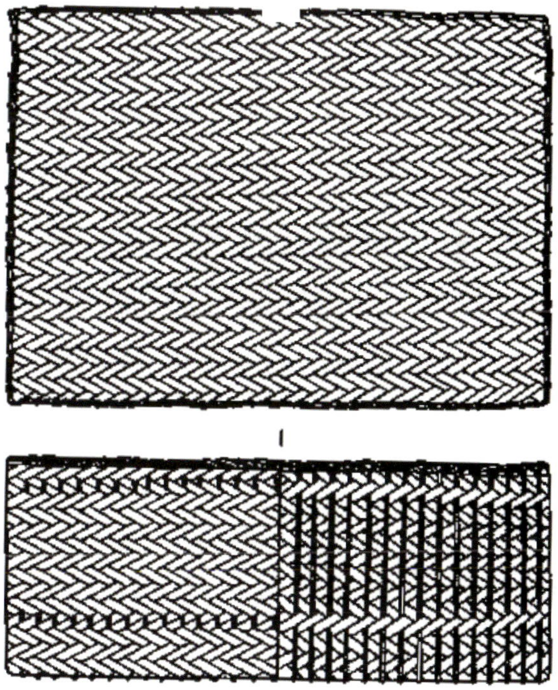

图3-57 九店东周墓出土的竹筐编织示意图

① 湖北省文物考古研究所．江陵九店东周墓[M]．北京：科学出版社，1995：317.

5. 方竹笥

九店东周墓出土的方竹笥有 51 件（其中彩绘方竹笥 1 件），分属 25 座墓。从墓群中出土的竹笥形式多样，一方面可以看出，竹笥在当时的应用比较普遍；另一方面也可以看出竹笥在当时是属于较贵重的器物。竹笥的装饰纹样相当精美，这足以反映出制作者和使用者都比较看重这些物品。从出土的实际情况来看，竹笥的主要用途是盛装食物或者衣物，是一件生活竹器。

出土的彩绘竹笥（图 3-58）制作精细，图案编织也十分精美，特别是其中的一个方竹笥通面采用非对称回形纹，以“T”字形为骨架重复排列而成，形成方正而又丰富的视觉效果。

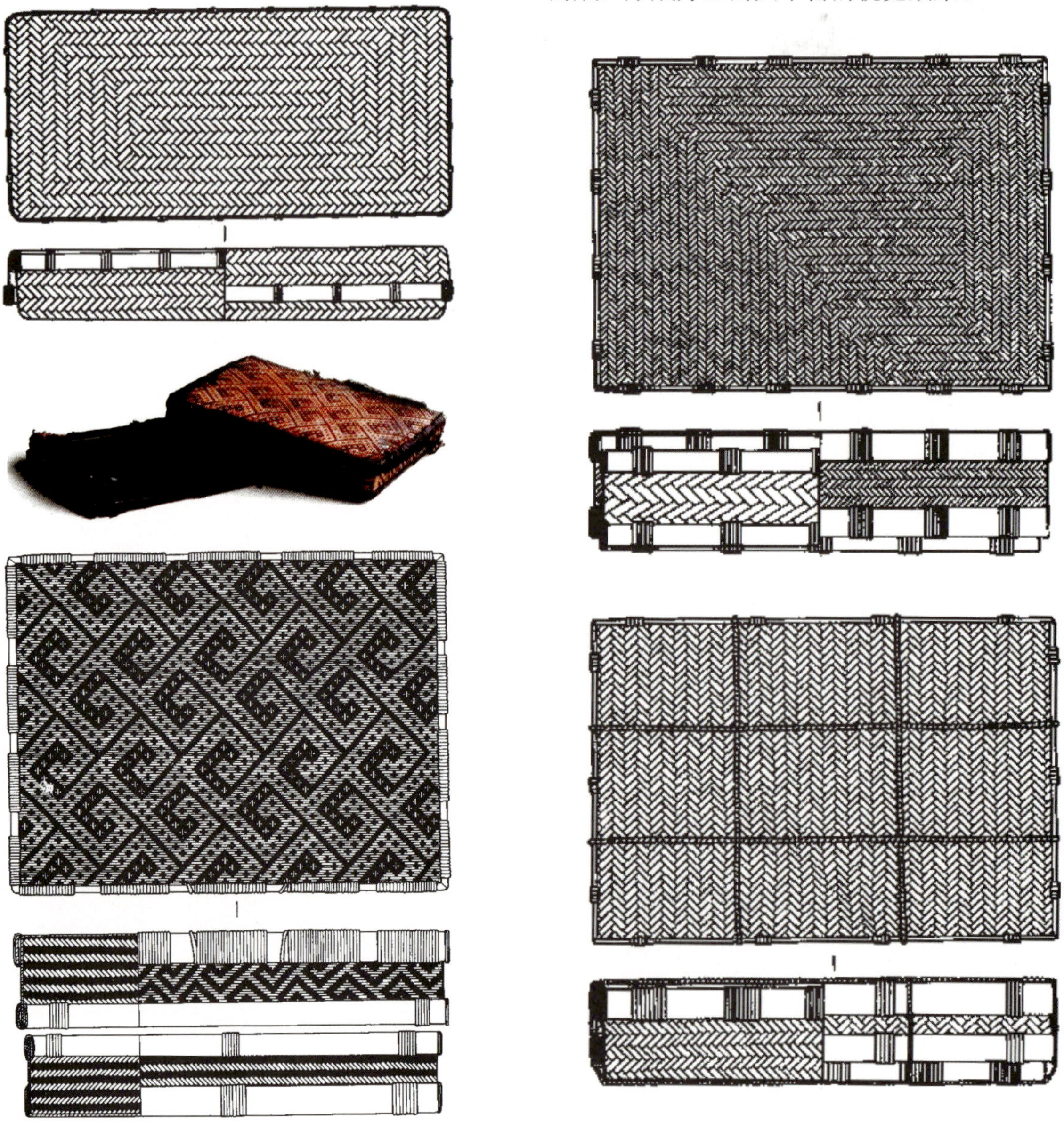

图 3-58　方竹笥及其编织示意图[①]

① 湖北省文物考古研究所．江陵九店东周墓［M］．北京：科学出版社，1995.

6. 竹卮

卮是古代一种饮酒的器具。竹卮在东周时期的墓中较少见到，到目前为止，除九店东周墓出土了12件外，湖北江陵拍马山楚墓（战国中晚期）也仅出土了3件。九店东周墓出土的竹卮采用竹筒制作卮身，竹节做底，盖为木质。竹卮外髹黑漆，内漆红色，黑底，周身绘制红黄色纹样，如菱形纹、S形纹、U形纹、连云纹等。竹卮的造型分为三种（图3-59）：1型有3件，仅存盖；2型有7件，盖顶平，两侧有耳，耳上有小孔，器身有三足；3型盖圆形无耳，盖上有两个小孔，器身为直筒形，无足。

7. 竹枕

东周时期，竹枕的出现，不仅丰富了该时期竹器的种类，而且也拓展了竹器的使用功能。出土该时期竹枕的遗址有信阳长台关楚墓（战国早期）、湖北荆门左冢楚墓（公元前330—公元前300）、湖北江陵马山1号楚墓（约公元前340—公元前278）、湖北老河口安岗二号楚墓（战国中期）以及湖北荆门包山2号墓（公元前292年），时间基本上集中在战国时期。目前发现的最早竹枕出土于信阳长台关楚墓，制作时间约在战国早期。九店东周墓中出土竹枕3个，其中图3-60所示的两个竹枕分别出自410号墓和13号墓，制作时间约为战国晚期。

图3-59 九店东周墓出土的不同式样的竹卮[①]（从左到右依次为1型、2型、3型）

① 湖北省文物考古研究所．江陵九店东周墓[M]．北京：科学出版社，1995:278.

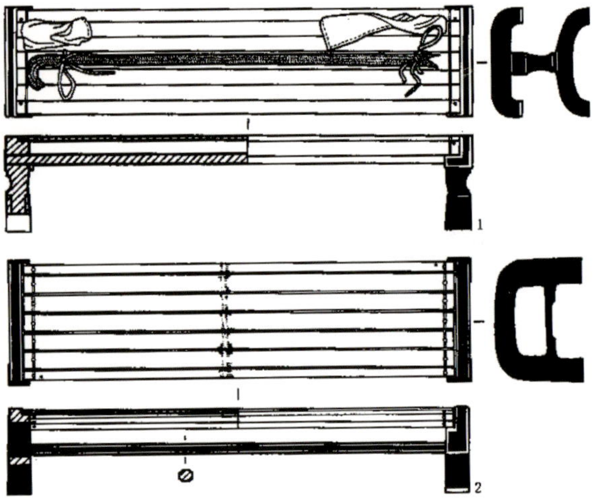

图 3-60　竹枕①

同时期竹扇的遗址还有江西省靖安县李洲坳古墓（约公元前 512 年）、湖北江陵秦家咀楚墓（春秋晚期—公元前 278 年）、湖北江陵马山 1 号楚墓（约公元前 340—公元前 278）、湖北荆门包山 2 号墓（公元前 292 年）等。总体来看，该时期的竹扇类型都比较相似，一般都是使用竹材、木材做柄，采用方形竹编做扇面，再使用丝织品包裹住扇面。竹扇扇面一般以素面为主，彩绘扇面的竹扇很少，著名的彩绘竹扇是马山 1 号楚墓出土的彩绘矩纹竹扇。

九店东周墓出土的 3 个竹枕在造型上略有不同，但均设计、制作得十分精致。图中两个竹枕的枕面均由 7 根素面竹片组成，长度分别为 57.4 厘米和 55.6 厘米，枕架用木材制作，髹黑漆。竹枕是东周时期对竹材新的开发利用形式，没有采用常见的竹编编织工艺，而是直接用竹片制成，这显示出东周时代人们对竹材材料特性已经有充分的认识。

从不同形式的竹笥、竹枕等竹器可以看出，上述各类竹器在 2000 多年前不但已经使用，而且同一类竹器还出现了不同的设计形式，由此可见，当时人们不仅普遍使用竹器，而且还在不断探索竹器的不同的使用方式和制作形式。

8. 竹扇

九店东周墓出土的竹扇共有 10 件，其中两件为长柄、8 件为短柄，如图 3-61 所示。出土

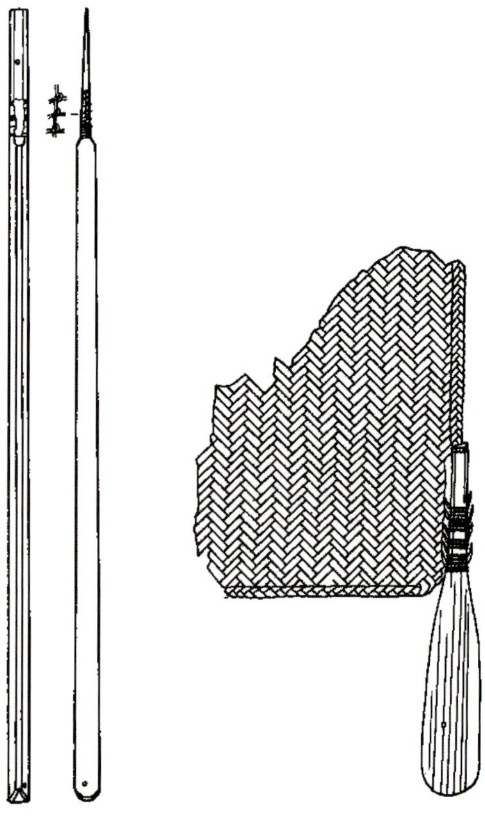

图 3-61　长柄竹扇和短柄竹扇②

① 湖北省文物考古研究所．江陵九店东周墓 [M]. 北京：科学出版社，1995:324.
② 湖北省文物考古研究所．江陵九店东周墓 [M]. 北京：科学出版社，1995:325.

9. 竹篓

九店东周墓共出土3件竹篓（图3-62）。这几个竹篓似乎是专门用于紧固物件用的竹器，编织手法相对简单，却又不失章法。其中两个竹篓使用圆形的竹圈作底，由双十字格竹篾穿插形成底面；双十字格竹篾再向上延伸，配合45°夹角的平行竹篾编成八角空花竹篓立面。不足之处是竹篓收口处的处理简单、粗糙。另外一个竹篓仅存残片，编织纹样为六角空花。

10. 竹席

竹席在周代墓中十分常见，一般用于包裹尸体或覆于棺外。但在M296墓中出土的竹席（图3-63）是直接放置在棺中，并没有包裹尸体。在编织手法上，它采用人字编将竹席分隔成9个区域，每个区域在造型上均有所变化，使人看起来不显单调，这显示出该竹席制作者高超的编织技巧。

11. 竹帘

由考古资料可知，在商周时期，使用竹帘加固棺木是竹帘常见的用法。M295墓的棺外竹帘采用经纬编织法，经篾15根，纬篾7根，两头残留篾绳（图3-64、图3-65）。

12. 竹算筹

九店东周墓出土3件竹算筹（图3-66），每件竹算筹的根数不等。其中，M451墓中的1件竹算筹有80根，M621墓中的1件竹算筹有85根，另1件竹算筹因腐烂而数不清。竹算筹的长度为9.9厘米。其实在商代就已经使用算筹了，所以竹算筹在周代墓葬中被发现并不奇怪，但到目前为止，竹算筹被发现的数量不多。

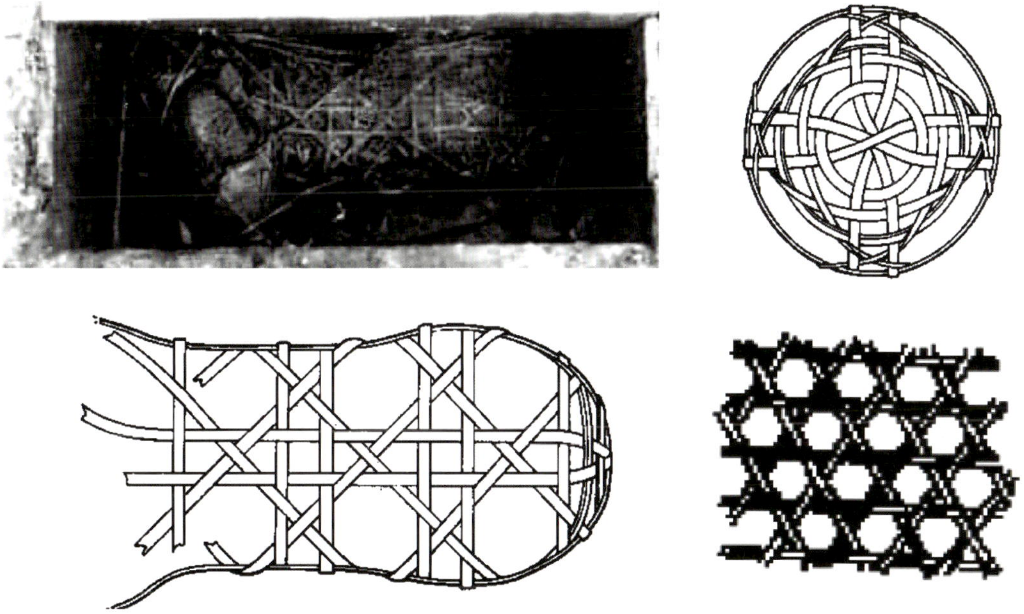

图3-62　九店东周墓出土的竹篓及其编织示意图[①]

① 湖北省文物考古研究所．江陵九店东周墓［M］．北京：科学出版社，1995：323.

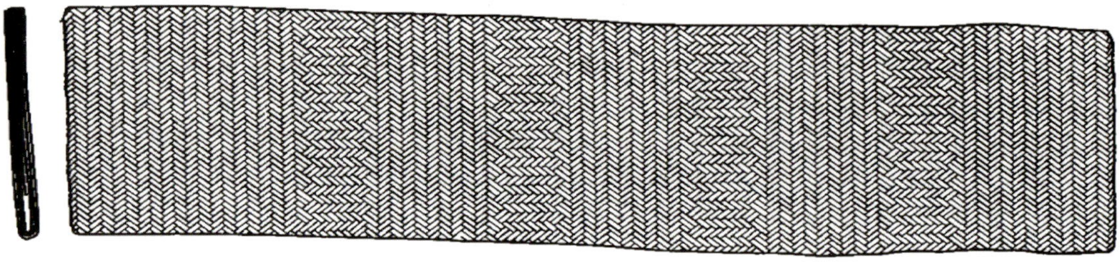

图 3-63　M296 墓中的竹席编织示意图[①]

图 3-64　棺内竹裹席（上）及棺盖上竹帘（下）示意图[②]

图 3-65　棺盖上的竹帘（局部）[③]

13. 竹毛笔

出土周代竹毛笔及笔筒套件的遗址有信阳长台关楚墓、湖北荆门包山 2 号墓等。九店东周墓 M13 墓出土的这套竹毛笔及笔筒（图 3-66）属于战国晚期的文物。M13 墓出土的竹毛笔不同于一般圆杆竹毛笔，该竹毛笔的笔杆用竹片削成，截面呈八角形，是造型比较独特的一种，竹笔筒则呈圆柱形。

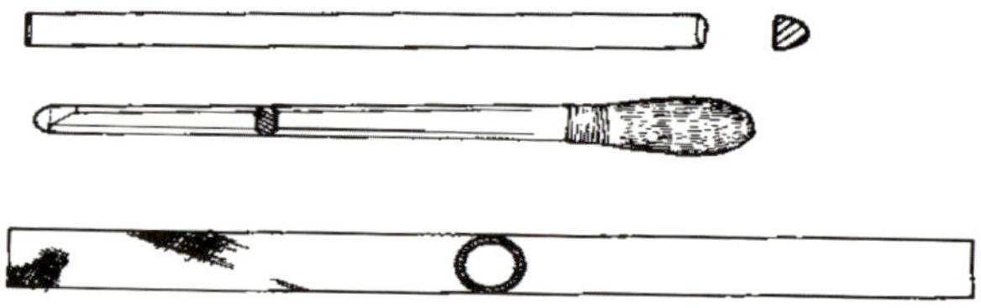

图 3-66　竹算筹（上）、竹笔（中）、笔筒（下）[④]

① 湖北省文物考古研究所．江陵九店东周墓 [M]．北京：科学出版社，1995：323.
② 湖北省文物考古研究所．江陵九店东周墓 [M]．北京：科学出版社，1995：90.
③ 湖北省文物考古研究所．江陵九店东周墓 [M]．北京：科学出版社，1995：20-21.
④ 湖北省文物考古研究所．江陵九店东周墓 [M]．北京：科学出版社，1995：325.

3.6 贵溪崖墓中的纺织竹器

江西贵溪崖墓主要分布在贵溪市西南鱼塘村仙水岩一带，距贵溪市约36千米。崖墓（图3-67）都在距离水面20～100米的悬崖峭壁上，1979年被发掘，出土陶器、原始青瓷器、竹木器、纺织品等文物共220件。其中出土竹器24件，包括竹盘1个、竹席6件、竹管3节、竹器残底（筛形器）1个、竹筒1件、竹片3件、竹梭1件、竹杼2件、导经棍1件、绕线框1件、引经杆1件、纺埠4件。崖墓中出土的器物大多数跟纺织生产有关。

1. 竹盘等配套纺织竹器

贵溪崖墓M10墓出土竹盘一件（图3-68），口径56厘米，高约6厘米。竹盘分三层绞编而成。内夹层用料较粗，里外两表层均为精工细料。主筋篾皮宽仅0.2厘米，薄如纸；纬篾犹如发丝，通体发亮。出土时，内盛小件纺织器具、象牙理经梳、玉器屯木盒等[①]。根据竹盘内盛装的器物推测，该竹盘是与纺织生产有关的容器或垫器，之所以采用如此细密的竹篾编织而成，应该与盛装很小的纺织类器物和工具有关。不过，如此细密的编织技法出自2600年前，令人惊叹，显示当时人们已掌握比较先进的竹编工艺技术。

在崖墓中还出土了一件残底、圆形的竹器，由竹篾编织成筛底形，中间由3根竹片交叉支撑，边缘有断痕，直径28厘米，推测它应该是竹筛类的器具。

另外，崖墓中还出土了竹筒、竹管、竹席、竹片等竹器。其中竹筒、竹管和竹片也应该是与纺织生产有关的竹器，如出土的3件竹片呈长条形，宽2～3厘米、长15～22厘米，较薄，其正面两端稍被削平，并钻有1～5个小孔。

图3-67 贵溪崖墓

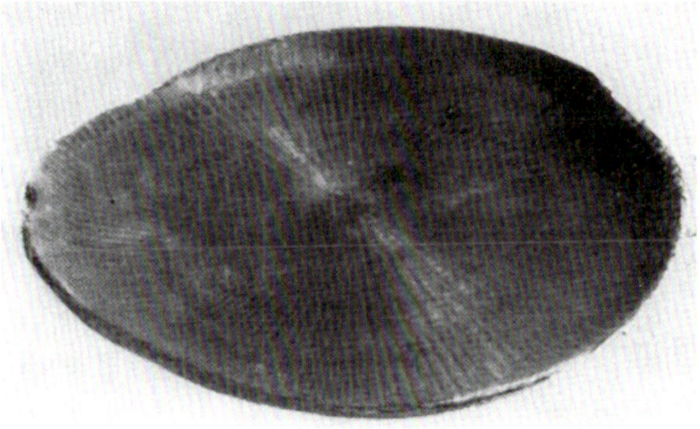

图3-68 精编竹盘

① 江西省历史博物馆，贵溪县文化馆. 江西贵溪崖墓发掘简报[J]. 文物，1980（11）：34-53.

2. 竹制纺织工具

贵溪崖墓发现的纺织器材至少有 36 件，是我国到目前为止发现的最多、最集中、最完整的一批纺织机器材。这些纺织器材主要有两类：一类是纺纱用具，另一类则是织布机的零件①。

（1）纺纱用具

纺纱用具有结纱钉杆、经轴、刮麻具、刮浆板、绕纱框、纺轮、理经梳、整经齿耙等。其中竹制的有绕纱框、整经齿耙、结纱钉杆和捻杆纺轮。

①绕纱框。出土 1 件（图 3-69），用小山竹竿制成，形似“×”形。中间交叉处，用竹钉拴住。斜竹竿的两头用榫头嵌入横竹竿内，使绕纱框牢固结实，不易散架，以便把纺好的纱绕在竹框上。绕纱框长 36.76 厘米。

②整经齿耙。出土的整经齿耙（图 3-70、图 3-71）有 3 件，主体为木质。断面有槽，呈“L”形，耙面有一排小竹钉，相距 2 厘米，纱通过竹钉整理成经纱。在 3 件整经齿耙中，M6 墓出土的 1 件整经齿耙最完整，现长 234 厘米，宽 7.6 厘米；M3 墓出土 1 件也较完整，底板上有两个浅凹槽，长 113 厘米；M8 墓出土 1 件为残件，长 45 厘米。

③结纱钉杆。结纱钉杆，为整经工具。其主体为木制，即一长条木杆，杆上有许多等距离的竹钉。纺织时把纱一头安装在经轴上，另一头绕在结纱钉杆上的竹钉上，用理经梳把纱梳平，使纱整齐成经纱。结纱钉杆长约 3 米，等距布满竹钉。

④捻杆纺轮。出土的捻杆纺轮（图 3-69）有 4 件，纺轮虽是陶质，但是纺轮出土时带有竹制的捻杆。纺线时，将几股纤维纳入纺轮的缺口内，转动捻杆，就可以把短丝捻成很长的纱线。

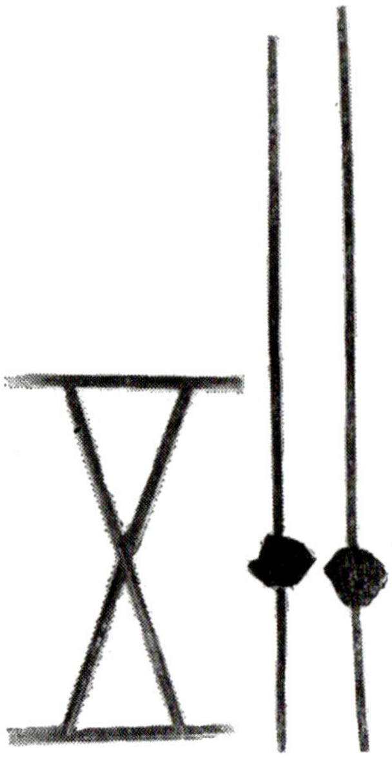

图 3-69　绕纱框（左图）和捻杆纺轮（右图）

图 3-70　崖墓出土的整经齿耙

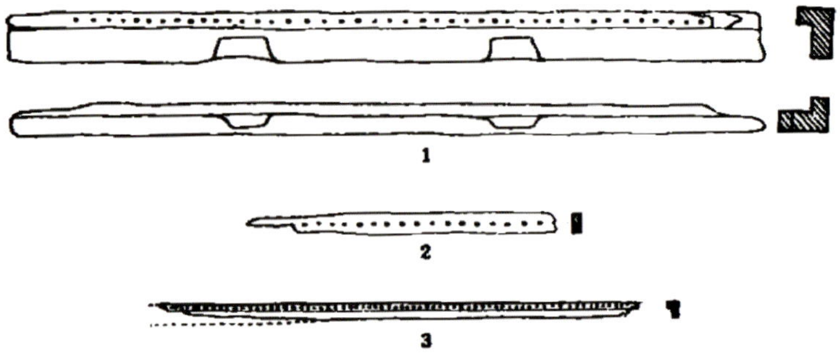

图 3-71　崖墓出土的 3 件整经齿耙示意图

① 李科友 . 浅谈贵溪崖墓出土的纺织器材和纺织品 [J]. 江西历史文物，1987（2）：103-108.

（2）织布机零件

织布机零件有交布棍、经轴、分经棒、清纱刀、撑经杆、挑经刀、弓、打纬刀、提综杆、杼、梭、引纬杆、导经棍等。织布机竹质零件主要是杼、梭、引纬杆、导经棍等。

①梭、杼（图3-72）、引纬杆。崖墓出土的杼2件、梭1件、引纬杆1件，均为竹制，为织布时用以引导纬纱与经纱交织成布的构件。当经纱由提综杆提起后，杼、梭和引纬杆就把纬纱穿过去，如此不停地往返。杼头为圆柱状，长46.5～66.4厘米；梭成长管状，两头有开口，长46.5厘米，宽2.9厘米，头宽2.2厘米。

②导经棍（图3-73）。为竹管制作，两端各有长条形通孔，孔内尚存麻绳一段。导经棍长73.8厘米。

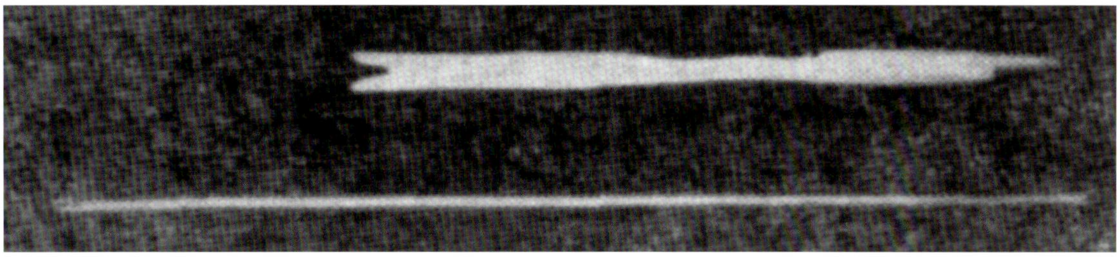

图3-72　崖墓出土的梭（上）和杼（下）

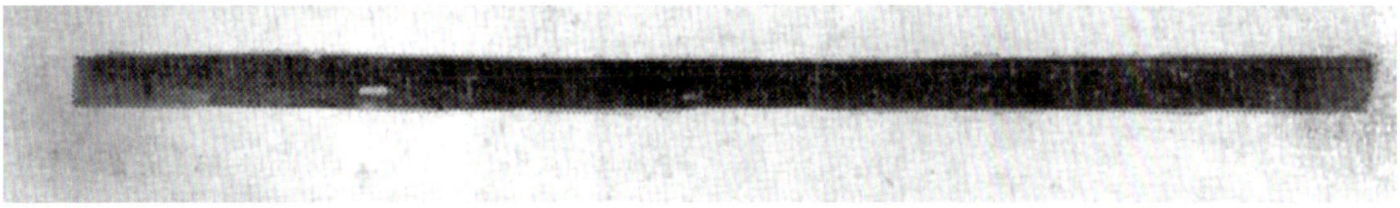

图3-73　崖墓出土的导经棍

3.7　曾侯乙墓中的竹乐器等竹器

曾侯乙墓是战国时期的一座大型墓葬，位于湖北随州城西两公里处。墓中共出土礼器、乐器、漆木用具、金玉器、兵器、车马器和竹简共15000余件，仅青铜器就有6239件。其中曾侯乙编钟一套65件，是迄今我国发现的最完整、最大的一套青铜编钟。青铜礼器主要有镬鼎2件、升鼎9件、饲鼎9件、簋8件、簠4件、大尊缶1对、联座壶1对、冰鉴1对、尊盘1套2件及盥缶4件等。其中曾侯乙编钟、九鼎八簋等属国宝级文物。在曾侯乙墓出土的文物中能看到不少竹器的身影，其中竹乐器和竹兵器部件等竹器填补了同时期我国竹器品种的空白。

1. 篪

篪是我国古代一种管乐器，也就是所谓的竹埙，是一种低音吹奏乐器。吹出的声音浑厚、文雅而庄重，是我国古代雅乐主要乐器之一。曾侯乙墓出土篪一对（图 3-74），目前存放在湖北省博物馆，实物表面带有纹饰。

这一对篪长分别为 29.3 厘米和 30.2 厘米，都是用一节竹管制成，两端管口封闭，管身开有 1 个吹孔、1 个出音孔和 5 个指孔。管身通体髹以黑漆，以朱色、黄色绕管身描绘出彩线花纹（图 3-75）。目前人们已成功地制作出了篪的 1 件复制品，用复制的篪演奏，可吹奏出 1 个完整的五声音阶，加 1 个变化音，音色别有韵味。

2. 排箫

曾侯乙墓出土的两只排箫是我国目前发现的较早的竹制排箫（图 3-76、图 3-77），距今已 2400 多年。同时期出土排箫的还有河南光山黄君孟夫妻墓（约公元前 648 年），该墓一共出土了几组排箫（图 3-78），但没有曾侯乙墓中出土的排箫精美，它们没有彩绘装饰。不同时间和地域出土的排箫显示出，至少在春秋早期排箫就已经是常见的竹乐器了。

曾侯乙墓的排箫形状独特，好像凤凰的一翼，两支排箫都是由 13 根长短不同的细竹管依次排列，用剖开的 3 道细竹管缠缚而成，表面饰有黑底红色三角回纹的漆绘。古时有雌雄排箫，二者常进行合奏，互相衬托，犹如男女声二重唱。

图 3-74　曾侯乙墓出土的篪

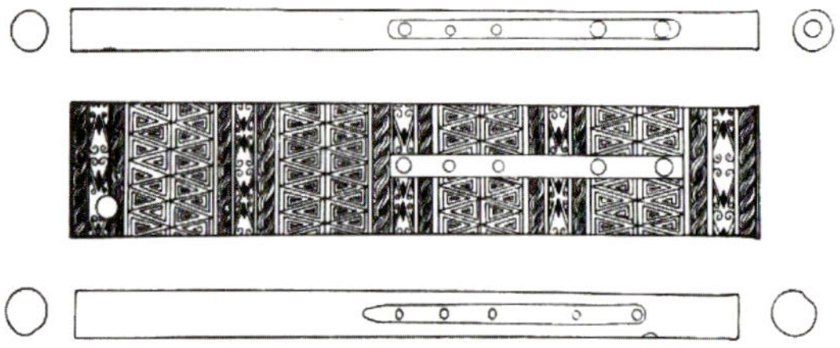

图 3-75　篪上装饰纹样

图 3-76　出土的排箫

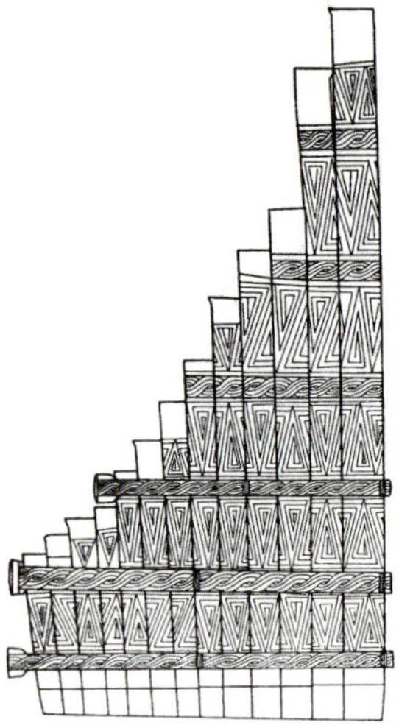

图 3-77　排箫装饰图案

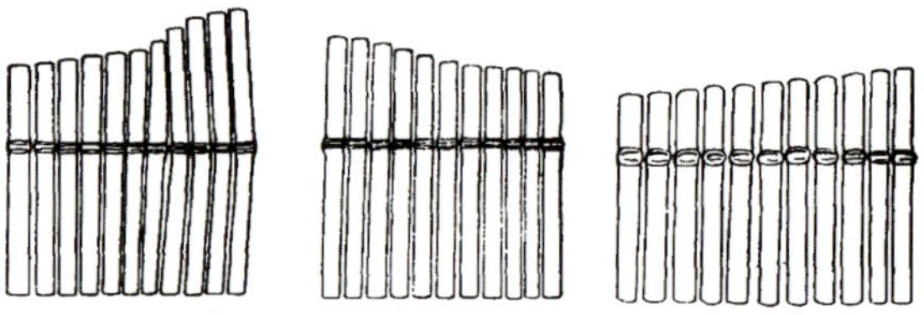

图 3-78　河南光山黄君孟夫妻墓出土的排箫①

① 河南信阳地区文管会，光山县文管会．春秋早期黄君孟夫妇墓发掘报告［J］．考古，1983（4）：328.

由于时间久远，曾侯乙墓出土的排箫上的纹饰有些模糊，其纹饰为在黑色器身上绘制出的红色水波纹和黄色三角几何纹相间的装饰纹样。中国竹子博物馆有一个曾侯乙墓排箫的复制品，展示了该排箫彩绘之精美。

3. 笙

笙由笙苗中簧片发声，能奏和声（吹气及吸气皆能发声），其音色清晰透亮。曾侯乙墓共出土笙6个，分为十二簧、十四簧、十八簧3种，均用匏斗、竹笙管、竹簧片制成。笙簧因音频高低而大小不一。簧框与簧舌之间的缝隙细如发丝。曾侯乙墓出土的笙（图3-79），做工十分精细，经专家试奏，其声音婉转低回，古朴典雅，细腻迷人。

曾侯乙墓中出土的笙是我国目前发现的较早的笙的实物，其彩绘装饰手法同该墓出土的其他竹乐器一样，均是在黑色器身上绘制红黄两色相间的装饰纹样，而且纹样布满器身。

出土周代笙的遗址还有湖北江陵雨台山楚墓（春秋晚期至战国晚期）、湖北江陵天星观1号楚墓（约公元前340年）、湖北老河口安岗一号

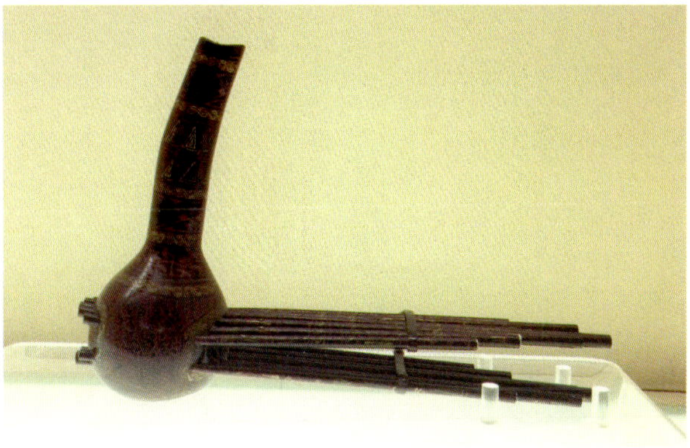

图3-79　曾侯乙墓出土的笙

楚墓（战国中期）等，显示出周代，特别是东周时期，笙已经广泛使用。

4. 积竹木殳

“殳”在有的史书上也称作“杵”或“杖”，是先秦时代一种木制或竹制的长柄兵器，不但可用于防身自卫，还可用于装备战车。一般认为殳是由原始社会中狩猎用的竹木棍棒发展而成。《尚书·武成》中有“血流漂杵”的句子，这里的“杵”就是商代士兵所使用的殳。那时的殳一般是用一根坚实的木棒制成。周朝把殳列入“车之五兵”之一，是实战的兵器。《诗经》《考工记》《吕氏春秋》《说文解字》等著作均提到殳这种兵器。

对于殳，虽然历代典籍多有记载，但可惜都比较简略，历经千载岁月，竟然没有先秦“殳”的任何实物或图形传世，直到曾侯乙墓中出现了自带铭文“殳”的兵器，后人才得以认识它的真面目。

曾侯乙墓出土了多件带铭文的实战与礼仪用的殳（图3-80），有锐殳7件、晋殳14件。其中3件锐殳刃部较长，顶端有锋，呈三棱矛状，并在锋后装有带尖刺的铜箍，一侧刃上刻有篆书“曾侯越之用殳”，这是中国迄今为止唯一的一次出土自铭为“殳”的兵器。

锐殳和晋殳这两种兵器的杆均为积竹木，即以八棱形（八边形）木杆为芯，每个棱面贴有宽约1厘米的竹片，外面密缠丝线、革带、藤皮，表面髹以红漆或黑漆。杆长329～340厘米，粗2.8～3厘米。

比曾侯乙墓稍晚时的遗址，如湖北江陵天星观1号楚墓（约公元前340年）、湖北荆门包山

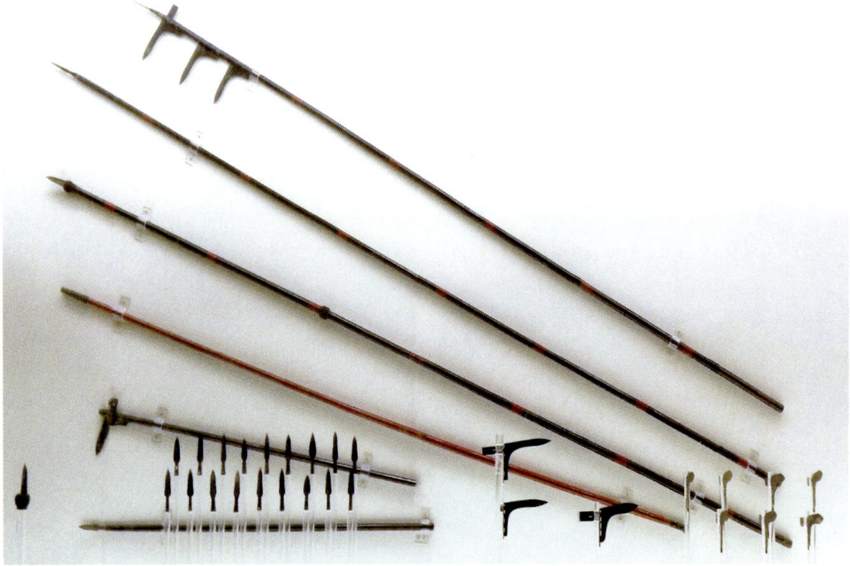

图 3-80　曾侯乙墓出土积竹木殳

2 号墓（公元前 292 年），也有出土与积竹木相关的兵器。这显示出至少从战国早期开始，兵器杆采用积竹木的做法已经比较普遍。

5. 竹简

曾侯乙墓也有相当数量的竹简出土，对此后文将有专门论述，这里不再叙述。

曾侯乙墓出土的竹器有以下几个方面的特点：

（1）出土的竹制乐器品种多样，装饰精美、丰富。装饰纹样采用红色、黑色、黄色相间的色彩搭配，并使用对称和重复的手法，将三角形、水纹和如意纹绘制在竹乐器上，从而使乐器的装饰纹样既丰富又具有节奏感和韵律感，这是该时期竹乐器的经典装饰手法，该手法直接影响到汉代竹制乐器的装饰。

（2）出土的竹兵器“殳”体现了该时期已对竹材进行综合性利用，如使用积竹木代替木材制作殳就是当时人们对竹材的综合利用。竹材具有柔韧性和一定的强度，特别是积竹木既能达到木质杆兵器所能达到的长度，又能经受得住战斗中的受力强度，同时在同等强度下，积竹木还减小了兵器长柄的直径和减轻了兵器的重量。

（3）出土的竹器其恰如其分地体现了该时期竹器“用”与“美”的特点，即竹材既可以做成精美的乐器，又可以做成经久耐用的兵器。

3.8 东周楚墓中的彩绘竹制"礼器"

在周代出土的竹器中，有一类竹器制作得十分精美，不论是在造型处理上，还是在制作工艺上都达到该时期的最高水平，这类竹器不同于一般的实用竹器，它还用来显示使用者的身份。这类竹器同周代礼制有着紧密的联系，因此，这类竹器虽然是具有一定实用功能的装饰性竹器，但同时也是竹制"礼器"。出土竹制"礼器"的遗址主要有湖北随州曾侯乙墓（公元前433年）、江陵马山1号墓（公元前340—公元前278）、江陵望山1号墓（约公元前300年）、沙冢1号墓（约公元前300年）、荆门包山2号墓（公元前292年）等。

这一类竹制"礼器"的典型特征就是具有一定实用功能，造型精巧、制作精致，特别是使用精美的彩绘手法，并配合该时期特有的黑地红黄色装饰，使竹器显得精美绝伦，体现出制作者精湛技艺以及使用者尊贵的身份。

望山1号墓（约公元前300年），距江陵县城18公里，距楚国故都纪南城7千米，出土了青铜礼器、仿铜陶礼器、车马器、兵器、漆木竹器和玉石等文物400多件。[①]出土的竹器主要有竹席、竹盒、竹简，但数量较少。沙冢1号墓与望山1号墓相距很近，出土铜器、漆木器、玉器、丝织品等文物80余件，出土的竹器有彩绘竹席1件。[②]

包山墓地位于荆门市十里铺镇王场村的一座名叫包山大冢的土冈上，距楚故都纪南城约16公里，共有8个土冢9座墓，其中以2号墓规模最大，该墓于1986年底至1987年初被发掘。2号墓随葬竹简、礼器、乐器、兵器、车马器、生活用具及其他随葬品等共计千余件。其中出土的竹器主要有凤鸟双联杯1件、彩绘凤纹竹筒1个、竹毛笔及竹笔筒1套、竹席8张、竹笥60件，竹弓、竹枕、竹篓、竹扇、竹箕、竹圈、竹笼等若干，折叠竹木床1张，积竹柲若干，竹简444支。墓主人为楚国上大夫[③]，官居左尹，叫邵𬳿。包山墓是战国时期重要的楚国大墓。

湖北江陵马山1号墓是1982年被发现的一处小型墓，东南距江陵县城约16千米，距楚国故都纪南城8千米。该墓距望山1号墓、沙冢1号墓都很近。根据考证，该墓修建时间应在公元前340—公元前278年，墓主人在士阶层中的地位较高。马山1号墓出土丝麻制品、青铜器、陶器、漆器、竹器和木俑等文物130余件。还出土竹枕1件、精美方竹笥17件、精美圆竹笥1件、彩绘矩纹竹扇1件、竹筐1件，另有竹席等竹器25件，其中还出土带叶子的一段竹枝，出土时竹叶仍是青绿色的。

---

① 湖北省文化局文物考古队．湖北江陵三座楚墓出土大批重要文物［J］．文物，1966（5）：33-55.
② 湖北省文化局文物考古队．湖北江陵三座楚墓出土大批重要文物［J］．文物，1966（5）：33-55.
③ 战国时，官爵分为卿和大夫两级，卿有上卿、亚卿之分，大夫有长大夫、上大夫、中大夫之分。

1. 彩绘凤鸟双联杯

凤鸟形双联杯[①]（图3-81、图3-82）出土于荆门包山2号墓，仅出土1件，这是战国时期极其珍贵的竹胎彩绘漆器。首先，凤是楚国的象征，因此使用凤鸟的造型来制作器物是楚文化的反映。其次，凤鸟双联杯造型独特，它使用两节竹筒作为容器，而凤鸟和雏鸟造型又巧妙地与竹筒圆柱相结合。再次，在彩绘手法上它秉承了战国时期楚国一贯的做法，即器身髹黑漆，在黑漆器身上绘制红色、黄色的图案，图案基本上是楚国代表性的凤纹、蟠龙纹以及圆圈纹、卷云纹和点纹等装饰纹样。彩绘装饰纹样巧妙地结合了器物的造型来绘制。最后，该凤鸟双联杯还具有实用功能，有学者推测这是一个在婚礼上使用的饮具，因此该杯及器身上的装饰纹样还具有美好的象征意义。

图3-81 荆门包山2号墓出土的凤鸟双联杯（1988年拍摄）[②]

① 彩绘凤鸟双联杯“全器做成凤鸟负双杯状。前端为头颈，后端出尾翼，中间并列两个桶形杯。凤鸟的双翼雕刻在两杯的前部，展开似在飞翔。鸟头微昂，喙衔一珠，珠为黑漆地，绘红黄相套的圆环纹。胸腹下二足，足端已残。尾上翘。鸟头、颈、身、尾遍刻象征羽毛的鳞状纹。全身除尾翼底面为红色外，其余皆为黑漆地，用红、黄、金三色漆绘圆圈纹、点纹。两翼绘密集的细线纹、放射状线纹、卷云纹、点纹等。鸟头、身嵌银色宝石八颗，顶上一，颈两侧各一，两翼各二，下胸部一。两杯均直壁，平底。壁部相连处有一贯通的圆孔。杯内壁髹红漆，杯口绘黄色卷云纹。杯外壁上口及近底部一段用黄、红色相间绘波浪纹。杯外壁中部以黑色绘相互蟠绕的双龙，龙头伸向两杯相连连，龙身加绘金色的龙纹及红色、黄色的圆圈纹等。龙纹外的空白处填红色，绘黄色云纹。杯底髹黑漆地，以红色分别绘两蟠龙。两杯底外侧各接一雏鸟形足，鸟双翅上展，双足蜷曲，做飞翔状。鸟髹黑漆地，以红、黄、金三色绘圈纹、线纹等。全器长17厘米、宽14.4厘米、高9.2厘米、杯口径7厘米”。（湖北省荆沙铁路考古队包山墓地整理小组．荆门市包山楚墓发掘简报［J］．文物，1988（5）:1-14.）

② 吴顺青，徐梦林，王红星．荆门包山2号墓部分遗物的清理与复原［J］．文物，1988（5）：15-24.

图 3-82 荆门包山 2 号墓出土凤鸟双联杯局部（2006 年拍摄）①

凤鸟双联杯是一个兼具实用性和观赏性的竹制器具，同时也表明墓主人高贵的身份。实际上该墓主人是楚国的左尹，位及楚王之下，地位显赫，因此只有这种器具才能配得上左尹这样的高等级身份。这显然是一种竹制的“礼器”。

2. 彩绘竹笥

竹笥虽然在东周时期就已出现，但在战国时期的墓中出土得较多。战国时期的大部分楚墓都出土过竹笥，实际上不仅在湖北楚地，在江西、四川等地的战国墓中也出土过竹笥，因此，说明竹笥在战国时期已是常见和常用的竹器。战国墓出土的竹笥一般以方形为主，圆形较少；基本上以素面竹编为主。战国墓也出土了一定数量的彩绘竹笥，其精美程度不一，个别彩绘竹笥十分精美，如马山 1 号墓、包山 2 号墓、九店东周墓等出土的彩绘竹笥等。西汉早期马王堆 1 号墓出土的大量竹笥，虽然制作讲究，但并没有使用彩绘，这也说明了彩绘工艺相对复杂，需要投入大量时间和采用精细手法方可完成。这一部分竹笥也体现了使用者的特殊身份，因此也可以将其视为战国时期的竹制“礼器”。

江陵马山 1 号墓出土的彩绘圆竹笥（图 3-83）和方竹笥（图 3-84），在制作工艺上具有代表性，特别是矩形纹，在方形、圆形的竹笥表面游走蜿蜒，创造出了精美的视觉效果。

同样的矩形纹彩绘手法（图 3-85）在包山 2 号墓、九店东周墓出土的竹笥上都能看到，甚至

① 湖北省博物馆．图说楚文化［M］．武汉：湖北美术出版社，2006：236-237.

图 3-83　江陵马山 1 号墓出土的圆竹笥[①]

图 3-84　江陵马山 1 号墓出土的方竹笥[②]

① 湖北省博物馆．图说楚文化［M］．武汉：湖北美术出版社，2006:250.
② 湖北省博物馆．图说楚文化［M］．武汉：湖北美术出版社，2006:250.

图 3-85 荆门包山 2 号墓出土的方竹笥纹样

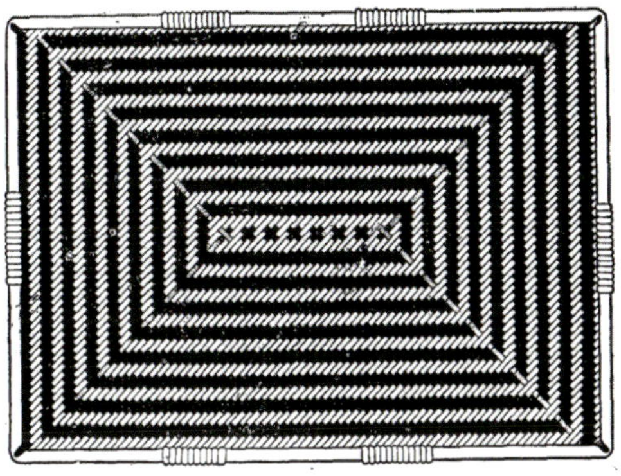

图 3-86 江陵马山 1 号墓出土的方竹笥的几何组合纹样

图 3-87 荆门包山 2 号墓出土的彩绘凤纹竹筒
（左图和右图分别为竹筒的两个不同方向纹样）

在其他竹器上也有使用，如马山 1 号墓出土的彩绘矩纹竹扇、沙冢 1 号墓出土的彩绘竹席等。竹笥上的直线形纹样、矩形纹样可以同楚国曲回流畅的凤形纹样成鲜明的对比，各有特色，但在彩绘造型上两者又不失本质联系。

战国时期的墓中还有其他装饰纹样的竹笥出土，如常见的十字编、人字编竹器，以及简单的几何组合纹样竹笥等（图 3-86）。但就精美程度而言，显然是矩形纹的竹笥最为精美、复杂，更具有奢华感。

3. 彩绘凤纹竹筒

在竹筒上进行彩绘，将普通竹筒变成精美的竹器，目前出土的这种周代竹器不止一件，如河南固始侯古堆春秋大墓（春秋晚期）出土的彩绘竹竿、荆门包山 2 号墓出土的彩绘凤纹竹筒（图 3-87）等。彩绘的竹竿、竹筒是周代竹制“礼器”另一种表现形式。

河南固始侯古堆春秋大墓出土的彩绘竹竿，出土时置于陪葬坑东部肩舆的两侧，竹竿髹黑漆，绘朱红色的三角纹和云纹。这些竹竿，很可能与肩舆有关。红色三角纹和云纹的装饰手法和曾侯乙墓出土的竹乐器有相似性。

这一类竹器的装饰性要大于实用性，更像是显示使用者身份的一种道具，它们虽然具有一定的实用功能，但功能显得不是特别重要。特别是竹筒上凤纹彩绘，装饰纹样复杂、做工精致，光装饰纹样的设计和绘制恐怕就要耗费制作者大量的时间和精力，什么样的人才有资格使用这样的竹器呢？答案显而易见。

在包山 2 号墓中，同彩绘凤纹竹筒一起出土的还有一套竹毛笔和笔筒（图 3-88）。可以看出，即使在同一墓穴中出土的竹筒也有很大的差别。

这个笔筒虽然做工也很精致，但是它没有使用彩绘。由此也可以看出，彩绘竹器是为了体现使用者的尊贵身份而专门制作的，是一种专门的“礼器”，因此它同普通竹器要有一定的区别。

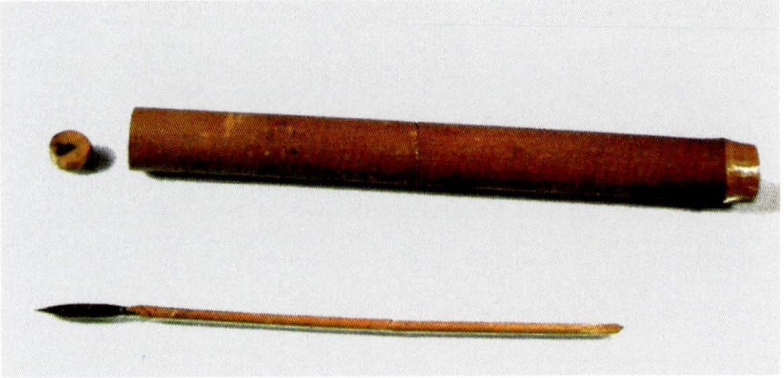

图 3-88　荆门包山 2 号墓出土的彩绘凤纹竹毛笔和笔筒

4. 彩绘矩纹竹扇[①]

我国出土周代竹扇的遗址主要有江西省靖安县李洲坳古墓（约公元前 512 年）、湖北江陵秦家咀楚墓（春秋晚期至前公元 278 年）、湖北江陵九店东周墓（春秋晚期至战国晚期）、湖北江陵马山 1 号楚墓（约公元前 340—公元前 278）、湖北荆门包山 2 号墓（公元前 292 年）等，但部分竹扇因埋藏时间太久而腐烂残缺，能完整出土的不多。江西靖安出土的竹扇是我国目前发现的年代最早的竹扇，竹扇出土时保存完整。但就精美程度而言，江陵马山 1 号墓出土的彩绘矩纹竹扇（图 3-89）是周代竹扇的代表。

马山 1 号墓出土的彩绘矩纹竹扇在造型上对周代的矩形竹扇有所改进，特别是在扇面和扇柄的接合部，别出心裁地使用了两处镂空的连接方式，该竹扇造型别致精巧。另外，就装饰纹样而言，该竹扇上的纹样与同时代的彩绘矩形纹样相比，其设计更加精致，如在竹扇与扇柄连接处的装饰纹样采用了同矩形纹相似的回形纹，以满足局部造型的需要。另外在竹扇方正的造型中，又做了细微的变化，没有死板地保持四面的直线形，而是在竹扇的外侧精心地设计了一条圆弧，让该竹扇造型方正而且显得饱满。这是该时期竹扇造型处理中的经典之作。

5. 其他竹制“礼器”

能够作为周代竹制“礼器”代表的，还有曾侯乙墓等遗址中出土的乐器、望山 1 号墓和沙冢 1 号墓出土的彩绘竹席、九店东周墓出土的彩绘竹卮等。这显示了竹制“礼器”不只是实用竹器，更是周代使用者身份和地位的重要象征。这种竹器的关注点是在“礼”。

图 3-89　马山 1 号墓出土的彩绘矩纹竹扇[②]

---

① 马山 1 号墓出土的彩绘矩纹竹扇 1 件，竹扇全形是菜刀形。扇面为略近梯形，扇缘为长弧形，外侧长 24.3 厘米、内侧长 30.4 厘米，下宽 14.7 厘米，上宽 16.8 厘米。经篾红色，纬篾黑色，用三经一纬的细篾编制而成扇面上下缘和扇柄，用一块回折的黑色宽竹片相夹，用细篾捆牢。扇面外缘缝宽 2 厘米的黑色锦缘。锦缘内侧用红色窄竹片相夹，用红篾捆八道。扇柄通长 40.8 厘米，宽 2.5 厘米，厚 0.6 厘米，由两块黑色宽竹片和两片红色窄竹片拼叠而成。平面微弧。柄下端捆扎两层细篾，内层用细红篾捆成十字交叉形，外层用细黑篾捆三道。扇柄在扇面部分的黑色宽竹片被分成两半，将扇面的上下缘夹住，并用黑色细篾捆四道。彩绘矩纹竹扇制作精致，保存完好，出土时色彩如新。

② 湖北省博物馆．图说楚文化［M］．武汉：湖北美术出版社，2006:251.

3.9 出土的东周竹木床和竹木肩舆

东周时期出现了我国早期的家具，特别是几案、床和舆等，另外还出现交通工具。在早期的家具和交通工具中，除了大量的木质器具外，还出现了用竹木共同制作的大型器具，如荆门包山2号墓出土的用竹木制作的折叠床[①]，固始侯古堆1号墓出土的用竹木制作的代步工具——肩舆[②③]，信阳长台关1号墓出土的竹木床及竹枕[④]等，显示了在东周时期，我国传统竹器的应用领域越来越广泛。

1. 竹木床

包山2号墓出土的折叠床（图3-90），出土时位于墓室西室南端第三层，其上叠压着几床草席，草席之上有一床已腐烂的丝绵被。床栏多散乱。床架的东侧有竹帘，帘竿多已折断，其编连线已朽烂无存。专家研究后认为这是一张设计精巧的折叠床。折叠床采用木材、竹材做框架，用连接在一起的竹帘做床板，再铺上草席、丝绵被等。研究人员还对折叠床进行了复原（图3-91）。[⑤]

复原后的折叠床整床拼合在一起，全长220.8厘米，宽135.6厘米，通高38.4厘米，其中床栏高14.8厘米，床屉高23.6厘米。两边床栏中间留出57.6厘米的缺口以供上下床，缺口两边栏杆均呈台阶状收缩。

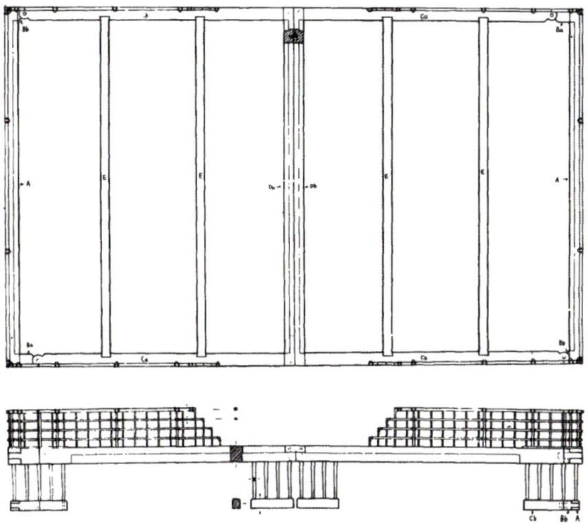

图3-90 包山2号墓竹木折叠床正视图和俯视图（示意图）

图3-91 包山2号墓竹木折叠床（复制件）

① 吴顺青，徐梦林，王红星．荆门包山2号墓部分遗物的清理与复原［J］．文物，1988（5）：15-24.
② 固始侯古堆1号墓发掘组．固始侯古堆1号墓发掘简报［J］．文物，1981（1）：1-8.
③ 郭建邦．试论固始侯古堆大墓陪葬坑出土的代步工具：肩舆［J］．中原文物，1981（4）：40-45.
④ 河南省文物研究所．信阳楚墓［M］．北京：文物出版社，1986：42.
⑤ 吴顺青，徐梦林，王红星．荆门包山2号墓部分遗物的清理与复原［J］．文物，1988（5）：15-24.

根据研究发现[①]，折叠床的床栏以竹木两种材料制成，呈方格状；床栏与床架等采用简单的卯接方式连接。床栏横向的用木条支撑，竖向的则使用竹棍穿过木条。因为如果竖向不是使用竹材，而是使用木材的话，那么床栏很难支撑住，在此处，竹材是最好的构件材料。

竹材在折叠床上的另一种用法，是使用大量的竹竿制作竹帘[②]，将竹帘铺在床架上，便形成竹制床板。为了方便折叠床的折叠需要，还将竹帘分成两块，分别置入左右两块床板架上。竹材是坚韧而又凉爽的材料，制成竹帘可供夏日纳凉使用。光滑的竹帘也方便日常的打扫与清理。另外，用竹竿制成的竹床帘还可以卷起，在床被折叠时方便收纳。

同样形式的竹木床在信阳长台关 1 号墓中也出土了一件（图 3-92、图 3-93），不同的是，信阳长台关出土的竹木床所铺的竹帘不是由竹竿制成，而是用与整床长度相一致的长竹条制成，大概是该床不需要折叠，因而使用更方便的长竹条，至于床栏则完全使用竹片和细竹竿制作（图 3-94）。该竹床经过复原后，现藏于信阳市博物馆。

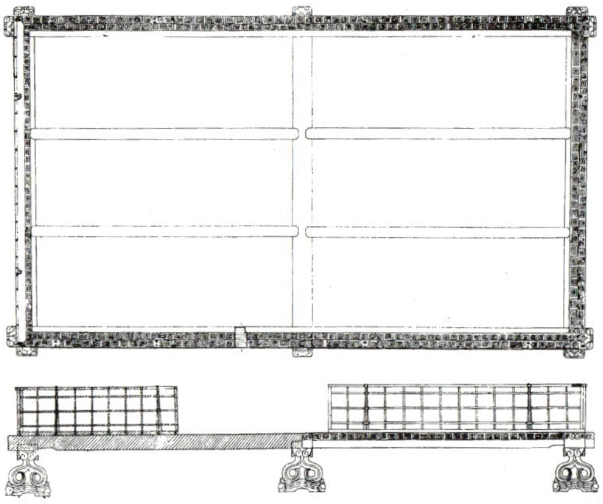

图 3-92　信阳长台关 1 号墓竹木床正视图和俯视图（示意图）[③]

图 3-93　信阳长台关 1 号墓竹木床（复原件）

图 3-94　信阳长台关 1 号墓竹木床栏（复原件）

2. 竹木肩舆

河南固始侯古堆 1 号墓还出土了我国早期的肩舆 3 件，其中较大的肩舆已被复原（图 3-95），

① 床栏以竹木条做成，呈方格状。横栏四行，行距 2.8 厘米。木质，形状分两种。最上边的一行为圆形木棍，直径 1.2 厘米、长 70 厘米；下边三行为扁圆形木棍，截面长径 1 厘米、短径 0.7 厘米。在四行圆木棍上，每隔 2.8 ～ 4.8 厘米钻一个直径 0.4 厘米的透穿圆孔，分别穿进直径 0.4 厘米、长 15.8 厘米的圆竹棍，做成竖栏。

② 竹帘竿共计约 255 根，每根长 105 厘米，直径 0.8 ～ 1 厘米，节间距 25 ～ 30 厘米，质地坚硬。竹帘竿表面刨光，不加漆饰。每根竹帘竿在距一端 6.5 厘米、34.9 厘米、70 厘米、98.5 厘米处，分别有四个直径 0.3 厘米的人工穿孔，供穿编连线用。竹帘的宽度刚好与床身方框两浅槽间的距离相合。帘竿总根数乘以每根直径所得尺寸与两个床框内的长度相加的尺寸基本相等，由此推测竹帘原本分两床，分别放入床的两半部浅槽内。草席和丝绵被均宽 118 ～ 135 厘米，应铺于床的竹帘之上。从上述诸物的叠压关系可知，床上先铺竹帘，再铺草席，然后铺丝绵被。

③ 河南省文物研究所．信阳楚墓 [M]. 北京：文物出版社，1986：43.

较小的肩舆因构件损坏过多而无法复原。复原的整个肩舆是由底座、立柱、栏杆、顶盖、舆杆、抬杠等组成。肩舆高 1.23 米，底座为长方形，长 1.34 米、宽 0.94 米。

根据研究①，专家发现该肩舆主体部分有很多构件都是由竹材制成，特别是肩舆顶盖、围合结构、底座等均是由竹材制作，构件的连接加固也都是用竹丝捆绑的。

图 3-95 固始侯古堆 1 号墓出土的肩舆（复制件）

例如，肩舆顶盖的盖弓上边用宽 1.8 厘米的扁竹条围绕 5 周，扁竹条和盖弓交接处均用竹丝打结（图 3-96）。肩舆围合部分横向的构建全部用竹材制成，上半部有宽 1.6 厘米的扁竹条围绕四周，扁竹条和立杆交接处，均用竹丝打结，相互牵连，非常牢固。肩舆围合结构的下半部分采用了和同时期竹木床栏同样的方格结构，而且方格结构也是使用竹片和细竹竿制成（图 3-97）。在两立杆之间均竖立直径 0.4 厘米的圆竹各三根，其下端插入底座轸木上面的榫眼内，另有圆竹条横绕栏杆八周，相互穿结，形成小方格。

图 3-96 固始侯古堆 1 号墓肩舆（复制件）顶盖的竹构件及竹丝捆绑结构

肩舆的底座是由 124 根扁竹条平铺而成，每根宽约 0.6 厘米。肩舆底座铺竹条的手法与信阳长台关 1 号墓竹木床上竹条的铺设手法基本一致。

图 3-97 固始侯古堆 1 号墓肩舆（复制件）的竹制围合结构及内铺的竹条

① 郭建邦．试论固始侯古堆大墓陪葬坑出土的代步工具——肩舆［J］．中原文物，1981（4）：40-45.

3.10 都江堰水利工程中的防洪竹笼

都江堰始建于秦昭王末年（约公元前256—公元前251），是蜀郡太守李冰父子在前人为都江堰兴修水利的基础上组织百姓修建的大型水利工程，由分水鱼嘴、飞沙堰、宝瓶口等部分组成，两千多年来一直发挥着防洪灌溉的作用。都江堰是全世界迄今为止，修建年代最久、唯一留存且仍在使用的以无坝引水为特征的宏大水利工程。“都江堰的传统工程，有马槎、竹笼、干砌卵石、河方、木桩、羊圈等。在漫长的两千多年中，这些传统工程，对保证都江堰工程经久不衰，发挥了巨大的作用。”[①]李冰修建都江堰时，“防江决，破竹为笼，圆径三尺，长十丈，以石实中，累而壅水”[②]。秦代以后，笼石之法，历代传之。汉时，“河堤使者王诞世……以竹落长四丈，大九围，盛以小石，两船夹载而下之，三十六日，河堤成”[③]。

1. 防洪竹笼的具体功能

竹笼是都江堰水利工程中必不可缺少的工具（图3-98），其最大的优点是把分散、易被岷江急流冲走的卵石聚为一体，它既能抵御洪水冲击，

图3-98　都江堰防洪竹笼及工程样式

① 《灌县都江堰水利志》编委会．灌县都江堰水利志[M]．内部发行，1983.
② 出自唐代李吉甫《元和郡县志》。
③ 出自汉代班固《汉书·沟洫志》。

又能泄洪，还能适应河床、岸堤地形的变化。竹笼至今仍被当地人使用，不过现今竹笼的造型有所变化，如出现了蛇皮笼、三角笼、座圈笼、铺盖笼等不同形式。

采用竹笼、卵石来防洪，还有一个“因地制宜、就地取材”的便利，因为都江堰一带本就生产竹子，而岷江河床有大量的鹅卵石。“竹笼采用灌县以西旋口一带产的坚韧的百甲竹，由政府规定种植，每年九月派工砍伐，水运至灌县，供工程使用。现已被盛产的慈竹代替。”①

都江堰用来防洪的竹笼也有一个不足之处，那就是竹笼的使用时间一般只有一年左右。主要原因：一是竹材在水中的耐腐蚀性不强，竹篾在水中被侵蚀后，篾片冷脆易折断；二是移动竹笼的过程中，因大量卵石摩擦产生磨损，竹笼易折断；三是时间久了，部分竹笼中的卵石被水流冲走，形成空笼。所以在李冰时代，都江堰的防洪工程有一个“岁修”制度，在每年冬季枯水季节，将竹笼等设施修整一次，年复一年，从而保证竹笼功能的有效性。

虽然竹笼属于损耗型竹器，但是这种竹笼一直沿用了两千多年。在元顺帝至元元年（1335年），四川肃政廉访使吉当普和灌州判官张宏主持修缮时，想寻求一劳永逸的方案，于是采用铸铁和条石等材料代替竹笼，采用这一方案的工程仅维持了四十年，最终还是未能如愿。此后，都江堰仍然沿用竹笼防洪的做法。

2. 防洪竹笼的制作方法

防洪竹笼一般选用无虫眼、无病、质量较好的两年生以上的慈竹，并按规定的直径、圈数、眼孔尺寸等要求编制。一般顺篾3厘米，横篾5厘米，俗称横三（指）顺二（指）。起笼底时，竹篾头尾颠倒，错开使用，搭头的新篾要插到3个孔眼中，笼口要用笼篾回插封住。竹笼直径为0.6米，每节长5米，两节（10米）为一个标准笼，笼眼一般为正六边形，边长约为0.2米（图3-99）。

3. 防洪竹笼的主要使用方式

（1）护岸：在河岸上安放竹笼和布置丁坝，用来保护河岸、控制水势、稳定主漕。一般有顺

图3-99　防洪竹笼及使用方法

① 《灌县都江堰水利志》编委会．灌县都江堰水利志［M］．内部发行，1983.

笼和横笼两种布置形式。在流速较大的河段，宜布置顺笼护岸，将每条笼顺着水流方向，沿河岸由下而上一条一条地堆垒起来。在流速较小的河段，宜布置横笼，将竹笼安放在与水流垂直方向的岸坡上，下端伸到河底 1 ～ 3 米，起护脚作用。

（2）丁坝：俗称“支水”，一般布置在河湾凹岸洪流顶冲部位，支开水路及深洪线。

（3）笼坝（拦水埂）：由于埂两端连接高地，不起溢流作用，所以常用笼坝堵塞岔流和封住堤岸缺口。一般用顺笼垒至最高洪水位以上，在基础 3 ～ 5 米处，再用横笼 1 ～ 3 层进行维护。

（4）溢流坝：为控制河道主流，分散水势、水力，用竹笼做成溢流坝形式。在结构设计中，溢流坝第一层用横笼镇河底，第二层用顺笼，第三层用密搭笼。

（5）护基：是在洪流顶冲的情况下，防止洪流淘刷堤岸、基脚，损坏工程的重要设施。在大溜顶冲部位，可用 5 米长的横笼密摆 1 ～ 2 层；漫冲部位，用 2 ～ 4 排顺笼；非顶冲部位，用 1 ～ 2 排顺笼。这样，一旦河底掏空，顺笼会随之滚填深槽，有利于护岸工程的稳定。

3.11 周代其他竹器实物

1. 竹简

在先秦时代，我国先人以竹简作为书写工具。《后汉书・宦官传・蔡伦》记载：“自古书契多编以竹简，其用缣帛者谓之为纸。”

《尚书・多士》记载：“惟殷先人，有册有典。”在殷墟甲骨文中，“册”字被写成“卌”的形状，而且有数种不同的“册”“典”字形，充分说明了商代已有竹简。但现代考古所能发现的最早竹简为东周时期的竹简，而且大多是战国时期楚国的竹简，如郭店楚简、慈利楚简、上博简（图 3-100）、清华简等。

就册的长度而言，写诏书律令的册为长三尺（约 67.5 厘米），抄写经书的册为长二尺四寸（约 56 厘米），民间写书信的册长一尺（约 23 厘米），因此人们又称书信为“尺牍”。

图 3-100 战国竹简

2. 竹形鄂君启节

“节”是古时由帝王或政府颁发的用于水陆交通运输的凭证，就形制而言，有虎形、马形、龙形、竹节形。早期的“节”是剖竹为之，《周礼·小行人》中对其有所记载。后来“节”虽用青铜铸造，但仍多取竹节之形。出土的竹形鄂君启节（图3-101）共5件，其中舟节2件，车节3件，它们合在一起则呈圆筒状。鄂君启节由青铜铸造，据铭文记载，其铸造时间是楚怀王六年（前323年），为怀王颁发给封地在鄂城（今湖北）的鄂君启作为水陆运输的免税通行证。“节”上铭文规定了水陆运输的范围、船只的数量、载运牛马数量及有关折算办法，还附有禁止运送铜与皮革等物资的具体条文。

图3-101　竹形鄂君启节

由此可看出，由于竹节、竹筒具有自然性和不可复制性，因此可以将带节竹筒一分为二、一分为三或者分成更多份，以用来作为货运凭证，只有当所有竹节合上时才能通行，这是一种巧妙地应用。可见在早期先民对竹材的认知和利用已经非常广泛和深入了。当然，由于竹器不易保存，因此在我们现存的器物中很少见到早期竹制节的实物。

3. 天下第一扇

江西省靖安县李洲坳古墓是距今约2500年春秋晚期的古墓，该墓中出土了竹扇、竹席、竹笥等竹器。其中竹扇是我国目前出土最早、保存最完整的竹扇，被誉为“天下第一扇”（图3-102）。该扇的扇面采用纯竹篾编织，编织工艺为十字编，扇柄部分采用人字编来加固。竹扇全部使用竹材制作，素面，没有任何彩绘装饰。

图3-102　江西靖安李洲坳春秋时期墓中出土的竹扇

4. 竹相

“相”是中国古代的一种竹制乐器。湖北望山沙塚楚墓出土的竹相是我国现存的最早的竹相（图 3-103）。竹相表面采用经典的红色、黑色、黄色搭配，使用三角形和流线型纹样进行不对称重复装饰。纹样绘制手法与曾侯乙墓出土的竹器基本相同。据此推断，当时的楚国，竹乐器的装饰手法已经相对成熟并有固定的装饰要求。

5. 竹笼与竹簸箕

湖北荆门包山楚墓出土的竹笼（图 3-104）为素面竹篾编织，外包纺织物，就外形来说，它更像是“竹熏罩”一类的竹器，而不是真正的竹笼。另外，竹簸箕在史前遗址中就已有所发现，这里将包山楚墓出土的竹簸箕（图 3-105）列出，只是为了说明在周代也有这样的竹器。需要说明的是，铜绿山古铜矿遗址出土的战国时代的竹篼箕，虽然在外形上同包山楚墓出土的竹簸箕很相似，但两者略有差别：首先是竹篼箕的编织手法和簸箕不一样；其次是竹篼箕的侧面有一个可以拉拽的把手。

图 3-103　湖北望山沙塚楚墓出土的竹相

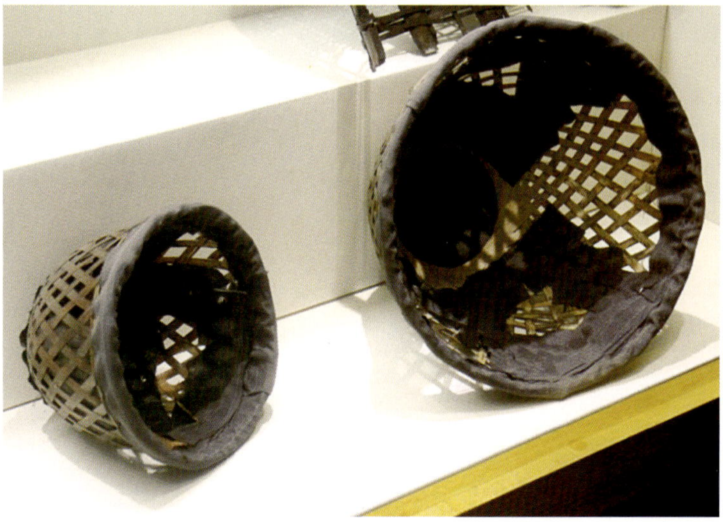

图 3-104　湖北荆门包山楚墓出土的竹笼（复制件）

图 3-105　湖北荆门包山楚墓出土的竹簸箕（复制件）

周代竹器小结

周代是中国古代竹器发展的第一繁荣期。虽然周代各种竹器的形制和功能都还没有完全确定，但竹器的应用已较为广泛，竹器系统的雏形已经显现，如竹盒、竹筐、竹筒、竹篓、竹帘等。

春秋末期和战国时期是先秦竹器快速发展的阶段。目前出土先秦时期的竹器较多，而且竹器制作的时间大部分集中在东周时期，特别是春秋末期和战国时期，即公元前500—公元前221年前后，而这段时间也正是先秦百家争鸣、百花齐放的时期。

周代竹器，有文字记录的有27种，有实物出土的有50种左右，涉及生产、生活、军事、文化、政治、音乐等六大方面，其中涉及生活、生产类竹器最多。

在已经被发现的周代竹器中，精致的高档竹器多，普通的民用竹器少。出土的先秦时期竹器大多数是服务于上层社会或军队，涉及普通老百姓的竹器很少，究其原因，可能是普通竹器很少用于陪葬。因此对民用竹器的认识，现在人们只能通过文字记录进行推测了。

第4章

秦汉竹器

——繁荣发展期

在秦汉时期的遗址和文献中，与竹器有关的主要遗址和文献如下：

(1) 湖北江陵王家台15号秦墓出土长竹筒1件、红漆竹算筹60支、竹简800多枚。①

(2) 湖北江陵扬家山135号秦墓出土竹帘、竹简75枚。②

(3) 湖北云梦睡虎地第十一号秦墓出土竹制毛笔及竹笔套3套、竹笥两件、竹筒4件、残竹扇1件、竹简1155枚。③④

(4) 湖北云梦睡虎地12座秦墓（除第十一号墓）出土黑漆竹筒1件，竹算筹6件，竹笥、竹筐、竹筒、竹串、竹笄等竹器若干。⑤

(5) 陕西西安秦始皇兵马俑一号坑出土积竹柲若干。⑥

(6) 湖北孝感云梦龙岗秦汉墓地出土竹简、竹笥150余件。⑦

(7) 湖北江陵岳山秦汉墓出土竹算筹58支。⑧

(8) 广西贵县罗泊湾1号汉墓出土竹笛1支、竹尺1把，竹笥、竹篮、竹篓等残件若干。⑨

(9) 湖北荆州谢家桥一号汉墓出土竹篓、竹笥、竹筒、竹席、竹簪、竹简等竹器223件。⑩

(10) 湖南长沙马王堆汉墓出土竹扇、竹笥、竹漆绘龙纹勺、竹熏罩、竹篓、竹箸、竹席、竹竽律、竹串、竹简等竹器500余件。⑪

(11) 湖北江陵凤凰山一六八号汉墓出土竹毛笔及笔筒1套、竹笥5件、竹筹12件、竹扇2把、竹筒9个、竹平衡杆1件、竹牍1件、竹简66枚。⑫

(12) 湖北江陵凤凰山西汉墓出土竹笥5件、竹篓11件、竹盒1件、竹筒9个、竹帘1个、竹箸6个、竹简400多枚。⑬

(13) 山东临沂银雀山汉墓出土了竹简。

(14) 陕西西安长安区西汉大司马张安世家族墓出土了汉代竹简。

(15) 内蒙古额济纳旗甲渠侯官遗址（汉代居延地区）出土竹杆箭、竹笛等竹器。⑭

---

① 荆州地区博物馆. 江陵王家台15号秦墓[J]. 文物，1995 (1):37-43.
② 湖北省荆州地区博物馆. 江陵扬家山135号秦墓发掘简报[J]. 文物，1993 (8):1-11,25.
③ 孝感地区第二期亦工亦农文物考古训练班. 湖北云梦睡虎地十一号秦墓发掘简报[J]. 文物，1976 (6):1-10.
④ 云梦睡虎地秦墓编写组. 云梦睡虎地秦墓[M]. 北京：文物出版社，1981.
⑤ 孝感地区第二期亦工亦农文物考古训练班. 湖北云梦睡虎地十一座秦墓发掘简报[J]. 文物，1976 (9):51-62.
⑥ 朱学文. 从考古资料看秦代漆器艺术风格的相关问题[J]. 文博，2011 (4):25-31.
⑦ 湖北省文物考古研究所，等. 云梦龙岗秦汉墓地第一次发掘简报[J]. 江汉考古，1990 (3):16-27.
⑧ 湖北省江陵县文物局，荆州地区博物馆. 江陵岳山秦汉墓[J]. 考古学报，2000 (4):537-563.
⑨ 广西壮族自治区文物工作队. 广西贵县罗泊湾一号墓发掘简报[J]. 文物，1978 (9):25-38.
⑩ 荆州博物馆. 湖北荆州谢家桥一号汉墓发掘简报[J]. 文物，2009 (4):26-42.
⑪ 湖南省博物馆，中国科学院考古研究所. 长沙马王堆一号汉墓[M]. 北京：文物出版社，1973:111-137.
⑫ 纪南城凤凰山一六八号汉墓发掘整理组. 湖北江陵凤凰山一六八号汉墓发掘简报[J]. 文物，1975 (9):1-8.
⑬ 长江流域第二期文物考古工作人员训练班. 湖北江陵凤凰山西汉墓发掘简报[J]. 文物，1974 (6):41-61.
⑭ 甘肃居延考古队. 居延汉代遗址的发掘和新出土的简册文物[J]. 文物，1978 (1):1-25.

(16) 甘肃金塔县肩水金关遗址（汉代居延地区）出土竹杆箭、竹尺、竹笄、竹梭等竹器。①

(17) 甘肃敦煌市马圈湾汉代烽燧遗址出土竹毛笔 1 支、竹编器残件若干等。②

(18) 甘肃敦煌悬泉置遗址出土竹毛笔 4 支、漆筷若干等。③

(19) 湖北荆州张家山汉墓出土竹简 1236 枚。④

(20) 江苏扬州西汉刘毋智墓出土竹片饰、竹雕构件各 1 件。⑤

(21) 湖北孝感云梦西汉墓出土竹笥、竹筒共 9 件。⑥

(22) 湖北随州周家寨西汉墓出土竹筒 6 件、竹笥、竹竿、竹笔管若干，一卷竹简等。⑦

(23) 湖北孝感云梦睡虎地西汉墓出土竹筒 4 件、竹笥 1 件、笔筒 1 件、简牍 2137 枚。⑧

(24) 江苏仪征国庆前庄 12 号西汉墓出土竹钗、竹擿、竹签 6 件。⑨

(25) 湖北荆沙瓦坟园西汉墓出土竹笥、竹箅各 1 件。⑩

(26) 四川绵阳永兴双包山二号西汉木椁墓出土竹木制箭箙 5 件。⑪

(27) 山东日照海曲西汉墓出土竹杖 1 个、竹简 39 枚。⑫

(28) 山东青岛土山屯汉墓出土竹笥 1 件、竹杖 1 个、竹毛笔及笔筒 1 套。⑬

(29) 广东广州西村皇帝冈 42 号东汉木椁墓出土竹筐 1 件，篾席残片若干。⑭

(30) 新疆和田民丰县东汉尼雅遗址出土了竹弓。

(31) 东汉乐浪郡遗址（今朝鲜平壤附近）出土漆绘竹箧 1 个。⑮

(32) 东汉许慎《说文解字》记录了汉代竹器 115 种。⑯

---

① 甘肃居延考古队．居延汉代遗址的发掘和新出土的简册文物 [J]. 文物，1978（1):1-25.
② 甘肃省博物馆，敦煌县文化馆．敦煌马圈湾汉代烽隧遗址发掘简报 [J]. 文物，1981（10):1-8.
③ 甘肃省文物考古研究所．甘肃敦煌汉代悬泉置遗址发掘简报 [J]. 文物，2000（5):4-20.
④ 张家山二四七号汉墓竹简整理小组．张家山汉墓竹简 [M]. 北京：文物出版社，2006.
⑤ 扬州市文物考古研究所．江苏扬州西汉刘毋智墓发掘简报 [J]. 文物，2010（3):19-36.
⑥ 湖北省博物馆． 湖北云梦西汉墓发掘简报 [J]. 文物，1973（9):23-32.
⑦ 湖北省文物考古研究所，随州市曾都区考古队． 湖北随州市周家寨墓地 M8 发掘简报 [J]. 考古，2017（8):3-21.
⑧ 湖北省文物考古研究所，云梦县博物馆． 湖北云梦睡虎地 M77 发掘简报 [J]. 文物，2008（4):31-37.
⑨ 仪征市博物馆．江苏仪征国庆前庄 12 号墓发掘简报 [J]. 东南文化，2017（2):28-40.
⑩ 荆州博物馆．湖北荆沙市瓦坟园西汉墓发掘简报 [J]. 考古，1995（11):985-996.
⑪ 四川省文物考古研究所．绵阳永兴双包山 2 号西汉木椁墓发掘简报 [J]. 文物，1996（10):13-29.
⑫ 山东省文物考古研究所．山东日照海曲西汉墓（M106）发掘简报 [J]. 文物，2010（1):4-25.
⑬ 彭峪．汉代县令家族的身后事：山东青岛土山屯墓群 [J]. 大众考古，2018（2):52-60.
⑭ 广州市文物管理委员会．广州西村皇帝冈 42 号东汉木椁墓发掘简报 [J]. 考古通讯，1958（8):37-42.
⑮ 张安治．中国美术全集・绘画编 1・原始社会至南北朝绘画 [M]. 北京：文物出版社，1988.
⑯ 许慎．说文解字 [M]. 徐铉校订．北京：中华书局，2013.

4.1　中国竹器最早的系统化与专门化

秦汉时期是中国竹器继东周时期第一次发展之后的繁荣发展时期，是在继承春秋战国时期竹器发展成就的基础上又有所发展的时期。

在继承方面，主要体现在云梦睡虎地秦墓、马王堆汉墓出土了与战国时期类似的大量竹器，如漆绘龙纹勺、竹熏罩、竹笥、竹乐器、乐律、竹笛、大小竹扇等，它们无论是在品种上，还是在造型与装饰手法上均为战国时期竹器的延续，体现了汉代竹器对东周竹器的继承性，不过汉代竹器在“礼乐”内涵上与东周竹器相比有所弱化。

在发展方面，主要体现在竹器的系统化、专门化和竹器使用地域的扩大化。随着汉代国力增强，地域扩大，汉代竹器的使用领域有较大的扩展，例如，汉乐浪郡汉代遗址（今朝鲜平壤附近）、居延汉代遗址（今甘肃嘉峪关市金塔县及内蒙古自治区额济纳旗境内）、东汉尼雅遗址（今新疆和田民丰号境内）、广西贵县罗泊湾汉墓等遥远的地方都发现了汉代的竹器。竹器的系统化和专门化集中体现在东汉许慎《说文解字》将“竹”部文字单独作为一类的编排法，说明“竹”对汉代生产、生活和文化产生了强大影响。《说文解字》记载的汉代竹器文字一共有 115 个（表 4-1）。

《说文解字》是我国最早和系统地记录竹器文字的典籍。《说文解字》介绍的竹器涉及生活、生产、军事、文化等各方面，说明 1900 多年前的汉代对竹器的利用已经较为系统化。

表 4-1　《说文解字》中关于竹器的文字

类 别	数 量	竹 器 文 字
服饰	8	笄、筳、箟、箴、篗、篦、竽、筦
饮食	13	籅、簞、籔、箸、箅、箁、䈰、籫、箱、籧、筥、簝、笥
居住	16	箯、筵、篳、簟、籆、籧、籭、篨、簃、箈、簾、笮、篚、簀、笭、第
日用工具	9	筤、簏、籃、籯、笿、箱、篿、箟、籢
生产工具	37	籱、篙、枽、筊、棰、篆、筡、笕、笏、箣、笘、策、篡、籭、竿、籓、筊、箻、筰、箪、笼、篓、笪、篝、筣、籯、籥、篕、簦、篚、笠、笓、箕、箊、簸、箭、篰
军事用具	5	箭、箙、籚、簸、籣
文化器具	9	篇、籍、簡、筹、箋、箅、符、笏、箛
乐器	17	箕、箹、龠、管、竽、篎、笙、笛、簧、筑、箟、筝、箫、箛、筒、簌、籁
其他	1	篛
合 计	115	

4.2 云梦睡虎地秦墓出土的竹器

秦代存在的时间较短，从建立到灭亡仅十几年时间，但是秦代在中国历史上的影响是深远的，它奠定了我国封建社会政治制度的基本格局。在现代，发现的秦墓虽然较少，但在这些墓中也出土了一些秦代竹器，如湖北江陵王家台和扬家山秦墓出土的竹筒、竹简、竹帘及竹算筹等竹器，湖北云梦睡虎地秦墓出土的竹笥、竹篓、竹筒、竹提筒、竹笄、竹扇、竹笿、竹笔、笔筒、竹简等竹器，陕西西安秦始皇兵马俑一号坑出土的积竹柲等竹器。其中湖北云梦睡虎地 12 座秦墓出土的竹器，是秦代最具有代表性的竹器。根据相关的考古研究资料，现将这 12 座秦墓中出土的竹器列于表 4-2 中。

表 4-2　云梦睡虎地 12 座秦墓出土的竹器

竹笥	竹篓	竹筒	竹提筒	竹串	竹笄	竹扇	竹笿	竹笔及笔筒	竹算筹	竹简	竹木轺车模型
1				1							
	1										
			1								
1		1			1						1
2		4			1	1	1	3		1155	1
1									6		

根据统计，睡虎地秦墓中出土的竹器 28 件、竹简 1155 个，其中属于秦代的竹器有 24 件，竹简则全部是秦代的。使用漆绘工艺的竹器有竹笥、竹筒和竹提筒等，漆绘多使用黑漆、黑红漆搭配的方式。秦墓中竹器的漆绘手法和战国时期常见的彩绘手法一致，也与马王堆汉墓出土竹器的彩绘色彩搭配手法一致。

1. 彩绘竹笥

云梦睡虎地秦墓共出土竹笥 5 件，出土时均已经残缺或破损。它们主要采用人字编工艺编织而成，周边用竹片加固，藤条穿缠。竹笥内装有食物、铜镜及铜铃等物。其中 M3 墓出土的竹笥（图 4-1）采用双层篾编织，里层竹编为人字编，外层使用红黑两色漆成的篾条编织成勾连雷纹图案。

从出土竹笥的编织手法、造型样式、尺寸大小、彩绘色彩搭配、主要功能等均可发现秦代竹笥基本沿用了战国时期竹笥的形制。

图 4-1　M3 墓出土的红黑漆竹笥[①]

2. 竹筒

云梦睡虎地秦墓出土竹筒 5 件，均为秦代竹器。其中 M11 出土的 4 件竹筒为素色，筒高 48 厘米；M9 墓出土竹筒 1 件（图 4-2），筒外涂有黑漆，筒高 22 厘米。可见，秦代出土的竹器也有上漆的习惯，这与战国时期及汉代竹筒的装饰样式也有相似之处。

竹筒开口处为一个三角形孔，竹筒壁最上端有两个小孔，应是穿提绳之用，说明此竹筒是有提绳的。

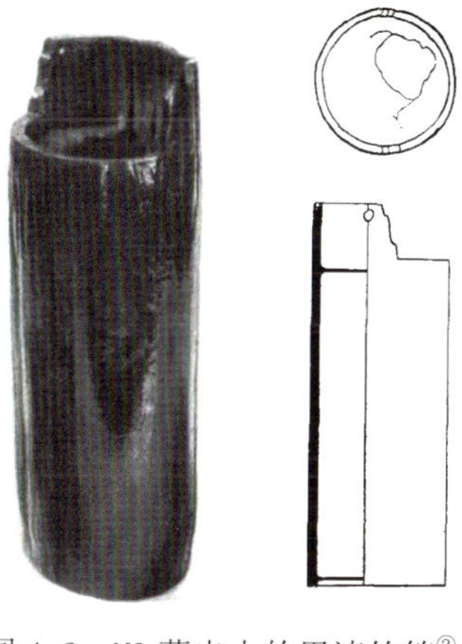

图 4-2　M9 墓出土的黑漆竹筒[②]

3. 彩绘竹提筒

M8 墓出土的竹提筒 1 件（图 4-3），筒高 16 厘米。该提筒外表面使用黑漆彩绘，内表面使用红漆彩绘。在靠近筒口及筒底处使用细棕绳缠绕紧固，提梁为粗棕绳。从竹提筒使用黑红彩绘的手法看，秦代漆器工艺较为成熟，色彩搭配是沿用战国时期的手法。

图 4-3　M8 墓出土的漆绘竹提筒[③]

4. 竹笔及竹笔筒

M11 墓共出土竹笔及竹笔筒 3 套（图 4-4）。笔杆及笔筒均为竹制，竹笔的直径为 0.35 ～ 0.4 厘米，长 21 厘米左右；一支笔筒中间被镂空，尾部为竹节；另一支笔筒镂空，其两端还各加一个骨箍。竹笔筒长度为 24 ～ 27 厘米。竹笔及竹笔筒在战国时期已有发现，秦代竹笔及竹笔筒的发展则证实了该时期竹笔及竹笔筒的形制仍沿用战国时期的样式，竹笔仍很细长。

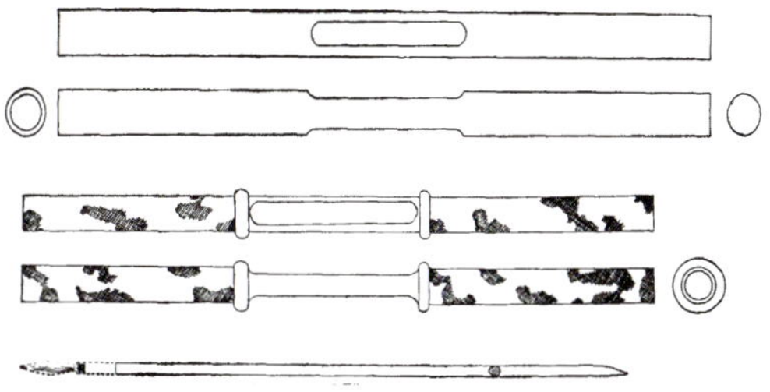

图 4-4　M11 墓出土的竹笔及竹笔筒[④]

① 云梦睡虎地秦墓编写组．云梦睡虎地秦墓 [M]. 北京：文物出版社，1981:58.
② 云梦睡虎地秦墓编写组．云梦睡虎地秦墓 [M]. 北京：文物出版社，1981:59.
③ 云梦睡虎地秦墓编写组．云梦睡虎地秦墓 [M]. 北京：文物出版社，1981:59.
④ 云梦睡虎地秦墓编写组．云梦睡虎地秦墓 [M]. 北京：文物出版社，1981:27.

5. 竹木轺车模型

轺车是由一匹马拉的轻便车，是秦代一种小型、轻便的马车，轺车主要由车辕、车轮、车轴、车舆和伞盖等组成。轺车分别出土于 M9 和 M11 墓中，为秦代轺车。不过出土的两件轺车均为模型（图 4-5）。轺车底板的长宽分别为 22 厘米和 14 厘米。轺车模型大部分构件由木材制作，但有几处为竹制。例如，车辕为竹制，断面为半弧形，平面为长方形，已残断；车辐条为竹制，一端插入车毂的长方孔里；车伞的伞盖弓为竹制，长条形，一端插入伞顶部的长方孔里。轺车上有使用红漆绘制的花纹图案。

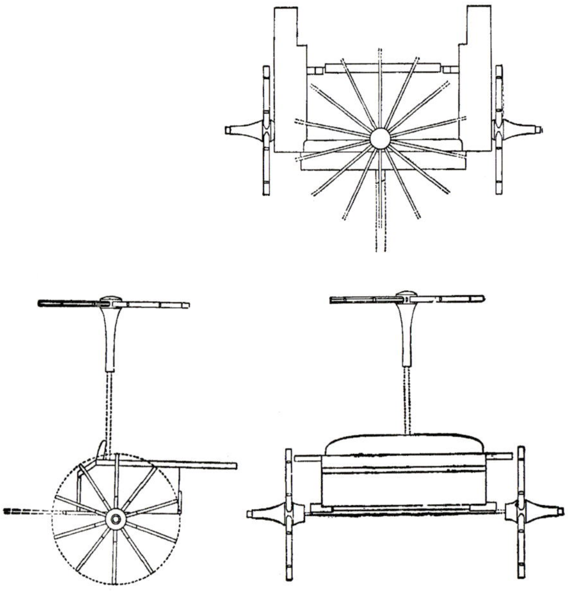

图 4-5　M11 墓出土的竹木轺车模型①

6. 竹笄

分别出土于 M9 和 M11 墓中的两件竹笄（图 4-6）均为秦代竹器。一件由 9 根竹签用丝线缠住一端制成，长度 13 厘米；一件将细竹管一端劈成 7 根，但头部未完全劈开，使用铜箍紧固，长度 21 厘米。

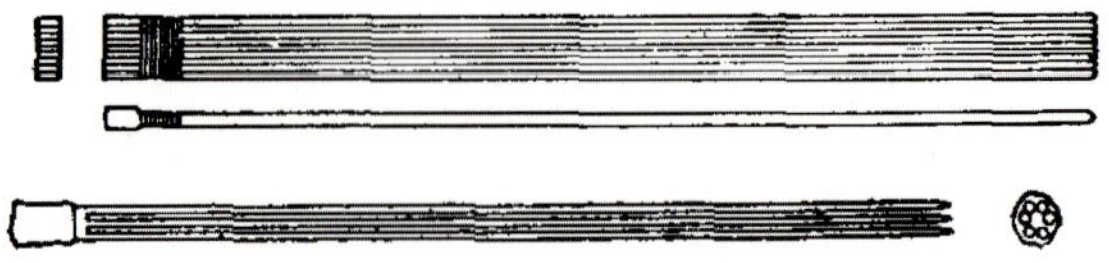

图 4-6　M9 和 M11 出土的竹笄②

7. 其他竹器

另外，秦墓中还出土了竹串、竹扇、竹笿等战国时期常见的竹器。

竹串是由 10 根一端削尖的竹签组成；竹扇已经残缺，其形制与马王堆汉墓出土的小竹扇形制相同；竹笿出土时已残缺，为六角孔编织，内有桃核。另外，M13 墓出土的六博棋中还有 6 根竹算筹，由半边细竹管制成。M6 墓出土的一件竹篓，仅剩竹篓底部。它采用 7 根竹片为骨，用细篾绕编而成，底径 14 厘米。

M11 墓以及秦代其他墓中出土大量的竹简，充分说明了秦代使用竹简是非常普遍的现象。

由此可以看出，秦代竹器有以下特点：

（1）秦代出土竹器种类较丰富。通过对秦代墓出土竹器的整理，可以发现至少有竹筒、竹篓、竹筒、竹提筒、竹笄、竹扇、竹笿、竹笔及笔筒、竹简、竹帘、竹算筹、积竹柲、竹木制轺车模型等 14 种竹器。这 14 种竹器均为战国时期已有形制的竹器，其中竹提筒、竹笿变化相对较大。

① 云梦睡虎地秦墓编写组．云梦睡虎地秦墓［M］．北京：文物出版社，1981:53.
② 云梦睡虎地秦墓编写组．云梦睡虎地秦墓［M］．北京：文物出版社，1981:53.

（2）秦代竹器的彩绘手法与战国时期一脉相承。秦代竹器也常用漆绘工艺，黑红色搭配是其主要配色方式，也有单独使用黑漆的。在色彩搭配方面，秦代竹器的彩绘色彩搭配同战国时期黑底红黄色搭配相比略有变化，少了黄色。竹器的彩绘显得更加庄重、沉稳，特别是部分竹器仅使用黑漆，让竹器显得更加素净。总的来说，秦代竹器彩绘工艺及色彩搭配手法传承了战国时期的做法，但也有一定的变化。

（3）秦代竹器竹编工艺较以前变化不大。秦代竹编工艺主要有人字编、六角编、十字编等常规编织工艺，编织技法与战国时期相似，没有太大的改变。

（4）秦代竹简使用量大。在秦代为数不多的出土竹器中，竹简有数千枚，显示出竹简在秦代得到大量使用。

（5）秦代是周代和汉代竹器发展的重要传承期。秦代处于社会融合、变化的重要时期，虽然社会发生了重大变革，但秦代竹器在品种、形制、制作工艺等方面均有效地传承了周代竹器的风格，为汉代竹器的繁荣和发展提供了坚实基础。

4.3 马王堆汉墓出土的“礼乐”竹器

马王堆汉墓（公元前 206—公元前 163 年）位于湖南省长沙市芙蓉区东屯渡乡（今芙蓉区马王堆街道），临浏阳河，为西汉时期长沙国丞相利苍和利苍的妻子辛追及其子利狶的三座墓葬。1971 年开始发掘，出土竹扇、竹笥、漆绘龙纹勺、竹熏罩、竹篓、竹箸、竹席、竹竽律、竹串、竹简等竹器 500 余件。

一号墓共出土文物千余件，其中竹器如下：竹胎漆器共 2 件，为漆绘龙纹勺；竹篓 40 只，竹夹 1 叠，长短柄竹扇各 1 把，大小竹熏罩各 1 件，竹串 1 件，竹筷 1 件，竹席 2 条，竹竽 1 件，竹竽律 1 套，竹笄 1 件，竹牌 13 件，竹简 312 枚。

二号墓出土文物较少，没有发现竹器。

三号墓共出土文物千余件，其中竹器如下：竹笥 48 件（出土时均已严重腐朽，其中 38 件当中盛有动物遗骸、水果、谷物等，2 件盛有中草药，8 件盛有丝织品），竽 1 件，疑似箫的乐器 2 件。

1. 漆绘龙纹勺

漆绘龙纹勺（图 4-7）柄长 53 厘米、斗径 7.8 厘米，竹胎分斗和柄两部分。斗以竹节为底，呈筒形，柄为长竹条制成，接榫处用竹钉与斗相连接。斗内髹红漆无纹饰，在外壁及底部采用黑漆做底，再在黑漆底上分别绘红色几何纹和柿蒂纹。柄的花纹分为三段，靠近斗的一段为一条形透雕，上为浮雕编辫纹，髹红漆；中部一段为三条形透雕，上有浮雕编辫纹三个；柄端一段涂红漆地，上面浮雕龙纹，龙身绘黑漆，以红漆绘其鳞爪，龙作飞腾状。马王堆汉墓出土的漆绘龙纹勺仅有这两件，且在长沙地区的战国和汉代墓葬中很少发现这种竹胎漆器，因此实为珍贵之物。

（1）该勺是我国目前发现最早的竹制勺。竹勺的造型具有汉代勺的典型特点，勺柄修长，勺斗呈圆筒形。

图 4-7　漆绘龙纹勺及局部

（2）该勺是我国目前发现最早的竹雕竹器。该勺使用了不同的竹雕手法，如浮雕、镂空雕等。战国荆门包山 2 号墓出土的凤鸟双联杯虽然也使用了一定的雕刻手法，如凤尾的造型、足部雏鸟的造型，但总体上凤鸟双联杯还是以彩绘为主。该勺的勺柄采用的是部分切分雕刻的手法，竹柄末端采用浮雕的手法雕刻了一只抽象的龙纹。

（3）该勺使用简单的榫卯结构来固定勺柄和勺斗，是我国目前发现的早期使用竹制榫卯结构的实物。

（4）该勺的装饰既继承了东周彩绘竹器的装饰手法，又具有汉代装饰纹样的特征。它采用了我国汉代漆器最典型的红黑色彩搭配手法，装饰纹样抽象、简练。

（5）该勺勺柄长 53 厘米，在竹柄镂空的情况下，有这样的长度，实在令人惊叹（图 4-8）。这说明在汉代早期，人们对竹材料特性的了解又更进了一步。

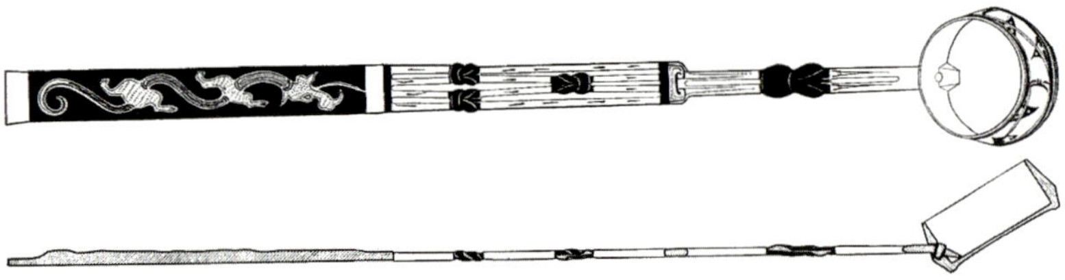

图 4-8　漆绘龙纹勺修长形状及榫卯结构①

① 湖南省博物馆，中国科学院考古研究所．长沙马王堆一号汉墓（上）[M]．北京：文物出版社，1973:83.

（6）该勺是“用”与“美”的优雅结合。该勺首先是一件日用器具，具有实用价值。其次是该勺精致的制作工艺和精美的装饰手法，又让该勺具有优美典雅的外形。漆绘龙纹勺是汉代早期竹器的代表作品，它体现了汉代竹器对东周竹制“礼器”特征的继承。

2. 竹熏罩

竹熏罩（图4-9）为熏香用具，高21厘米，底径30厘米，口径10厘米。使用时，将香料放入熏炉内焚烧，将竹篾编成外蒙细绢的竹熏罩罩在熏炉上，于是缕缕清香透过细绢均匀散发出来。古人常用其熏沐衣物，驱逐秽气，杀菌消毒，改善室内空气质量。马王堆汉墓同时出土了陶熏炉和竹熏罩，出土时炉盘内还盛有茅香、高良姜、辛夷和藁等香料药物。

马王堆汉墓出土的竹熏罩是我国目前发现的较早用于熏沐的竹器，显示汉代早期已出现了一种新的生活方式。该竹熏罩使用较细的竹篾，采用单经单纬菱形格的手法编织而成，它的上部细密，底部较稀疏，展现了较好的竹编工艺手法。

3. 竹笥

马王堆汉墓出土的竹笥（图4-10、图4-11）相对较多，每一个竹笥上都挂有一个牌子，上面写有不同的文字，这为后世研究竹笥的用途提供了翔实的资料。

笥是中国古代较为普遍使用的一种盛物器具，多以竹篾、藤皮、苇皮编织，也兼用荆条编织。制作有精制和粗制，或髹漆，或为素面。一般用绳索捆扎，打结时加上封检，并在绳上穿挂木牌，写明笥内盛放的物品。图4-10、图4-11所示的竹笥为长方体，由相互套合的盖与底组成。主要

图4-9 竹熏罩
（引自湖南省博物馆官方网站）

图4-10 马王堆汉墓出土的竹笥（复制件）
（引自湖南省博物馆官方网站）

图4-11 马王堆汉墓出土的竹笥

材料为细竹篾，采用人字形编织手法编织而成的，竹篾宽 0.4 ～ 0.5 厘米，厚 0.1 厘米，盖和底的边缘用藤条缠竹片加固。

同东周时期出土的竹笥相比，马王堆汉墓出土的竹笥虽然制作精细，但是在装饰和精致程度上都不及东周的竹笥。这显示出竹笥在汉代已作为常见的竹器逐渐走向普及，不再是数量相对较少的珍贵竹器。马王堆汉墓出土的竹笥还展示了汉代竹笥基本的使用情况，如竹笥在出土时还盛装了大量的食物、纺织品、木象牙、木璧等物品（图 4-12），这有利于人们了解西汉时期竹笥的主要用途。

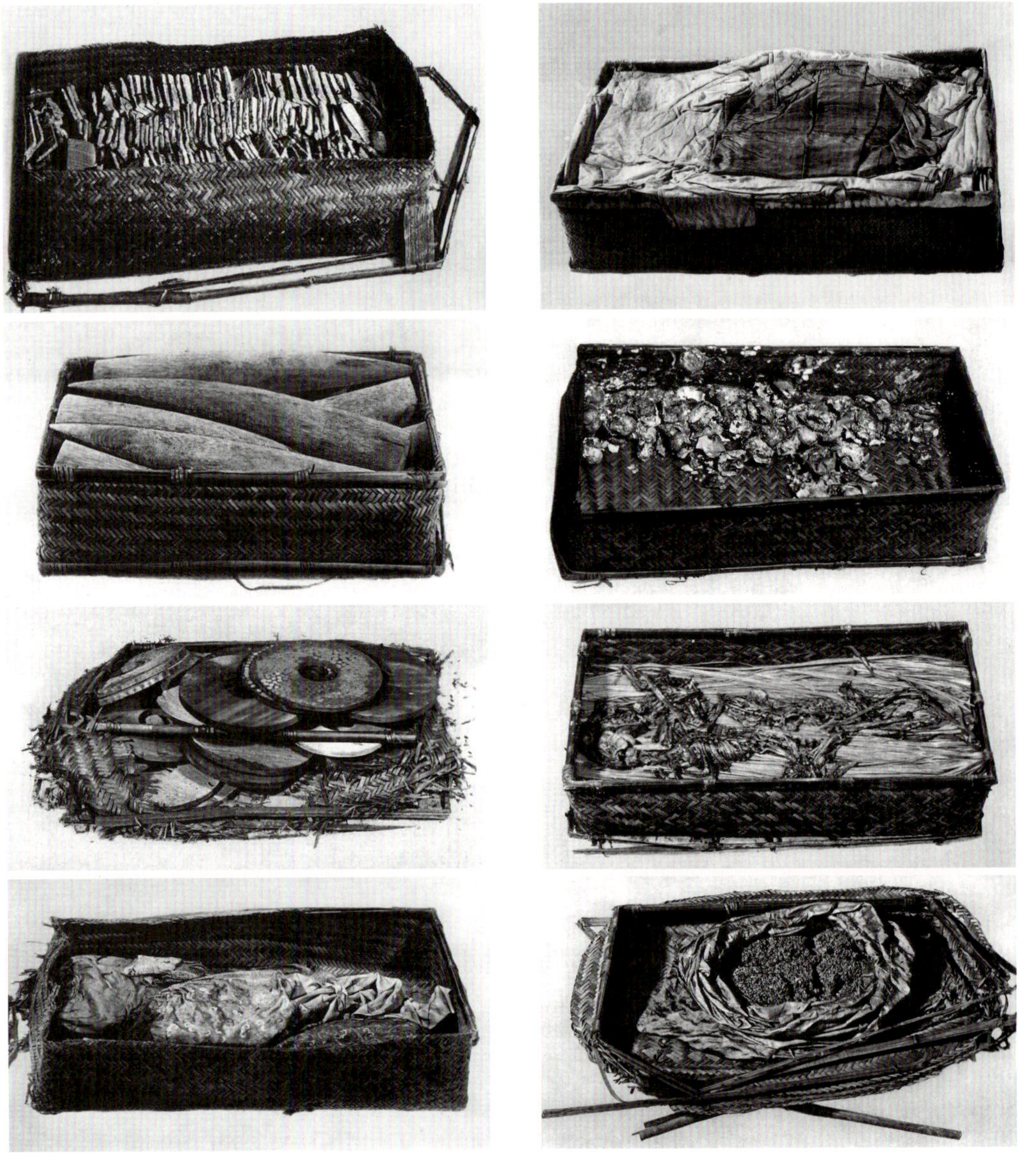

图 4-12　出土时装有各式物品的竹笥①
（左边自上至下：郢称、木象牙、木璧、绣花香囊；右边自上至下：衣物、蛋壳、兔骨、豆类）

① 湖南省博物馆，中国科学院考古研究所．长沙马王堆一号汉墓（下）[M]．北京：文物出版社，1973:192-197.

4. 竽

马王堆汉墓出土的竽（图 4-13）长 78 厘米、斗径 10 厘米、嘴长 28 厘米，由竹木制成，外形完整。三号墓出土一件实用竽，可惜已残破，但它仍保有簧片。这种簧片共发现十余个。在簧片上端黏有银白色小珠，颇似金属，用来调整簧片振动的频率以控制音调，这是现今仍在使用的“点簧”之法。竽是一种音域较广的簧管乐器，在春秋至秦汉时期，它是各种乐器的“首领”，所谓“竽先则钟瑟皆随，竽唱则诸乐皆和”。竽常与瑟等一起演奏，深受时人喜爱。

该竽是“素颜”出土，与战国时期曾侯乙墓出土的竹乐器相比，没有精美的装饰，完全采用了原色竹木材制成。

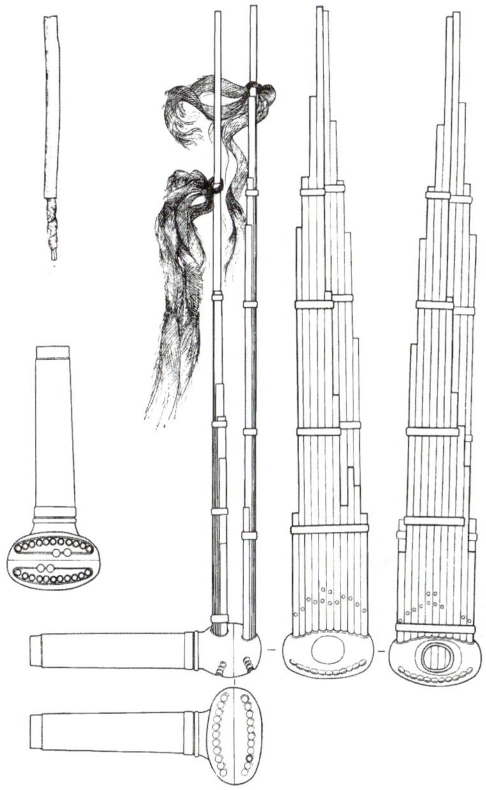

图 4-13　马土堆汉墓出土的竽（引自湖南省博物馆官方网站）

5. 竹竽律

马王堆汉墓出土竽律一套（图 4-14），共 12 根，用刮去表皮的竹管制成，中空无底，制作较粗糙，壁厚约 1.2 毫米，出土时分别装在竽律袋的 12 个管袋中。马王堆汉墓出土的竹制竽律是我国目前发现最早的竹制竽律，对丰富我国音乐理论和实践的研究有重要意义。但考古研究的结果显示，该套竽律不是实用的乐器，只是一个模型。即使如此，它仍是我国出土的为数不多的古代竹制竽律。

6. 竹笛

马王堆汉墓出土的竹笛有两支，其中一支长 21.2 厘米，另一支长 24.5 厘米（图 4-15），出土时盛放在漆盒内。竹笛为竹质，一端有竹节封口，另一端开口。封口一端其侧面有长方形吹口，开口一端依次有6个洞眼。

汉代出土的竹笛较多，如在广西贵县罗泊湾汉墓、甘肃汉代居延遗址（今嘉峪关金塔县至内蒙古额济纳旗一带）等古墓葬中均有汉代竹笛出土，它们在形制上基本一致。不同区域均有竹笛出土，说明至少在西汉时期，竹笛已经在全国范围内普遍使用。

图4-14　竹竽律及竽律袋[①]

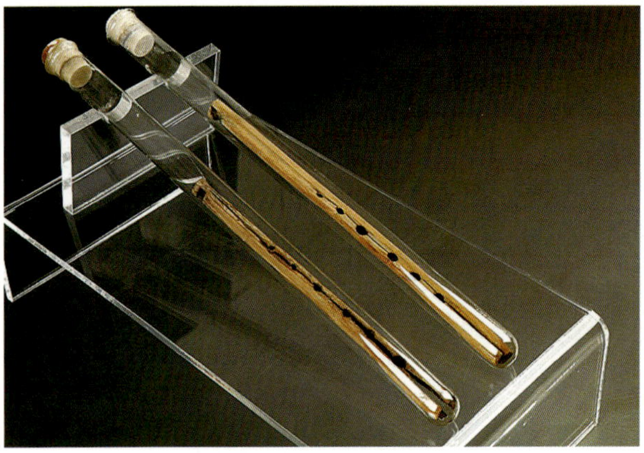

图4-15　马王堆三号汉墓出土的竹笛
（引自湖南省博物馆官方网站）

7. 竹扇

马王堆汉墓出土的长柄大竹扇（图4-16），柄长176厘米，扇面宽45厘米，以细竹篾编成，扇面边缘包素绢。扇柄裹黄绢，柄的上部劈成两半夹住扇面并用锦条捆牢。大扇又称“障扇”，是古代仪仗队在行进时用于遮阳或挡风避沙。

图4-16　长柄大竹扇（上）和小竹扇（下）

小竹扇（图4-16）柄长52厘米，扇面宽22厘米，竹扇内侧缘用细竹竿作骨，延伸缘骨并用竹篾编成管状的柄，再裹以锦条。小竹扇主要用来扇取凉风，有时在出行时遇到熟人不想打招呼，也可用其遮挡面部，所以小竹扇子又被称为“便面”。“便面”在后世中常见，如在《清明上可图》中可找到很多使用“便面”的场景。马王堆汉墓出土的竹扇基本与前代相同，是对前代竹扇特征的继承和延续。

8. 竹篓

马王堆汉墓出土竹篓（图4-17）约40件，但大多数破损严重。根据保存较好的竹篓来看，其形制为圆筒状，附耳有盖，大小基本相同，直径25～27厘米，高14～16厘米，用宽0.5厘米的竹篾为经和宽0.3厘米的竹篾为纬编织而成。其编织工艺为一般的竹编手法，竹篾为素面。

9. 竹夹

马王堆汉墓出土的竹夹（图4-18），长56厘米，宽48厘米，厚18厘米，共计10余层，每

① 湖南省博物馆，中国科学院考古研究所．长沙马王堆一号汉墓（上）[M]．北京：文物出版社，1973:183.

层由纵向并列的3个小竹箅拼成。该器物主要用于盛放食物等，后来逐渐消失。

图4-17 竹篓[①]

图4-18 夹有梅子的竹夹[②]

10. 竹笄

马王堆汉墓出土的竹笄（图4-19）与东周时代的竹笄类似，由小竹片组成，出土时已经散开。

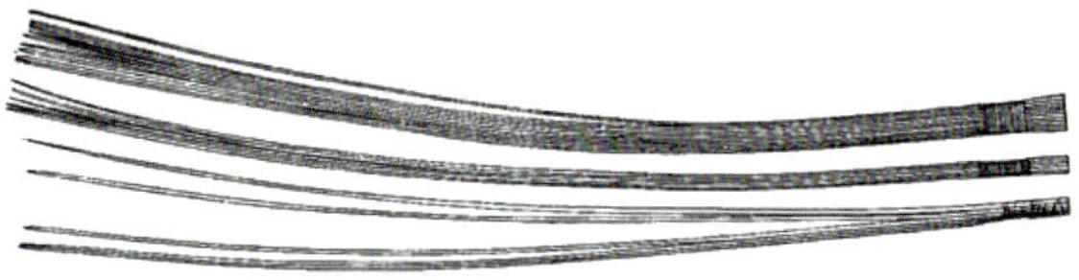

图4-19 散开的竹笄[③]

马王堆汉墓是出土西汉早期竹器的重要遗址，其精美程度代表了西汉甚至整个汉代竹器的最高水平。也因为汉代离战国时期较近，所以汉代竹器是对春秋战国时期“礼乐”竹器的继承和延续。

汉代人们对乐器的喜爱和对彩绘装饰手法的使用，显示出周代“礼乐”思想对西汉时期竹器有较大的影响。但出土的素面竹笥、竹扇、竹熏罩，以及更加实用的竹篓、竹夹、竹笄、竹箸、竹席等竹器，也同时说明西汉时期的“礼乐”竹器出现了一定的衰退迹象。

4.4 江陵汉墓出土的生活竹器和文化竹器

湖北江陵出土竹器的汉墓有凤凰山8号、9号、10号、168号汉墓以及岳山秦汉墓等，所出土的竹器具有很强的代表性。

凤凰山8号、9号、10号汉墓出土的竹笥、竹篓、竹盒、竹筒、竹帘、竹席、竹箸等竹器30多件，竹简400多枚；凤凰山168号汉墓出土的竹牍、竹毛笔及笔筒、竹笥、竹笿、竹扇、竹质天平衡杆、竹筒等竹器50多件，竹简66枚；岳山秦汉墓出土的竹算筹1件，共58支。江陵汉墓出土的竹质天平衡杆、竹笿等竹器比较独特，是汉代竹器的新品种。

① 湖南省博物馆，中国科学院考古研究所．长沙马王堆一号汉墓（下）[M]．北京：文物出版社，1973:198.
② 湖南省博物馆，中国科学院考古研究所．长沙马王堆一号汉墓（下）[M]．北京：文物出版社，1973:198.
③ 湖南省博物馆，中国科学院考古研究所．长沙马王堆一号汉墓（上）[M]．北京：文物出版社，1973:28.

1. 竹质天平衡杆

天平衡杆（图 4-20、图 4-21）是天平的重要部件，竹质天平衡杆在我国出土的竹器中很少见。江陵汉墓出土的竹质天平衡杆正中上侧有一小铜环，一端下侧与另一端的正面各有一竹钉。正面、背面和侧面均有一行文字，主要解释该天平的用途、归属等。该天平衡杆长 29.2 厘米、宽 1 厘米、厚 0.3 厘米。

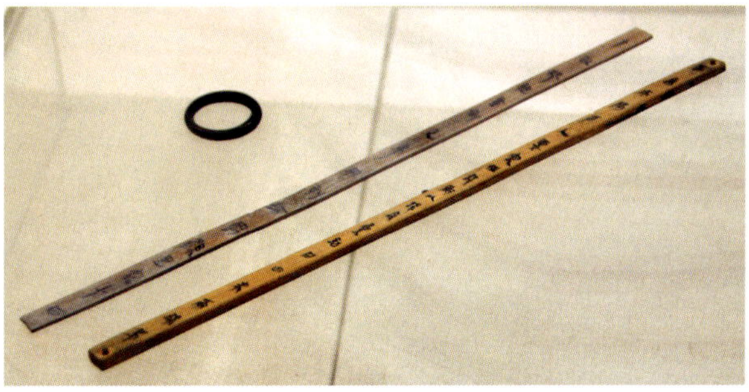

图 4-20　竹质天平衡杆

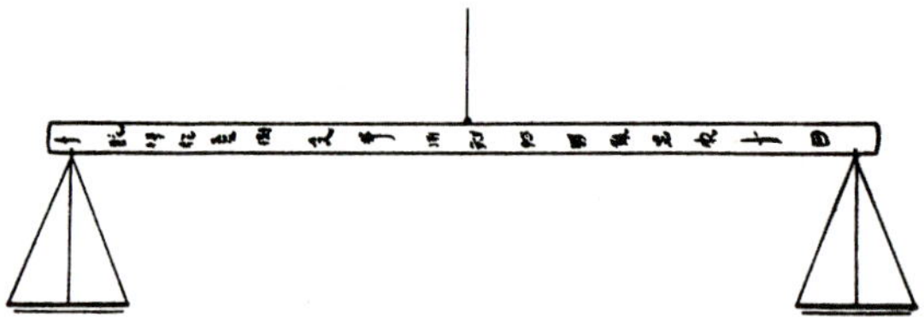

图 4-21　竹质天平衡杆使用示意图

2. 竹笿

笿是一种较小型的笼类竹器，《说文解字》称其为“杯笿也”。凤凰山 168 号汉墓出土竹笿 12 件（图 4-22），均已残缺，但竹笿里面分别保存着生姜、红枣、小茴香、鸡蛋（已破碎）和果核等。凤凰山 168 号汉墓出土的竹笿整体上呈长方形，扁平，截面接近椭圆形，采用六角孔编织工艺，长约 20 厘米。

另外，凤凰山 8 号汉墓出土了 11 件竹篓。竹篓“长方形，扁平，用细竹片编成网格状纹，内盛杨梅等。长 21 厘米，宽 8 厘米”①。根据考古报告对该墓出土竹篓的描述及实物照片（图 4-23），可以认为该竹篓应该也是竹笿。竹篓是其较宽泛的称谓。

同样的竹器在荆州谢家桥 1 号汉墓②中也有发现。谢家桥 1 号汉墓中有竹笥、竹笿、竹席、竹竿、竹簪、竹简、竹牍等竹器，出土的竹器种

图 4-22　凤凰山 168 号汉墓出土的竹笿

图 4-23　凤凰山 8 号墓出土的竹篓

① 长江流域第二期文物考古工作人员训练班．湖北江陵凤凰山西汉墓发掘简报 [J]. 文物，1974（6）:41-61.
② 荆州博物馆．湖北荆州谢家桥一号汉墓发掘简报 [J]. 文物，2009（4）:26-42.

类丰富。该墓中出土竹笿（图4-24）12件，其造型为长方形，扁平，盛有佐料、水果或鱼等食物。谢家桥汉墓出土的竹笿在尺寸、造型、规格和数量上都同凤凰山汉墓出土的竹笿一致。

在西汉时期墓中发现的竹笿较多，显示出在该时期，竹笿的应用较为普遍。凤凰山8号汉墓、168号汉墓出土的竹笿数量均在12件左右，可见作为陪葬品，竹笿的使用有一定的要求。因此，至少在西汉早期，竹笿就已经是常用的竹制器具。

竹笿虽然是盛装食物用的，但湖北江陵汉墓出土的竹笿更像是一个长方体的竹编袋，与马王堆出土的竹夹等有类似的功能，即疑似专门为陪葬所用。因为如果是日常使用的竹笿，应该是方便携带与存取用的，而出土的该竹笿则看不出明显的开口，存取均不方便。

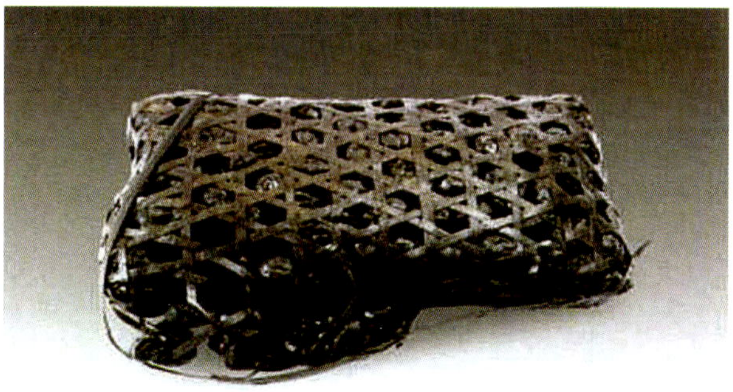

图4-24　谢家桥1号汉墓出土的竹笿

3. 竹扇

凤凰山168号汉墓出土了两个竹扇，“两件竹扇的形制与长沙马王堆一号汉墓所出相同”[①]。凤凰山168号汉墓下葬的时间约为公元前167年，与马王堆汉墓下葬的时间基本重合，因此，竹扇的形制相同，显示马王堆竹扇是该时期竹扇的主流样式。

4. 彩绘竹筒

在凤凰山8号汉墓、10号汉墓和168号汉墓中均出土了带彩绘装饰的竹筒，而且数量较多，均为9件。不过8号汉墓出土的竹筒要略小于168号汉墓。[②]竹筒背面有墨书的“盐”“月（肉）酱”“苦酒”“枇箸”等字，显示其主要用途均与饮食有关，应该是食用竹器。

另外，出土的竹筒均“漆黑漆，朱绘几何纹和环带纹”，可以看出其彩绘风格和西汉同时期的其他竹器彩绘风格一致。

5. 竹盒

凤凰山8号汉墓出土1件竹盒（图4-25），用细竹丝编成，底、盖合成圆球形。这是一个底和盖形状比较特殊的竹盒，使用素面竹篾，应属于日用竹器。

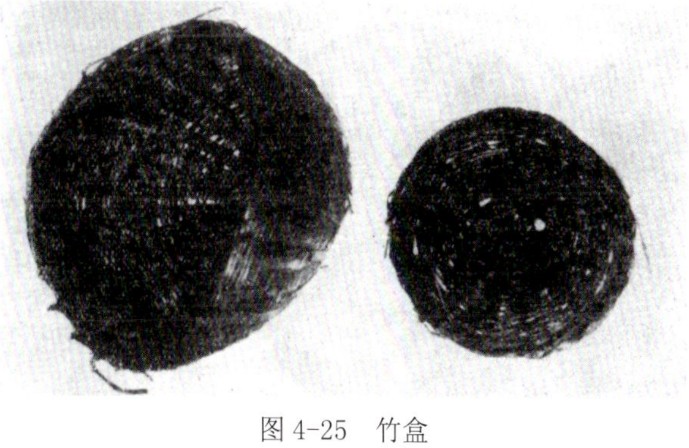

图4-25　竹盒

① 纪南城凤凰山一六八号汉墓发掘整理组．湖北江陵凤凰山一六八号汉墓发掘简报［J］．文物，1975（9）:6.

② 凤凰山8号汉墓和10号汉墓共出土竹筒9件，用小圆竹制成，漆黑漆，朱绘几何纹和环带纹。其中6件较长，长18.4～40厘米，直径3.1～4厘米，有口、有底。有5件口端一侧高出3厘米，上有两个小孔。10号墓所出一件，上有墨书文字。凤凰山168汉号墓出土竹筒9件，均系整节竹筒制成（长42厘米、直径5厘米），提手处有两个穿绳的小眼，上端竹节开一口。出土竹筒的正面用红黑色彩绘几何形花纹，背面有墨书的“盐”“月（肉）酱”“苦酒”“枇箸”等字，标明着每件竹筒的用途。

6. 文化类竹器

（1）凤凰山 168 号汉墓出土了一套完整的竹毛笔和竹笔筒（图 4-26），形制和东周时期的基本一致。

图 4-26 凤凰山 168 号汉墓出土的竹毛笔及竹笔筒

（2）凤凰山 168 号汉墓出土一件竹牍（图 4-27），长 23.2 厘米，宽 4.1～4.4 厘米，厚 0.3 厘米，书写内容为“告地下官吏书”，并说明了墓主人的生平和陪葬品等情况。

同样的竹牍在谢家桥 1 号汉墓也有出土，该墓共出土竹简 208 枚、竹牍 3 枚（图 4-28）。竹牍保存完好，简、牍均呈黄色，质软，书写在篾黄的一面。简长 23～23.6 厘米，宽 0.45～0.75 厘米；牍长 23.65 厘米，宽 2.8 厘米。

7. 其他

在江陵汉墓周边出土的竹器中，还有常见的竹笥、竹席、竹帘、竹箸等。例如，凤凰山 168 号汉墓出土的竹笥，“即长方形竹箱，用双层人字纹编织，周边用竹片加固，并以藤条穿缠。大小不尽相同，最大的长 45 厘米，宽 29 厘米，高 15 厘米；最小的长 37 厘米，宽 18 厘米，高 8 厘米。竹笥里的器物有两种：一种是食物，如粟、牛肉、猪、鱼等；另一种是笔、墨、牍、砚、天平衡杆、砝码、半两钱和算筹”[①]。江陵汉墓出土的竹器与汉代同时期的竹器在形制、用途、编织手法等方面基本一致。

图 4-27 凤凰山 168 号汉墓出土的竹牍

图 4-28 谢家桥 1 号汉墓出土的竹简与竹牍

① 纪南城凤凰山一六八号汉墓发掘整理组．湖北江陵凤凰山一六八号汉墓发掘简报［J］．文物，1975（9）:6.

4.5 江苏扬州西汉刘毋智墓出土的竹雕①

西汉刘毋智墓位于江苏省扬州市邗江区杨庙镇杨庙村。2004 年扬州市文物考古研究所对该汉墓进行了发掘。根据对出土文物的研究，扬州市文物考古研究所认定该墓修建的年代为西汉早期。该墓中出土的竹器主要有竹雕构件和竹片饰各 1 件。虽然出土的竹器只有两件，但是由于在此之前出土的竹器中还没有发现单独的竹雕件，因此刘毋智墓出土的竹雕件显得特别珍贵，它是我国迄今发现出土的最早的纯竹雕实物。

1. 竹雕

西汉刘毋智墓出土的竹雕构件（图 4-29）为板瓦状，它是截取毛竹筒的三分之一制成的，它的一端为凸出方形榫，另一端中心有一圆孔；在外弧壁上雕有重叠的山峦、峭立的松柏和出没于山谷间的野兽。此竹雕应是一件完整竹器上的一部分，即为竹雕构件，在其右端可以看到插接结构的接口。因该墓被盗墓者破坏，所以现不知原器形状。残留的该竹雕长 16.2 厘米、宽 7.4 厘米、厚 1.1 厘米。

该竹雕采用浮雕手法，精致地雕刻了一幅我国最早的“风景画”。虽然在马王堆汉墓出土的漆绘龙纹勺上也有雕刻的装饰纹样，但漆绘龙纹勺上的雕刻还处于常规的装饰纹样层面，没有表现出刻意的雕刻意识，而刘毋智墓出土的这件竹雕，上面的山峦、松柏、野兽等形象被雕刻得惟妙惟肖，雕刻手法细腻，已经是有意识、有计划的雕刻。竹雕构件出现在西汉早期，证明了我们祖先在 2100 多年前对竹材的利用已经远超出实用层面，这也是把我国竹雕开始出现的时间直接定格在 2100 年前的有力证据。

图 4-29　西汉刘毋智墓出土的竹雕构件

① 扬州市文物考古研究所．江苏扬州西汉刘毋智墓发掘简报 [J]．文物，2010（3）:19-36.

2. 竹片饰

西汉刘毋智墓中出土的竹片饰呈椭圆形长竹片状，截面呈弧形（图 4-30）。竹皮面有用朱漆与青褐色漆描绘的勾连云气纹，竹背面有墨绘的勾连云气纹。该竹片饰残片长 11.6 厘米，宽 2.3 厘米。

该竹片饰采用绘画的手法，在竹片上绘制了装饰纹样。虽然刘毋智墓只出土了一件竹片饰，但是这说明西汉早期在竹材上绘制纹样进行装饰的手法已较常见，这从汉代出土的各类漆器中可窥见一斑，特别是同时期的马王堆汉墓出土的彩绘竹勺更是印证了这一点。

图 4-30　竹片饰

4.6　周家寨汉墓出土的彩绘竹筒等竹器[①]

周家寨汉墓位于湖北省随州市曾都区周家寨村，于 2014 年被发掘，共清理出汉墓 24 座。其中 M8 墓出土的竹器有竹笥、竹筒形器、竹笔管和成卷的竹简册（共 566 枚）以及成捆的细长竹竿和竹片等。

1. 彩绘竹筒

M8 墓出土彩绘竹筒形器 6 件（图 4-31）。由竹筒削成，以竹节为底，上端削出半环状缺口。器身以黑漆为地，两端绘有成组的红色三角纹和网状纹。筒径 3.4 ～ 3.8 厘米，筒高分别为 50.8 厘米、44.8 厘米、43 厘米、36 厘米、27.4 厘米、16.8 厘米。最小的两个竹筒内置竹签，其中一个竹筒内置 8 支截面近圆形的小竹签，长约 23 厘米，直径约 0.4 厘米。最小的竹筒内置 14 支截面近圆形的小竹签，长约 14 厘米，直径约 0.4 厘米。

竹筒长短不一，功能不详。但根据出土竹筒的彩绘装饰来看，其装饰精致，表明这 6 个竹筒不是简单的实用工具，更像是占卜抽签用的“礼器”。

竹筒装饰采用典型的汉代漆器中的红色和黑色搭配手法，竹筒上的三角形图案则与东周时期

① 湖北省文物考古研究所，随州市曾都区考古队．湖北随州市周家寨墓地 M8 发掘简报［J］考古，2017（8）:3-21.

竹制乐器的装饰纹样相似，表现了其装饰是对前代的传承。

图 4-31　彩绘竹筒形器

2. 竹笔管

出土竹笔管 1 件，但仅残留下半段，下端被削整。残件长 8.8 厘米，杆径约 0.9 厘米。未发现有竹笔。

3. 竹签牌

M8 墓出土竹签牌 3 枚（图 4-32）。竹签牌是用竹简加工而成，一端平直，一端加工成尖状，两侧切出“V”形缺口。竹签牌长分别为 5.7 厘米、6.5 厘米、7.6 厘米，宽为 0.8 厘米。签牌上的文字为“大婢可”“大奴求人”“大婢益夫”，皆为奴婢姓名，可能是与出土的木俑配合使用的。

竹签牌的功能更像是竹简功能的外延。竹签牌尖端，应该是用于插在器物上或器物周边，以此对器物进行说明。马王堆汉墓出土的竹笥中也有类似的竹签牌，它主要是用于说明竹笥的用途。

图 4-32　竹签牌

4. 竹简

M8 墓出的土竹简（图 4-33），基本保持了下葬时的原貌。这卷竹简共有竹简 566 枚，竹简两端平直，完整的竹简长 27.8 ～ 28.2 厘米。该竹简保存较为完整。相关专家对该竹简研究后，发现西汉早期的竹简除了具有书写功能外，还有描绘图形图像的功能。如图 4-33 所示，有部分竹简连在一起，在它上面还绘制了图案和表格。

出土的其他竹器在发掘报告中没有被提及或对其进行具体的说明，原因应该是这些竹器和同时期出土的其他竹器类似，并没有什么值得特别说明的突出特征。

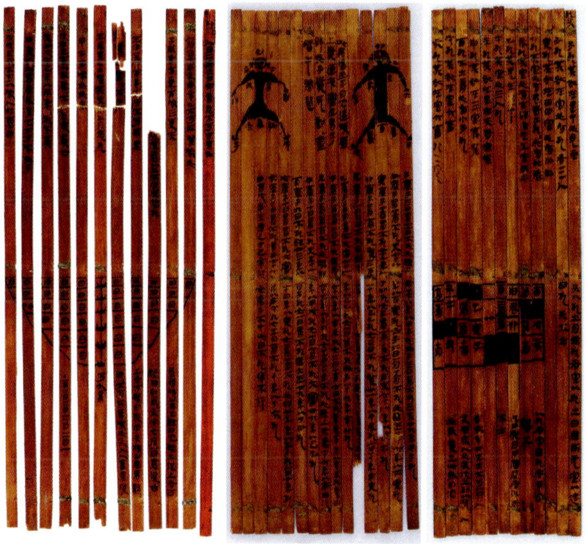

图 4-33　绘图竹简

4.7 云梦睡虎地西汉墓出土的大竹筒等竹器①

云梦睡虎地西汉墓位于湖北云梦县城西部的睡虎路。湖北省文物考古研究所和云梦县博物馆于2006年对该处汉墓进行了挖掘。出土的竹器中有竹筒4件、竹笥1件、带笔竹笔筒1件、竹简牍2137件。

1. 竹筒

出土的竹筒（图4-34）用一整节粗竹制成，分盖和器身两段。将粗竹上部截下一小段为盖，以自然竹节为盖顶和器底。筒身较高，筒高约36厘米，直径约11厘米，盖高约6.2厘米。筒口外壁凿削成高约3.8厘米的子口，子口方直规整，盖内壁整齐地削薄，与器身扣合严密。筒身外壁上下部及盖外壁中部各挖凿一周较浅的嵌槽，槽内以细绳平整地缠缚，有一道绳子被编为提梁连接到器身上部的缠绳上。盖及器身的上下段髹赭色漆，提梁绳及缠绳较一般绳索硬且缠绳与器壁有一定程度的贴合。

该竹筒制作精致，虽然没有彩绘的装饰与纹样等，但在制作上十分讲究，除了做上下与中间的变色处理外，还专门制作了隐没细绳的浅槽。睡虎地汉墓共出土此类竹筒4件，出土时没有发现竹筒内有其他物品，推测该类竹筒是用来盛装酒或水的。

2. 竹笥

出土的竹笥（图4-35）为长方形，由盖、身两部分套合组成。竹笥壁面用篾片呈人字纹编织而成，周边用竹片包夹后以篾片隔段缠缚固定。盖面用细绳成三横一纵地捆束。竹笥内装满简犊，还放置一支竹笔筒（带笔）。竹笥高约8.7厘米，残件长约50厘米、宽约40厘米。

图4-34 带盖竹筒

图4-35 出土的竹笥残件及竹简

① 湖北省文物考古研究所，云梦县博物馆．湖北云梦睡虎地M77发掘简报［J］．文物，2008（4):31-37.

出土的竹筒与同时代的竹笥没有区别，是较普通的一件，其竹编手法相对简单。

3. 竹毛笔及竹笔筒

出土的竹毛笔及竹笔筒如图 4-36 所示，其中笔筒由细竹筒制成，尾端为竹节，中段两侧对应地镂空一截，镂空段两端呈弧形。从镂空处可见笔筒内有竹质毛笔杆。笔筒长约 29.5 厘米、直径约 1.5 厘米，笔杆直径约 0.4 厘米。

图 4-36 竹毛笔与竹笔筒

毛笔在东周出土的竹器中已经有所发现，在云梦睡虎地秦墓中也出土过带笔筒的竹毛笔。不过此墓出土的竹毛笔直径只有 0.4 厘米，显得十分纤细。

4.8 汉代居延遗址出土的竹笛与竹尺

居延遗址分布在甘肃省金塔县和内蒙古自治区额济纳旗境内，它是包括汉代张掖郡居延、肩水两都尉所辖边塞上的烽燧和塞墙等遗址在内的遗址群。居延遗址自东北斜向西南，全长约 250 千米，始建于汉武帝太初三年（公元前 102 年），废弃于东汉末年。该遗址群在近代数次挖掘中，出土了大量的汉代文物，其中出土的竹器有竹尺、竹笛、竹杆箭、竹笄、竹梭、竹毛笔和竹笔筒、竹编器残件等。

虽然居延遗址出土的竹器不多，但是在居延地区出现竹器，说明竹器在汉代的使用地域已扩大到边远地区。

1. 竹笛

居延遗址中的甲渠候官遗址出土竹笛 1 支（图 4-37），不过竹笛有一定的损坏。出土同时代竹笛的还有湖南长沙马王堆汉墓、广西贵县罗泊湾一号汉墓（图 4-38）。居延遗地出土的竹笛采用 1 节或 2 节普通竹管制成，素面无彩绘装饰，可见竹笛在汉代已是上至达官贵人，下至普通百姓

图 4-37 甲渠候官遗址出土的竹笛①

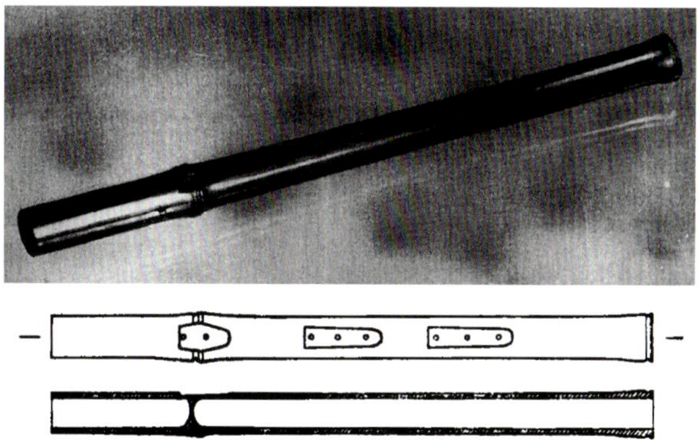

图 4-38 罗泊湾一号墓出土的竹笛②

① 甘肃居延考古队．居延汉代遗址的发掘和新出土的简册文物 [J]. 文物，1978（1):1-25.
② 广西壮族自治区文物工作队．广西贵县罗泊湾一号墓发掘简报 [J]. 文物，1978（9):25-38.

都可以使用的一种乐器。竹笛与排箫、竽、笙等不同，其造型简洁，制作简便，更易于普及和推广。

2. 竹尺

居延遗址中的肩水金关遗址出土竹尺1件（图4-39），长23.6厘米，边缘刻有十个刻度，属西汉昭宣时期（公元前87—公元前49年）的竹器。竹尺虽然造型简单，但出土的汉代竹尺实物并不多见。在广西贵港罗泊湾1号墓也出土了1件竹尺，该竹尺“用一节小竹削成方条形，残存七寸刻度，刻线内填红漆，实测长16.1厘米”[①]。

图4-39 肩水金关遗址出土的竹尺（上）和木尺（下）

从居延遗址出土的竹器来看，大部分属于体型较小的竹器，如竹笛、竹尺、竹杆箭、竹毛笔及竹笔筒、竹笄、竹筷等。由于这些竹器体型较小，方便携带，因此，推测居延遗址中的竹器属流动性竹器，是从中原地区携带至居延地区的。

4.9 汉乐浪郡出土的彩绘竹箧

乐浪郡是西汉汉武帝于公元前108年平定卫氏朝鲜后在今朝鲜半岛设置的四郡之一。乐浪郡出土了一件汉代彩绘竹箧（图4-40）。在制作工艺方面，乐浪竹箧漆器较为独特，没有采用汉代蜀郡和广汉郡两地漆器常见的镟制法（适用于圆形漆器）和斫制法（适用于平面的木胎漆器），而是由竹篾编制而成[②]。

图4-40 汉乐浪郡出土的彩绘竹箧

汉乐浪郡出土的彩绘竹箧，不论是竹制的器形，还是竹编器上的漆绘，都比较独特，这在前代的竹器中是鲜有的。该竹箧采用双层竹编制成，与东周彩绘竹笥的制作方法相似。竹箧外部使用细密的十字编手法编织，竹箧内部使用人字编手法编织。竹箧下筐口使用竹片围合而成，将双层竹编夹住，竹箧盖口也使用同样的方法制作（图4-41）。

竹箧彩绘有以《商山四皓图》为主体的绘画（图4-42），以及菱形几何形、圈纹、水波纹等装饰纹样，色彩搭配上沿用了汉代漆器的常用色彩，即黑底红色，配以少量的黄色做点缀。

汉乐浪郡彩绘竹箧是汉代竹器的代表之一。特别是其沿用汉代漆器彩绘的特色，使用竹编做漆绘的工艺，相比马王堆汉墓出土竹片上的漆绘，其加工工艺有所突破。

① 广西壮族自治区文物工作队．广西贵县罗泊湾一号墓发掘简报［J］．文物，1978（9）:25-38.
② 宋广林．乐浪郡出土汉代漆绘竹箧装饰画风格辨析［J］．装饰，2015（4）:94-95.

图 4-41 彩绘竹箧上下筐口及内部

图 4-42 彩绘竹箧的装饰纹样及绘画

4.10 汉代车船陶俑上的竹篷

汉代遗址出土的各类器物中，汉俑有一定的特色。汉代遗址中出土的陶俑表现了汉代人们的生活场景，在其中也发现了竹器的踪迹。例如，广州汉墓出土的陶舟和套车，上面都清晰地刻画着竹篷（图 4-43），而且竹篷的编织形式还有变化，这显示出在汉代，竹篷已成为车船上的常用部件。

图 4-43 广州汉墓陶舟和陶车上的竹席类竹器[1]

① 中国社会科学研究院考古研究所，广州市文物管理委员会，广州市博物馆．广州汉墓 [M]．北京：文物出版社，1981.

4.11 《说文解字》中的竹器

《说文解字》是东汉时期许慎编著的一部关于汉字的工具书。全书共分 540 个部首，收录文字 9353 个，另有重文（异体字）1163 个，说解共用 133441 字。《说文解字》是中国现存最早的字典。

经查，《说文解字》中共收集的“竹”部文字 151 个，其中 115 个为竹器文字。从该书中可以看出汉代竹器种类已相当丰富（表 4-3）。

《说文解字》一书记录的竹器文字共有 115

表 4-3 《说文解字》中的竹器文字

序　号	竹器文字	原文释义	备　注
1	箭	矢也。从竹前声。	箭
2	篇	书也。从竹扁声。	简牍
3	籍	簿书也。从竹耤声。	记载户口、贡赋的档案
4	篥	籥也。从竹枼声。	管乐器
5	籥	书僮竹笘也。从竹龠声。	管乐器
6	簡	牒也。从竹间声。	竹简
7	篰	蔀爰也。从竹部声。	简牍
8	箋	表识书也。从竹戔声。	书籍上的标记
9	符	信也。汉制以竹，长六寸，分而相合。从竹付声。	凭证
10	筮	《易》卦用蓍也。从竹从𢍰。𢍰，古文巫字。	占卜用的竹片
11	笄	簪也。从竹开声。	簪子
12	箆	取虮比也。从竹𦣞声。	除虱子的工具
13	籆	收丝者也。从竹蒦声。	络丝的工具
14	筳	維丝筦也。从竹廷声。	络丝、纺纱或卷棉条的用具
15	筦	筟也。从竹完声。	竹管
16	筟	筳也。从竹孚声。	竹管
17	笮	迫也。在瓦之下，棼上。从竹乍声。	铺在椽上瓦下的竹席
18	簾	堂帘也。从竹廉声。	帘
19	箦	牀栈也。从竹责声。	竹编床席
20	笫	牀箦也。从竹㚒声。	竹编床席

（续表）

序　号	竹器文字	原文释义	备　注
21	筵	竹席也。从竹延声。	竹席
22	簟	竹席也。从竹覃声。	竹席
23	籧	籧篨，粗竹席也。从竹遽声。	粗竹席
24	篨	籧篨也。从竹除声。	粗竹席
25	簏	竹器也。可以取粗去细。从竹丽声。	竹筛
26	籓	大箕也。从竹潘声。	大簸箕
27	籅	漉米籔也。从竹奥声。	淘米的竹器
28	籔	炊籅也。从竹数声。	淘米的竹器
29	箅	蔽也，所以蔽甑底。从竹畀声。	箅子
30	箱	饭筥也。受五升。从竹稍声。秦谓筥曰箱。	盛饭的盒子
31	筲	陈留谓饭帚曰筲。从竹捎声。一曰饭器，容五升。一曰宋、魏谓箸筒为筲。	盛饭的盒子
32	筥	筲也。从竹吕声。	盛饭的盒子
33	笥	饭及衣之器也。从竹司声。	盛饭或装衣服的器具
34	箪	笥也。从竹单声。	盛饭或装衣服的器具
35	簁	簁箄，竹器也。从竹徙声。	同“筛”
36	箄	簁箄也。从竹卑声。	同“筛”
37	篿	圆竹器也。从竹专声。	圆形竹器
38	箸	饭攲也。从竹者声。	筷子
39	篓	竹笼也。从竹娄声。	竹篓、竹笼
40	筤	篮也。从竹良声。	古代车盖的竹骨架
41	篮	大篝也。从竹监声。	大竹笼
42	篝	客也。可熏衣。从竹冓声。	竹笼，可用来烤火、烤衣物
43	客	杯客也。从竹各声。	装杯子或盘子的竹笼
44	夆	杯客也。从竹夆声。或曰盛箸笼。	装杯子或盘子的竹笼
45	籢	镜籢也。从竹敛声。	女子梳妆用的镜匣
46	籫	竹器也。从竹赞声。	盛筷、勺的竹笼。
47	籝	笭也。从竹赢声。	一种竹笼
48	籣	竹器也。从竹删声。	箱子
49	簋	黍稷方器也。从竹从皿从皀。	装黍、稷的方形竹器

（续表）

序　号	竹器文字	原文释义	备　注
50	簠	黍稷圜器也。从竹从皿，甫声。	装黍、稷的圆形竹器
51	籩	竹豆也。从竹边声。	盛果实、干肉竹器
52	笹	篅也。从竹屯声。	装谷子的竹器
53	篅	以判竹，圜以盛谷也。从竹专声。	装谷子的圆形竹器
54	簏	竹高箧也。从竹鹿声。	一种较高的竹箱
55	簜	大竹筒也。从竹昜声。	竹筒
56	筩	断竹也。从竹甬声。	竹筒
57	箯	竹舆也。从竹便声。	竹制车具
58	笯	鸟笼也。从竹奴声。	鸟笼
59	竿	竹梃也。从竹干声。	竹竿
60	籗	罩鱼者也。从竹靃声。	捕鱼的竹笼
61	筊	竹索也。从竹交声。	竹索
62	筰	筊也。从竹作声。	竹索
63	笘	蔽絮箦也。从竹沾声。	竹编床席
64	箑	扇也。从竹疌声。	竹扇
65	籠	举土器也。从竹龙声。	装土的竹器
66	簔	衰也。从竹襄声。	收藏东西的竹器
67	笠	可以收绳也。从竹，象形，中像人手所推握也。	收绳子的竹器
68	簝	宗庙盛肉竹器也。从竹尞声。	宗庙盛肉的竹器
69	篆	饮牛筐也。从竹豦声。方曰筐，圆曰篆。	一种喂牛用的竹筐
70	篼	饮马器也。从竹兜声。	一种喂马用的竹器
71	籚	积竹，矛戟矜也。从竹卢声。	矛、戟的柄
72	箝	籋也。从竹钳声。	夹取用的竹器
73	籋	箝也。从竹尔声。	夹取用的竹器
74	簦	笠盖也。从竹登声。	有柄的笠，类似伞
75	笠	簦无柄也。从竹立声。	无柄的簦；斗笠
76	箱	大车牝服也。从竹相声。	大车的车厢
77	篚	车笭也。从竹匪声。	车厢的竹帘
78	笭	车笭也。从竹令声。	车厢的竹帘
79	箹	搔马也。从竹剡声。	洗刷马用的篦子

（续表）

序　号	竹器文字	原文释义	备　注
80	策	马棰也。从竹朿声。	赶马用的竹鞭
81	箠	击马也。从竹垂声。	赶马用的竹鞭
82	筿	棰也。从竹朵声。	赶马用的竹鞭
83	笍	羊车骀棰也。从竹内声。	赶羊车用的竹片
84	籣	所以盛弩矢，人所负也。从竹阑声。	装弓箭的竹器
85	箙	弩矢箙也。从竹服声。	盛箭的竹器
86	笨	棒双也。从竹朱声。	用篾席做的船帆
87	笘	折竹棰也。从竹占声。	折竹做的鞭子
88	籔	榜也。从竹殿声。	揉制弓弩使其成形的工具
89	箴	缀衣箴也。从竹咸声。	缝衣服的“针”
90	竽	管三十六簧也。从竹亏声。	簧管乐器
91	笙	十三簧。象凤之深也。从竹生声。	簧管乐器
92	簧	笙中簧也。从竹黄声。古者女娲作簧。	竹制薄片
93	篪	簧属。从竹是声。	簧一类的东西
94	箫	参差管乐。象凤之翼。从竹肃声。	箫
95	筒	通箫也。从竹同声。	箫
96	籁	三孔龠也。大者谓之笙，其中谓之籁，小者谓之箹。从竹赖声。	三孔龠，乐器
97	箹	小籁也。从竹约声。	乐器
98	管	如篪，六孔。从竹官声。	六孔乐器
99	篎	小管谓之篎。从竹眇声。	小管，乐器
100	笛	七孔筒也。从竹由声。	笛子
101	筑	以竹曲，五弦之乐也。从竹从巩。竹亦声。	弦乐器
102	筝	鼓弦竹身乐也。从竹争声。	筝
103	箛	吹鞭也。从竹孤声。	一种管乐器
104	篍	吹筒也。从竹秋声。	一种吹奏的竹筒
105	筹	壶矢也。从竹寿声。	投壶用的竹签，形如箭矢
106	箄	藩落也。从竹毕声。	用竹子编成的篱笆
107	箯	蔽不见也。从竹爱声。	隐蔽的器物
108	簾	雉射所蔽者也。从竹严声。	射飞鸟时用以隐蔽射箭人的物体
109	筭	长六寸。计历数者。从竹从弄。	计数的竹片，长六寸

（续表）

序　号	竹器文字	原文释义	备　注
110	簃	阁边小屋也。从竹移声。	楼阁旁边的小屋
111	笏	公及士所搢也。从竹勿声。	古代大臣上朝拿着的手板
112	篦	导也。今俗谓之篦。从竹毘声。	篦子
113	篙	所以进船也。从竹高声。	竹竿
114	箕	簸也。从竹；𠀠，象形；下其丌也。凡箕之属皆从箕。	簸箕
115	簸	扬米去糠也。从箕皮声。	簸箕

个，涉及生活、生产、文化、军事、乐器等方方面面（图 4-44）。

（1）生活方面

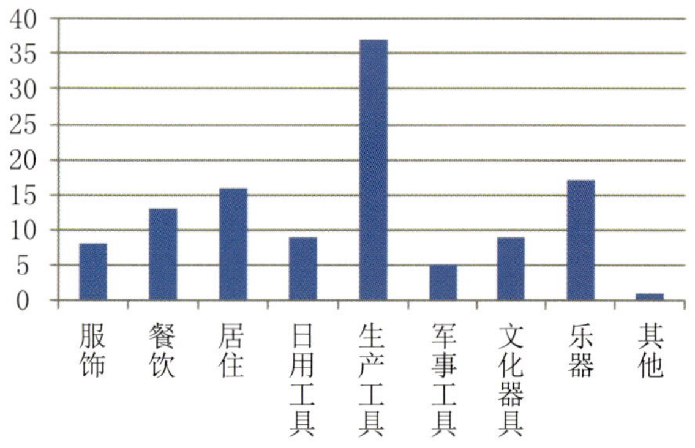

图 4-44 《说文解字》中的竹器文字统计图

《说文解字》中涉及生活方面的竹器文字共有 46 个，包括了衣、食、住等生活的很多方面。其中与服饰佩戴相关的竹器文字有 8 个，与饮食相关的竹器文字 13 个，与居住休戚相关的竹器文字有 16 个以及表示日用工具的竹器文字有 9 个。

《说文解字》中涉及生活方面的竹器种类约占《说文解字》所有竹器种类的四成，由此可以看出生活类竹器在当时的人们生活中占有很重要的地位，竹器与人们的生活紧密相连，竹制的服饰、制衣工具、盛饭器皿以及竹席、竹帘、竹屋等竹器的使用，已经深入生活的各个方面，某些使用方式一直延续至今。

（2）生产方面

《说文解字》中涉及生产工具的竹器文字共有 37 个，约占《说文解字》中所有竹器文字的三分之一，包括了渔猎、农耕等生产方面，如不同功能的竹笼、竹鞭、筛子等，充分展现出汉代人民认识与利用自然的智慧、勇气和理想。其中用于渔猎的竹器文字有 3 个；用于牧养的竹器文字有 9 个，特别是用于饲养牛、马、羊的竹器文字就有“篆”“筧”“策”“棰”“築”“笍”“笘”等 7 个；用于农耕的竹器文字则达到 25 个，是生产类竹器文字中数量最多的，如“簏”“簁”“箄”为三种筛子，“籓”“箕”“簸”为三种簸箕，“簋”“簠”为装黍、稷的方形竹器，“笆”“箒”为装谷子的竹器，“篝”为竹笼，可用来烤火、烤衣物，“簏”为一种竹笼，“篣”“筒”为竹筒，“筊”“筰”为竹索，“笼”为装土的竹器，“筦”为收绳子的竹器，“箝”“籋”为夹取类竹器，“簦”“笠”分别为有柄的斗笠和无柄的斗笠。

（3）文化方面

《说文解字》中与文化相关的竹器文字共有 9 个。其中用于书写的竹器，如“简”“篇”“籍”“符”“笺”等；“筭”“籌”则是一种计数的竹制品；“笏”为古代大臣上朝时拿着的手板；“筮”则是占卜用的竹片。

在文化方面，从商代末年就开始使用竹简占

卜、计数等，人们还将竹材本身的特性拟人化，赋予其坚贞不屈、超然脱俗的人格品质，因此就有了大臣上朝时拿看手板这种具有象征意义的使用方式。

（4）军事方面

《说文解字》中涉及军事方面的竹器文字共有5个，主要应用在弓箭方面，这源于竹材质地坚韧、易取材的特性。例如，“籚”为矛或戟的积竹木柄；“籣”为装弓箭的竹器；“箙”为盛箭的竹器；“箴”为揉制弓弩使其成形的工具。

商周时期，我国就已有用竹材制作弓箭的历史；秦汉时期，弓箭的便携性提升，加之竹资源丰富，所以使用更为广泛。因此，《说文解字》中关于竹制武器的记载，基本都是弓箭及其衍生品。

（5）竹乐器

《说文解字》中涉及乐器的竹器文字共有17个。竹是古代制作乐器的重要材料。汉代社会经济的繁荣、多民族的融合，促进了竹制乐器的发展。

竹被列为古代音乐分类中的“八音”之一，甚至常用“竹”代表管乐，“丝竹”代称音乐，这足以说明古代音乐离不开竹材料，竹乐器丰富了我国音乐的内涵。

秦汉时期竹器小结

（1）汉代的《说文解字》是中国第一部系统地分析汉字字形和考究字源的字书，其中涉及竹器的文字共有115个，涉及生活、生产、军事、文化、乐器等各方面。马王堆汉墓出土竹器制品共565件，出土的竹器以实用性为主。梳理分析这些竹器文字的字义与出土的竹器文物，不难发现，汉代竹器同东周竹器相比，有继承、有发展，是周代竹器繁荣局面的延续。因此，汉代竹器是中国传统竹器发展的一个繁荣发展期。

（2）《说文解字》记载竹器115种，建立起了我国古代竹器使用种类的框架，奠定了我国竹器的基本形制。很多古代竹器，在经过2000多年的发展演变后，至今仍在我国很多地区使用，如竹筛、竹篮等，其形制并没有太大的变化，这既显示出了我国竹器使用的强大生命力，同时也说明了由于我国2000多年的农业社会一直以手工业生产为基础，所以我国竹器的发展变化没有从中得到发展的推动力。

（3）《说文解字》完整地记载了汉代我国竹器的种类，充分展现了汉代我国竹器的利用情况，是汉代竹器的最具代表性的典籍。

（4）通过对秦汉时期代表性竹器的分析可以发现，汉代竹器已经系统化、专门化和礼制化。从《说文解字》介绍的115种竹器中就可以看出，不同用途的竹器在汉代已经有了专门称谓，并被记入典籍之中。同时，马王堆汉墓出土的竹扇、竹勺等竹器制作精美，具备实用功能之上的审美和礼制要求，因此，可以说汉代竹器已经开始追求礼制上的高层次审美需求。

（5）秦汉竹器的品种非常丰富。《说文解字》记载的有115种。另外，根据考古发现，秦汉时期出土的竹器实物至少有竹篓、竹笥、竹夹、竹勺、竹扇、竹熏罩、竹竽、竹笛、竹席、竹筷、竹串、竹筒、竹牍、竹簪、竹片饰、竹雕、竹筒、竹箅、竹箭箙、竹杖、竹弓、竹筐、竹尺、竹称、竹签牌、竹算筹等。

秦汉时期的竹器分布非常广泛，湖南、湖北、广东、广西、江苏、山东、江西、四川、陕西、甘肃、内蒙古和新疆等地，以及乐浪郡（现朝鲜平壤附近）均有竹器使用。

第5章 魏晋南北朝竹器

——过渡传承期

魏晋南北朝时期是我国历史上很重要的一个历史阶段，从东汉末年到隋朝建立之前，共经历了 350 多年的时间。在这一段时间里，社会一直处于动荡之中，人民的生产、生活均受到很大影响。根据对与这段时间有关的考古文献进行检索①②③④⑤⑥，发现出土的该时期竹器十分少见，几乎查不到有出土竹器实物的记录，但该时期留下了我国历史上最精彩的壁画资料，还包括部分留存下来的纸质绘画作品，如顾恺之的《洛神赋图》《女史箴图》和北齐杨子华的《北齐校书图》等珍贵绘画作品，遗憾的是绘画作品中有关竹器的图像也很少。现在人们主要是通过魏晋南北朝时期的文字典籍《玉篇》以及留存的碑帖文字来研究该时期的竹器情况，以窥其一斑。

5.1 竹器数量在典籍中的发展高峰

魏晋南北朝时期，虽然在出土的文物和绘画中很少见到竹器形象，但南朝梁时期《玉篇》中的竹器文字记录了该时期丰富的竹器类型。与汉代的《说文解字》和宋代的《广韵》等古代典籍进行对比，《玉篇》中记录的关于竹器的文字是最多的，直至近代才被《康熙字典》《汉字大字典》等超越。因此，可以说在传统竹器的发展历程中，以《玉篇》为代表的典籍所记载的竹器数量在魏晋南北朝时期达到了一个高峰，而该时期也是竹器在典籍中出现次数最多的时期。但因为出土的该时期竹器实物和关于该时期的竹器图像资料较少，所以该时期只能被界定为竹器发展的过渡传承期。

虽然没有太多该时期的竹器实物出土，但常用的竹制生活工具和生产工具，在魏晋南北朝时期并不会突然消失，汉代及之前的常见竹器在该时期肯定还在继续使用。只是因为没有实物和图像资料佐证，所以很难深入地了解该时期竹器在造型特征、加工与编织工艺、装饰手法等方面的发展情况。

5.2 绘画中的生产竹器

农耕生产在农业时代十分重要，魏晋南北朝时期的绘画中有不少关于农耕生产的场景。农耕场景展现了该时期很多农业生产工具，非常难得的是其中还出现了少许该时期竹器的身影。

---

① 罗宗真．魏晋南北朝考古 [M]．北京：文物出版社，2001.
② 李蔚然．南京六朝墓葬的发现与研究 [M]．成都：四川大学出版社，1998.
③ 韦正．六朝墓葬的考古学研究 [M]．北京：北京大学出版社：2011.
④ 南京市博物馆．南京文物考古新发现 [M]．南京：江苏人民出版社，2006.
⑤ 中国社会科学院考古研究所．北魏洛阳永宁寺 1979-1994 年考古发掘报告 [M]．北京：中国大百科全书出版社，1996.
⑥ 郑岩．北朝壁画墓研究 [M]．北京：文物出版社，2002.

新疆吐鲁番地区东晋墓出土的纸画《墓主人生活图》[①]（图 5-1）中绘有农业生产的场景，其中有叉、耙等农具（图 5-2）。虽看不出纸画《墓主人生活图》中绘制的农具是什么材质制作的，但晋代使用竹制杆耙农具是有可能的。

在庖厨劳作场景中，可看到“砻”和“舂米石臼”等生产工具以及厨房用品等器物（图 5-3）。绘画中砻的下部有一个收集谷物的围合装置，并

图 5-1 《墓主人生活图》[②]（现藏于新疆维吾尔自治区博物馆）

图 5-2 《墓主人生活图》中的农田及生产工具

图 5-3 《墓主人生活图》庖厨劳作场景

① 该绘画是由分别绘在六张纸上拼合而成的一幅完整图画，1964 年出土于新疆吐鲁番阿斯塔那东晋墓。画面中央绘着悬幔，幔下墓主人头戴帽冠，身着长袍，手执团扇坐榻上，旁立一侍女。他的左侧为庖厨劳作场景，一女仆正忙碌于炉灶边，为主人备食。他的右侧有一人一马，马上鞍垫皆备，人身着短衣，似马夫在等待主人出行。画面上方为天空和田野，绘有日、月及北斗星。日下有树木、田地和农具，月内绘有蟾蜍，中间一棵大树上落一凤鸟。全画反映了东晋时期豪门贵族的生活情景。画中形象稚拙简率，用笔粗放沉着，仅用红色、黑色、蓝色，色彩单纯，明快热烈。这是我国目前所见到的保存完好、时代最早的纸画，故弥足珍贵。

② 张安治．中国美术全集・绘画编・原始社会至南北朝绘画 [M]. 北京：人民美术出版社，1989:118-119.

且还可以看出砻的磨盘造型有曲度变化。如果该磨盘是石质的，则磨盘的造型过于夸张，这种夸张造型的磨盘只有采用竹编制作才显得合理；砻下部的大尺寸围合结构是用来收集磨完谷物的，不是石质、陶质或木质器具能轻易制作的，如果使用竹编的围合结构，在制作工艺上则很容易做到，因此推测该砻的下部围合结构是使用竹编或柳编等制成的。砻在古代一般只有石磨和竹砻两种形式，该处绘制的砻属竹砻的可能性较大。

另外，墓主人手执的团扇也很有特点，汉代之前的扇基本上以方形为主，而该画中已出现了团扇。从战国和秦汉时期用于制作扇子的材料来看，魏晋南北朝时期的团扇使用竹材制作的可能性极大。在同时期的壁画中，还有同样造型的大团扇，也可能是使用竹材制作的。

在酒泉魏晋十六国墓的壁画中，有一批关于采桑生产的壁画（图 5-4、图 5-5），其中可以看到单提梁编织篮，而且在壁画中不止一处出现过这种篮子。篮子的材料有柳条或竹子的可能，但该壁画中这样的造型，采用竹材编织可能性更大。这种篮子的造型简洁，但均有提梁；篮底为圆形，可见该篮子是专门用于盛装桑叶等较轻物品的，它只能用手拎着，这也从另一个方面证明壁画中的篮子可能是采用竹材制作的。

图 5-4　酒泉魏晋十六国墓六号墓中的壁画（采桑护桑图）[1]

图 5-5　酒泉魏晋十六国墓五号墓中的壁画（采桑图局部）[2]

① 张宝玺．嘉峪关酒泉魏晋十六国墓壁画 [M]．兰州：甘肃人民美术出版社，2001.
② 张宝玺．嘉峪关酒泉魏晋十六国墓壁画 [M]．兰州：甘肃人民美术出版社，2001.

5.3 壁画中的竹制乐器

在魏晋南北朝时期的壁画中，有很多是表达对宗教崇敬的作品，“礼乐”是其主要的表现内容，因此该时期的壁画中出现了大量的乐器，其中还有竹制乐器。壁画中描绘的竹制乐器基本上是对周代、汉代竹制乐器的继承，如排箫、笛子、箜篌、箫等（图 5-6）。

“箜篌”在《说文解字》里没有记载，也就是说至少在汉代，“箜篌”的称谓还没有出现。但在西魏的壁画中已经可以看到箜篌，说明在魏晋时期，箜篌已作为一种乐器正式出现在中国传统乐器中。由于“箜篌”二字是“竹”部文字，因此有理由认为箜篌是与竹材料有关的乐器。

图 5-6　西魏敦煌壁画中的各式竹制乐器（箫、排箫、箜篌、竽①、笛子等）②

① 关于“竽”和“笙”的区分：“竽”和“笙”都属于乐器一类，“竽”在尺寸上比“笙”更大，春秋战国时期“竽”有 36 簧，“笙”为 13 簧。有研究（贾光辉《对中国民族簧管乐器发展史中笙兴竽亡的思考》）认为汉代以后竽的使用范围逐渐收缩为“宫廷雅乐”，局限于宫廷和宗教中的奏乐场合。“笙”则应用于各种场合，发展出具有更多“簧”的品种，如 17 簧、19 簧等。唐代以后，“竽”逐渐退出历史舞台，而“笙”则一直沿用下来。

② 吴建．中国敦煌壁画全集 2·西魏 [M]．天津：天津人民美术出版社，2002.

魏晋南北朝时期壁画上的乐器，一般都是以成组的形式出现，说明这一时期各种传统乐器在表演中的组合已经有固定的搭配，但排箫、笛、箫、竽、箜篌等竹乐器是该时期乐器组合不可缺少的竹器。例如，北齐时期有一幅在石窟方顶上的壁画（图5-7）绘制了圆形的8个飞天乐伎组合，其中6人手持乐器，另有2人在伴舞，乐伎手中的竹乐器就有竽、箜篌、笛等。

图5-7 北齐壁画中的乐器组合①

① 赵立春．中国石窟雕塑精华·河北响堂山石窟[M]．重庆：重庆出版社，2000.

5.4 《玉篇》中的竹器

《玉篇》是我国第一部按部首编排的字典，是在南朝梁大同九年（公元 543 年）由黄门侍郎兼太学博士顾野王撰写。其卷首有顾野王自序和《进玉篇启》，点明该书是奉命（梁武帝之子萧绎）而作。顾野王所撰《玉篇》现仅存若干残卷。唐代上元元年（公元 760 年），孙强在顾野王所撰《玉篇》的基础上，增收了一些汉字，但该版本亦没有流传下来。宋真宗大中祥符六年（公元 1013 年），陈彭年、吴锐、丘雍等人奉命重新编写和修订了《玉篇》，即《大广益会玉篇》。因此，为了以示区别，顾野王所编的《玉篇》目前一般被称为“原本《玉篇》”。

据唐代封演的《闻见记》记载，原本《玉篇》共有 16917 字，现存本《玉篇》则为 22561 字，多出的字应为后人在重修过程中陆续增加的。与《说文解字》对比，原本《玉篇》多出 7564 字，现存本《玉篇》多出 13208 字。

《玉篇》共有 542 个部首，与《说文解字》相同的部首有 529 个，不同的部首有 13 个。部首的顺序则和《说文解字》大不相同，除去开头的几个部首和最后的干支部首与《说文解字》一致外，其他的部首都是重新编排的。《玉篇》记录的“竹”部文字一共有 508 个，数量比汉代许慎《说文解字》多出了许多，这一方面显示出汉字发展速度较快，另一方面也显示出南朝梁时期我国竹器有了巨大发展。

根据整理，在《玉篇》508 个“竹”部文字中，表示各类竹器的文字有 267 个。这 267 个竹器文字包含了《说文解字》中的 115 个竹器文字，并且这 115 个竹器文字的字形、字义没有大的改变。《玉篇》对字义解释时，如果《说文解字》对该字有解释则先引用《说文解字》中的字义，进而再补充该字在南朝梁时期的字义。《玉篇》不仅继承了《说文解字》中的“竹”部文字，而且对后来增加的“竹”部文字也进行了全面的收录，即在《说文解字》记录 115 个竹器文字的基础上，又收录了 152 个新竹器文字，因此《玉篇》为后世研究南朝时期的竹器留下珍贵的参考依据。《玉篇》中收录的有关竹器的文字见表 5-1 所列。

表 5-1 《玉篇》收录的竹器文字

序 号	竹器文字	序 号	竹器文字	序 号	竹器文字	序 号	竹器文字
1	箭	8	箋	15	筦	22	簟
2	篇	9	符	16	筟	23	籧
3	籍	10	[illegible]	17	笮	24	篨
4	䈎	11	笄	18	簾	25	籭
5	籥	12	筪	19	簀	26	籓
6	簡	13	篗	20	第	27	[illegible]
7	篰	14	筳	21	筵	28	籔

（续表）

序号	竹器文字	序号	竹器文字	序号	竹器文字	序号	竹器文字
29	箅	64	箟	99	篰	134	箛
30	箾	65	籠	100	笛	135	笇
31	䈾	66	籑	101	筑	136	箱
32	筥	67	𥬠	102	箏	137	篓
33	笥	68	簝	103	箛	138	籮
34	簞	69	篆	104	箣	139	簹
35	簁	70	箢	105	籌	140	笳
36	箄	71	籚	106	筚	141	箕
37	䉷	72	箝	107	籆	142	簸
38	箸	73	籋	108	籭	143	筣
39	篗	74	簦	109	箳	144	籲
40	筤	75	笠	110	簃	145	第
41	籃	76	箱	111	笏	146	箐
42	籌	77	篚	112	箆	147	篷
43	笿	78	笭	113	篙	148	箻
44	箻	79	箌	114	箕	149	箵
45	籢	80	策	115	簸	150	簅
46	籫	81	箠	116	箚	151	箙
47	籯	82	築	117	筴	152	笈
48	䈹	83	笍	118	箌	153	簹
49	簋	84	籣	119	篩	154	箳
50	篚	85	箙	120	籓	155	篁
51	籧	86	笨	121	箭	156	簹
52	笔	87	笘	122	簇	157	簪
53	篅	88	籔	123	籣	158	箈
54	簏	89	箴	124	箈	159	篅
55	簜	90	竽	125	箓	160	簫
56	筩	91	筀	126	篧	161	篙
57	箯	92	簧	127	簸	162	甑
58	筱	93	篑	128	篓	163	笑
59	竿	94	箫	129	籤	164	箕
60	籗	95	筒	130	篙	165	箭
61	筊	96	籟	131	籥	166	簩
62	筰	97	箹	132	篴	167	籥
63	筈	98	管	133	篙	168	篪

（续表）

序 号	竹器文字	序 号	竹器文字	序 号	竹器文字	序 号	竹器文字
169	箷	194	管	219	篱	244	籆
170	筐	195	篥	220	簬	245	篗
171	簂	196	籅	221	篳	246	等
172	篌	197	箵	222	䈈	247	箻
173	篲	198	篘	223	篕	248	箤
174	簪	199	箜	224	篁	249	簸
175	篋	200	篴	225	籭	250	箳
176	簞	201	箔	226	笶	251	簶
177	箌	202	簷	227	篺	252	篔
178	筏	203	䉕	228	笴	253	䈅
179	箽	204	籐	229	笆	254	䉆
180	笓	205	笅	230	籩	255	笔
181	笛	206	簀	231	笊	256	䉎
182	簿	207	籠	232	筸	257	筩
183	笲	208	簝	233	簣	258	筵
184	筡	209	篓	234	篨	259	箟
185	笎	210	篦	235	篛	260	笺
186	筋	211	篢	236	䇺	261	篾
187	筳	212	筅	237	簾	262	䈭
188	筌	213	箮	238	䉶	263	䉂
189	篹	214	箒	239	篇	264	䈸
190	䈿	215	篃	240	笏	265	簚
191	簰	216	箷	241	箏	266	箙
192	籉	217	筧	242	籮	267	箿
193	籬	218	箛	243	箅		

《玉篇》记录的各类竹器涉及当时人们生活的方方面面，如有饮食起居等生活类、渔耕织作等生产类以及礼乐类、军事类等。

1. 竹席制品的扩大与成熟

《玉篇》中与“竹席”有关的竹器文字有20个（表5-2），其中包含《说文解字》中的9个竹器文字。同《说文解字》中与竹席相关的文字比较，《玉篇》中与竹席相关的竹器文字增加了11个。由此可见，魏晋南北朝时期，竹席这类竹器有以下发展特点：

（1）竹席的使用范围进一步扩大。

（2）竹席类产品进一步专门化。不同用途的竹席类产品被赋予不同的称谓，如“籧篨”“箳篁”“筕篖”等。

（3）竹席类竹器的形制已成熟。通过与宋代《广韵》中竹席类竹器文字进行对比，可以发现《玉篇》中记录的竹席类竹器文字到宋代几乎没有大的改变，这说明竹席类竹器的用途在南朝梁前后已经很成熟。

（4）竹席在马车上使用也逐渐成为常规用途。

表 5–2《玉篇》中与竹席有关的竹器文字

竹器文字	原文释义	备 注	《说文解字》	《玉篇》	《广韵》
笮	迫也。在瓦之下，棼上。	屋上竹板、竹席	√	√	√
箦	牀栈也。	竹编床席	√	√	√
笫	牀箦也。	竹编床席	√	√	√
筵	竹席也。《周礼》曰："度堂以筵。"筵一丈。		√	√	√
簟	竹席也。		√	√	√
籧	籧篨，粗竹席也。		√	√	√
篨	籧篨也。	粗竹席	√	√	√
⿱竹活	蔽絮箦也。	竹编床席	√	√	√
⿱竹朱	棒双也。	用篾席做的船帆	√	√	√
⿱竹藏	同"⿱竹活"。	竹编床席		√	√
⿱竹危	屋危也。	铺在房屋椽上瓦下的竹席		√	√
箳	箳篂车輤。	箳篂：古代车上遮挡灰尘的竹席		√	√
篂	箳篂车輤。	箳篂：古代车上遮挡灰尘的竹席		√	√
筕	筕篖竹笪。	竹编的粗糙席子		√	√
篖	筕篖竹笪。	竹编的粗糙席子		√	√
⿱竹往	单席也。			√	√
⿱竹折	簟也。	竹席		√	√
篕	籧篨也。	粗竹席		√	√
⿱竹堂	筵。	竹席，长一丈		√	√
笆	簟。	竹席		√	

2. 与车舟有关竹器的增加与专业化

《玉篇》中与"车""舟"有关的竹器文字有 14 个（表 5-3），包括《说文解字》中相关竹器文字 5 个。

（1）竹器在交通运输中的运用越来越多。相比汉代《说文解字》中的与车、舟相关的竹器文字，《玉篇》中车舟类竹器文字增加了 9 个。

（2）车舟使用的竹器进一步专门化。例如，"笫""篷""篙""⿱竹朱""箳""篂"等专门用来表示马车车具及结构的竹器文字是在《说文解字》之后出现的，说明竹制器具在马车上的使用已经进一步细化、规范化，并有了专门的称谓。

表5-3 《玉篇》中与车、舟有关的竹器文字

竹器文字	原文释义	备 注	《说文解字》	《玉篇》	《广韵》
箯	竹舆也。	竹制车具	√	√	√
箱	大车牝服也。	车厢	√	√	√
篚	车笭也。	车子的竹帘	√	√	√
笭	车笭也。一曰笭，籯也。	车子的竹帘	√	√	√
笍	羊车驺棰也。箸箴其专，长半分。	赶羊车的竹片	√	√	√
篕	姑篓也，即车弓也。	一种竹笼		√	√
第	车后第。	簟第，古代车厢前后的遮蔽物		√	√
箐	棺车上覆也。	覆盖棺车的竹子		√	√
篷	船连帐也，亦夆也。	船、车的篷		√	
箻	同“篷”。	船、车的篷		√	√
箳	箳篂车幡。	箳篂：古代车上遮挡灰尘的竹席		√	√
篂	箳篂车幡。	箳篂：古代车上遮挡灰尘的竹席		√	√
管	车筜管，又“筼筜”。	竹名		√	√
笑	车筤。	古代车盖的竹骨架		√	

（3）竹器使用向大型化延伸。例如，“笑”就是指古代车盖的竹制骨架，“箯”是指竹制车具本身。在南北朝时期，这些竹器已经具有很大的尺寸。

（4）比较宋代《广韵》中关于车舟的竹器文字，《玉篇》之后，与车舟相关的竹器文字变化不大，说明该时期相关竹器的用途也变化不大。

3. 与饮食相关竹器是对汉代相关竹器的传承

《玉篇》中与“米”“饭”“肉”“酒”“谷”“黍”等有关的竹器文字共有25个（表5-4），其中包括《说文解字》中相关竹器文字15个，《玉篇》新增相关竹器文字10个。

与饮食相关的竹器文字在《说文解字》中已经有很详细的记录，涉及与饮食相关的各个方面。在《玉篇》新增的10个与饮食相关的竹器文字中，除“篘”“䉛”（竹酒器）、“筲”（饭帚）外，其他竹器文字基本上是《说文解字》中的重字。如“簇”“箱”“ 箇”同“筥”的字义相同，“䈏”“篓”“ 箹”同“籔”的字义相同，“筋”同“箸”的字义相同等。这说明由于同一用途的饮食竹器在不同时代或不同地域的称谓不一样，因此产生出了更多的竹器文字。这种同义不同字形的文字增加情况，在宋代《广韵》中有一定改变，部分竹器文字在合并后被减去。

相比汉代，南北朝时期的饮食类竹器虽然略有增加，但相关竹器的主要功能仍是围绕存储、清洗、盛装等。新增竹器的基本功能变化不大，只不过是在称谓上不一样。

因此，南北朝时期的饮食类竹器基本上是对汉代相关竹器的传承。

表 5-4 《玉篇》中与饮食有关的竹器文字

竹器文字	原文释义	备 注	《说文解字》	《玉篇》	《广韵》
籅	漉米籔也。	淘米竹器	√	√	√
籔	炊籅也。	淘米竹器	√	√	√
箅	箅子。		√	√	√
箱	饭筥也。受五升。秦谓筥曰箱。		√	√	√
箱	陈留谓饭帚曰箱。一曰饭器，容五升。一曰宋、魏谓箸筒为箱。		√	√	√
筥	箱也。	盛饭的竹盒	√	√	√
笥	饭及衣之器也。	盛饭、装衣服的竹器	√	√	√
箸	饭攲也。	筷子	√	√	√
簠	黍稷方器也。	装黍、稷的方形竹器	√	√	√
簋	黍稷圆器也。	装黍、稷的圆形竹器	√	√	√
笹	篅也。	装谷子的竹器	√	√	√
篅	以判竹，圆以盛谷也。	装谷子的竹器	√	√	√
篸	宗庙盛肉竹器也。		√	√	√
箕	簸也。从竹；甘，象形；下其丌也。凡箕之属皆从箕。	簸箕	√	√	√
簸	扬米去糠也。	簸箕	√	√	√
筲	饭帚也。			√	√
箛	盛饭器也。			√	√
箘	盛饭器也。			√	
箾	同“籔”。	淘米竹器		√	
篓	同“籔”。	淘米竹器		√	
箛	渌米具。	淘米竹器		√	√
笶	关也，山谷遮兽也。又饭器也。			√	
筯	匙筯，与“箸”同。	筷子		√	√
篘	酒笼。	竹制滤酒器		√	√
觚	破觚为圆。	酒器		√	√

4. 竹渔具快速发展

《玉篇》中与“渔”有关的竹器文字有 10 个（表 5-5），其中包括《说文解字》中相关的竹器文字 1 个。

渔猎是中国古代重要的生产方式之一。在新石器时代的陶罐上就有表现捕鱼场景的图画，《说文解字》中列举了一种“籗”的竹制捕鱼具。在《玉篇》中，跟捕鱼有关的竹器文字一下子增加到 10

个，这在数量上是一个重大的突破，说明捕鱼竹器在自汉到南朝梁时的 400 多年时间里有一个大发展。虽然有“籗”与“篧”、“籱”与“籗”等重字，但是并不影响“箵”“簸”“箌”“筌”“筣”等新型捕鱼竹器文字的出现。《玉篇》在对与“渔”有关的竹器文字进行释义时还专门使用了不同的名词和动词来表示不同竹器的内涵，如“箄”为“捕鱼具”，“筣”为“觅鱼具”，“籱”为“取鱼具”。一字之差，显示出竹渔具的不同功能和使用方式。

表 5-5 《玉篇》中与渔具有关的竹器文字

竹器文字	原文释义	备 注	《说文解字》	《玉篇》	《广韵》
籗	罩鱼者也。	捕鱼竹器	√	√	√
篧	渔笼也，尔雅云篧谓之罩。			√	√
箵	笭也。	渔篓		√	√
簸	篾也，又捕鱼笱也。	捕鱼竹器		√	√
箌	捕具也，又作罩。	捕鱼竹器		√	
筌	捕鱼笱。			√	√
箄	捕鱼具。			√	√
筣	觅鱼具。			√	
籱	取鱼具。			√	√
籗	同“籱”。			√	√

魏晋南北朝时期竹渔具有以下发展特点：

（1）竹渔具快速发展。竹渔具在魏晋南北朝时期得到快速发展，从汉代《说文解字》中的 1 个相关竹器文字，发展到南北朝时期，不同种类的相关竹器文字共增加了 9 个，说明有众多的新型竹渔具涌现。

（2）竹渔具的使用进一步专门化和规范化。从新增的相关竹器文字中可以看出，不同功能的相关竹器得到了发展，并且有了不同的称谓，竹渔具越来越专门化。

（3）竹渔具的发展符合地域特征。从南朝梁的地理位置来看，梁的疆域大部分位于长江以南，是雨水丰沛之地，因此，南朝梁时期渔具的迅速发展是典型的受地域影响。这从与“马”“牛”“羊”等畜牧相关的竹器发展中也能看出，由于地域原因，南朝梁时期与畜牧有关的竹器则几乎没有发展。

5. 丝织竹器的增加

《玉篇》中与“丝织”有关的竹器文字有 9 个（表 5-6），包括《说文解字》中相关的竹器文字 2 个。

《玉篇》中与丝织相关的竹器文字在《说文解字》的基础上增加了 7 个。同渔猎生产一样，丝织业在魏晋南北朝时期有了很大的发展，丝织工具更加丰富，丝织工具的功能也更加细化。《玉篇》中增加的竹器文字与养蚕业相关的有 3 个，而且全部是新增的，说明该时期养蚕用具已获得专门化发展。增加的“篙”“筱”“箈”均为与丝织相关的工具，这说明该时期竹器在丝织劳作中的使用越来越多。对比宋代《广韵》中相关文字的演变情况可知，与丝织相关的竹器文字在宋代逐步被合并。

表 5-6 《玉篇》中与丝织有关的竹器文字

竹器文字	原文释义	备 注	《说文解字》	《玉篇》	《广韵》
籆	收丝者也。	绕丝的工具	√	√	
筳	维丝管也。	络丝的竹器	√	√	
䈏	织䈏也。	一种织具		√	√
筟	籆也。	络丝竹器		√	
䈞	织物。			√	
𥳑	织具。			√	√
筐	蚕筐方曰筐。			√	√
筁	养蚕具也。	养蚕竹器		√	
簿	筁也。	养蚕竹器		√	√

6. 与服饰有关竹器的变化不大

《玉篇》中与“服饰”有关的竹器文字有 16 个（表 5-7），包括《说文解字》中相关的竹器文字 10 个。

《玉篇》相较于《说文解字》，与服饰有关的竹器文字新增 6 个，但字义变化不大，“篋”“籉”“簮”“簣”等字实际上是“笥”和“笠”等文字的重字，可能是由不同时代、不同地域的称谓不一样造成的。

《玉篇》中新增的个别竹器如“箷”“簸”是表示新用途的竹器。“箷”表示竹制衣架，“簸”表示竹制鞋。不论是竹制衣架还是竹制鞋都说明在南朝梁时期，竹器在服饰方面的用途有了新的发展，竹材料的独特性已被先人不断发现。

表 5-7 《玉篇》中与服饰有关的竹器文字

竹器文字	原文释义	备 注	《说文解字》	《玉篇》	《广韵》
筓	簪也。		√	√	√
箆	取虮比也。	篦子	√	√	
笥	饭及衣之器也。	盛饭、装衣服的竹器	√	√	√
箪	笥也。	竹笥	√	√	√
篝	笿也。可熏衣。	烤火、烘衣服的竹器	√	√	√
籢	镜籢也。	镜匣	√	√	√

（续表）

竹器文字	原文释义	备 注	《说文解字》	《玉篇》	《广韵》
簦	笠盖也。	有柄的竹笠	√	√	√
笠	簦无柄也。	竹笠	√	√	√
箴	缀衣箴也。	缝衣服的竹针	√	√	√
篚	导也。		√	√	√
篋	笥也。			√	√
籉	笠子。			√	√
䉕	簦䉕，笠也。			√	
簀	笠名。			√	√
箷	衣架。			√	√
𥳑	音屐。	竹屐		√	

7. 竹制乐器的种类不断丰富与扩大

《玉篇》中与“乐器”有关的竹器文字有33个（表5-8），包括《说文解字》中相关竹器文字18个。

中国是礼仪之邦，周礼中最重要的仪式之一就是对礼乐的传颂。因此，《说文解字》中与乐器有关的文字很多，其中有专门称谓的竹制乐器就达到18个，这在《说文解字》115个竹器中占有很大的比例。《玉篇》中记载的竹制乐器有了进一步发展，表示专门竹制乐器的文字达到33个。与《说文解字》中介绍的竹乐器相比，新增了许多不同类型的乐器，如“簥”“篪”“篁”“笅”“䇾”“䉛”等；有些竹器有了新的用途，如“笳”是一种卷植物叶子吹奏的竹乐器，“篙”成为代表一种柷敔的组合乐器，“筚篥”和“箜篌”也有了新的用途。

从《玉篇》记录的竹制乐器文字可以看出，竹制乐器在南朝梁时期获得极大的发展，此阶段竹制乐器进一步专门化和礼制化，竹制乐器的发展规范了后世竹制乐器的种类和体系。

表5-8《玉篇》中与乐器有关的竹器文字

竹器文字	原文释义	备 注	《说文解字》	《玉篇》	《广韵》
篥	籥也。	乐器	√	√	√
籥	书僮竹笘也。	乐器	√	√	√
竽	管三十六簧也。	乐器	√	√	√
笙	十三簧。象凤之身也。笙，正月之音。物生，故谓之笙。大者谓之巢，小者谓之和。古者随作笙。	乐器	√	√	√
簧	笙中簧也。古者女娲作簧。		√	√	√
篁	簧属。	一种簧	√	√	

（续表）

竹器文字	原文释义	备 注	《说文解字》	《玉篇》	《广韵》
箫	参差管乐。象凤之翼。	乐器	√	√	√
筒	通箫也。	乐器	√	√	√
籁	三孔龠也。大者谓之笙，其中谓之籁，小者谓之箹。	乐器	√	√	√
箹	小籁也。	乐器	√	√	√
管	如篪，六孔。十二月之音。物开地牙，故谓之管。	乐器	√	√	√
篎	小管谓之篎。	小管乐器	√	√	√
笛	七孔筩也。羌笛三孔。	乐器	√	√	√
筑	以竹曲五弦之乐也。	一种乐器	√	√	√
筝	鼓弦竹身乐也。	乐器	√	√	√
箛	吹鞭也。	一种竹鞭乐器	√	√	√
箹	吹筒也。	一种箫，乐器	√	√	√
篳	藩落也。	竹编篱笆，或筚篥，一种乐器。	√	√	√
篴	同“笛”。			√	
笳	卷葭叶吹之。	乐器		√	√
篙	大管也。	古代一种发音洪亮的管乐器。		√	√
篛	柷敔也。	一种组合乐器		√	√
篪	管有七孔也。	乐器		√	√
箎	同“篪”。	乐器		√	
篁	中篜曰篁。	乐器		√	√
管	管长一尺四寸。	乐器		√	√
篥	竹门也。	一种乐器		√	√
簧	大笙，有十九簧。	乐器		√	
箜	箜篌。	古代弦乐器，像瑟而比较小，弦数从五根至二十五根不等		√	√
笅	管也。	古代是一种乐器，如篪		√	√
笙	笙。	乐器		√	
篂	大籥。	乐器		√	√
籭	瑟。	乐器		√	

8. 箭矢类竹器进一步细化

《玉篇》中与“箭矢”有关的竹器文字有 12 个（表 5-9），包括《说文解字》中相关的竹器文字 5 个。

竹器用于军事在我国有悠久的历史。《说文解字》中记载竹制弓箭的文字有 5 个。《玉篇》中新增与弓箭相关的文字 7 个，增加的竹器文字虽然较多，但大多数是对原有竹制弓箭的新称谓，如“簨”“簸”“籥”“笶”等表示竹制箭，是对“箭”的新称谓。另外，“簳”“笴”是对箭的竹制构件的专门称谓；“簶”则是对“箙”的新称谓。因此，南朝梁时期与箭矢相关竹器的实质内容、用途等并没有发生根本性改变，亦即对汉代竹制箭矢类竹器的传承。

箭矢类竹器的功能虽没有发生本质变化，但是箭矢称谓的不同，表明箭矢在造型、材质、细节上应有一定的变化。

表 5-9《玉篇》中与箭矢有关的竹器文字

竹器文字	原文释义	备 注	《说文解字》	《玉篇》	《广韵》
箭	矢也。		√	√	√
籣	所以盛弩矢，人所负也。	装弓箭的竹器	√	√	
箙	弩矢箙也。	盛箭的竹器	√	√	√
籌	壶矢也。	投壶用的签子	√	√	√
籞	雉射所蔽者也。		√	√	√
簨	竹箭也。			√	
簸	竹箭也。			√	√
籥	箭也。			√	√
笶	矢字。			√	
簳	箭簳。	箭杆		√	√
笴	同“簳”。	箭杆		√	
簶	胡簶箭室。	盛箭的器具		√	√

9. 筐笼类竹器功能有所拓展

在生产器具中，农耕时代的笼、筐、篓、筛等竹器最能体现生产劳作中竹器被利用的情况。因此，对《玉篇》中涉及此类竹器文字的整理能直观地反映出该时期生产类竹器的使用和分布情况。

《玉篇》中与“筐”有关的竹器文字有 8 个（表 5-10），包括《说文解字》中相关的竹器文字 2 个。

《说文解字》中与“筐”有关的竹器文字有 2 个，分别是“箪”和“篆”。“箪”是用来装衣服或盛饭的带盖竹器，“篆”是喂牛用的竹筐。《玉篇》中新增了箩筐、蚕筐、笼等不同种类和用途的竹筐类竹器。从字面的意思来说，“筐”是一个很宽泛的概念，因此，不同类型的“筐”用在不同的地方，其用途和含义也会有相应的变化，进而会产生不同的专有文字。值得一提的是出现了表示养蚕竹筐的专有文字，如“蚕筐方曰筐”，说明在南朝梁时期，养蚕已经成为一个很普及和专业化的生产行为，养蚕业已经有很高的水平，养蚕器具也逐步专门化。

表 5-10《玉篇》中与筐有关的竹器文字

竹器文字	原文释义	备注	《说文解字》	《玉篇》	《广韵》
箪	笥也。	竹笥	√	√	√
篆	饮牛筐也。方曰筐，圆曰篆。		√	√	√
籮	竹器也。	箩筐		√	√
筐	蚕筐方曰筐。			√	√
篋	筐也。			√	√
箬	牛筐也。			√	
籅	筐也。			√	
箎	筐。			√	

《玉篇》中与“笼”有关的竹器文字有19个（表5-11），包括《说文解字》中相关的竹器文字7个。

笼是农耕时代生产用具之一，从《说文解字》中“籠”释义为“举土器也”可知“籠”的生产用途和特点。《说文解字》中已经有装杯子、盘子、筷子以及装鸟的竹笼，到了《玉篇》中，竹笼的用途更加广泛，新增的“篧”“箠”“篘”等竹器，其新用途分别是装鱼、装炭、装酒等。其他新增的专有文字因《玉篇》没有更多的释义，故而无从猜测其代表竹器的用途。

表 5-11《玉篇》中与笼有关的竹器文字

竹器文字	原文释义	备 注	《说文解字》	《玉篇》	《广韵》
篓	竹笼也。	竹篓	√	√	√
笿	杯笿也。	装杯子或盘子的竹笼、篮	√	√	√
筡	杯筡也。或曰盛箸笼。	装杯子或盘子的竹笼、篮、筷笼	√	√	√
籫	竹器也。	盛筷、勺的竹笼	√	√	√
籝	笭也。	竹笼	√	√	√
篍	鸟笼也。		√	√	√
籠	举土器也。一曰笭也。	装土竹器	√	√	√
箶	杯也，箶笼也。			√	
篧	渔笼也，尔雅云篧谓之罩。			√	√
篕	姑篓也。	竹笼		√	√
箠	炭笼，束炭为箠也。	装炭的竹炭笼		√	√

（续表）

竹器文字	原文释义	备 注	《说文解字》	《玉篇》	《广韵》
篣	笼也。	竹笼		√	√
篘	酒笼。	竹制滤酒器		√	√
⿱竹隨	笼也。			√	√
簝	笼也。			√	√
篦	笼也。			√	
簣	土笼也。			√	√
⿱竹兼	笼。			√	
箤	笭。	竹笼		√	

在南朝梁时新增竹笼类文字有 12 个，增量比以前多一倍。这说明了该时期竹笼的功能得到进一步拓展，竹笼在农业生产中发挥的作用越来越大。

《玉篇》中与“篓”有关的竹器文字有 5 个（表 5-12），包括《说文解字》中相关的竹器文字 2 个。

《玉篇》中与篓有关的竹器文字虽然数量较少，但也有所增加。不过“篓”和“笼”在功能和形态上一直没有明确的界限。《说文解字》中关于“簍”的释义就是“竹笼也”，说明“篓”在汉代同“笼”并没有区别，只是到了后世，“篓”和“笼”才因功能的不同而逐渐有了区别。

《玉篇》中与“筛”有关的竹器文字有 6 个（表 5-13），包括《说文解字》中相关的竹器文字 3 个。

《玉篇》中与“筛”有关的竹器文字比《说文解字》多 3 个，分别是“簛”“篩”“⿱竹嗇”。在释义上比较简单，基本上都是用来“除粗取细”，说明竹筛的功能没有变化。因此，新增竹器应该是不同时代对竹筛的不同称谓，其功能变化不大。

表 5-12 《玉篇》中与篓有关的竹器文字

竹器文字	原文释义	备 注	《说文解字》	《玉篇》	《广韵》
篰	萳爰也。	简牍、竹篓	√	√	
簍	竹笼也。	竹篓	√	√	√
篕	姑篓也。	一种竹笼		√	√
箵	笭也。	渔篓		√	√
⿱竹毅	簏。	竹箱或一种小篓		√	

表 5-13 《玉篇》中与筛有关的竹器文字

竹器文字	原文释义	备 注	《说文解字》	《玉篇》	《广韵》
籭	竹器也。可以去粗取细。	筛子	√	√	√

（续表）

竹器文字	原文释义	备 注	《说文解字》	《玉篇》	《广韵》
簁	簁箄，竹器也。	同“筛”	√	√	√
箄	簁箄也。	同“筛”	√	√	√
簛	同“籭”。竹器也，可以去粗取细。	竹筛		√	√
篩	同“簛”。	竹筛		√	√
篖	筛篖。	竹筛		√	√

10. 文化类竹器发展平缓

《玉篇》中与“文化”等有关的竹器文字有14个（表5-14），其中包括《说文解字》中相关的竹器文字9个。

《玉篇》中记载与文化有关的竹器文字，同《说文解字》相比，数量变化不大，仍以《说文解字》中相关文字为主。新增文字中出现了专门用来装书籍的竹书箱“笈”，还有一种竹笔“籄”。其他的新增字则是不同历史阶段和不同地域对简牍、竹扇等文化竹器的新称谓。

与文化相关的竹器基本上是对汉代《说文解字》中竹器的传承，它们的发展变化较缓慢。

表5-14 《玉篇》中与文化有关的竹器文字

竹器文字	原文释义	备 注	《说文解字》	《玉篇》	《广韵》
篇	书也。		√	√	√
籍	簿书也。		√	√	√
籥	书僮竹笘也。	乐器	√	√	√
簡	牒也。	简牍	√	√	√
篰	蒳爰也。	简牍、竹篓	√	√	
箋	表识书也。		√	√	√
符	信也。汉制以竹，长六寸，分而相合。		√	√	√
箑	扇也。		√	√	√
笘	折竹箠也。	折竹做的鞭子	√	√	√
箚	竹牍也。			√	
篓	同“箑”。扇也，自关而东谓之箑，自关而西谓之扇。			√	√
笈	负书箱也。			√	√
籄	竹笔也。			√	
篇	箑也。	竹扇		√	√

11. 竹丝类竹器有很大的发展

《玉篇》中与“竹丝”有关的竹器文字有7个（表5-15），其中包括《说文解字》中相关的竹器文字1个。

“筲”是“箾”字的重字，“篲”“簪”“箒”指扫帚，“筅”则是指一种“炊帚”（实为茶筅类竹器），“箟”则表示一种竹刷。

魏晋南北朝时期竹丝类竹器的发展有以下特点：

（1）竹帚的相关功能在魏晋南北朝时期有很大的发展，不仅是相关竹器文字数量的增加，更重要的是竹帚在功能上有了较大拓展。

（2）“筅”字的出现，显示出在南朝梁之前，茶筅类的竹器已经出现。

（3）竹丝刷的功能在该时期已经体系化，同样的形制（造型）可以满足各种不同的需求。

表5-15 《玉篇》中与竹丝有关的竹器文字

竹器文字	原文释义	备 注	《说文解字》	《玉篇》	《广韵》
箾	陈留谓饭帚曰箾。一曰饭器，容五升。一曰宋、魏谓箸筒为箾。		√	√	√
筲	饭帚也。			√	√
篲	扫帚。			√	√
簪	古文“篲”。	竹扫帚		√	√
筅	筅帚。			√	√
箒	帚字。	扫帚		√	√
箟	刷也。			√	

12. 牲畜类竹器的沿用

《玉篇》中与“牲畜”有关的竹器文字有9个（表5-16），其中包括《说文解字》中相关的竹器文字7个。《玉篇》与《说文解字》相比较，新增了2个与牲畜相关的文字，其字义没有大的改变，应该是不同时期使用的重字。由此可见，在南朝梁时，与牲畜相关的竹器变化不大，主要是因为南朝梁的疆域一直处于南方雨水丰沛之地，畜牧业的发展缺乏相应的地域基础。地域特点在竹器上的反映十分明显。

表5-16 《玉篇》中与牲畜相关的竹器文字

竹器文字	原文释义	备 注	《说文解字》	《玉篇》	《广韵》
篆	饮牛筐也。方曰筐，圆曰篆。		√	√	√
篼	饮马器也。		√	√	√
箹	搔马也。	洗刷马的篦子	√	√	√
策	马棰也。	赶马的竹器	√	√	
箠	击马也。	赶马的竹器	√	√	√

（续表）

竹器文字	原文释义	备 注	《说文解字》	《玉篇》	《广韵》
箠	棰也。	赶马的竹器	√	√	√
笍	羊车驺棰也。箸箴其耑，长半分。	赶羊的竹片	√	√	√
箹	箠也。	赶马的竹器		√	
箬	牛筐也。			√	

13. 房屋篱笆类竹器有一定发展

《玉篇》中新增与“房屋”有关的竹器文字4个（表5-17），分别是“笵”“簷”“筩”“篷”，展示了竹材料在房屋建筑上的使用越来越广泛；《玉篇》新增与“篱笆”有关的竹器文字4个，分别是“箣”“笆”“筊”“籬”，均是指不同形式的竹篱笆，因而有不同的称谓。

总而言之，南朝梁时期竹编篱笆新增多种形式，房屋建筑中使用的竹器进一步增加。

表5-17 《玉篇》中与房屋、篱笆有关的竹器文字

竹器文字	原文释义	备 注	《说文解字》	《玉篇》	《广韵》
箄	藩落也。	竹编篱笆；或箄箕，一种乐器	√	√	√
箣	织竹为箣笆障也。	一种竹篱笆		√	√
笆	箣也。	一种竹篱笆		√	√
筊	关也，山谷遮兽也。又饭器也。			√	
籬	藩篱。	竹篱笆		√	√
笮	迫也。在瓦之下，棼上。	屋上竹板、竹席	√	√	√
簃	阁边小屋也。	楼阁旁边的小屋	√	√	√
笵	屋危也。	铺在房屋椽上瓦下的竹席		√	√
簷	屋簷，与檐同。			√	√
筩	椽。	装在房屋上的竹条		√	
篷	同“笮”，屋上板也。	屋上竹板		√	

14. 新增的新功能竹器

《说文解字》相比，《玉篇》中新增与竹器有关的文字共有152个。

除上述的各类竹器之外，还出现了具有新功能的竹器（表5-18），而且是南朝梁时期比较独特的竹器。例如，“籯”表示竹制的“榜”；“筧”表示一种“通水”的竹器；“等”和“篳”表示一种射鸟的竹制品；“筩”和“篷”则是表示用在房屋内外的竹席或竹板等竹制品；“笈”是一种竹罩；“箬”则代表一种“锁头”。根据对《说文解字》《玉篇》和《广韵》的对比，除“筧”和“笊”在宋代《广韵》中继续使用外，其他新增的竹器文字再也没有被收录到后来的新字典中，说明这些不同功能的竹器随着时代的变迁而逐渐被调整或淘汰。

表 5-18 《玉篇》中新增的新功能竹器文字

竹器文字	原文释义	备 注	《说文解字》	《玉篇》	《广韵》
篣	榜也。			√	
筧	以竹通水也。	通水竹器		√	√
笊	笊篱。			√	√
等	等角以射鸟。	一种射鸟的竹管		√	
箻	同“等”。	一种射鸟的竹管		√	
⿱竹乇	竹索。			√	
⿱竹角	椽。	装在房屋上的竹条		√	
⿱竹连	同“笮”，屋上板也。	屋上竹板		√	
⿱竹发	簟。			√	
⿱竹括	同“箝”。锁头。			√	

15.《玉篇》所涉及竹器的特征

《玉篇》所收录与竹器相关的文字共 267 个，由于上述各类别竹器文字中有相互重复的文字，因此，表 5-19 中统计的合计数仅是本书列举竹器文字的合计数（表 5-19），其他竹器文字在这里就不再逐个统计和说明。个别没有介绍的竹器文字基本上是其他字的重字或异体字，其代表的竹器用途没有大的变化，只是不同历史阶段或不同地域的不同称谓而已。

（1）不同种类的竹器进一步增加，竹器功能得到进一步的拓展。

（2）竹器专门化发展明显，如竹席、竹帘、竹渔具、竹丝织工具、竹乐器、竹帚等，都在该时期得到专门化发展，形成多种具有专门称谓的竹器，说明自汉代以来竹器在继续发展。

（3）《玉篇》涉及的竹器虽然数量很多，

表 5-19 《玉篇》中相关竹器文字的统计表

序 号	类 别	数 量
1	竹席类	20
2	车舟类	14
3	食类	20
4	渔类	10
5	丝织类	9
6	服饰类	16
7	乐器类	33
8	箭矢类	12
9	筐类	8
10	笼类	19
11	篓类	5
12	筛类	6
13	文化类	14
14	帚类	7
15	牲畜相关类	9
16	房屋篱笆类	11
合计	213	

但仍是对汉代《说文解字》涉及竹器的传承和发展，没有脱离竹器发展的历史基础。

（4）竹器发展与地域特点密切相关。各地渔业、畜牧业相关竹器发展快慢的鲜明对比就是其典型例子。

（5）竹制乐器得到快速发展，体现出这一时期虽然战争连绵，但社会仍崇尚礼乐，普通大众也能够制作并使用竹制乐器，竹制乐器得到专门、系统的发展。

（6）竹制生产器具不断发展。与筐、笼、篓、筛相关的各类生产竹器有 38 种，数量上比汉代要多出 24 种，竹制生产器具的快速发展体现了魏晋南北朝时期社会生产力获得了进一步发展。

（7）文化类竹器发展相对缓慢。文化类竹器发展缓慢从一个侧面反映出魏晋南北朝时期，文化的繁荣度并不高，生产力的发展更多的是为了满足战争的需要。

《玉篇》是我国魏晋南北朝时期重要的文字典籍，在该时期相关历史资料相对匮乏的情况下，《玉篇》对填补竹器相关历史研究的空白无疑具有关键性的资料价值。但是作为对竹器器物的历史研究，如果仅有文字说明而没有实物对照则显得较为抽象，无法让人们更好地了解该时期竹器的准确情况，如竹器器型和使用方式的具体情况等。未能发现更多相关的竹器实物资料，这的确是魏晋南北朝竹器研究中的一个缺憾。

5.5 碑刻中的竹器

魏晋南北朝时期留下来的碑刻也是研究竹器历史可供参考的重要资料，因为碑刻上留下了当时人们生活、生产的印记。根据对吴澄渊《新编中国书法大字典》①的统计，整个魏晋南北朝时期的碑刻留下来的有关竹器文字的记录相对较少，数量很有限，仅有 20 个字，共出现 48 次。其中不同时期的碑刻文字中，涉及竹器的文字以晋代和北魏时期为最多，其中有 11 个字共出现 23 次，有 10 个字共出现 16 次；而三国时期和北周时期碑刻的竹器文字则更少。具体竹器文字及分布见表 5-20 所列。

由表 5-20 可见，出现频次最多的竹器文字是“節”，其次是“簡”“策”和“符”等，这四个字主要涉及书写、信符等，其所指代的竹器应该是魏晋南北朝时期常用的竹器。而其他出现频次较少的竹器文字则说明在魏晋南北朝时期这些竹器不是很常用。

魏晋南北朝时期碑刻竹器文字总体上数量较少，与同时期《玉篇》字典中丰富的竹器文字相比，不可同日而语。该时期虽然典籍中的竹器数量达到一个新高峰，但是在实际生活和生产中应该没有《玉篇》中所列的那么多竹器品种。《玉篇》应该是收集了之前各个朝代涉及的所有竹器文字。

① 吴澄渊．新编中国书法大字典 [M]．北京：世界图书出版公司，2001．

表 5–20　魏晋南北朝碑刻中相关竹器文字的统计表

序号	文字	三国	西晋	东晋	魏／宋齐	北周／梁陈	合计	序号	文字	三国	西晋	东晋	魏／宋齐	北周／梁陈	合计
1	竹			4			4	11	箋			1			1
2	竿				1		1	12	笄	1		1			2
3	竽	1					1	13	管			2			2
4	笏				1		1	14	箭				1		1
5	符			1	3		4	15	節		1	4	5	1	11
6	笠	1			1		2	16	篋			1			1
7	筆		1				1	17	篇				2		2
8	策	2		2	1		5	18	簡		1	3	4		8
9	筥	1					1	19	簞	1					1
10	箹					1	1	20	簪			1			1

魏晋南北朝时期竹器小结

（1）魏晋南北朝时期是竹器承上启下的一个历史阶段。魏晋南北朝时期的竹器是对汉代竹器的传承，《玉篇》完整保留了《说文解字》中的所有与竹器有关的文字，凡表示竹器的文字更是全部保留；在继承的基础上，《玉篇》又根据社会的变迁和竹器使用情况的变化，增加了新的与竹器有关的文字。

（2）魏晋南北朝时期是竹器文字在数量上的一个高峰期。《玉篇》典籍中记载的竹器种类达到史无前例的 267 个，可见，该时期的竹器品种更为丰富，因此魏晋南北朝时期也是典籍记载中竹器种类在数量上的高峰期。

（3）魏晋南北朝时期出土的实物与典籍记载的竹器文字数量对比强烈。在出土的魏晋南北朝时期的实物资料中很少发现典籍记载的竹器踪迹，这与典籍的记载形成强烈反差，其中原因既有可能是魏晋南北朝时期留存的文物本身就少，也有可能是魏晋南北朝时期竹器种类并没有那么丰富，还有可能是在南北朝分治的过程中，北朝的都城都在中国北部非竹产区，使用竹器较少。但是查阅南朝出土文物的资料①，也鲜有发现使用竹器，这是较为反常的现象。南朝墓葬一般多为砖

① 李蔚然．南京六朝墓葬的发现与研究 [M]．成都：四川大学出版社，1998.

石结构，出土的文物多为青瓷、陶器（陶俑）、金银铜及铁器、石器等，这大概是金石、陶瓷器物更容易保存的缘故。由在新石器时代江浙一带遗址中和东周及先秦时期楚墓中出土的大量竹器可推测，这一地区的墓中也应该有魏晋南北朝时期的竹器实物，这只能期待将来进一步的考古发现了。

（4）魏晋南北朝时期的绘画资料丰富，涉及的竹器资料却很少。魏晋南北朝时期留存的绘画资料较多，特别是壁画资料丰富，蔚为壮观。由于作为壁画代表的敦煌壁画位于中国西北地区的非竹产区，且敦煌壁画大多数为佛教主题的绘画，与世俗生活距离较远，所以出现竹器图像较少。

（5）魏晋南北朝时期的竹器系统得到进一步的扩展。虽然没有实物竹器的支撑，但是仍然可以推测魏晋南北朝时期是竹器的使用广度和深度都有所扩大的阶段。《玉篇》中众多的竹器称谓可充分说明竹器在这一时期的使用是很广泛的，只是没有更多的实物资料来进一步验证罢了。

（6）魏晋南北朝时期的竹器进一步向专业化发展。竹器专业化发展，是社会发展进步的必然产物。社会在发展过程中，各种行业不断分工，分工必然使相关器物制作和使用走向专业化，而竹器在魏晋南北朝时期的专业化发展是比较突出的。

第6章

隋唐五代竹器

——传承发展期

隋唐五代时期，中国社会发展进入了一个全面繁荣的新阶段。人们生活方式的改变、各民族文化的融合，推动了该时期的竹器不断发展。例如该时期出现了我国历史上最早的竹椅等竹家具，出现了各类竹制茶具，还出现了竹夹膝、羃䍦、罾等全新竹器，竹制乐器在魏晋南北朝乐器发展的基础上更加成熟和完善，竹器功能更加细致。隋唐五代时期出土的竹器实物很少，根据对相关考古资料的梳理，发现该时期仅留下零星的竹器实物。该时期的竹器主要是以绘画资料的形式出现，例如在隋唐五代时期的纸质和绢质绘画中，在各地方壁画中均能看到竹器的形象。隋唐五代时期的竹器虽然有一定程度的发展，但总的来说仍是在传承基础上的发展。

6.1 唐代竹制家具

1.《六尊者像》中的竹椅等

唐代卢楞伽所绘制的《六尊者像》（图6-1），现藏于北京故宫博物院，是中国佛教经典画作之一。画面内容丰富、线条流畅、人物生动，宗教意味浓厚。卢楞伽，长安人，大约活动于公元8世纪，曾经跟随著名画家吴道子学画。

《六尊者像》是我国最早描绘竹椅的绘画作品。该绘画记录的是一种组合式的竹制座椅。该座椅完全用竹子制作，不但造型精致，而且椅背利用了竹子的自然造型制作成优美的曲线样式，这在后世的竹椅中也是不多见的。该绘画还描绘了竹椅前面脚踏部分的构造和衔接方式，展现了竹椅的圆竹结构和造型处理手法。

竹椅中弯曲的竹构件造型十分特别（图6-2），至于这种弯曲竹构件是自然弯曲的还是被人工弯曲的尚无法推测。但竹椅脚踏部分的四角的竹材构造则充分显示了竹脚踏是使用一根竹竿弯曲围合而成。这种竹材的制作工艺说明当时的工

图6-1 《六尊者像》中的竹椅

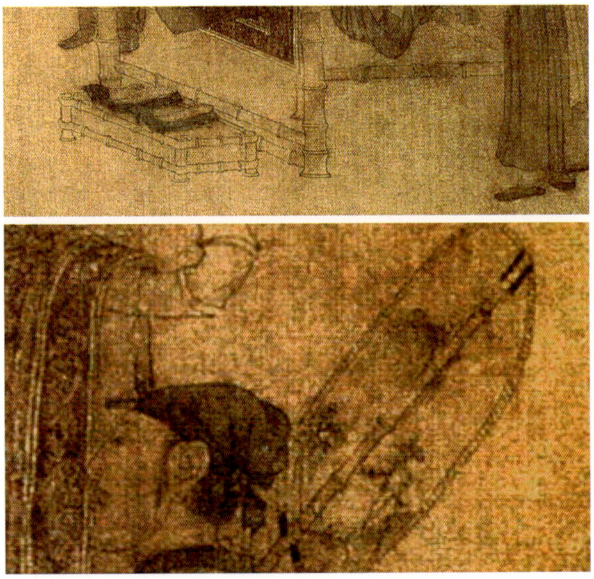

图6-2 《六尊者像》中的竹椅细节及大竹扇

匠已经掌握了竹竿的开槽弯曲成形工艺。因为若要使竹构件定形，一定的热弯成形工艺是必不可少的。

画面中有一个尊者侍从手持一把竹扇（图6-2）。该竹扇造型圆润、制作精致。竹扇在我国有悠久的使用历史，从江西靖安县东周李洲坳古墓出土的“天下第一扇”和马王堆汉墓出土的竹扇中可看出先人对竹扇的喜爱。至唐代，制作精致的圆形竹扇更是为后世留下了竹扇造型的基本“模板”。另外，竹扇在中国古代一直与“便面”共存，“便面”是扇子的一种。《汉书·张敞传》：“自以便面拊马。”颜师古注：“便面，所以障面，盖扇之类也。不欲见人，以此自障面，则得其便，故曰便面，亦曰屏面。”后来“便面”亦指扇面。

类似造型的竹扇在唐代画家张萱的《捣练图》（图6-3）中也出现过。《捣练图》在绘制竹扇时还特意留下了竹扇柄上竹节的形态。

图6-3 《捣练图》中的竹扇

2.《宫乐图》中的席面桌

《宫乐图》是晚唐时期创作的画作，作品描绘的是后宫嫔妃十人，围坐于一张巨型的方桌四周品茗、行酒令的场景。该画收藏于台北“故宫博物院”。《宫乐图》中宫女围坐的那张大桌（图6-4），框架支撑结构肯定是木质的，但是桌面的制作材料值得推敲。一般情况下，这样的桌面有使用竹席、藤席、芦苇席制作的可能。但芦苇席容易损坏，与宫廷家具不太相称；使用竹席制作椅面和桌面在我国历来有之；至于使用藤席是从什么时候开始，北宋欧阳修等人编修的《新唐书·地理志》有如下记载：“广州、南海郡、中都督府。土贡：银、藤簟、竹席、荔枝……”由此可见，藤席在唐代也已经使用。在唐代，藤簟、竹席等物品都是地方进贡给朝廷的，所以，皇宫里的桌面既有可能使用竹席制作，也有可能使用藤席制作。在唐代，桌面使用藤席制作一般较少，而使用竹席制作则比较常见。因此《宫乐图》中的桌面从其结构来看应该是使用竹席制作的。

图6-4 《宫乐图》中的席面桌

3. 敦煌壁画中的肩舆

在唐代敦煌壁画中，二〇二窟中《梵摩波提回宫》（图6-5）描绘的肩舆是中唐时期的，而且是一个正在被使用的肩舆。彼时的肩舆由四人抬着。肩舆的造型清晰可辨。

本书在前文中已经对东周出土的竹木制肩舆做过详细的考证和说明。此处中唐敦煌壁画中的肩舆，造型和结构都与河南固始堆1号墓出土的肩舆相似，特别是肩舆的围合结构，同河南固始堆1号墓出土的肩舆基本相同。由此可以推断，壁画中的肩舆也是采用类似的竹材料制作，例如肩舆围合部分使用竹片制作、各构件采用竹篾丝固定、肩舆底用竹片或竹席铺垫等。该壁画为肩舆在中唐时期的使用提供了直观图像。

图6-5 《梵摩波提回宫》中的肩舆①

4.《萧翼赚兰亭图》中的竹桌

《萧翼赚兰亭图》是唐代画家阎立本的作品。该作品是根据唐代何延之《兰亭记》的故事所作。但是阎立本绘画原作已经遗失，现存世的只有北宋和南宋的摹本。北宋摹本现藏于辽宁省博物馆，南宋摹本现藏于台北“故宫博物院”。此处所见的作品为北宋摹本（图6-6），南宋摹本与北宋摹本中的场景相似。

在该画中可以看到一张竹制茶桌和辩才和尚的一根竹杖。细看茶桌，其框架结构是圆竹制作的，桌面则由竹席制成，因此，这是一个由全竹制作的茶桌，也是我国目前在绘画中最早出现的竹桌形象。竹杖的使用则比较常见，这里不再赘述。

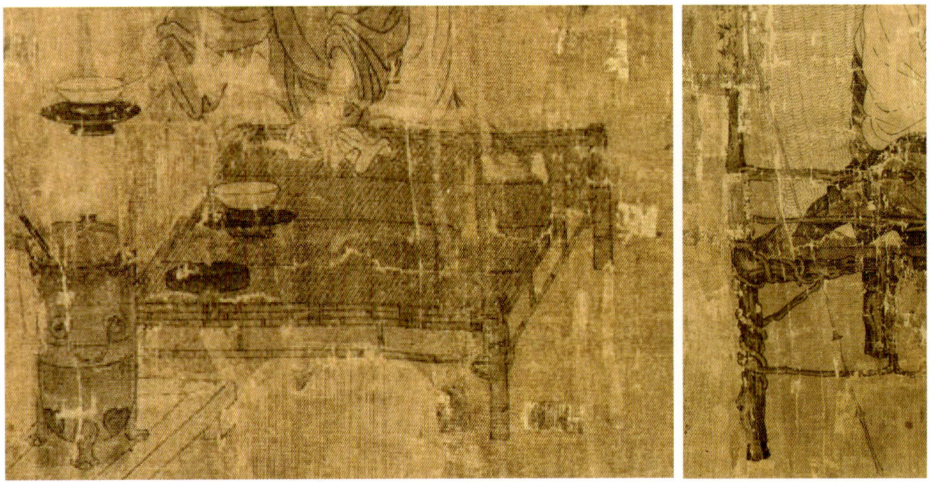

图6-6 《萧翼赚兰亭图》中的竹制茶桌（北宋摹本）

① 段文杰．中国敦煌壁画全集7·敦煌中唐［M］．天津：天津人民美术出版社，2006:12.

6.2 隋唐五代时期的竹制乐器

隋唐五代时期的艺人在音乐和舞蹈领域取得了很高的成就，这些成就对后世音乐和舞蹈都产生了重要的影响。例如，隋唐五代的竹制乐器延续了前代传统竹制乐器的形制和特点，特别是在乐器的搭配组合上，严格地遵循前代的规范，这在该时期的绘画中有所体现。不过该时期竹制乐器也有所发展，如出现了筚篥、尺八等新式竹制乐器。

1.《宫乐图》中的竹乐器

在《宫乐图》中，中间的四人负责吹乐助兴。她们所持乐器，自右向左，分别为筚篥、琵琶、古筝、竽。这张绘画真实地再现了唐代的宫廷生活场景，画面中有筚篥、竽、大方桌等器物。

竽（图6-7）自商周时期以来就是我国传统的竹制乐器。筚篥（图6-7）也称管子，中国古代管乐器之一，多用于军队和民间，流行于我国各地，为汉族、维吾尔族、朝鲜族等众多民族所喜爱。筚篥在汉代由西域龟兹传入内地，至唐代时在中原盛行，并成为宫廷中的主要乐器。隋唐宴享的胡乐中，所演奏的龟兹乐、天竺乐、疏勒乐、安国乐、高昌乐等，都离不开筚篥等乐器。筚篥最初是用羊角和羊骨制成，后来改由竹制、芦制、木制、杨树皮制、桃树皮制、柳树皮制、象牙制、铁制、银制等，其中以竹制最为普遍，这与用竹材制作筚篥较容易有关。

图6-7 《宫乐图》中的竽与筚篥

关于竹制乐器，唐代吴道子（公元 680 年—公元 759 年）《八十七神仙图》（图 6-8）中也有相关描绘。《八十七神仙图》中出现了竽、笛子、箫等竹器。《八十七神仙图》中竽的造型和《宫乐图》中竽的造型完全一样，说明在唐代竽的造型有规范和标准。

图 6-8 《八十七神仙图》（现藏于北京徐悲鸿纪念馆）中的竽、笛子、箫等竹制乐器

2. 唐代壁画中的竹制乐器

唐代壁画更加生动地描绘了该时期竹制乐器的特点。唐代竹制乐器与魏晋南北朝时期竹制乐器有很大的关联性。唐代使用的乐器有固定的组合，如敦煌一五四窟中的《报恩经变之舞乐》（图 6-9）展示了排箫、笛、竽、箫等竹制乐器的组合，其组合模式与吴道子《八十七神仙图》基本一致，其中的竹制乐器种类比《宫乐图》略多。

在唐代壁画中，其他不同的乐器组合也有展示，其中与佛教“礼乐”有关的乐器组合最丰富，而且出现最多的也是竹制乐器。昭陵唐墓壁画中出现的乐器组合虽然相对简化一些，如排箫和笛子的组合（图 6-10），箜篌和洞箫、琵琶的组合等（图 6-11），但竹制乐器是不可缺少的。

竹制乐器在壁画中的大量展现，显示出唐代音乐的繁荣和发展。但就竹制乐器的发展而言，唐代除了新发展的部分竹制乐器外，传统的竹制乐器并没有太大的变化，基本仍保留了魏晋南北朝时期同类竹制乐器的器型特点，而且形制更加规范和固定。

图 6-9 《报恩经变之舞乐》中的竹制乐器①（敦煌一五四窟）

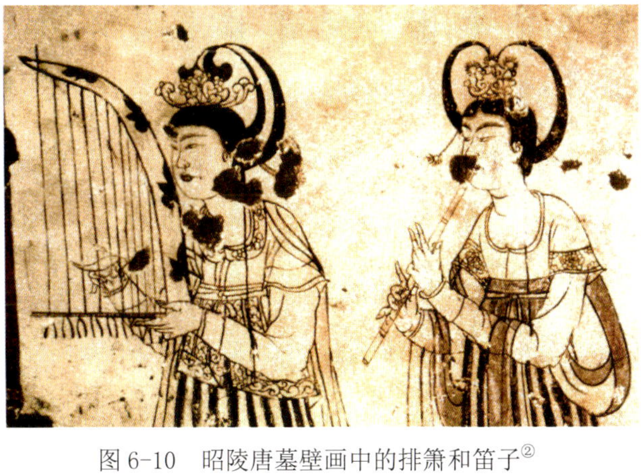

图 6-10 昭陵唐墓壁画中的排箫和笛子②

图 6-11 昭陵唐墓壁画中的箜篌和洞箫③

① 段文杰．中国敦煌壁画全集 7・敦煌中唐 [M]．天津：天津人民美术出版社，2006:134.
② 昭陵博物馆．昭陵唐墓壁画 [M]．北京市：文物出版社，2006:147.
③ 昭陵博物馆．昭陵唐墓壁画 [M]．北京市：文物出版社，2006:147.

3. 隋唐时期尺八

在隋唐时期，尺八（图 6-12）已成为宫廷中的主要乐器。《新唐书·吕才传》：“贞观时，祖孝孙增损乐律，与音家王长通、白明达更质难，不能决。太宗诏侍臣举善音者……侍中王珪、魏征盛称才制尺八，凡十二枚，长短不同，与律谐契。”因该乐器长一尺八寸，故称尺八。它属于古代笛箫类管乐器的一种。

尺八发展到宋代形成了五孔尺八，并经由当时日本的遣唐使东传日本，得以保留至今。尺八吹奏技巧复杂，音色独特而有古味。日本奈良东大寺的正仓院，还保存着我国唐代传去的八支唐式尺八。沈括《梦溪笔谈》载：“后汉马融所赋长笛，空洞无底，剡其上孔，五孔，一孔出其背，正似今之尺八。”

4. 南唐《合乐图》中的竹制乐器

《合乐图》（图 6-13）是南唐画家周文矩的绘画作品。该画展示了五代时期的部分乐器，其中展示的竹制乐器中有竽、笛子和筚篥。这三种乐器和唐代《宫乐图》中的乐器造型相同，没有变化。

图 6-12　尺八及局部图（现藏于江苏溧阳南山竹海博物馆）

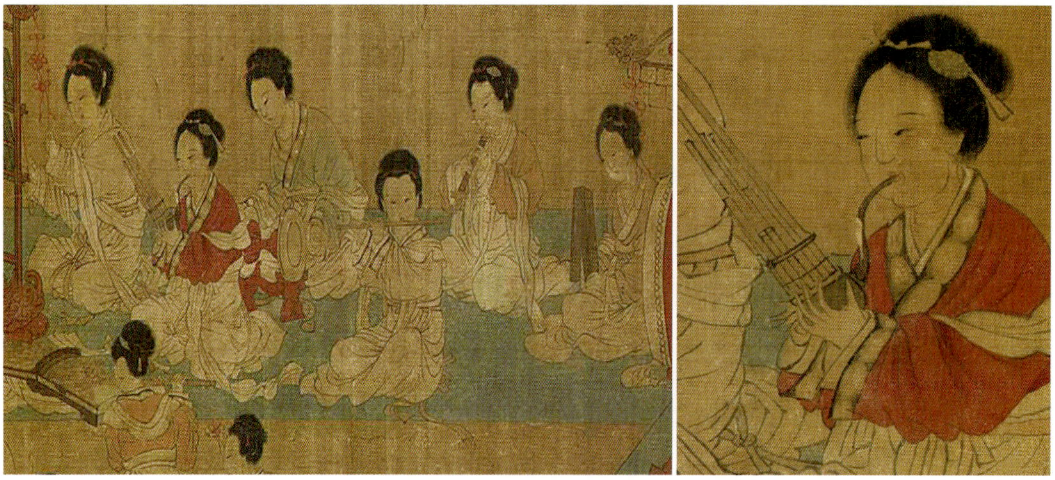

图 6-13　《合乐图》（现藏于美国芝加哥美术馆）

6.3 隋唐五代时期的生产类竹器

自古以来，我国各个朝代都很重视农业生产活动，在商周时代的铭文里、汉代的画像砖上和魏晋时期的壁画中都有与农耕生产相关情况的描绘。在隋唐五代时期，不仅传统的壁画，而且纸上绘画也常以生产活动为主题，这就为后人了解该时期的生产活动及使用的相关器具提供了丰富研究资料。

1. 隋唐时期壁画中的生产类竹器

《弥勒经变之一种七收》（图6-14）是敦煌壁画中为数不多的描绘唐代农耕生产的场景，也是唐代的《耕种图》。宋代以后，《耕种图》作为我国农耕时代的生产指导图卷一直延续到清代。在《弥勒经变之一种七收》的画面中，一男子头戴斗笠，身穿长袍，双手扶犁，正在犁地，一黑一黄两头健壮的耕牛正在拉动着插入土地的木犁前行。这就是中国传统的所谓“二牛抬扛”的农作方式。男子身后有一位妇女正在往犁过的地里播撒种子。旁边的一男子正在用镰刀收割庄稼。不远处另一男子手持扬叉正在扬场，一位妇女正在用扫把扫除麦堆上的麦草。妇女身后有一僧人正在为一信徒讲经。整个画面充满了浓郁的生产和生活气息，较为完整地表现了唐代农业生产的过程。

该壁画虽然已有些褪色，部分形象只剩下轮廓，但根据画面中的生产场景，仍可以看到部分

图6-14 《弥勒经变之一种七收》[①]（榆林二五窟）

① 段文杰．中国敦煌壁画全集7·敦煌中唐[M]．天津：天津人民美术出版社，2006:74.

竹器的形象。首先，画面中有两顶斗笠，虽没有对其细节进行描绘，但斗笠在古代使用的时间比较久远，《说文解字》对斗笠已经有“笠”和“簦”等专有称谓，竹制斗笠在全国范围内使用比较普遍。因此画中的斗笠可以认为是该时期竹制斗笠的一种。其次，扬谷用的工具，虽看不出其制作材料，但根据元代《王祯农书》对木制、竹制、铁制扬锨的介绍可知，即使此图中的工具不是竹器，但类似的竹器在唐代已经普遍使用，这一点是毫无疑问的。另外，结合晋代纸画《墓主人生活图》中出现的叉、耙等生产工具，会发现竹制器具的形制前后变化不大。

在稍晚的晚唐壁画《耕种图》中还出现了“连枷”的形象（图6-15）。不过，此时连枷既有木制的，也有竹制的，但无论是什么材质，都说明，连枷在该时期已经得到普遍使用。

在敦煌六一窟五代时期的壁画《耕种图》（图6-16）中，生产工具有了一定的变化，出现了明确的“扬锨”和“簸箕”的形象。扬锨和簸箕是我国古代常用的生产工具，以竹制和柳制为主，南方多为竹制，北方多为柳制。同时也可以看出该壁画中的扬锨和簸箕与宋代《耕种图》中的扬锨和簸箕基本一致。因此，可以说这一类生产工具至少在五代时期就已经较为常见。

图6-15 《耕种图》（局部）[①]（敦煌一九六窟）

图6-16 《耕种图》[②]（敦煌六一窟）

① 关友惠．中国敦煌壁画全集8·晚唐［M］．天津：天津人民美术出版社，2001:174.
② 段文杰．中国敦煌壁画全集9·敦煌五代·宋［M］．天津：天津人民美术出版社，2006:74.

2. 五代《闸口盘车图》中的生产类竹器

《闸口盘车图》（图6-17）为五代南唐画家卫贤绘制作品，画幅纵53.3厘米、横119.2厘米。该画描绘的是河旁闸口处的一座磨面作坊。画面的左中部有一幢安装有水磨的堂屋，堂屋两端各置望亭一座。台基前面是河道，河面上有两艘运粮的篷船。河对岸是坡道，坡上有六辆独轮车和太平车，或载粮前行，或停置路旁。坡道傍山脚向左逶迤而隐，右边有一个酒楼，门上悬木牌，上标“新酒”两字。门前扎有彩楼。楼中悬一布旌，上书“酒”字。该画作主要描绘了当时汴京的官营水磨作坊中人们劳作的场景，其中“民夫”的人数最多，如磨面的、筛面的、扛粮的、扬簸的、净淘的、挑水的、引渡的、赶车的等。

《闸口盘车图》最可贵的是呈现了众多和磨面活动有关的生产类竹器，特别是其中不同工种的民夫还展示了各类竹器的使用方法。这幅画生动地描绘了五代南唐时期人们生产活动的场景，也对该时期生产类竹器做了一次集中展示。

图6-17 《闸口盘车图》（局部）（现藏于上海博物馆）

（1）疑似竹砻和大竹罩

在绘画的磨坊中（图6-18），可以看到一个巨大的水力磨，直径超过了成人的身高。这个巨大的水力磨从外形看更像是竹砻（图6-19），而不是石磨。因为石磨质量大，这样大的石磨需要巨大的推力才可以转动，一般力量显然不可为；另外，石磨的纹路一般在上下磨的接触面上，而此处砻的纹路与石磨的纹路显然不同。竹砻具有质量较轻、制作不受石材限制的特点。一般小型竹砻外围是竹编的保护层，该画作中的竹砻因为尺寸巨大，外围更像是竹片结构而不是竹编保护层。

在画作中有三个大缸（图6-20），它们应该是用来装麦子或面粉的，每个大缸上都盖着锥形的竹罩。作为图形资料，这是可查到的最早的竹罩图案。这样的竹罩在现代仍然能看到，如乌镇制酱作坊在使用传统方法晾晒豆酱时，仍会使用这种具有透气性的大竹罩。

图 6-18 《闸口盘车图》中的竹砻和竹罩

图 6-19 近代竹砻

图 6-20 磨坊里盖大缸的竹罩

（2）筛筐类竹器

该画作描绘了大量的生产劳作场面（图 6-21），例如每一个民夫都使用着不同的竹器并展示其不同的使用方式，可以看到有吊在大支架下筛取谷物的大竹筛，有圆形和方形的无耳竹箩筐，在画的右下方还出现了竹簸箕。更为特别的是，画中正在筛取谷物的民夫正站在一个竹器上面，该竹器从造型和结构上看应该是圆形竹箩筐，说明当时的竹箩筐结构结实，能承受很大的压力。

画作中带支架的大竹筛同元代《王祯农书》中的专用竹器“筛谷箉”[①]相似，都是悬挂起来使用的竹筛。因此，画中绘出的大竹筛可能是五代时期的“筛谷箉”。

① 王祯．王祯农书 [M]．杭州：浙江人民美术出版社，2015:391.

图 6-21 筛筐类竹器及其使用场景

（3）竹篷车和竹篷船

在画作中，还绘有运货的牛车（图 6-22）和船只（图 6-23）。牛车与船只上的竹席顶篷细致、清晰，准确地展现了竹席的纹理和结构关系。细看船只和牛车上还有两三个竹制斗笠，这种装备似乎已经成为五代时期车夫和船夫的必备用具。船只和牛车上用的竹席、竹帘在《说文解字》《玉篇》等典籍中早有记载，汉代舟车陶俑上也刻有竹篷形象，但是作为图画，《闸口盘车图》描绘的牛车和船只上的竹篷可算得上是其较早的图形资料。

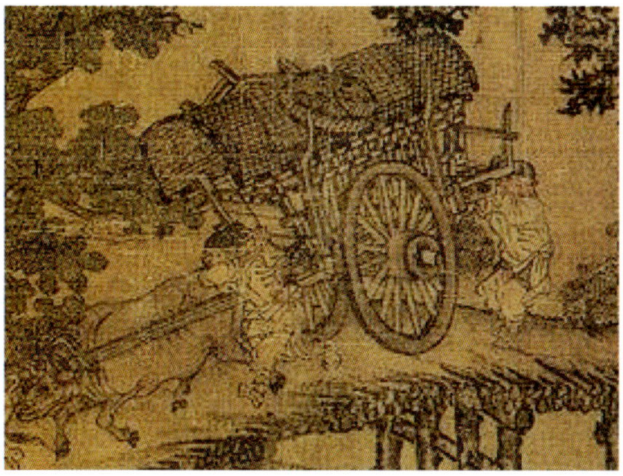

图 6-22 竹篷车及竹斗笠

图 6-23 竹篷船

6.4 隋唐五代时期的生活类竹器

1. 唐代竹夹膝

“竹夹膝”（图6-24）是古代纳凉用的一种竹器。宋代多称其为“竹夫人”，除此之外还有许多不同的称呼，如“竹几”“竹姬”“竹妃”“竹奴”“竹婆”“青奴”“夹膝”等。竹夹膝是由竹篾编成，网状圆筒形，可怀抱入睡，亦可套在腿膝或手臂之上，以此消暑度夏。根据考证，竹夹膝的使用可追溯到西汉之前，称其为“竹夹膝”并被广泛使用应该是从唐代开始的。

“竹夹膝”一词在唐诗中多次出现，晚唐诗人陆龟蒙有《以竹夹膝寄赠袭美》，袭美（皮日休）获赠之后，又留下《鲁望以竹夹膝见寄因次韵酬谢》一诗。这也间接地说明了在唐朝，竹夹膝已得到了普遍的使用。

在《以竹夹膝寄赠袭美》中，陆龟蒙描绘了竹夹膝的基本形状和功能。例如“截得筼筜冷似龙，翠光横在暑天中”，诗句中“筼筜”指明了竹夹膝为竹制；“似龙”表示有一定的长度；“冷”则显示了竹夹膝主要是为了降温；“翠光”则表明竹夹膝是竹青制作的，因为竹皮是绿色的，所以发出“翠光”；“暑天中”表明竹夹膝的使用时间是夏天天气炎热之时，因此再次强调其降温的功能。

在《鲁望以竹夹膝见寄因次韵酬谢》中，晚唐诗人皮日休描绘竹夹膝是“圆于玉柱滑于龙，来自衡阳彩翠中”。由“圆于玉柱”可以看出唐代的竹夹膝就是圆柱形，与现代“竹夫人”的造型一致；“滑于龙”则说明竹夹膝的表面光洁。另外，该诗还指出竹夹膝的产地为“衡阳”。

及至宋代，诗人黄庭坚有诗《赵子充示竹夫人诗盖凉寝竹器憩臂休膝似非夫人之职予为名曰青奴并以小诗取之二首》。诗中出现“竹夫人”的称谓，这说明在宋代，竹夹膝不仅被称为“竹夫人”，而且其使用已很普及了。

图6-24　竹夹膝

2. 隋唐时期的幂䍦

幂䍦作为一种独特的古代帽饰，在历史上延续了近500年。但由于古代服饰不易保存，幂䍦的形象鲜为人知。“幂䍦”一词最早出现在晋代。[①]隋代时幂䍦流行于我国西北吐谷浑地区的上层人群中，多为男性穿戴，唐代初期幂䍦开始盛行。[②]唐代以后则逐渐消失，不再使用。

唐代燕妃墓的壁画中有一幅“捧幂䍦女侍图”，画中的幂䍦（图6-25）是侍女为侍奉墓主人穿戴而准备的。只见侍女双臂前伸，手中捧有一顶呈钵形的黑色圆帽，帽檐连缀的丝织物（巾帛）弯曲并自然下垂至侍女腿部。根据幂䍦有“障蔽全身”的特点，推断此即为唐初流行的幂䍦。

图6-25 唐代燕妃墓壁画中的幂䍦[③]

从燕妃墓壁画中幂䍦的形象，可以看出幂䍦的帽子部分制作得十分精细，按照历代斗笠制作的原理，如此精细的帽子，不是一般材料可以编织出来的，特别是使用草编或柳编都很难达到如此精细的程度，另外作为皇妃的用具，是不会使用草编的，因此只有使用竹编。幂䍦帽子和巾帛相连的地方似乎使用双层竹片夹住，至于巾帛下垂的长度，则因人而异，可以长及全身，也可以仅遮蔽脸部。吐鲁番阿斯塔那187号墓出土的唐代女骑俑，其幂䍦的帽长度（图6-26）就相对较短，没有燕妃墓中幂䍦的巾帛长。

图6-26 吐鲁番阿斯塔那187号墓出土的戴帷帽彩绘女骑俑

3. 唐代陆羽《茶经》中的竹茶具

《茶经》是世界上现存最早的一部关于茶叶的专著，为唐代著名茶学家陆羽撰写。书中记录了我国茶叶生产的历史、源流、生产技术以及饮茶技艺、茶道等内容。该书为推动我国茶文化的发展做出了重要贡献。《茶经》还介绍了用于烹茶、品饮的二十四种器具。在这二十四种器具中有不少与竹材相关，属于竹茶具。遗憾的是《茶经》虽然记载了二十四种器具的制作材料、形制和功能等，但遗憾的是没有辅助说明的图像资料。

在《茶经》中，陆羽将制茶器具称为“茶之具”，将饮茶器具称为“茶之器”。但后世则将“具”和“器”合并，统称为茶具。具体的竹茶具主要有十七种，涉及制茶、饮茶的各个环节，显示出唐代竹茶具已经十分系统化和专业化。

① 《晋书·四夷传》中记载吐谷浑男子的服饰时：“其男子通服长裙，帽或戴幂䍦。”

② 《旧唐书·舆服志》：“武德、贞观之时，宫人骑马者，依齐、隋旧制，多着幂䍦，虽发自戎夷，而全身障蔽，不欲途路窥之。王公之家，亦同此制。”

③ 昭陵博物馆．昭陵唐墓壁画[M]．北京：文物出版社，2006:150.

（1）《茶经》中的竹茶具

籯：一曰篮，一曰笼，一曰筥。以竹织之，受五升，或一斗、二斗、三斗者，茶人负以采茶也。

甑：或木或瓦，匪腰而泥，篮以箄之，篾以系之。始其蒸也，入乎箄；既其熟也，出乎箄。釜涸，注于甑中，又以榖木枝三桠者制之，散所蒸牙笋并叶，畏流其膏。

芘莉：一曰羸籯子，一曰筹筤。以二小竹，长三尺，躯二尺五寸，柄五寸。以篾织方眼，如圃人土罗，阔二尺，以列茶也。

扑：一曰鞭。以竹为之，穿茶以解茶也。

贯：削竹为之，长二尺五寸，以贯茶焙之。

穿：江东、淮南剖竹为之。巴川峡山纫榖皮为之。江东以一斤为上穿，半斤为中穿，四两五两为小穿。峡中以一百二十斤为上穿，八十斤为中穿，五十斤为小穿。穿字旧作钗钏之“钏”字，或作贯串。今则不然，如磨、扇、弹、钻、缝五字，文以平声书之，义以去声呼之，其字以穿名之。

育：以木制之，以竹编之，以纸糊之。中有隔，上有覆，下有床，傍有门，掩一扇。中置一器，贮煻煨火，令煴煴然。江南梅雨时，焚之以火。

（2）《茶经》中的竹茶器

筥：以竹织之，高一尺二寸，径阔七寸。或用藤，作木楦如筥形织之，六出圆眼。其底盖若利箧口，铄之。

夹：以小青竹为之，长一尺二寸。令一寸有节，节已上剖之，以炙茶也。彼竹之筱，津润于火，假其香洁以益茶味，恐非林谷间莫之致。或用精铁熟铜之类，取其久也。

罗合：以合盖贮之，以则置合中。用巨竹剖而屈之，以纱绢衣之。其合以竹节为之，或屈杉以漆之，高三寸，盖一寸，底二寸，口径四寸。

则：以海贝、蛎蛤之属，或以铜、铁、竹匕策之类。则者，量也，准也，度也。凡煮水一升，用末方寸匕。若好薄者减之，嗜浓者，增之，故云则也。

漉水囊：若常用者，其格以生铜铸之，以备水湿，无有苔秽腥涩意，以熟铜苔秽，铁腥涩也。林栖谷隐者或用之竹木。木与竹非持久涉远之具，故用之生铜。其囊，织青竹以卷之，裁碧缣以缝之，纽翠钿以缀之。又作绿油囊以贮之。圆径五寸，柄一寸五分。

竹筴：或以桃、柳、蒲、葵木为之，或以柿心木为之。长一尺，银裹两头。

鹾簋：以瓷为之。圆径四寸，若合形，或瓶、或罍，贮盐花也。其揭，竹制，长四寸一分，阔九分。揭，策也。

札：缉栟榈皮以茱萸木夹而缚之，或截竹束而管之，若巨笔形。

具列：或作床，或作架。或纯木、纯竹而制之，或木，或竹，黄黑可扃而漆者，长三尺，阔二尺，高六寸。具列者，悉敛诸器物，悉以陈列也。

都篮：以悉设诸器而名之。以竹篾内作三角方眼，外以双篾阔者经之，以单篾纤者缚之，递压双经，作方眼，使玲珑。高一尺五寸，底阔一尺、高二寸，长二尺四寸，阔二尺。

4. 五代《西子浣纱图》中的竹篮

《西子浣纱图》（图 6-27）是五代时期南唐画家周文矩的绘画作品，作品描绘的是西施浣纱的情景。画中绘制了一个制作精巧的竹篮，虽然寥寥几笔，但是竹篮的结构清晰、造型生动，为后世留下一个五代时期完整的竹篮形象。

图6-27 《西子浣纱图》（现藏于北京故宫博物院）中的竹篮

5. 五代《关山行旅图》中的竹罩笼与遮阳篷

《关山行旅图》（图6-28）是五代后梁画家关仝的绘画作品，该画在描绘山水景色的同时，还对其中一个店家进行了具体“记录”。在画中，这个店家有前店和后院。店前用竹席搭建了一个遮阳篷；后院内饲养着家禽，其中还有一个竹制的罩笼，根据竹罩笼的大小来判断，这应该是一个用于饲养鸡鸭等家禽的罩笼。这样的竹罩笼在隋唐五代时期的绘画中很少见到。竹制遮阳篷虽然在北宋画家张择端的《清明上河图》中已是房屋的常设部分，十分盛行，但在五代之前还是很少见到的。

图6-28 《关山行旅图》（现藏于台北“故宫博物院”）

6.5 五代时期的竹制渔具

隋唐五代时期的渔具实物留下的并不多，但描绘该时期渔业生产活动的绘画作品还是有一些被保存下来，如五代时期南唐画家董源的《夏景山口待渡图》、五代南唐画家赵干的《江行初雪图》等。

董源的《夏景山口待渡图》描绘了南唐时的捕鱼场景和捕鱼方法。南唐地处长江以南，水系发达，因此捕鱼是常见的劳作。董源在画中描绘了一些不同的捕鱼场景和捕鱼工具（图 6-29）。其中一处是捕鱼回家的场景；另一处是正在船上捕鱼的场景，而且是使用“罾”这种捕鱼工具进行捕鱼。

在捕鱼回家的场景中，一个肩扛渔具的人，一头挑的是一件较大的罾，另一头挂着一个大渔篓，渔篓沉重，显然他是满载而归。其中渔篓形象与现在水乡使用的渔篓造型仍十分相似。在南

图 6-29 《夏景山口待渡图》（现藏于辽宁省博物馆）中的竹制渔具

方水乡，这样的渔篓几乎都是竹制的，因此可以推测画面中的渔篓为五代时期的竹制渔篓。捕鱼时使用的工具“罾”在五代之前的绘画及出土实物中均没有见过，因此，这是我国较早出现捕鱼工具的图像资料。虽然，看画面不能确定其支撑杆的材质，但根据宋元时期该工具的相关资料可以推测，制作该工具的一般是竹竿。因为竹竿自身重量轻，韧性好，有一定弹性，是制作这一类捕鱼工具的最佳材料。

在船上捕鱼的场景中，只见罾已经置入水中，捕鱼人静待鱼儿入网。这里展示了罾的使用方法。

同样的罾在赵干的《江行初雪图》（图6-30）中描绘得更加清晰，两者造型和使用方法基本一样，显示出罾这种工具的制作在五代时期已经很成熟。这种罾一直到宋元明清时期，其造型几乎没有变化。

图6-30 《江行初雪图》（现藏于台北“故宫博物院”）中的竹制渔具

隋唐五代时期竹器小结

（1）隋唐五代时期的竹器仍然是竹器史中的一个传承和发展期。隋唐五代时期的生产和生活类竹器发展变化不大，从留存下来的竹器资料来看，竹器品种增加的不多，功能没有得到较大的拓展，竹器发展的速度也不快。但出现了一些新式竹器，如竹椅、竹桌、竹夹膝、羃䍦、竹茶具、筚篥、尺八等。因此，隋唐五代时期的传统竹器在传承过程中也获得一定的发展。

（2）全竹家具的图像资料首次出现。唐代首次出现了竹椅、竹桌等竹制家具的图像资料，特别是出现全竹制作的扶手椅，表明在唐代全竹家具已经出现。这是竹器发展史上的一次飞跃，说明竹器已由生活和生产器具拓展到家具领域。

（3）系统的竹制茶具已出现。陆羽《茶经》系统地记载了唐代饮茶中常用的竹茶具，该书在历史上首次对竹茶具进行了系统的介绍和说明。特别是对茶具材料的阐述，表明在唐代，竹器与饮茶活动已有割不断的联系，竹器已成为茶文化的一部分。

（4）竹制生产类器的品种较为丰富，而

且进一步系统化。根据《闸口盘车图》对生产场景的描绘，隋唐五代时期竹制生产器具已经较系统地应用在人们的生产劳作中，特别是涉及耕作的相关竹器，已经十分系统化。

（5）竹制乐器有所发展。竹制乐器出现了筚篥、尺八等新式乐器。但相比魏晋南北朝时期竹制乐器的快速发展，唐代竹制乐器的发展只是个别独特乐器的发展，其发展规模要远小于魏晋南北朝时期。

（6）隋唐五代时期图像资料中出现的竹器共有 23 种。这 23 种竹器涉及生活、生产的各个方面，较为丰富的绘画图像资料为后人展示了珍贵的隋唐竹器形象。23 种相关竹器分别是（大、小）竹桌、竹杖、竽、筚篥、竹椅、（长柄、短柄）竹扇、竹席、箫、尺八、竹笼、锥形竹罩、竹筛、竹筐、竹箩、筛谷簩、竹簸箕、船篷、车篷、竹斗笠、竹篮、羃䍦、竹罩笼、遮阳篷等。

（7）隋唐五代时期竹器研究资料相对较少，可供研究的出土竹器实物也十分鲜见。在相关出土资料的研究中，目前仅在云南省威信县长安乡瓦石棺木岩悬棺中发现唐代遗留的竹制品 3 件[①]，分别为竹器残片 2 件（器型不明），残竹索 1 截。因此，人们只能通过绘画和碑刻资料来研究该时期的竹器。绘画中展现该时期的竹器有竹制生产器物、竹制乐器、竹制家具以及部分竹制生活器物等。但总体来说，因资料的局限，不足以看到该时期竹器的全貌，因此无法更深入和详细地研究该时期相关竹器的发展演变。

① 刘宏，刘旭，吉学平，等．云南省威信县长安乡瓦石棺木岩悬棺考古发掘［J］．云南地理环境研究，2001，13（2）：86-92.

第7章 宋代竹器

——第二繁荣期

宋代是中国古代历史上商品经济高度繁荣、文化教育和科学技术成果丰硕的时代。宋代给后世留下了较为丰富的文字、绘画、文物等可供研究竹器的资料。根据宋代的绘画作品，如《清明上河图》《货郎图》《耕种图》《蚕织图》《雪渔图卷》《斗茶图》等，我们可以看到宋代竹器的图像；《广韵》作为宋代的文字典籍为我们研究宋代竹器提供了系统和翔实的文字资料。

得益于宋代较为发达的经济，宋代竹器也获得了一次较大的发展机会。

7.1 中国竹器发展的第二繁荣期

1. 中国竹器的第二次繁荣

由于经济繁荣和竹器使用经验的积累，竹器在经历了魏晋南北朝时期和隋唐五代时期的传承和发展后，在宋代迎来了又一次的繁荣。同周代竹器的第一次繁荣相比，宋代竹器的发展更全面、更系统，宋代竹器的种类和形制不但齐全，而且已经规范化，并且在分类上进一步专业化。从《清明上河图》《货郎图》《耕种图》《蚕织图》《雪渔图》《斗茶图》中可以看到，宋代涌现了农耕生产竹器、蚕织生产工具、渔业生产工具、生活竹器、品茗竹器等系列化和专业化竹器。对比东周竹“礼器”文化为贵族士大夫独自享用，宋代让普通大众也接触到竹文化。由于竹文化的普及，竹器的内涵向更高层次发展。宋代竹器少了周代竹器的高贵和神秘，多了亲和与风雅之气。另外，宋代文化繁荣，流传下来的文化典籍很多，其中《广韵》收录了宋代有关竹器的文字，并对宋代竹器的称谓和功能等做了全面和系统的归纳与总结。

宋代竹器的繁荣景象主要表现在竹器功能的扩大、竹器进一步专业化、竹文化的进一步繁荣与普及等方面。

2. 竹器的风雅时代

宋代竹器的风雅特征主要表现在两个方面：一是对竹文化的集成和发扬，二是竹文化得到了普及。如果从《国风·卫风·淇奥》中“以竹比德”算起，经过历代的传承和发展，到宋代，我国竹文化已有一千七百多年的成长史，竹文化完全成熟且符号化。此时，竹文化已经不再为上层社会所独有，而是开始向全民普及。宋代是中国古代文化最繁荣的时代，竹文化理所当然地成为这个繁荣时代的一种象征。竹文化的普及又推动了竹文化的发展，使宋代竹器走向了风雅时代。

7.2 《广韵》中的竹器

《广韵》全名《大宋重修广韵》，是宋真宗大中祥符元年（公元1008）由陈彭年、丘雍等人奉诏根据前代《切韵》《唐韵》等韵书修订而成。《广韵》全书正文共收26194字，分属于206韵，比《玉篇》22561字多出3633个字。《广韵》刊行的版本较多①，本书选用宋乾道五年黄三八郎本《钜宋广韵》作为研究的样本。

根据研究，《钜宋广韵》中记录“竹”部的文字共407个，其中与竹器有关的文字227个。同《玉篇》相比，《钜宋广韵》中有关重复的竹器文字199个，新增竹器文字28个，而《玉篇》中有68个有关竹器的文字没有记录到《钜宋广韵》中。因此，《钜宋广韵》记录的有关竹器的文字主要是对《玉篇》中竹器文字的继承与调整，即合并或删除其中不再使用的竹器文字，同时增加一些新的竹器文字。不过删减的量要大于增加的量。因此，《钜宋广韵》有关竹器的文字总体上比《玉篇》中的竹器文字少了很多。

《钜宋广韵》新增加的28个有关竹器文字（表7-1），一部分是原有竹器文字的新称谓，如“矢”“箭”“笼”“筥”“席”等；一部分是表示竹器新用途的文字，如“篙”“箙”“箓”等字，分别代表捕鱼竹器、书写竹器等。

同时，《钜宋广韵》对《玉篇》中的68个竹器文字进行删减，这说明部分竹器文字在宋代使用得较少，或者因其是重字，于是被优化吸收或合并了。宋代对有关竹器的文字进行删减的具体情况见表7-2所列。

表7-1 《钜宋广韵》比《玉篇》新增的竹器文字

竹器文字	原文释义	备 注
簭	簭箄，矢也。	
籯	同“篅”。盛谷圆笔。	盛谷物的竹器
箒	竹器。	
篆	笼也。	
篌	箜篌。	古代弦乐器，像瑟而比较小，弦数从五根至二十五根不等
箽	亦姓。又竹器也。	
篵	箸桶。	装筷子的竹器

① 《广韵》常见的本子有张氏泽存堂本、《古逸丛书》覆宋本、《四部丛刊》涵芬楼影印宋刊巾箱本、曹刻楝亭五种本、宋乾道五年黄三八郎本、覆元泰定本、小学汇函内府本等7种。前5种称为繁本，后两种称为简本。

（续表）

竹器文字	原文释义	备 注
篙	海中取鱼竹，名曰篙。	海中捕鱼的竹器
簩	竹具，用之鱼笱竹器也。	用于竹笱上的竹具
筅	筅帚，饭具。	刷锅等用的竹帚
篙	筬篙，收丝具。	收丝竹器
笱	鱼笱，取鱼竹器。	
篋	箱属，又作簀。	竹箱、竹笼
簀	同“篋”。	竹箱、竹笼
簮	竹筥。	盛饭的竹器
籧	籧篨。	一种粗竹席
箾	“箭”古文。	
篳	车轴。	
箴	织具。	
篌	墨工人具。	
簹	筥也	
籙	圖箓。	
箔	取鱼箔也。	捕鱼用的竹帘
筆	秦蒙恬所造。	笔
笨	捕鳝（同“鳅”）竹器	
箣	册的古文。	
篙	篝篙。	竹器
篾	以篾束物。	

表 7-2 《钜宋广韵》比《玉篇》减少的 68 个竹器文字

竹器文字	竹器文字	竹器文字	竹器文字	竹器文字
箁	箬	箆	等	筐
篓	籄	箻	籆	箕
篁	箤	筵	篷	箚
篓	籃	笶	簰	簣
簏	箷	籭	筬	籚
箌	笶	笺	籣	篁
笆	篴	篔	笛	簻
筩	箾	笨	箖	筵
簵	箕	笠	箟	箘

（续表）

竹器文字	竹器文字	竹器文字	竹器文字	竹器文字
箵	篻	笈	簬	簹
篠	簉	篱	籐	筣
箬	籥	籠	箏	篴
篓	籬	籞	箙	箿
策	筃	笱	—	—

7.3 《清明上河图》中的竹器①

《清明上河图》（图7-1）为北宋画家张择端所作，描绘了北宋京城汴梁（今河南开封）及汴河两岸的繁华和热闹的景象及优美的自然风光。画中的内容主要分两个部分：一部分是农村，另一部分是市集。画中人物约有814人，牲畜60多匹，船只28艘，房屋楼宇30多栋，车20辆，轿8顶，树木170多棵。

《中国通史》（彩图本）②对《清明上河图》的评价：“因为画中所绘为当时社会实录，为后世了解研究宋朝城市社会生活提供了重要的历史资料。”

《清明上河图》不仅是当时社会生活的实录，也是展示宋代丰富竹器的画卷。

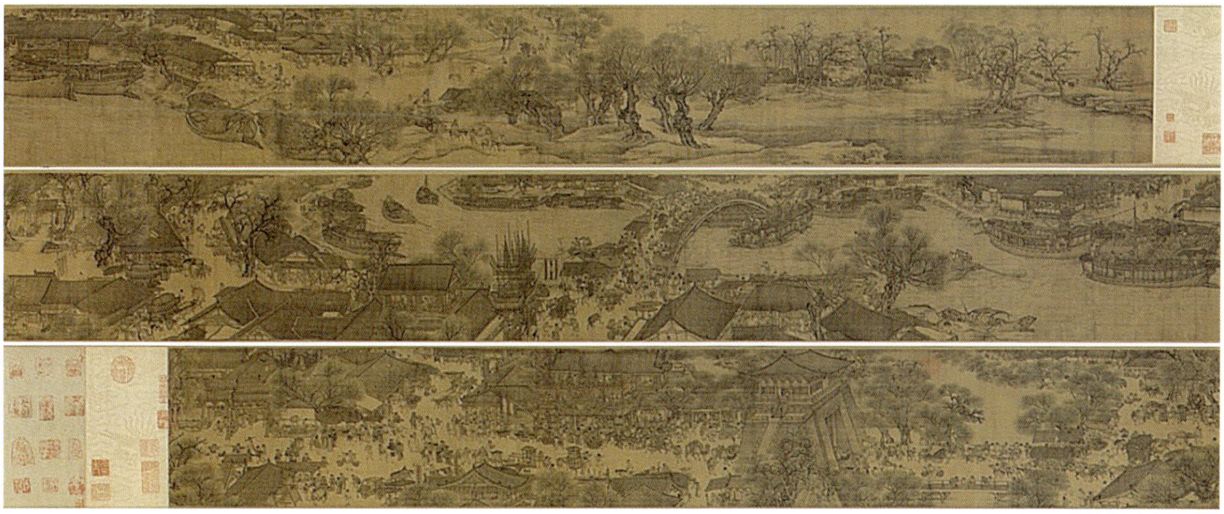

图7-1 《清明上河图》（现藏于北京故宫博物院）

① 注：有关《清明上河图》中的器具是竹编还是柳编的问题，本书认为既然能用竹编的器物，那么用柳编等也能实现，反之亦然。因此，在后面的章节中就不再讨论此类问题了。

② 白寿彝．中国通史[M]．上海：上海人民出版社，1999.

1. 方竹箩

方竹箩是在《清明上可图》中最左端出现的第一种竹器（图 7-2）。在画中作者采用密集线条描绘这种箩，由此推测此类器具应为竹制品，因为柳制品相对粗糙，不会细密到如此程度。但其边框或框架有可能为木质的。

图 7-2 《清明上河图》中的方竹箩

2. 斗笠

如图 7-3 所示，在骑马人的头上和货郎的背架上分别有两个不同样式的斗笠。很显然，货郎背架上的斗笠明显是竹制品。同样的斗笠在画中其他地方也多次出现过，虽然造型略有不同，但基本上能分辨出是竹制品。

图 7-3 《清明上河图》中的各式斗笠

在宋代，斗笠一般是船只上的标准配置（图 7-4）。斗笠和蓑衣是人们雨天出行的用具，更是船只上必不可少的物件。《清明上河图》中所有的船只上都放置了斗笠和蓑衣。

图 7-4 《清明上河图》中的船上斗笠

3. 竹背架

《清明上河图》还描绘了一个背着货架的货郎形象（图 7-5）。只见货郎手中拿着小物件在沿街兜售，货郎背着的货架隐约可见有竹编的网孔。该背架向上弯曲的框架结构，显示出该背架应该是竹制的，因为使用竹材比木材更容易加工成这一造型，而且竹背架比木背架更轻便、耐用。从宋代同时期李嵩的《货郎图》中也可以看出，宋代的背架使用竹竿、竹编制作已十分常见。

宋代描绘竹背架的类似作品还有《玄奘三藏像》（图 7-6）。该图更清晰地描绘了竹背架的造型和组合结构等特点。所不同的是《清明上河图》

中的竹背架是一个货郎用的背架，上面装载和挂了许多小商品，而《玄奘三藏像》中的竹背架盛装的主要是行李、书籍等。这两张宋代的绘画作品均说明，竹背架这种竹器的造型和制作手法在宋代已基本成熟。

图7-5 《清明上河图》中的竹背架

玄奘竹背架的框架（图7-7）主要由竹竿组成。背架的竖向使用四根粗大的竹竿制作，横向使用单根或两根竹竿弯曲围合后，再用绳索捆紧。完成框架后，最后使用竹编、竹席或布料、木板等材料围合，形成封闭造型。

4. 竹制遮阳篷

《清明上河图》中几乎所有的房屋周边都有用竹席制品做成的遮阳篷（图7-8），而且这种竹制遮阳篷的形式、大小、制作方式变化多样。大部分遮阳篷采用正交的竹制骨架为基础，再

图7-6 《玄奘三藏像》（现藏于东京国立博物馆）

图 7-7 《玄奘三藏像》中的竹背架

图 7-8 不同类型的竹制遮阳篷

铺上竹席。单柱支撑的遮阳篷则采用双十字架。“米”字形（部分外加斜正方形）结构的竹制骨架，然后用双十字架中心的小正方形固定支撑柱，再铺上竹席。

5. 圆竹箩

图 7-9 展示了肩挑的圆形竹箩。前竹箩上放了一个圆形的竹簸箕，用来放置所卖物品；后竹箩上放置了一个斗笠，用来防雨或遮阳。这种搭配既方便出行，又有很强的实用性。

图 7-9 圆竹箩

类似的圆竹箩在《清明上河图》的其他地方（图 7-10）也能看到，说明其在当时使用普遍。

6. 双耳竹筐

双耳竹筐在画中只出现了一次（图 7-11），它被放在驴车上。我们虽然无法推测驴车的确切功能，但是根据驴车的大小，我们可以断定驴车上的竹筐体积不小，应该是用来盛装较大物件的。竹筐呈椭圆形，其长边所带的两个耳朵，应该是供双人抬起竹筐时使用的。

图 7-10　画中不同地方的圆竹篓

7. 方竹篓 2 号

单从画面上来看，图 7-12 所示的方竹篓由木质框架构成，木质框架所托的应该是编织出来的筐形器物。该器物由于不同于前面介绍的方竹篓，此处将其命名为“方竹篓 2 号”以示区分。在画中的“方竹篓 2 号”后面还有一个类似的器物，根据其编织交叉的造型可以推断这类器物就是竹编器物。

同类的器物在南宋画家李嵩绘制的《骷髅幻戏图》中有更清晰的描绘（图 7-13）。画中的骷髅旁有一副用于演傀儡戏的担子，担中有草席、雨伞等物，还有箱子和竹制斗笠等器物。其中箱子也是采用木质框架，但箱体是由竹篾编织而成。这从侧面印证了《清明上河图》中此类器物为竹篓。

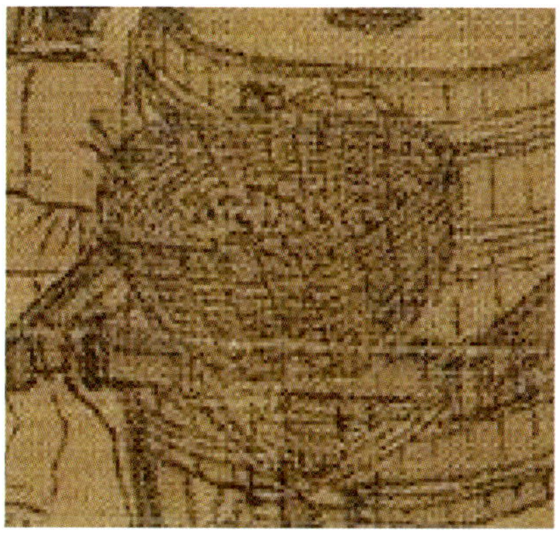

图 7-11　双耳竹筐

图 7-12　方竹篓 2 号

图 7-13　《骷髅幻戏图》中的竹篓

8. 竹制货挑

画中还有一个器具（图 7-14）显得很特别，虽然一眼看不出来它是什么器物，但是张择端在绘制这一类器具的时候，在不同的地方从另一个角度又画了一次，虽然此处画面被遮挡了一部分，但是器具的结构仍然清晰可见。通过不同视角审视，可以确认这是一个移动的货挑。它可以挑在肩上，在需要的时候还可以放下来做生意。从该货挑的制作形状和结构以及货挑腿部的竹节来看，该货挑应是由竹材制作的，尤其是货挑上的大弧形扁担不是木材能够做成的。为什么一定要将扁担做成这样的形状？大概是这样的形状有利于别人一眼认出货郎的职业特点，类似于招牌和幌子产生的效果。

图 7-14　竹制货挑

9. 圆簸箕

从整幅画中可以发现多处都有竹制圆簸箕的身影（图 7-15），说明圆簸箕在宋代使用较为普遍。

图 7-15　圆簸箕

10. 元宝竹箩

图 7-16 所示的竹箩为什么被称为元宝竹箩呢？一是该竹器两头高、中间低，是一个十足的元宝形状，类似于我们今天所能见到的元宝竹篮；二是该竹器有很高的提梁，应该是用扁担挑着的，所以是一种竹箩。从其与周围人的大小比较来看，这个竹箩体量较大，应该是用来装较多或较大生活用品的器物。

《清明上河图》中共有 5 处画有这种元宝竹

箩，其中两处（图 7-17）从另外不同的视角描绘了该箩的造型特征，更明确了它的具体使用方式。

11. 竹席车船顶篷

利用竹席来做车、船、房屋的顶篷（图 7-18 和图 7-19），在宋朝已经司空见惯。竹席可以用来做物美价廉的户外用具。如前文所述，汉朝甚至更早时期就已经有用竹席来做包裹物、遮蔽物、帘子等，宋朝也不例外。

图 7-16　元宝竹箩

图 7-17　不同视角的元宝竹箩

图 7-18　车顶篷

图 7-19　船顶篷

12. 元宝大竹篮

《清明上河图》中唯一一处出现竹篮（图 7-20）的地方，在著名的“虹桥”桥头。根据它的提梁高度，可以判定这是一个大型竹篮。不过它们的尺寸有点大。另外，根据竹篮的形态，可以看出这是一个两头高、中间低的元宝形竹篮。虽然它们出现的次数就这一次，但是这一次出现的数量很多，至少有 5 个。

图 7-20　元宝大竹篮

13. 长竹篓

画中这个形状奇特的器物（图 7-21）虽然画得很简略，但是从形态上看应该是一种竹编的篓，不过这个篓有点长，长到可以用扁担挑起来。如果是渔篓的话，显然所装物品有点超重。具体是做何用，从画中难以确定。该篓的顶端似乎是直接用竹片交织而成，可以用扁担挑起。整体来说它是一种镂空的盛物竹器。

南宋画家楼璹在其《蚕织图》中描绘了一种采桑专用的桑笼，这种笼长而高，与此处的竹篓十分相似，应是同一种器物。因桑叶大而轻，为了能盛装更多桑叶，所以竹篓才被设计成细而高的造型。

图 7-21　长竹篓

14. 驴驮竹筐

在驴子身体两侧各放置一个竹筐（图 7-22）是一种很有智慧的做法，因为竹筐被这样放置，往里面放东西时既方便又能多装，而且还可以使两边重量均衡。即使在现代，部分农村地区仍然在使用这种做法。这类竹筐在画中共出现过两次，是一种典型的生产工具，从画面上，它看可能是用来运炭的。

图 7-22 驴驮竹筐

同样的竹筐在宋代画家马远的《晓雪山行图》中也有出现过（图 7-23），不过这种竹筐在造型上略有变化，它为了增加其容量，在竹筐的上部加高了筐口。

图 7-23 《晓雪山行图》（局部）

图 7-24 竹伞

15. 竹伞

竹伞作为社会日常生活中常见的器物，人们都很熟悉，但在古代被图形明确记录下来的并不多。《清明上河图》中所描绘的竹伞是以图形形式记录下来的我国早期的竹伞形象。这是一把长柄大竹伞（图 7-24），可以多人共用。

16. 圆形扁竹箩

画中圆形扁竹箩（图 7-25 和图 7-26）不同于之前出现过的竹器：一是它带有高提梁、篮身扁，能让人一眼就看到所挑物品；二是它的尺寸大，增加了竹箩由于扁平而减少的容积。这样的竹箩在画中一共出现过 3 次。

图 7-25　圆形扁竹箩

图 7-26　扁竹箩

17. 竹竿类竹器

竹竿类竹器在现代仍有使用。竹竿的使用在某些地方是其他材料不能代替的。《清明上河图》中出现的竹竿类竹器主要有撑船竿、撑旗竿、遮阳篷竿等（图 7-27）。

竹竿的大量使用，表明北宋时期的汴京（今开封市）地区有大量竹材供应来源，也就是说在北宋时期，竹产区离汴京应该不会太远。河南博爱县是自古以来就该地区为数不多的竹乡，至今仍有大面积竹林。博爱距离开封只有 150 千米，因此推测博爱县就是北宋时期汴京的竹材供应地。

图 7-27　竹竿类器具

18. 竹篱笆

《清明上河图》中竹篱笆（图7-28）出现过数次，其形式虽然不完全一致，但基本上都是采用较大尺寸的竹条按简单的十字编编织而成，用于房前或院内隔断。

图7-28 竹篱笆

19. 小竹篓

图7-29中出现了一个被遮挡住的篓形器物。该篓形器物挂在肉案上，似乎是用来放置工具的，如放置小型的刀具或者筷子等。从其形状看，它可能是一个小竹篓。

图7-29 小竹篓

20. 长柄竹笊篱

图7-30中出现一个长柄竹笊篱。竹笊篱是传统竹器，一直沿用至今，但作为船上用具，这种长柄的竹笊篱是比较少见的，它可能是专门用于打捞水中漂浮物品的。该笊篱外围竹篾不仅不收口，而且还向外延伸，这种形状可能是为了扩大竹笊篱的打捞面。这种造型的笊篱在宋代李嵩的《货郎图》中也有描绘，这表明笊篱外围竹篾不收口是宋代笊篱的特点。

图7-30 长柄竹笊篱

21.《清明上河图》中竹器特点

《清明上河图》中共描绘了约19种近百余件竹器，展现了宋代丰富而系统的竹类产品（表7-3），这为后人研究宋代竹器提供了丰富的图形资料。

表 7-3 《清明上河图》中的竹器

序 号	种 类
1	方竹箩
2	圆竹箩
3	圆形扁竹箩
4	元宝竹箩
5	斗笠
6	竹背架
7	竹制遮阳篷
8	竹席车船顶篷
9	双耳竹筐
10	竹制货挑
11	竹簸箕
12	元宝大竹篮
13	驴驮竹筐
14	竹伞
15	竹竿
16	长竹篓
17	小竹篓
18	竹篱笆
19	长柄竹笊篱

（1）《清明上河图》展现了北宋时期的竹器系统及其使用方式。在北宋之前，了解我国竹器系统只能通过研究竹器文字才能获得，而《清明上河图》则是第一次以图形的形式全面地展示了我国的竹器系统。《清明上河图》还展示了北宋时期很多竹器的使用方式，并为此提供了宝贵的实证资料。

（2）商业竹器出现。商业竹器的出现符合北宋时期商业发达的城市特点，如竹制背架、竹制货挑、竹制遮阳篷等竹器就是伴随着城市的发展而出现的。

（3）生产类竹器的使用方式进一步扩大。驴驼竹筐和蚕织业使用的桑笼的出现，充分说明北宋时期经济繁荣促进了生产类竹器的快速发展和升级。

（4）隐喻性竹器出现。元宝竹篮、元宝竹箩等类似竹器的出现，表明北宋时期带有吉祥符号的隐喻文化已开始投射到竹器上面。带有特定内涵的隐喻竹器在北宋大量使用，这使隐喻性的造型语言得到了普及和广泛认同，也为后世隐喻性竹器的发展提供了参考路径。

（5）竹器有向大型化发展的趋势。北宋时期商业的发展，推动了部分传统类型的竹器向大型化发展，竹器制作不再是仅仅满足家庭和个体的需要，而是为更多人的需求提供服务。

（6）竹器使用的平民化和普及化。宋代很少看到贵重和精致的竹器，见到最多的是普通百姓使用的大量生活和生产类竹器，竹器的使用已进一步平民化和普及化。

7.4 《货郎图》中的日用竹器

南宋画家李嵩的《货郎图》（图 7-31）是一幅描绘风土人情的画卷。画面上，货郎肩挑杂货担，不堪重负地弯着腰；货挑上物品琳琅满目，从锅碗盘碟、儿童玩具到瓜果糕点，应有尽有；妇女儿童纷纷围观或购买。在商品流通尚不够发达的南宋时期，货郎们走街串巷，一副货挑就是一个小小的“百货店”。画家借助货郎这一形象表现了南宋市井生活场景，真实地记录了南宋时期百姓的日常生活情景，因此它是研究南宋时期民俗的珍贵史料。

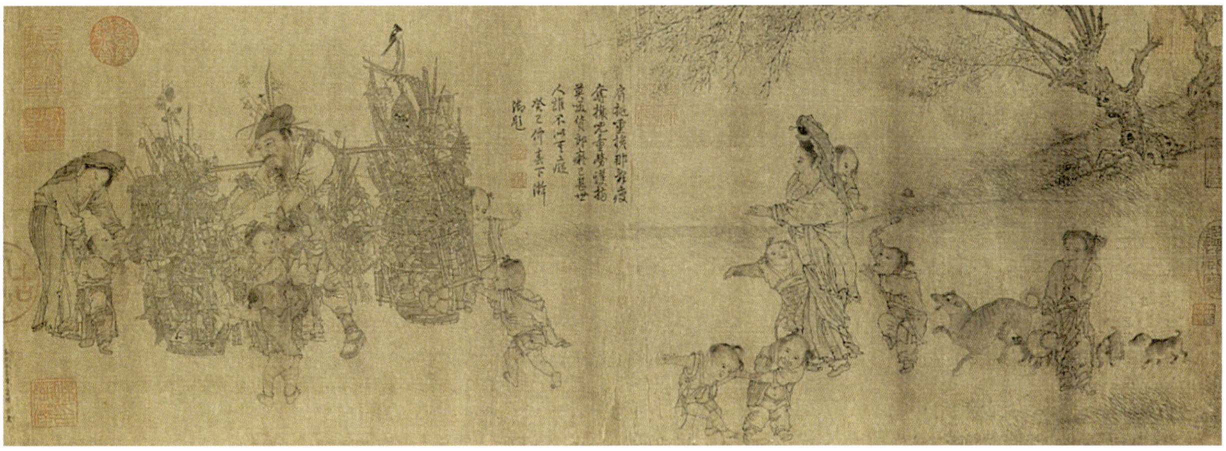

图 7-31 《货郎图》（现藏于北京故宫博物院）

1. 竹制货挑

画中货郎挑着的货挑是竹制的（图 7-32）。尽管货品把货挑占满了，但是观察货挑的框架仍然可以看见，它是由数片竹片制作而成。对比《清明上河图》中的货架、货挑，可以发现，经过近百年的发展，竹制货挑的制作和功能不断地得到完善。该竹制货挑最大特点是质量轻、承载量大。

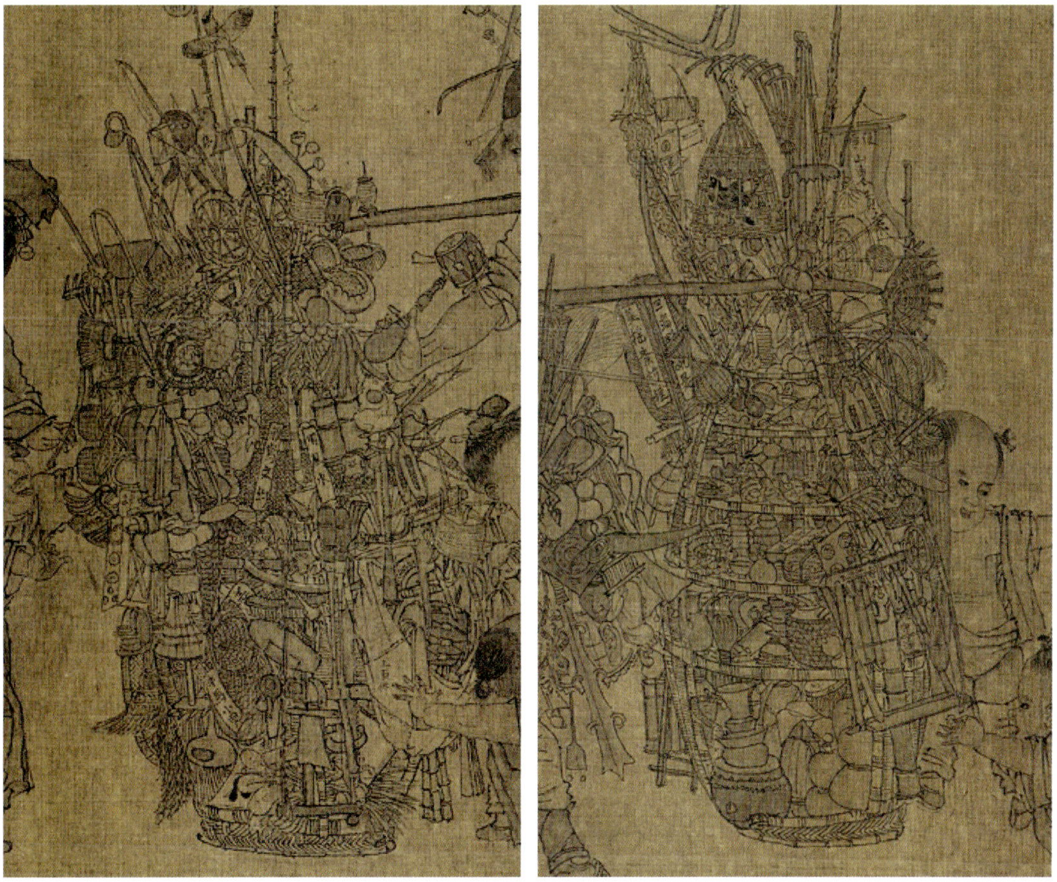

图 7-32 《货郎图》中的竹制货挑

2. 竹耙

竹耙（图 7-33）是一种用来将杂物从谷物中分离出来的竹制品，现在农村有些地区仍然在使用。在《货郎图》上货郎的货物中，可以清晰地看到竹耙的身影，这可能是竹耙最早的图像资料了。画中竹耙由一根竹竿制作而成，即将竹竿末端剖开成六个耙爪，将耙爪弯曲成型后，再利用竹篾固定住耙爪。该耙爪的出现意味着宋代的人们已经完全掌握了竹材的热弯成型加工工艺。这个竹耙的形象和现在乡村农业生产中使用的竹耙在形制上基本一致。

3. 竹鸟笼

图 7-33 所示竹耙的左下方，有一个竹制的笼子，笼子里面还有一个似乎正在鸣叫的小鸟，显然这是一个鸟笼。该鸟笼笼身有较疏松的方形网孔，笼底用篾较多，笼的顶端由竹篾直接束口。

4. 痒痒挠和竹竿幌子

图 7-33 所示竹耙的右下方，可以看到一个很小的耙形器物，其柄上带有明显的竹节痕迹，推断其是一个竹制的痒痒挠。在痒痒挠的旁边还有一个用来招揽顾客的竹竿幌子。

图 7-33 《货郎图》中的竹耙、鸟笼、痒痒挠、竹竿幌子等竹器

5. 小篓和长扇

图7-34所示鸟笼的下方有一个十分小巧精致的小篓。若从小篓颈处的大小来看，则无法推测其具体用途；若从小篓的大小和造型结构来看，其更像是蛐蛐篓一类的竹器。小篓的上部分是由竹篾交错延伸而成，有一定的装饰效果。小篓的后方是一个长扇，长扇上还写有诗句，长扇也有可能是用竹材料制作的。

6. 笊篱和雨伞

图7-34所示小篓和竹扇的另一侧，可以看见类似笊篱的竹制工具，而在其后面，隐约看到竹伞的伞柄和伞身，伞身在小孩的脸部前面。该笊篱的造型和《清明上河图》中长柄竹笊篱的造型基本一致，外围留有一圈外露的宽竹篾结构，其具体功能不详。在后世的笊篱图形资料中，这样的造型并不多见，后世的笊篱大多是由竹编直接收口。

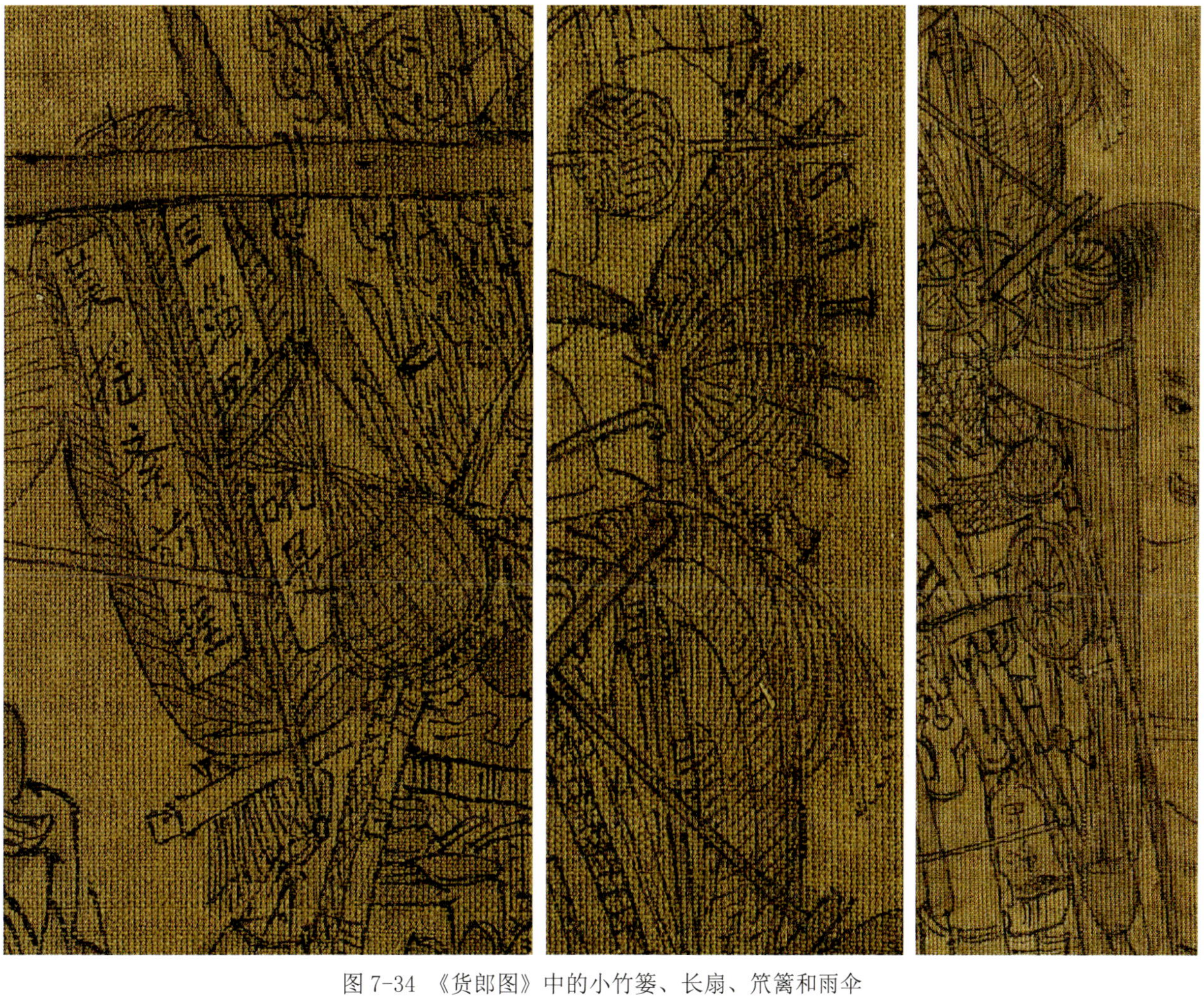

图7-34 《货郎图》中的小竹篓、长扇、笊篱和雨伞

7. 小笊篱和竹席垫

《货郎图》中还描绘了一个用竹编收口的小笊篱（图7-35），由货郎背在身后。这个笊篱的尺寸要比前面的笊篱小很多，像是用来捞取微小颗粒物的，如捞茶叶末等。

小笊篱的下面是一张不大的竹席垫，这样尺寸的竹席垫应该是同餐饮有一定的关系。竹席垫采用人字编工艺，可能是素面的。

小笊篱、竹席垫和旁边的耙型小竹器，三者在一起好像是一套竹器，也许是一套竹制茶具。

8. 腕戴小竹篓

货郎左手上套有一个精致的小竹篓（图7-35），圆形，带有小提梁（或者软索之类）。这个小竹篓尺寸很小，可能是货郎用来放置零钱的竹器。

9. 小竹筐和竹茶筅

在《货郎图》中右边货架的中间位置，可以看到一个圆形的小竹筐和一个竹茶筅（图7-36）。竹茶筅的造型清晰，它的下半部是半截竹筒，上半部是将竹筒剖开成竹丝并使其弯曲，这与现代茶筅的造型完全一致。这说明宋代已经流行使用竹茶筅调茶，这一传统做法一直沿用至今。

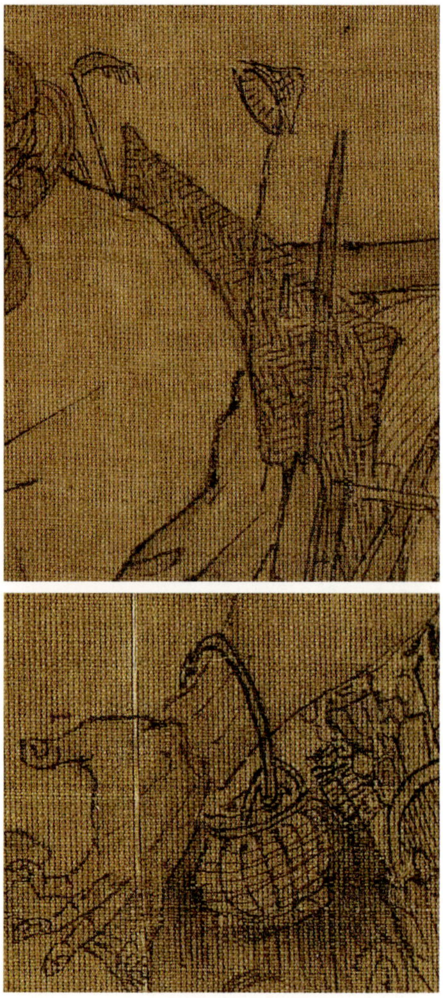

图7-35 《货郎图》中的小笊篱、竹席以及腕戴小篓

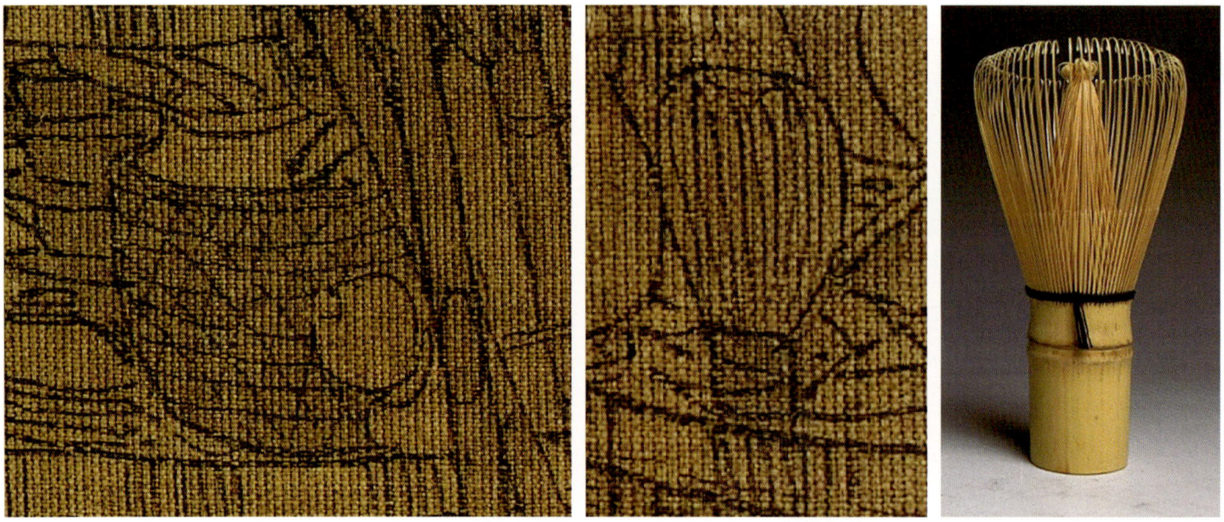

图7-36 《货郎图》中的小竹筐（左）、竹筅（中）及现代竹筅（右）

10. 竹筛和斗笠

在《货郎图》中左边货挑的左侧，隐藏着竹筛和斗笠（图7-37），不过这种竹筛和斗笠的造型均属于常见造型，没有太多的特别之处。竹筛采用十字编工艺，收口处使用几片竹片，并用竹篾捆绑固定，捆绑的竹篾排列有序，同现代竹筛已完全一致。

另外，在货挑中依稀可见用短竹竿制作的竹鞭、长竹筒等竹制品。《货郎图》清晰地补充了在《清明上河图》中没有表现的一些小型竹器形象，从而使后人能更加直观和精准地了解和认识更多的宋代竹器。

《货郎图》中的货挑、竹耙、竹鸟笼、竹制痒痒挠、竹笊篱、小竹篓、竹茶筅等竹器均在以前绘画中很少见到，这正是《货郎图》这幅画尤其珍贵之处。

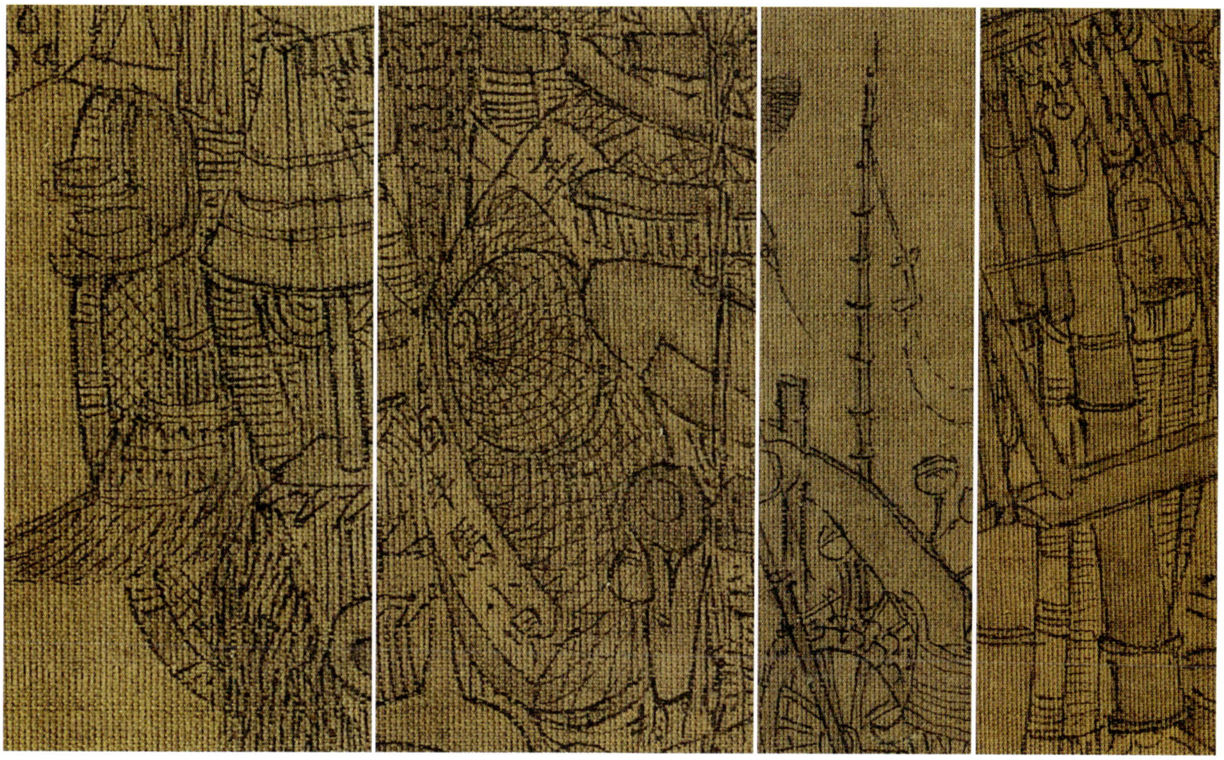

图7-37 《货郎图》中的竹筛、斗笠、竹鞭和竹筒

7.5 宋代的竹制家具

宋代竹制家具主要有竹椅、竹货架和竹茶柜等，其中新发现的家具种类主要是竹货架和竹柜。竹制家具在宋代有了新的发展。首先是竹椅的形式向多样化发展，如造型上有方直型、方中带圆型，竹材在选用上偏好带斑点质感的湘妃竹。其次是家具品种较多，有竹椅、竹柜、竹货架和竹背架等。竹背架、竹货架和茶饮用的竹柜都是家具中出现得较早的竹制家具品种，至少在宋代，这些竹制家具的品种就已经很常见了。

1.《十八学士图》中的竹椅与竹柜

绘画《十八学士图》自唐代以后出现了很多种版本。此处引用的是台北“故宫博物院”收藏的宋代无名氏的《十八学士图》。此画中有一把竹椅和一个竹栏杆（图 7-38），竹椅和竹栏杆的竹材肌理，透露出强烈的人文气息。

唐代已经有大竹椅出现。而《十八学士图》中的竹椅显得更加精致，在结构工艺上更加复杂。特别是椅子腿部的圆形加固结构，丰富了椅子的造型；竹椅的脚部直接使用竹根来制作，显示出设计者和制作者独具匠心。

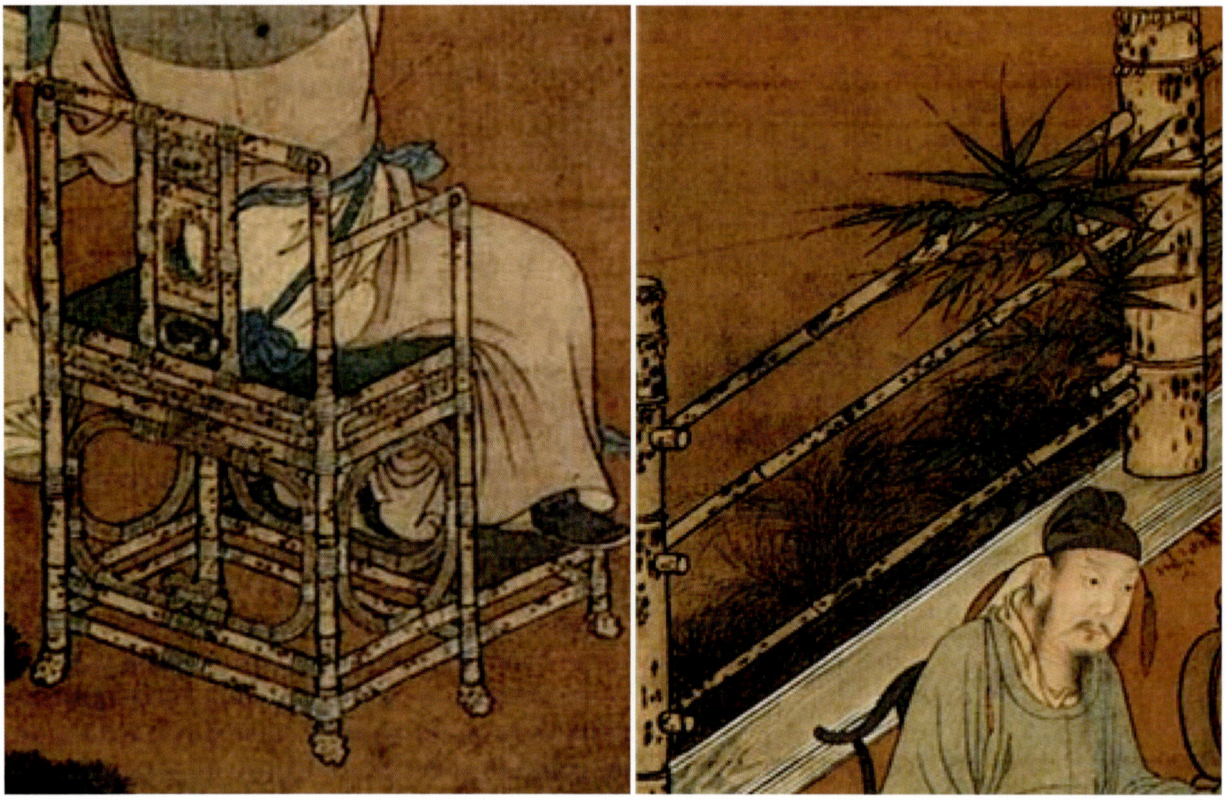

图 7-38 《十八学士图》中的竹椅和竹栏杆（现藏于台北“故宫博物院”）

《十八学士图》中的竹围栏杆是由湘妃竹的带根竹筒和细竹竿组合而成。竹栏杆充分利用竹材本身的肌理效果，展示竹材的自然之美，表达文人的风雅情结。

另外一幅宋代刘松年的《十八学士图》也描绘了部分竹器，如笙、笛子和箫三种竹制乐器以及一个很别致的小竹柜（图 7-39）。其中小竹柜显然是用来盛放食物的。小竹柜最特别之处是两侧各有一个圆形的孔，这可能是为了方便移动竹柜而专门设计的。竹柜造型简洁，以直线型为主。类似的竹柜在刘松年《斗茶图》中也有描绘。

该小竹柜的出现，表现了宋代竹柜的新特点，即与宋代其他家具一样，竹柜制作简洁、俊秀。小竹柜主体方直，配以略微外凸的顶端，并采用竹编做面，同时还设计有方便移动的圆孔，加之画面中还有茶壶、碗、罐等陶瓷器具，因此可以推测该竹柜是用于户外饮茶的竹器。

图 7-39 刘松年的《十八学士图》中的竹制乐器和竹柜

2.《商九老图卷》中的竹椅

《商九老图卷》描绘了大片的竹林及屋前竹制廊架和竹席卷帘等竹制品，同时描绘了 3 张使用湘妃竹制作的竹椅（图 7-40）。其竹椅造型和《十八学士图》中的竹椅虽有所区别，但仍然是以方直造型为主，且造型简洁明了。椅面的围合部分为了加强其结构，使用了三根竹竿或竹片进行围合。竹椅腿的前后部分别用一根和三根横向竹竿进行连接，以强化竹椅腿的结构。

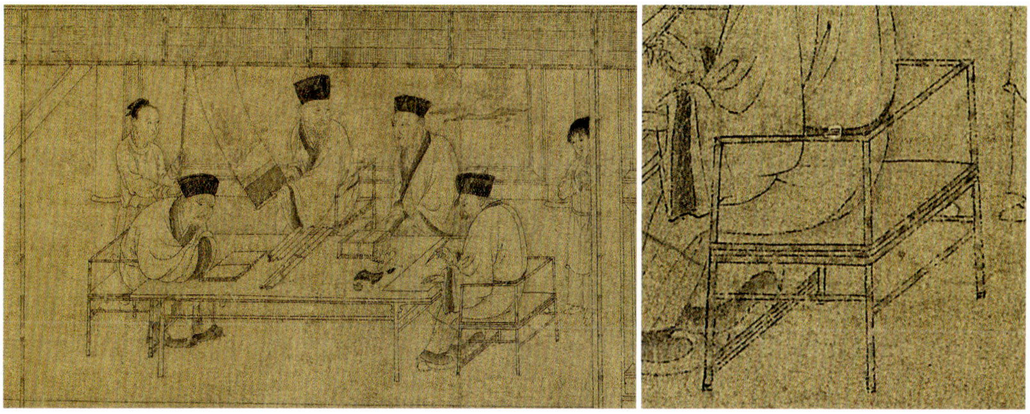

图 7-40 《商九老图卷》（现藏于台北“故宫博物院”）中的竹椅

3.《梵像图》中的竹椅

画家张胜温主要活动于南宋孝宗年间，其传世作品有《梵像图》。在《梵像图》中，张胜温描绘了十余尊罗汉，每一位罗汉均有与之相配的座椅。其中有竹椅两张（图 7-41），为圆竹制作，造型方直、简洁。

第一张座椅的靠背竹竿带有一定的圆弧造型，竹竿两端向上微微卷曲，座椅扶手两端也均有一定的向上卷曲造型；第二张座椅造型更加方直，除扶手向外弯曲外，其余竹竿均为直线造型，而且其扶手及靠背均使用竹竿填实。

这两张竹椅各部件之间的连接采用了一定的榫卯结构，说明宋代人们已经掌握了竹钉的使用和简单的榫卯连接技术。

竹椅出现在宋代佛教题材作品中的现象不是偶然的，种种迹象表明宋代有些特定竹器已同传统宗教之间产生某种文化联系。

图 7-41 《梵像图》中的竹椅

4.《茗园赌市图》中的竹货架

宋代刘松年的绘画《茗园赌市图》中有一个货架（图 7-42），这个货架的主体框架虽然无法判断为竹制的，但货架上面的竹篷和货架的部分围合结构分别由竹编和竹竿制作，这是毫无疑问的。另外，《清明上河图》中的竹制货挑、竹背架等竹器，也属于类似的宋代竹制家具。

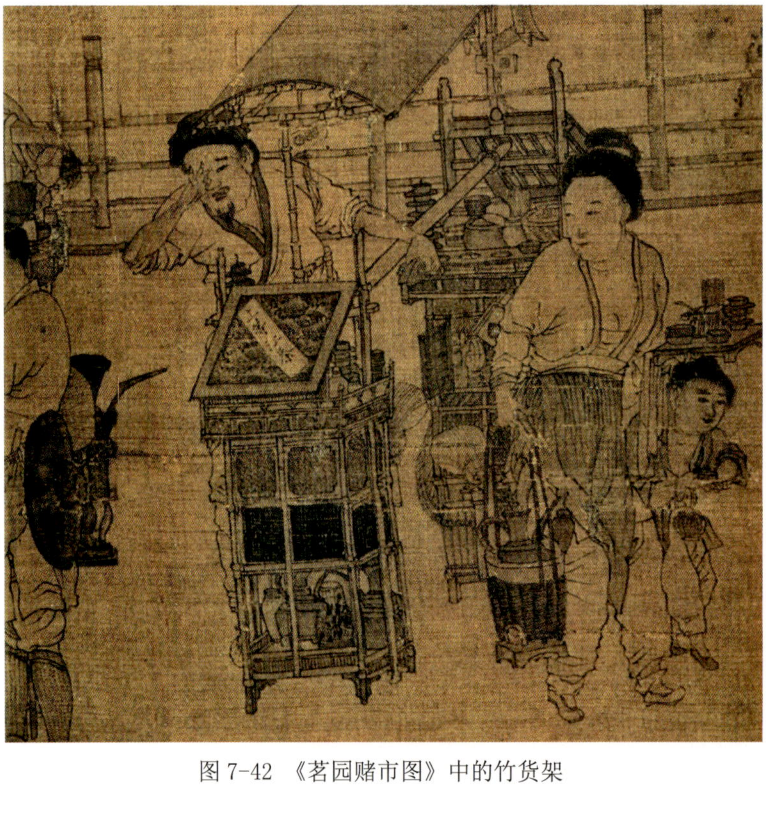

图 7-42 《茗园赌市图》中的竹货架

7.6 宋代的竹制茶具

展示宋代竹制茶具的代表性资料有南宋审安老人（董真卿）撰写的《茶具图赞》和各类关于“斗茶”的绘画作品。斗茶，又称“茗战”，是宋代，上至宫廷，下至民间，盛行的一种评比茶质优劣的技艺和习俗。

1.《茶具图赞》中的竹制茶具

《茶具图赞》是我国现存最早的一部关于茶具的图书，也是我国第一部茶具图谱，该书一共介绍了12种茶具。《茶具图赞》不仅对盛行于宋代的斗茶用具进行了详细分类，还按照宋代的官制对茶具进行“授衔”，称其为“十二先生”，并分别给它们题上名号，附上赞文，配上白描线图，形象生动地反映了每种茶具的特点、功能。茶具的赞文赋予茶具深刻的文化内涵，从中还可看出中国古代人们待人接物、利世济人的思想。《茶具图赞》中的12件茶具分别是：韦鸿胪（茶笼）、木待制（木椎）、金法曹（茶碾）、石转运（茶磨）、胡员外（茶杓）、罗枢密（茶罗）、宗从事（茶帚）、漆雕秘阁（茶托）、陶宝文（茶盏）、汤提点（汤瓶）、竺副帅（茶筅）和司职方（茶巾）。在这12件茶具中，有3件茶具是用竹子制作的。

（1）韦鸿胪

韦鸿胪（图7-43）为竹制茶焙，即茶笼，用以烘焙茶饼。在描绘的图像中，竹茶笼是一个圆柱形收项的竹笼，采用普通的三角孔编织工艺，分别在底端及上端设置收口的竹条。

在“十二先生”中，“韦”姓，表示该茶具由坚韧的竹材制成；“鸿胪”为执掌朝祭礼仪的机构，“胪”与“炉”谐音双关；茶具赞文中的“火鼎”和“景旸”，表示它是生火的茶炉；“四窗间叟”表示茶炉开有四个窗，可以通风和出灰。

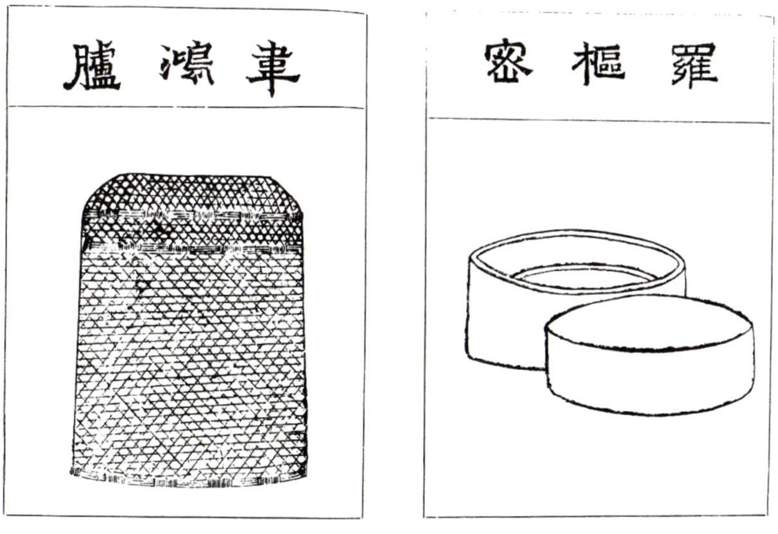

图7-43 《茶具图赞》中的竹茶笼和茶罗

（2）罗枢密

罗枢密（图 7-43）即茶罗，用以筛分茶粉。在“十二先生”中，“罗”姓，表明筛网由罗绢敷成；“枢密使”是执掌军事的最高官员，“枢密”又与“疏密”谐音，和筛子特征相合。南宋时期的茶罗虽然是使用罗绢制成，但后世的茶罗也有以细密的竹编筛代用的。因此，作为茶具的一种，茶罗也是与竹材有关的器具。

（3）竺副帅

竺副帅（图 7-44）即茶筅，用以点茶击拂。在“十二先生”中，“竺”姓，表明该茶具也是由竹材制成。茶具赞文中的“善调”指其功能，“希点”指其为“汤提点”服务，“雪涛”指茶筅调制后的浮沫。茶筅的造型现代仍然在沿用。《茶具图赞》中描绘的茶筅形象和现代的茶筅略有不同，但基本造型特征和功能均一样。《茶具图赞》的创作时间比李嵩《货郎图》要晚，而《货郎图》中描绘的竹茶筅却与现代竹茶筅的造型一样，这充分说明南宋时期茶筅在造型方面还没有完全统一。

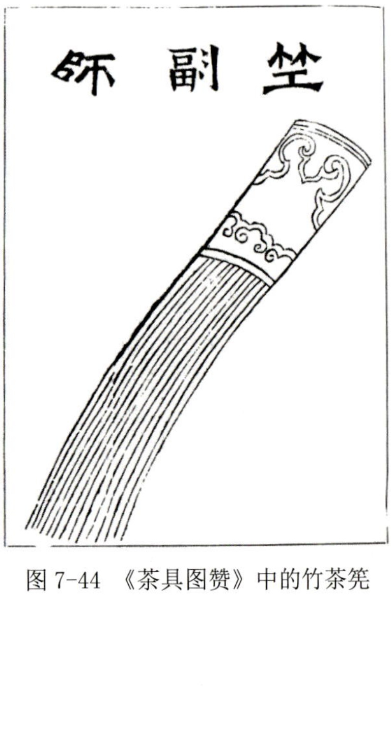

图 7-44 《茶具图赞》中的竹茶筅

2.《斗茶图》中的竹制茶具

《斗茶图》是宋代刘松年的绘画作品。在宋代，与《斗茶图》题材类似的绘画作品还有刘松年的《茗园赌市图》、宋人无名氏的《斗浆图》等。此后的明清时期也有人创作与斗茶有关的绘画作品。

《斗茶图》中共有 4 人，其中两人捧茶在手，一人正在提壶倒茶，还有一人正扇炉烹茶。画中描绘了不同造型的竹柜（图 7-45），因为是“斗茶”，所以这些竹柜主要是用来盛放茶具的。从造型和结构上来看，这些竹柜设计精巧，造型棱角分明，结构轻巧，可便于搬运和携带。

《斗茶图》中竹柜的精巧设计体现在以下几个方面：竹柜共分为三层，其中上层用于烧水、放置茶杯，类似于一个喝茶的小桌面；中层放置备用的茶具等；下层放置较大的器具。为了方便户外使用，竹柜的底部并不是直接贴地，而是留有一定的高度。

3.《茗园赌市图》和《斗浆图》中的竹茶具

刘松年的《茗园赌市图》也有描绘斗茶的场景（图 7-46），但是与《十八学士图》和《斗茶图》中描绘文人斗茶的场景不一样，该画描绘的主要是市井老百姓的斗茶场景，它没有对斗茶背景和斗茶器具进行过度渲染，而是对宋代市井斗茶场景进行了真实描绘，因此具有很高的民俗学研究价值。

另外还有一幅同时代的《斗浆图》（图 7-47），其作者不详，现收藏在黑龙江省博物馆。“斗浆”在宋代即“斗茶”。《斗浆图》描绘的也是市井斗茶的场景，画中斗茶使用的器具与《茗园赌市图》中的器具大体相似。

《茗园赌市图》和《斗浆图》中还描绘了市井斗茶使用的竹篮、竹筐等斗茶用竹器，它们为研究宋代竹茶具提供了珍贵的历史资料。

图 7-45 《斗茶图》（现藏于台北“故宫博物院”）中的竹柜

图 7-46 《茗园赌市图》（现藏于台北“故宫博物院”）

图 7-47 《斗浆图》（现藏于黑龙江省博物馆）

（1）装炭条的竹篮

在《斗浆图》中可以看到四种不同造型的竹篮（图 7-48），这些竹篮是用来装烧水的炭条，因为竹篮里面用于夹取炭条的铁架子清晰可辨。可以看出，即使是装炭条的普通竹篮，其造型、编织工艺也不一般。《斗浆图》中的每个竹篮不仅造型美观、结构精致，而且装饰搭配也十分讲究。这说明宋代在重视竹器的实用价值的同时，并没有完全忽视竹器的审美价值。

（2）装茶碗的竹篮

还有一种竹篮是专门用来装茶碗的（图7-49）。在《斗浆图》中，有三个不同造型的竹篮，篮内装着各式茶碗。此类竹篮的制作更加精致，编织手法和框架结构与装炭条的竹篮明显不一样，其档次更高。

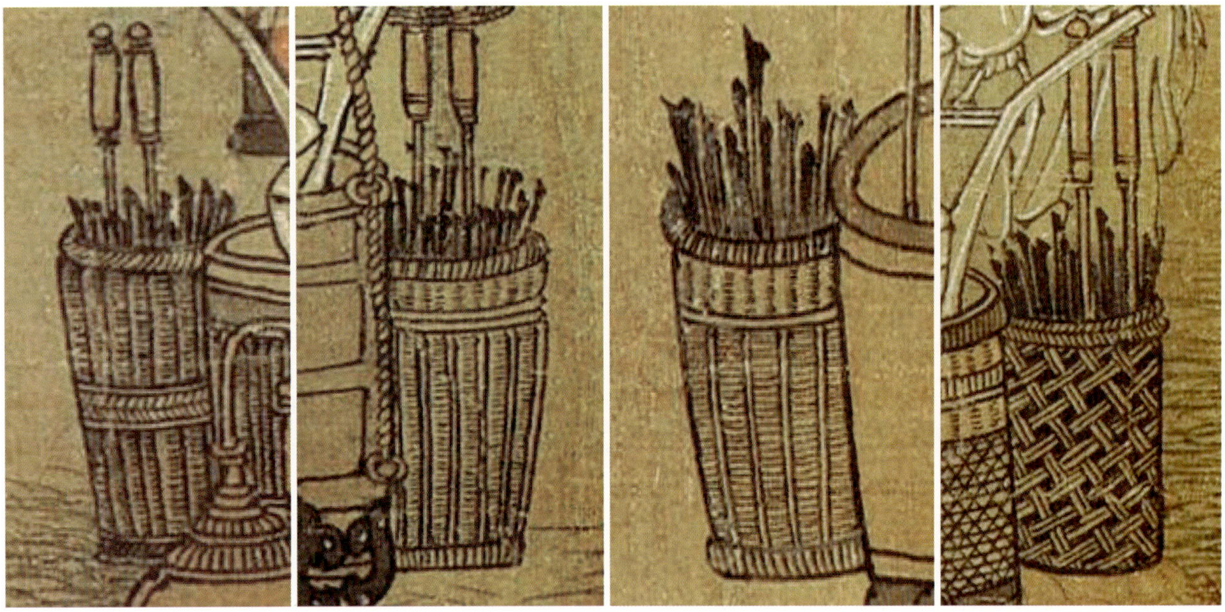

图 7-48 《斗浆图》中装炭条的竹篮

图 7-49 《斗浆图》中装茶碗的竹篮

（3）装茶壶的竹篮

《斗浆图》和《茗园赌市图》中共有三个装茶壶的竹篮（图7-50），这些竹篮各具特色，编织和制作的手法各不相同。有的竹篮上有很长的提绳，有的竹篮上有很长的提梁。每个竹篮内都放置一个盆，茶壶被放在盆内。每个竹篮下还放置一个底托，这可能是为了方便竹篮随时放在地上。

（4）竹茶筅与小竹兜

《茗园赌市图》中出现了一个茶筅（图7-51），《斗浆图》中出现了一个小竹兜（图7-51）。《斗浆图》中的小竹兜与李嵩《货郎图》中货郎手中的小竹兜造型相似，是一种便于随身携带的小竹器。

宋代《斗茶图》《茗园赌市图》和《斗浆图》三幅关于斗茶的绘画作品，展示了宋代文人士大夫和市井老百姓斗茶用的各类竹器，详尽地描绘了宋代竹柜、竹篮等竹制茶具的丰富品种与精美样式，说明宋代竹器已成为日常生活用品，其使用更加普遍。

图7-50 《斗浆图》和《茗园赌市图》中装茶壶的竹篮

图7-51 竹茶筅（左）和小竹兜（右）

7.7 宋代的其他竹器

1.《耕获图》中的农耕竹器

南宋时期，出现了用来推广耕织技术的多幅专门画卷《耕织图》。《耕织图》是南宋绍兴年间画家楼璹所作，作品得到了历代帝王的推崇和嘉许。南宋时的楼璹在任於潜令时，绘制《耕织图》45幅，其中耕图21幅、蚕织图24幅。但遗憾的是其中《耕图》已经散逸，只有《蚕织图》被保存下来。不过宋代留有的《耕获图》为我们了解宋代农耕生产的具体情况提供了难得的资料。

《耕获图》相传为宋代画家杨威绘制，展现了宋代耕种劳作的场景，其中可看到耕地、车水、插秧、收割、晾晒、扬谷、收谷等一系列的生产活动。该画绘制在一个扇面上，因其尺幅有限，画面内容的细节不太具体。结合五代时期耕种竹器和后世画作对同类场景的描绘，由《耕获图》可推测出宋代农耕竹器的使用情况。

（1）砻和笐架

《耕获图》中描绘了四人正在推砻的情景（图7-52）。虽然此图中的砻好像是石砻，但到了元明清时期创作的耕种图所描绘的基本都是竹砻。笐架在元代《王祯农书》里被描述得十分详细，一般由竹木混合或全竹竿制作。在这张《耕获图》中虽然看不出这个笐架的具体材质，不过它的形制同元代《王祯农书》中描述的笐架好像没有两样，应该是竹制的。

图7-52 《耕获图》中的砻和笐架

（2）扬锨、簸箕和竹筛

《耕获图》中有一处描绘打谷物的场景，其中包含了扬谷、筛谷、晒谷及运送谷物等生产过程。生产过程所用的工具有扬锨、簸箕、筛、箩等（图7-53），其中筛肯定是用竹材制作的，而扬锨、簸箕、箩也有可能是竹材制作的。

图 7-53 《耕获图》中扬锨、簸箕和筛

（3）竹筐与斗笠

《耕获图》中还绘有一个双人抬的大竹筐。竹筐提梁较大，但其编织得比较稀松，该竹筐可能是用来盛装较大器物的竹器（图 7-54）。另外，画中还绘有斗笠，斗笠在宋代是常见和常用的传统竹器之一。

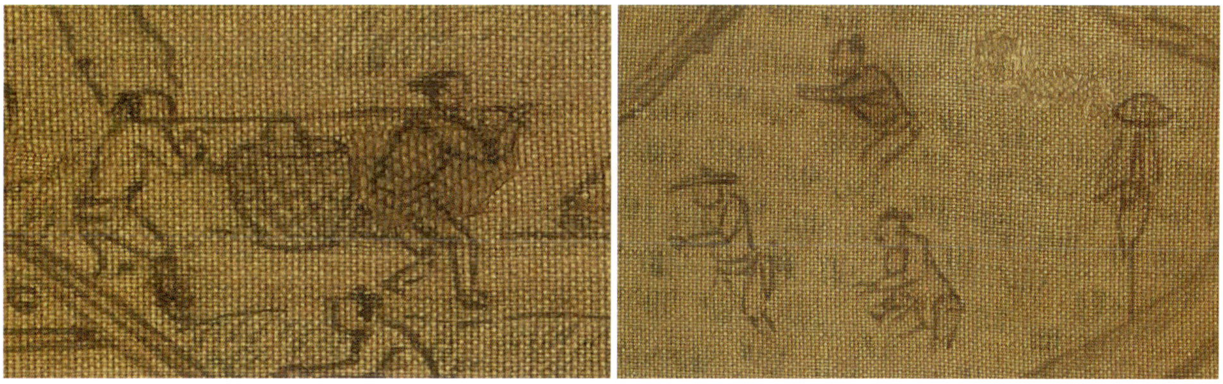

图 7-54 《耕获图》中的大竹筐和斗笠

2.《蚕织图》中的蚕织竹器

楼璹的《蚕织图》现收藏于黑龙江省博物馆。黑龙江省博物馆官方网站对其被发现是这样进行说明的："20 世纪 30 年代，该画卷（《蚕织图》）由爱新觉罗·溥仪携至东北。1945 年后该画散落民间，1947 年被大庆市民冯义信购得，1983 年冯义信将此画捐献给黑龙江省博物馆。"

《蚕织图》（图 7-55）是中国古代绘画艺术的瑰宝，是描绘八百多年前我国蚕织生产活动的珍贵图卷，也是宋代蚕织生产类竹器的珍贵记录。此画卷为人们了解和研究我国南宋时期社会经济、手工技术、风尚习俗及我国绘画的现实主义传统手法等内容提供了丰富多彩和生动形象的宝贵史料。

《蚕织图》长卷由24个蚕织生产场景组成：腊月浴蚕；清明日暖种；摘叶、体喂；谷雨前第一眠；第二眠；第三眠；暖蚕；大眠；忙采叶；眠起喂大叶；拾巧上山；箔簇装山；熁茧；下茧、约茧；剥茧；称茧、盐茧瓮藏；生缫；蚕蛾出种；谢神供丝；络垛、纺绩；经靷、籰子；挽花；做纬、织作；下机、入箱。

后世历代都有与《蚕织图》相关的临摹版本，例如，宋代有5种不同版本的摹本，元代有程棨临摹版本，明代《便民图纂》中也有临摹相关的内容。《蚕织图》在清代更受人们重视，康熙皇帝还命人在楼璹《蚕织图》的基础上绘制了新的蚕织图。

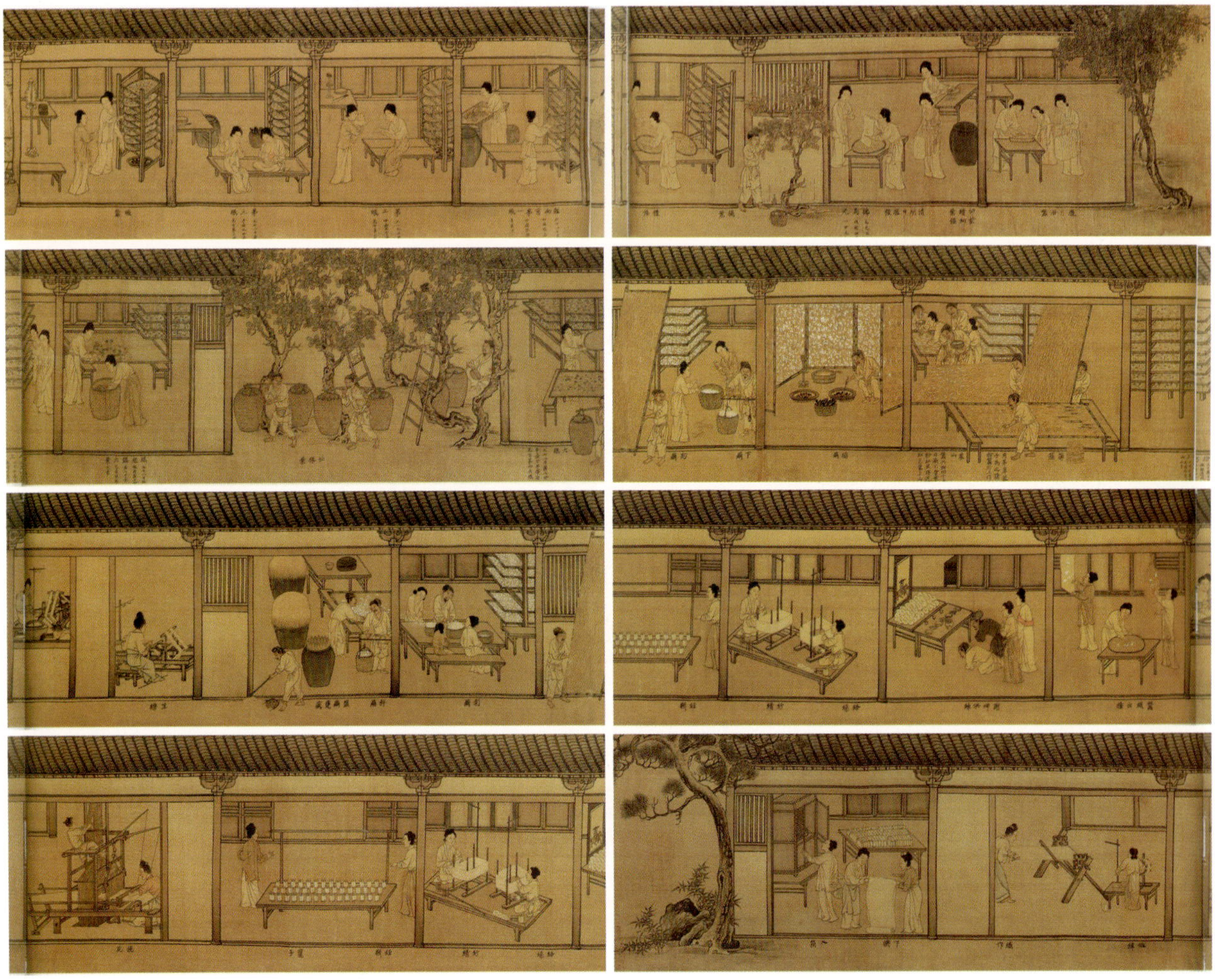

图7-55 南宋楼璹的《蚕织图》（现藏于黑龙江省博物馆）

（1）蚕筐和蚕架

《蚕织图》在开卷就描绘了养蚕之前所需要准备的竹制蚕筐和蚕架（图7-56）。其中竹制蚕架的竹节纹理清晰可辨；蚕架一共七层，每层均可放置一个蚕筐。

（2）采桑叶的竹篮和竹篓

关于采摘桑叶使用的器具，《蚕织图》描绘了两种，其中一种是圆形竹篮，另一种是高竹篓（图7-57）。因为桑叶较轻，因此在编织这类竹篓时，人们有意让其留有一定大小的网格，以减轻其本身的重量，并用增加高度的办法来增加其容量。高竹篓的出现，说明当时人们已懂得根据生产的实际需要来灵活地变换生产类竹器的造型。

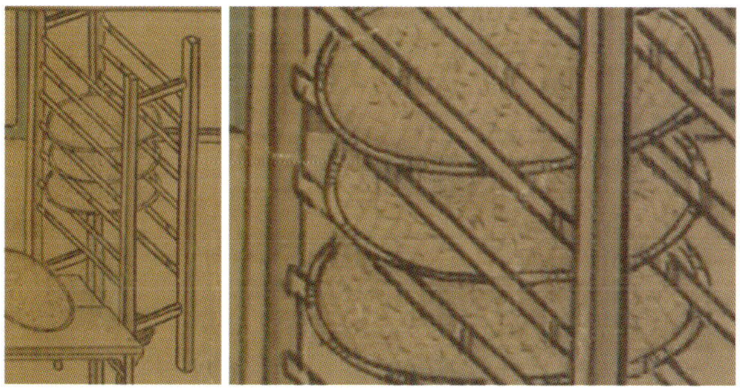

图7-56　蚕筐和蚕架

图7-57　采桑叶的竹篮和竹篓

（3）方竹席（蚕盘）与装炭竹筐

《蚕织图》中多次出现养蚕用的方竹席（蚕盘）（图7-58）。这种竹席用竹竿镶边，既可以横放，也可以竖放，以满足养蚕生产的不同需要。另外还可看到装有炭块的竹筐。燃烧炭块是为了提升蚕室内的温度，提高蚕的存活率。其中方竹席在蚕织生产过程中已变成专用的养蚕工具。

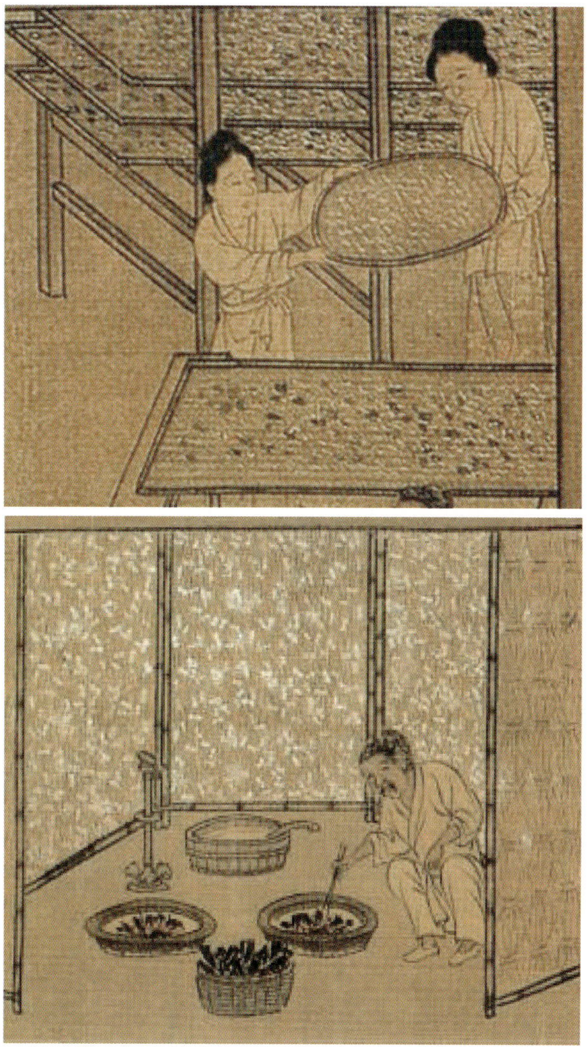

图7-58　方竹席（蚕盘）与装炭竹筐

（4）竹篓与竹筐

在《蚕织图》中还可见到其他的竹篓和竹筐（图7-59）。它们不仅有大小、高矮的区别，还有使用功能的区别，其中带提梁的大竹篓，是用来称量蚕丝等物品的。不管是竹篓还是竹筐，它们基本上都以圆形为主。

除了《蚕织图》中的竹筐外，宋代《宋高宗书女孝经马和之补图》中还描绘了方形的竹筐（图7-60）。方竹筐也是用于蚕织生产的竹器。

总体来说，生产类竹器没有斗茶竹器精致，它们主要以方便实用为主。《蚕织图》中的竹器编织方式主要是常见的十字编和三角编，是当时最简单的竹编技法。

图 7-59 竹箩与竹筐

图 7-60 《宋高宗书女孝经马和之补图》中的方竹筐

（5）宋代摹本中的蚕织竹器

在众多版本的《蚕织图》中，其中有一卷据传是宋代梁楷临摹的，该画卷现收藏在美国克利夫兰艺术博物馆。

该摹本《蚕织图》展示了与蚕织有关的众多竹制器具，包括圆形双耳竹筐、小竹筐、竹篮、采桑竹箩、竹罩和竹簸箕等（图7-61、图7-62、图7-63）。该画虽然是摹本，却将竹器的形象刻画得极其细致，甚至能清晰辨认出竹器的细部结构。另外，该画中的竹罩与五代时期的卫贤《闸口盘车图》中描绘的竹罩基本相同，说明竹罩在唐宋时期已普遍使用。画中其他各种竹器在宋代蚕织业生产中的使用也很普遍。

图7-61　不同形状的竹筐、竹箩和竹篮

图7-62　竹罩

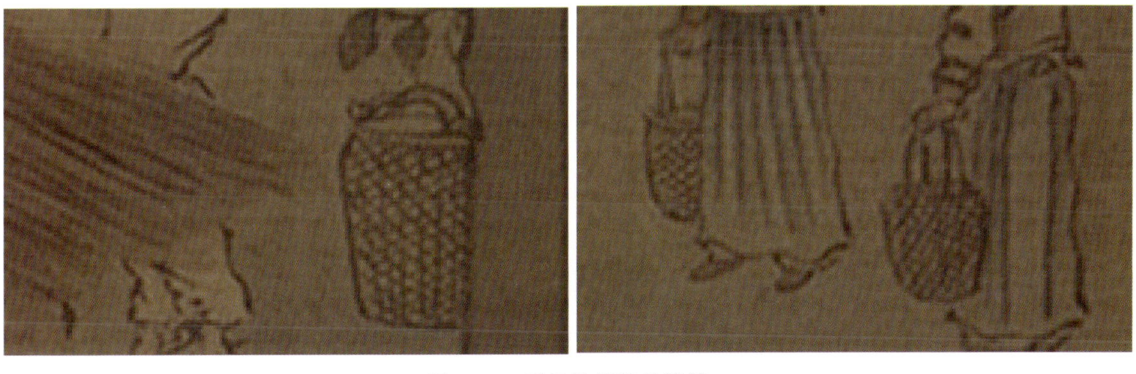

图7-63　采桑竹箩和竹篮等

3.《雪渔图》中的竹渔具

雪景山水是宋代以来山水画流行的题材。北宋时期的《雪渔图》卷现藏于北京故宫博物院。该画卷包含渔民在冬日雪中沿江捕鱼劳作和旅客匆忙行路的几组画面。该画卷的笔触细腻凝练，构图简约舒缓，人物刻画逼真。

《雪渔图》所描绘的罾（图 7-64），结构清晰，可以明显看到其中渔网的四角是由四根竹竿撑起的；在罾的升起结构中，主支撑杆可能是用木杆制作的，实际上罾采用大竹竿制作也是没有问题的。这种罾外形庞大，可达数丈见方，在宋代属于大型渔具。

图 7-64 《雪渔图》中的罾

同样的捕鱼场景在北宋画家王希孟的《千里江山图》中也有表现。在《千里江山图》这样大型山河画卷中，王希孟描绘了数个用罾捕鱼的场景（图 7-65），说明北宋时期罾已经广泛用于捕鱼活动中。

《雪渔图》中还有三个竹渔篓（图 7-66）。在捕鱼的过程中需要装鱼工具，渔篓自然必不可少。但在同一画面中描绘了几种不同造型的竹渔篓，这显然是绘画者有意为之。的确，这几个竹渔篓无论是造型，还是编织手法都不一样。第一个竹渔篓的颈部折线明显，造型是圆中见直，侧面轮廓转折，对比强烈，并且使用的是细密的十字编工艺；第二个竹渔篓的侧面轮廓以“S”形曲线过渡，造型圆润，无明显转折，采用的是三角编工艺；第三个竹渔篓造型与第一个接近。这三个渔篓都放置在岸边的水中，显然是渔篓中有鱼才需要这样放置的。

图 7-65 《千里江山图》中的罾

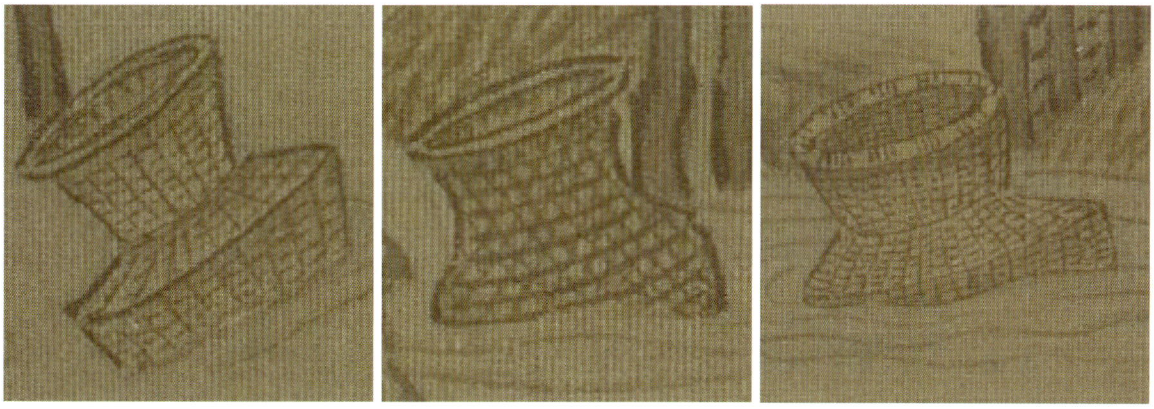

图 7-66 《雪渔图》中不同造型的竹渔篓

4. 宋代贡帘——梁平竹帘

梁平竹帘，又称梁山竹帘（图 7-67），已被列入国家级非物质文化遗产名录。《辞海》记载："竹帘画，在细竹丝编织的帘子上加上画的工艺品，产于四川省梁山县（今重庆市梁平县）。"

据《梁山县志》记载，在北宋太宗年间，有一位名叫燕洪顺的人，用手工破竹取丝，以针缝线连的方法将竹丝编织成薄如罗绢、洁净透明的竹帘，用来在造纸过程中当作舀纸（过滤纸浆）的工具。此工具可以提高造纸的效率和纸的质量。后官府发现此物工艺精巧，用此作帘，从室内可以近观远、以暗观明，反之则朦胧模糊，独具特色，于是将燕姓匠人聘至官府，专造竹帘，此为现代梁平竹帘的雏形，后匠人由此逐渐制作出门帘、轿帘、窗帘等生活用品。朝廷还将竹帘列为皇家贡品。

梁平竹帘以当地盛产的慈竹为原料，运用传统工艺，结合书画、刺绣、植绒等表现手法，制作出了各种形式的挂帘、屏风、装饰画（图 7-68）及其他工艺品。

图 7-67　梁平竹帘——素帘

图 7-68 《熊猫群嬉图》（竹帘刺绣）

宋代竹器小结

（1）宋代是中国竹器史上竹器的第二繁荣期，是自汉代以后竹器的又一次大发展时期。宋代竹器不论是在文字典籍中，还是在绘画作品中，都有丰富而系统的展示。

（2）宋代竹器继承了前代竹器制作的精髓而又将其发扬光大；宋代还对中国早期繁多的竹器文字进行了删减、合并，进一步优化了竹器称谓。具体表现为以下方面。

①宋代竹器向更精致化和专门化方向发展。精致化是指宋代竹器不再是简单地注重功能的拓展，而是开始向精致器物方向发展；专门化是指宋代竹器向农耕类、蚕织类、文化类（竹茶器）等专业门类方向发展，开始形成一些专门用于生产和生活的竹器。

②宋代竹器更加注重竹器的文化内涵。无论是竹制家具和生活竹器，还是全民参与的斗茶活动中使用的竹茶具，甚至连竹席、竹帘等竹器都被赋予了更多的文化内涵，显示了宋代竹器文化同宋代其他文化一样得到了进一步发展。

（3）宋代竹器开始从实用需要走向审美需要。一方面，从《清明上河图》《蚕织图》《货郎图》中可以看出，宋代竹器不仅向平民化发展，而且已经形成涉及生活方方面面的竹器系统。另一方面，从文人士大夫和平民百姓斗茶活动中使用的竹器和梁平贡席中可以看出，宋代竹器已经不完全是功能化的设计，竹器审美已开始变成被关注的事情，这与宋代高度发达的文化和高度繁荣的经济有很大关系，更与文人士大夫的“高雅”生活追求有关，审美追求推动了宋代竹器向更深内涵方向发展。

（4）宋代竹器文字和绘画资料丰富翔实，很好地展现了宋代竹器系统。由于从丰富的文字与绘画图形资料中可以梳理出涉及生活、生产等各方面的竹器，因此，这些资料为后人研究宋代竹器的发展提供了充分的史实和依据。

（5）宋代竹器开始与文人雅士紧密地联系在一起。这从《十八学士图》《斗茶图》《茗园赌市图》《斗浆图》中描绘的各种竹器中可以看出，与竹制茶具有关的茶道似乎成为达官贵人的主要文化活动。

（6）隐喻文化已影响到宋代竹器的制作。隐喻是指通过使用特定的形态语言，表达除竹器本身功能之外的寓意和内涵，如宋代出现的元宝竹篮、元宝竹箩等相关竹器都是具有隐喻内涵的代表性竹器。

（7）宋代竹制家具有了进一步发展。在唐代竹制家具发展的基础上，宋代竹制家具出现了新的形式和品种，如各种式样的竹椅、竹货架、竹背架、竹柜等，宋代竹制家具特色较为明显。

第8章 元代竹器

——传承发展期

元代在我国历史上是一个民族融合的朝代，历时并不是很长。一方面，在这段时间，中国绘画写实的风格相对于宋代有了明显的变化，画家纷纷逃避现实，寄情山水，其作品不再以反映市井百姓生活为主；另一方面，随着社会不断进步，竹器作为生活用具越来越普遍，入画的概率已越来越小。尽管如此，绘画中仍有对竹器的描绘。

由于缺少实物，因此典籍和绘画资料仍然是研究元代竹器的重要依据。查阅现存的历史资料，发现元代与竹器有关的典籍和绘画有《王祯农书》《耕作图》和《蚕织图》等。

这些典籍和绘画资料展现了元代竹器不仅较好地传承了宋代竹器，而且在其基础上还有所发展，产生了一些新型的竹器。

8.1 竹器风雅时代的落幕

与宋代相比，元代竹器最大的特点是竹器“风雅”之气已淡化和减退。例如，在元代初期，随着大批宋末文人士大夫的消极隐退，最具“风雅”的斗茶之风逐渐消失。同时，全民参与斗茶的热情在“国破家何在”的“亡国”悲情下也逐渐降低。因此“风雅”逐渐成为少部分人享受的“阳春白雪”，宋代繁荣的文化在一定程度上也受到了打击，竹文化作为一种文化现象也受到了削弱。竹器的风雅时代就此慢慢落下帷幕。

即便如此，宋代竹器的风雅之风在元代并未完全消失，如斗茶现象仍然存在，只是没有宋代那样盛行，它经过明清时期一直延续到现代。竹文化的精神内涵在元代也没有完全消失，它会不断地以新的形式表现出来，例如，宋代制作竹器所使用的湘妃竹在元明清时期直至现代仍受到人们的青睐，就是因为它具有一定的精神内涵。

元代竹器在继承宋代及以前竹器特点的基础上，有了新的发展，特别是竹器向大型化方向发展的特点越来越鲜明。《王祯农书》中的高转筒车“高以十丈为准”就是最典型的例子。虽然在元代之前也有较大型的竹器出现，但终究在尺寸上与“十丈”相差甚远。其实不止高转筒车，元代一般竹器也出现大型化发展的倾向，如《王祯农书》中记载了掼稻簟的大尺寸发展、麦笼与麦绰的大型化发展等，大型龙舟上使用的竹制帆篷高达数丈，这些都显示出竹器的大型化发展在元代带有普遍性。

8.2 《王祯农书》中的竹器

《王祯农书》成书于1313年。全书正文共计37集，371目，约13万字，分“农桑通诀”“百谷谱”和“农器图谱”三大部分。《王祯农书》在中国古代农学遗产中占有重要地位，它兼论北方农业技术和南方农业技术。《王祯农书》在前人著作基础上，第一次对所谓的“广义农业生产知识”做了较全面系统的论述，提出了中国农学的传统体系。《王祯农书》中的“农器图谱”是王祯在编撰古农书时的一大创造，它约占全书篇幅的五分之四，插图200多幅，涉及农具达105种，可谓丰富多彩，洋洋大观，别开生面。

《王祯农书》在前人研究的基础上，对元代的农用器具进行了系统的总结。就竹器而言，《王祯农书》也系统地总结了元代的竹器，并绘制了部分竹器的图形，这是我国历史上第一次在典籍中出现专门的竹器图形资料，这些图形资料近似于实物，因而弥足珍贵。

1.《王祯农书》中竹器种类

《王祯农书》中涉及的竹器至少有49种，现重点介绍其中41种。

（1）竹扬锨

《王祯农书》中详细记载了多种不同扬锨的形制和用途（图8-1）。“以竹为之者，淮人谓之竹扬锨，与江浙扬篮少异，今皆用之。”说明竹扬锨源于江淮大地，而江浙一带早期则多使用扬篮，到了元代，竹扬锨的使用得到普及。

图8-1 竹扬锨与铁刃木锨、木锨①

《王祯农书》用形象的诗句描述了竹扬锨的使用过程：“竿头掷谷一箕轻，忽作晴空骤雨声。已向风前糠秕尽，不劳车扇太忙生。”

此类竹器在典籍中是首次出现，并配有插图。竹扬锨是一种很特别的竹器——竹柄、方头、半包围结构，主要用来扬起谷物，借助风力以分离谷物和谷壳等。它是一种重要的农用工具。

（2）竹耙

竹耙（图8-2）作为工具，在宋代李嵩《货郎图》中已经出现过，因此，这是前代已有的竹制工具。作为一种工具，耙其实有很多种，不仅有竹制的，还有木制的、铁制的等，形式和功能也不完全相同。《王祯农书》对耙的材料、形式和功能均给予了详细的说明和绘图示意。

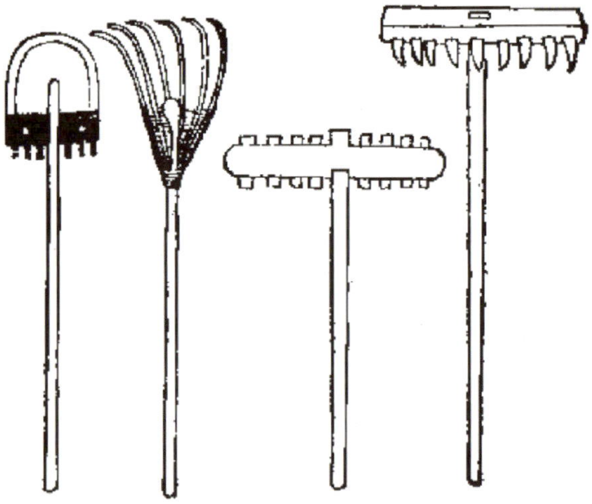

图8-2　各种耙工具

（3）薅马

薅马（图8-3）是元代《王祯农书》记载的一种特殊竹器。“薅禾所乘竹马也”，其形状是“似篮而长，如鞍而狭，两端攀以竹系。农人薅草之际，

① 王毓瑚．王祯农书[M]．校注版．北京：农业出版社，1981:222.

乃置于胯间，馀裳敛之于内，而上控于腰畔乘之。两股既宽，行垅上，不碍苗行，又且不为禾叶所结，故得专意摘剔良莠，速胜锄耨”①。可见，薅马是一种专门悬挂在胯间用于放置杂草的竹器，这是这种竹器在历史记载中第一次出现。薅马是劳动者充分利用了竹编成形的优越性，在劳作过程中创新出来的新型竹器。这与《王祯农书》中记载的“覆壳”是同一类型的竹器，在功能开发的理念和工艺处理的手法上均有相似性。

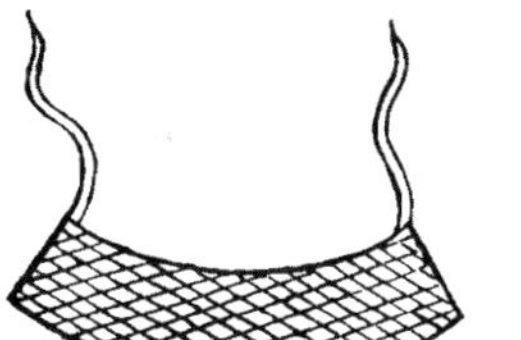

图 8-3 薅马

（4）笐

《说文解字》对“笐”（图 8-4）已经进行了详细说明，但是作为图形记录，“笐”在《王祯农书》中是首次出现的，《王祯农书》对笐的使用方法进行了详细的说明：“笐，架也……今湖湘间，收禾并用笐架悬之。以竹木构如屋状。若麦若稻等稼获而束之，悉倒其穗，控于其上。”② 遇到长期阴雨的天气，将收割后的麦子或稻谷放在笐上，可避免其发霉。

笐是由大竹竿制作而成的大型生产类工具。其制作并不复杂，使用原竹即可制作。在农业时代，笐使用竹竿制作，因而具有尺寸大、质量轻、承重强度大、材料廉价等优点，是农耕社会人们最常使用的大型竹器。

图 8-4 笐

（5）乔扦

乔扦是一种类似于“笐”的农用竹器（图 8-5），也是用来晾晒稻谷的。可将稻谷穗朝下放置乔扦上，悬挂晾晒。

乔扦是一种简化版的笐，是一种小型化、便于单个农户用于田间或谷场的一种晾晒谷物的竹器。“凡稻皆下地沮湿，或遇雨潦，不无渰浸，其收获之际，虽有禾穗，不能卧置，乃取细竹，长短相等，量水浅深。每以三茎为数，近上用篾束之，又于田中，上控禾把，又有用长竹，横作连脊，挂禾尤多。凡禾多则用笐架，禾少则用乔扦。

① 王祯．王祯农书 [M]．杭州：浙江人民美术出版社，2015:301.
② 王祯．王祯农书 [M]．杭州：浙江人民美术出版社，2015:338.

虽大小有差，然其用相类。”[①]

根据《王祯农书》介绍，乔扦最大的特点是可以直接放在水田中晾晒谷物。用竹篾捆住三根竹竿，这样的设计不仅使乔扦易于拆卸和组装，而且在必要的时候还可以将几个乔扦连接在一起，以增加其承载量。

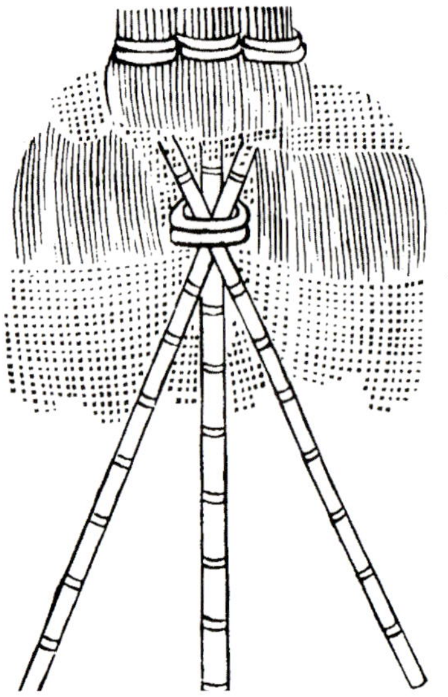

图 8-5　乔扦[②]

（6）筛谷箉

筛谷箉虽然名字很特别，但是功能和造型一看就明白，就是挂起的“箉”（其实是一种类似筛子的竹器）（图 8-6），用来筛去谷物中的杂物和稻秆等物。根据《王祯农书》中的描述，“其制比筛疏而颇深，如篮大而稍浅。上有长系可挂”。箉孔比筛孔略大，跟篮子孔大小差不多，因此，它是一种专门的竹器。

筛谷箉是分离谷物和穰藁的工具，分离后的谷物还需要用扬篮进一步处理。但从形制来看，筛谷箉可处理更多的谷物。

图 8-6　筛谷箉[③]

（7）覆壳

覆壳是《王祯农书》记载的另一种很特别的竹器（图 8-7 和图 8-8）：“一名鹤翅，一名背篷。篾竹编如龟壳，裹以箨箬，覆与人背，绳系肩下，耘薅之际，以御畏日，兼做雨具。下有卷口，可通风气，又分雨溜。适当盛暑，田夫得此，以免曝烈之苦。”覆壳又叫“鹤翅”“背篷”，是用竹篾编织而成的像龟壳一样的竹器，盖在人背上，用来防晒，也可以防雨。

“田头赫日曝肤赪，微智能令庇荫清。竹股合编深可覆，箬胎层布薄还轻。制成龟背兼龟兆，俯作鹤躯如鹤行。南北薅锄人得此，随身长若片云生。”《王祯农书》形象地描述了覆壳是如何

① 王祯．王祯农书 [M]．杭州：浙江人民美术出版社，2015:339.
② 王祯．王祯农书 [M]．杭州：浙江人民美术出版社，2015:339.
③ 王祯．王祯农书 [M]．杭州：浙江人民美术出版社，2015:391.

使用的，同时说明在覆壳中还使用了竹编、竹篾和棉布等材料，因此，覆壳质量轻，厚度薄，方便农夫使用。现在部分农村地区仍在使用覆壳（图8-8），不过已经非常少见。在没有塑料雨披的元代，这种竹器的设计显示出先人高超的智慧。

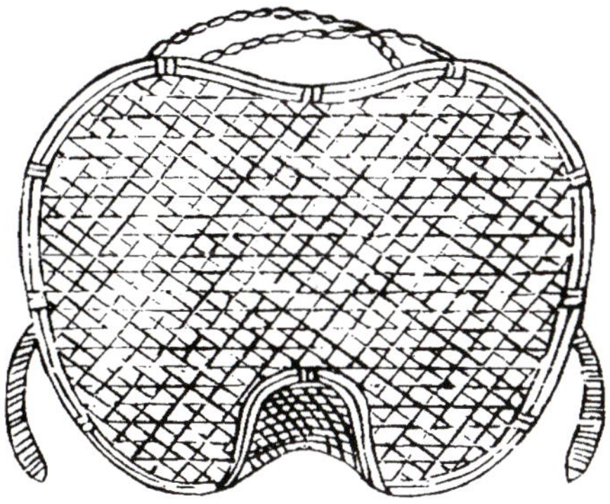

图8-7 覆壳①

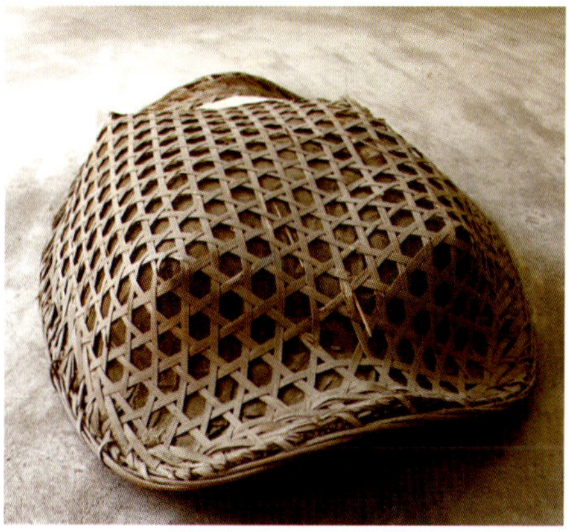

图8-8 近代覆壳实物

（8）种箪

“种箪，盛种竹器也。其量可容数斗，形如圆瓮，上有掩口，农家用储谷种，庋之风处，不致鬱浥，胜窖藏也。”② 种箪是一种专门用来装种子的竹器（图8-9），容量有几斗，形状像圆瓮，上面有扎口的地方。将粮食放进去后并对其扎口封存，可起到保存粮食的作用。

图8-9 种箪

（9）扬篮

“农夫收获之后，场圃之间，所蹂禾穗，糠粃相杂，执此擛而向风掷之，乃得净谷，不待车扇，又胜箕簸，田家便之。”由此可见，扬篮（图8-10）是一种介于车扇（谷风车）和普通簸箕之间的净谷用的竹器。

它是一种似于竹扬锨的竹器，不过没有长柄。但《王祯农书》中说明：“形如北箕而小，前有木舌，后有竹柄。”③虽然在图8-10中看不到竹柄，但是根据书中文字描述，在扬篮后面应该还有一根方便拿起的竹柄。

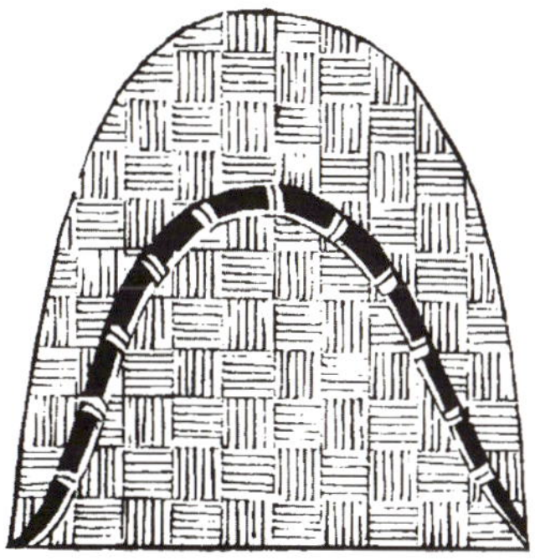

图8-10 扬篮④

① 王祯．王祯农书[M]．杭州：浙江人民美术出版社，2015:357.
② 王祯．王祯农书[M]．杭州：浙江人民美术出版社，2015:394.
③ 王祯．王祯农书[M]．杭州：浙江人民美术出版社，2015:392.
④ 王祯．王祯农书[M]．杭州：浙江人民美术出版社，2015:392.

（10）箕

箕就是簸箕（图 8-11）。《说文解字》对其解释："簸，扬米去糠也。"《王祯农书》中也引用了这句话，说明所有簸箕的功能没有大的变化，但是在《王祯农书》中，簸箕的造型却很特别，一半呈圆形，另一半呈扁矩形。经查证，元代画家程棨在《摹楼璹耕作图》中绘制的簸箕也是同一造型。《王祯农书》这样解释这个造型："故箕皆有舌，易播物也。"

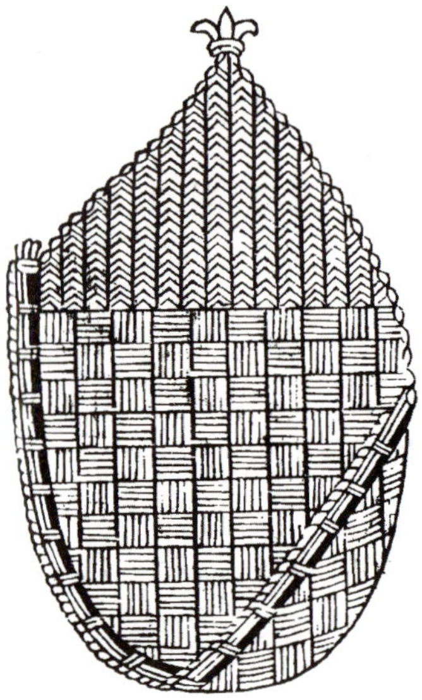

图 8-11　箕[①]

在材质上，《王祯农书》解释为："北人用柳，南人用竹，其制不同，用则一也。"在中国，由于地域广大，不同的地区的人们通常会采用不同的原材料来制作同一功能的器具。

（11）篮

篮本身并不需要做过多的解释。《王祯农书》不仅较细致地描绘了篮子的造型，另外还解释："无系为筐，有系为篮，大如斗量，又谓之笭。"也就是说，元代的篮子（图 8-12）应该是比较大的，否则《王祯农书》也不会在描述筛谷箉时说其与篮子一样大。篮子的功能主要是农家用来采桑或者放蔬果的。

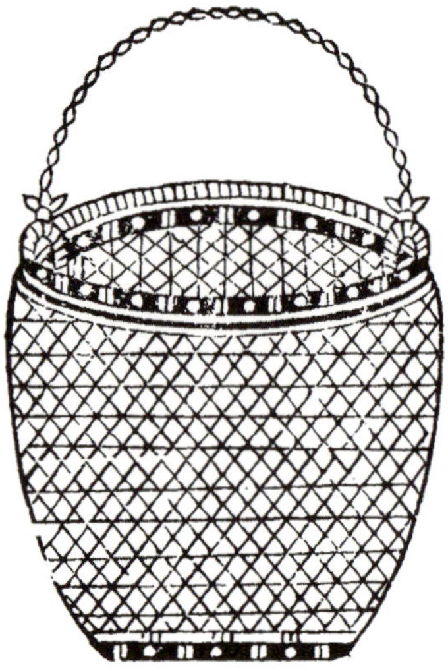

图 8-12　篮[②]

同时《王祯农书》又解释："箸，农家用采桑柘、取蔬果等物，易挈提者，方言笼，南楚江沔之间谓之篣，或谓之筊。郭璞云：亦呼篮。盖一器而异名也。"《王祯农书》在描述不同的竹器称谓时，对"箸""篣""筊"等字进行了阐述。但从总体上说这几个字在不同历史时期代表的字义不完全一致。例如，在《说文解字》中，"筊"指鸟笼；"箸"指"笭箸"，应该是一种渔篓；"篣"指的是"竹笼"。在《玉篇》中，"筊"被解释为"笼答也"，意为竹篮；"箸"则被解释为"笭也"；"篣"则被解释为"笼也"。

① 王祯．王祯农书 [M]. 杭州：浙江人民美术出版社，2015:383.
② 王祯．王祯农书 [M]. 杭州：浙江人民美术出版社，2015:384.

（12）掼稻簟

掼稻簟是用来收集打下来的稻谷的竹器，同现代晒席（图 8-13 和图 8-14）。“掼，抖擞也，簟承所遗稻也。农家禾有早晚，次第收获，即欲随手得粮，故用广簟展布，置木物或石于上，各举稻把掼之，子粒随落，积于簟上。”[①]根据《王祯农书》中的解释：先将掼稻簟铺到地上，在上面放置木头或者石头，然后再将稻把往木头或者石头上砸（即“掼”），稻谷就会散落出来掉到掼稻簟上，使用掼稻簟可方便收集稻谷。

图 8-13　掼稻簟[①]

掼稻簟“非惟免污泥沙，抑且不致耗失，又可晒谷物，或卷作笔，诚为多便。南方农种之家率皆制此”。可见，掼稻簟是一种多用途的竹器：一是方便脱粒并收集全部谷物，二是防止打下来的谷物被田地里的泥土弄脏，三是可以用来晾晒打下来的谷物，四是可以卷起来当作户外储粮用的“笔”。掼稻簟是脱粒、收集、晾晒、存储全过程都能使用的一种“神奇”的多功能竹器，在古代农业生产上的作用巨大。

图 8-14　现代晒席

（13）麦笼和麦绰

“麦笼，盛芟麦器也，判竹编之，底平口绰，广可六尺，深可二尺，载以木座，座带四砣，用转而行。芟麦者腰系钩绳牵之，且行且拽，就借使刀前向绰麦，乃覆笼内，笼满则舁之积处，往返不已（图 8-15）。一笼日可收麦数亩，又谓之腰笼。”[②]

图 8-15　麦笼和麦绰的使用场景[③]

① 王祯．王祯农书［M］．杭州：浙江人民美术出版社，2015:396.
② 王祯．王祯农书［M］．杭州：浙江人民美术出版社，2015:600.
③ 王毓瑚．王祯农书［M］．校注版．北京：农业出版社，1981:363.

麦笼（图 8-16）是一种尺寸很大的收麦中转竹器，根据其“广可六尺，深可二尺”推算，这是一种最大直径约两米、深 60 厘米的大型竹器，采用一个拉、一个推的移动劳作方式。有了麦笼以后，收割麦子的效率大大提高。

图 8-16 麦笼[①]

“麦绰，抄麦器也，篾竹编之，一如箕形，稍深且大，旁有木柄，长可三尺，上置钐刃，下横短拐，以右手执之，复于衫旁，以绳牵短袖，左手握而掣之。以两手齐运，芟麦入绰，覆之笼也。尝见北地芟取荞麦亦用此具，但中加密耳。”[②]在麦绰（图 8-17）竹编的一侧，装有“钐刃”，专门用来芟取麦子用的，一旦麦子割下后，随即装入麦绰中，再用麦绰放到麦笼中，麦绰与麦笼是一套组合工具，搭配使用，缺一不可。

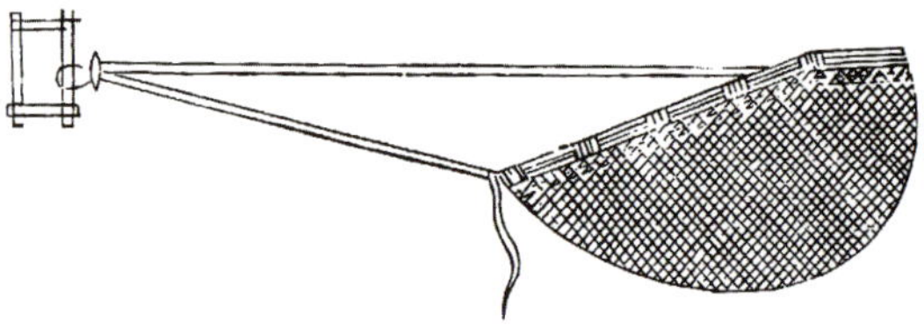

图 8-17 麦绰[②]

麦笼和麦绰是一套“神奇”的竹器，如果不是《王祯农书》绘制图形，解释详尽，估计现在较难理解。首先从功能上看，这是一组用来收割麦子的竹制工具，需有两人操作，一人在前面使用麦绰收割麦子，并在腰上系绳拽着麦笼；后面需有一人把麦子放到麦笼里去，并负责推着麦笼。其次从造型上看，麦绰造型特别，是木杆或竹竿相连的一个带刃边的竹器，这对使用麦绰的人提出了较高的使用要求。

（14）籅

“籅，漉米器。说文云淅箕也，又云漉米籔，又炊籅也……盖今炊米，日所用者。”籅（图 8-18）是汉代以来的一种日用淘米的竹器，在生活中十分普及，但在不同的时期，其在造型上有所变化。《王祯农书》中指出，在元代，籅在不同的地方，也有“缩”“篗”等称谓。

《王祯农书》指出，“籍”也是一种“饭器”。“容五升，今人亦呼饭箕为籍箕。南曰籅，北曰籍，南方用竹，北方用柳，皆漉米器，或盛饭。”在元代，漉米器和盛饭器可以是一种器具，因南北方地域条件不同，所以其形制有所区别，但其功能基本一致。

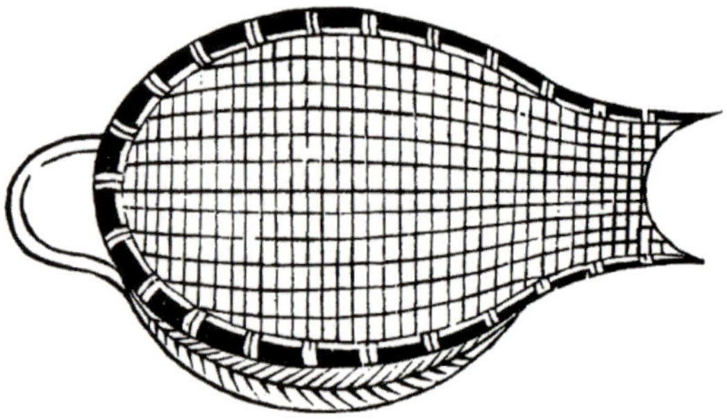

图 8-18 竹籅[③]

① 王祯．王祯农书 [M]．杭州：浙江人民美术出版社，2015:599.
② 王祯．王祯农书 [M]．杭州：浙江人民美术出版社，2015:601.
③ 王祯．王祯农书 [M]．杭州：浙江人民美术出版社，2015:389.

（15）筛

“内方外圆，用筛谷物……其制有疏密大小之分。”《王祯农书》中一共绘制了20种不同造型的竹筛（图8-19），许多竹筛造型是第一次被专门绘制出来，因此显得十分珍贵。图中筛的边框上均匀分布着紧固用的竹篾绳，使筛在造型上显得很雅致，现代手工制作的竹筛仍保留同样的造型处理手法。

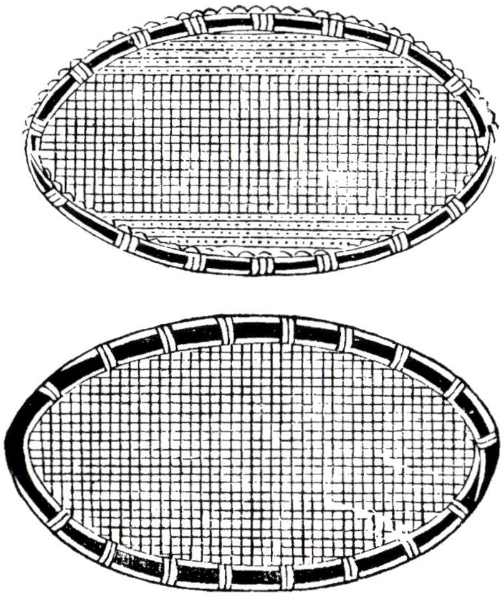

图8-19　竹筛[①]

（16）笠

“戴具也，古以台皮为笠……今之为笠，编竹作壳，裹以箨篛。或大或小，皆顶隆而口圆，可挡雨蔽日，以为蓑之配也。”斗笠（图8-20）自古有之，汉代《说文解字》对“笠”和“簦”就已经有明确的记载。当时还出现了有柄和无柄的“笠”。而《王祯农书》更明确地解释了“其外使用竹编，其内使用竹箨，用于挡雨蔽日”。

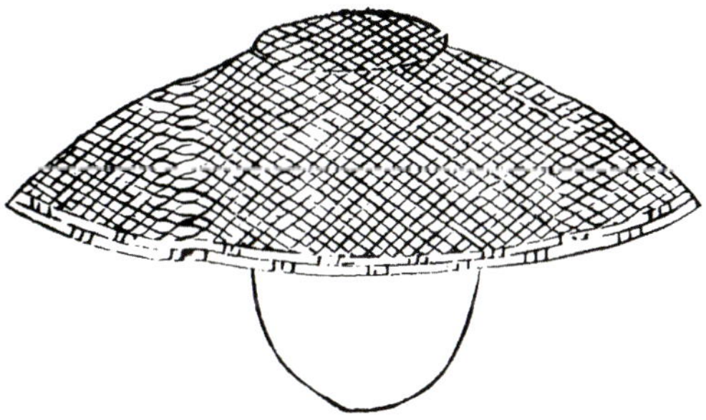

图8-20　笠[②]

（17）箩

“上圆下方，挈米谷器，量可一斛，方言箩，所以注斛。陈魏宋楚之间谓之篙，自关而西，谓之箕。皆箩之别名。”[③]箩（图8-21）是竹器中最常见的种类。

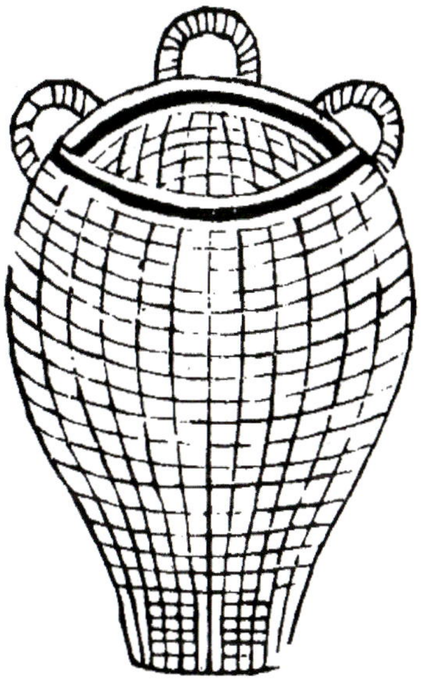

图8-21　箩[④]

（18）箯

“亦箩属，比箩稍扁而小，用亦不同。箯则造酒造饭，用之漉米，又可盛食物。盖箩盛其粗

① 王祯．王祯农书［M］．杭州：浙江人民美术出版社，2015:388.
② 王祯．王祯农书［M］．杭州：浙江人民美术出版社，2015:352.
③ 王祯．王祯农书［M］．杭州：浙江人民美术出版社，2015:380.
④ 王祯．王祯农书［M］．杭州：浙江人民美术出版社，2015:380.

者，而篓盛其精者。精粗各适所受，不可易也。”[①]可见篓（图 8-22）是箩中体型较小、结构更密、制作更精良的一种。我们在图像中也能看出其区别，篓结构更细密，底部在结构上有细节装饰。“篓”在《说文解字》中并没有出现，最早在南朝梁《玉篇》中有记载，释义为：“炭笼束为篓也。”对比《王祯农书》中对篓的解释，可以发现篓在不同的时期，其造型、功能会有一定的变化。

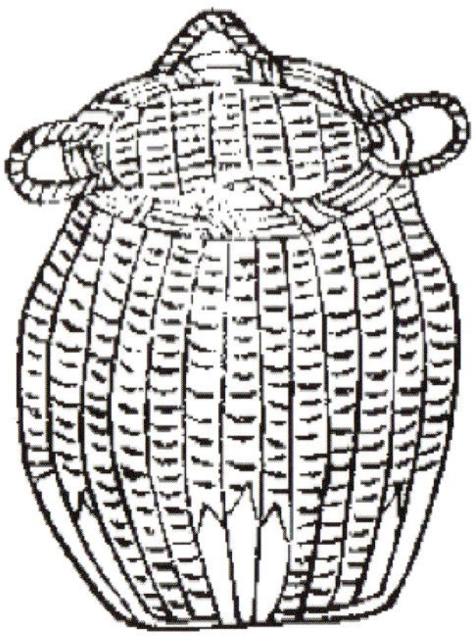

图 8-22　篓[②]

（19）臂篝

臂篝，“笼荅也，状如鱼笱，篾竹编之，又呼为臂笼，江淮之间，农夫耘苗，或刈禾，穿臂于内，以肴衣袖，尤北俗芟刈草禾，以皮为袖套，皆农家所必用者。诗云：筠篝编织作中虚，穿臂农夫护若肤，不似舞姬华宴上，巧笼衣袖络珍珠”[③]。

臂篝是专门用于干农活时收纳、保护衣袖的竹器，而且《王祯农书》还说明，臂篝是元代常用的竹器。元代衣服宽大，农民在劳作时，有收紧衣物的需要，竹编竹器优越的塑形能力在臂篝上得以发挥出来。

（20）蒉（篑）

《王祯农书》中对“蒉”的解释为：“从草贵声，盛谷器。《集韵》作篑，字从竹，举土笼也……今上文从草，以草为之。”由此可见，蒉（图 8-23）在历史上有一定变化，至少在宋代时期，蒉可以是竹编的器具，到元代逐渐变为草编，而且功能也不太一样，“篑”在《集韵》中的释义为“举土器”，可见篑主要是用于盛土的竹器，而“蒉”则多用于盛谷物。

图 8-23　蒉[④]

（21）蓧（篠）

“蓧”是“盛谷器”（图 8-24），圆形。《王祯农书》中专门对“蓧”“蒉”这两种器具的材料进行了对比说明，如“蓧，从草从條……考其字体非从竹，若谓之竹器，非也……当与蒉同类，

① 王祯．王祯农书 [M]．杭州：浙江人民美术出版社，2015:381.
② 王毓瑚．王祯农书 [M]．校注版．北京：农业出版社，1981:270.
③ 王祯．王祯农书 [M]．杭州：浙江人民美术出版社，2015:361.
④ 王祯．王祯农书 [M]．杭州：浙江人民美术出版社，2015:368.

皆盛谷器也。但有大小之差”。关于“盛谷器”《王祯农书》又提前：“南方盛稻种，用箪，多以竹为之；北方藏栗种，用篓，多以草木之条编之。”并指出“包氏曰蓧竹器”。可以看出，《王祯农书》虽然认为“蓧”在元代是草编器具，但从其对比说明中可推测在历史上应有竹编的“篠”。再者，虽然汉代《说文解字》中没有“篠”字，但南朝梁《玉篇》对“篠”解释为：“小竹也。”《钜宋广韵》对“蓧”解释为：“细竹。”作为器具，“蓧”使用竹编应该也是可以的。

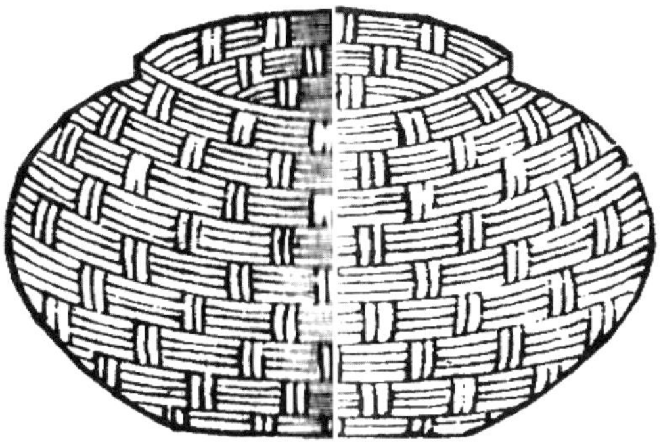

图 8-24 蓧①

（22）筐

筐（图 8-25），“竹器之方者。诗注云筐，篚属，可以行币帛及盛物。三礼图曰：大筐以竹，受五斛，以盛米，致馈于聘宾；小筐以竹，受五升，以盛米……筐之制其来已久，然今用于农家者多矣”。《王祯农书》认为方形竹器就叫筐，而且有大小之分，一般多用于盛米，或用于采桑等。“筐之制其来已久”则说明竹筐在历史上很早就有。从其容量来看，大小筐的容量有较大区别。宋代以后，一斛等于五斗，也就是说一斛等于五十升。大筐五斛，小筐五升，则大筐的容积是小筐的五十倍。

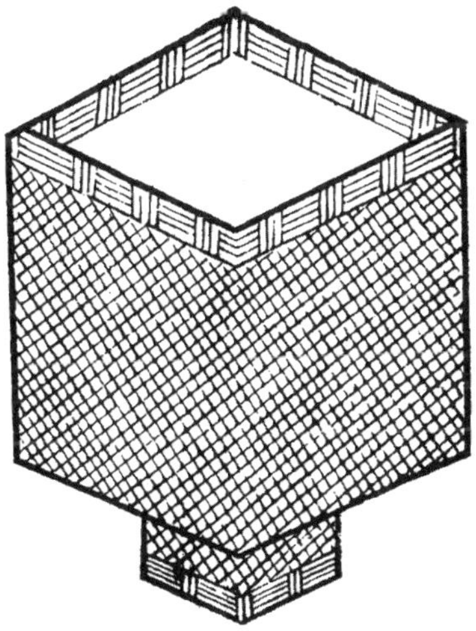

图 8-25 筐②

（23）筥

“筥，竹器之圆者，注曰：筥圆而长，但可实物而已。三礼图曰：筥受五升，盛饔饩之米，致于宾馆。”根据汉代《说文解字》对“筥”的释义：“筥，同籍。”而“籍”则为“饭筥也，受五升。秦谓筥曰籍”。可见从秦代开始直至元代，筥（图 8-26）是一个有五升容量的盛饭竹器，这一形制一直变化不大。《王祯农书》也进一步说明了“筥”在不同的地域有不同的称谓，如“籅”“筲”“牛筐”“篓”“箪”等。“江沔之间谓之籅，赵代之间谓之筲，淇卫之间谓之牛筐。小者，南楚谓之篓。自关而西，秦晋之间谓之箪。筥，其通语也。”不同地域的不同称谓，显示出“筥”在元代使用极为普遍，是百姓常用的生活竹器。

① 王祯．王祯农书[M].杭州：浙江人民美术出版社，2015:366-367.
② 王祯．王祯农书[M].杭州：浙江人民美术出版社，2015:369.

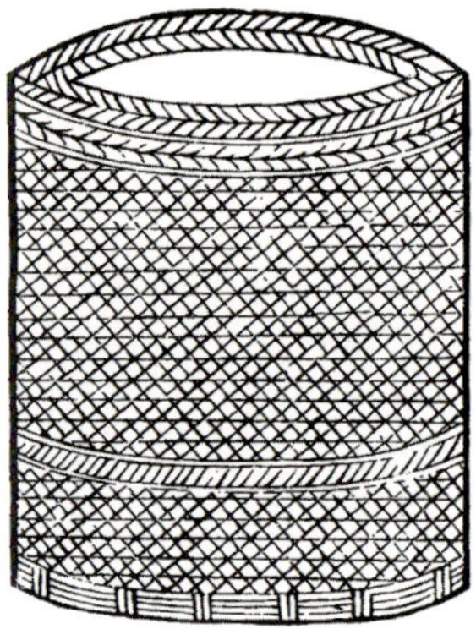

图 8-26 筶[1]

（24）畚

“畚，土笼也……南方以蒲竹，北方用荆柳，或负土，或盛物，通用器也。”畚（图 8-27）是一种用来装土的单提梁竹器。《王祯农书》中绘制的畚的图像显示，其提梁是编织而成的，且宽大、厚实，因此畚应是专门用于运送小体量的重物或土石的竹器。

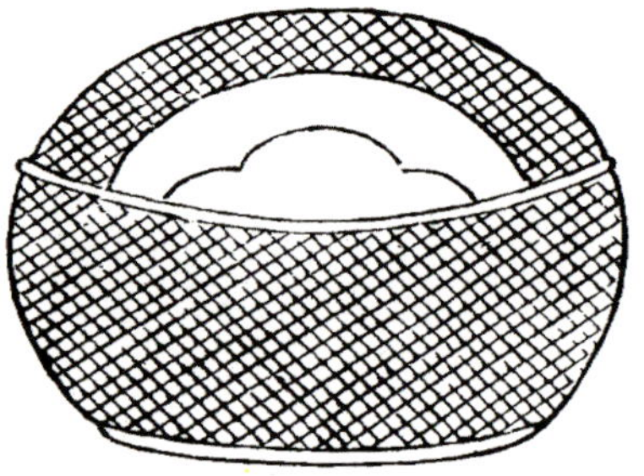

图 8-27 畚[2]

（25）笆、篅、䉛

“笆，集韵云：盛谷器，或作囤，又篴也。北方以荆柳，或蒿卉，制为圆样，南方判竹编草，或用篴篨，空洞作围，各用贮谷。南北通呼曰笆。”南北方均有储粮用的笆（图 8-28），只不过在用材上有所区别，竹笆多在南方出现。从使用方式上说，“笆多露置，可用贮粮；篅、䉛在室，可用盛种。皆农家收谷所先具者”。笆可用于户外存储谷物，而篅、䉛只能用于室内储粮。

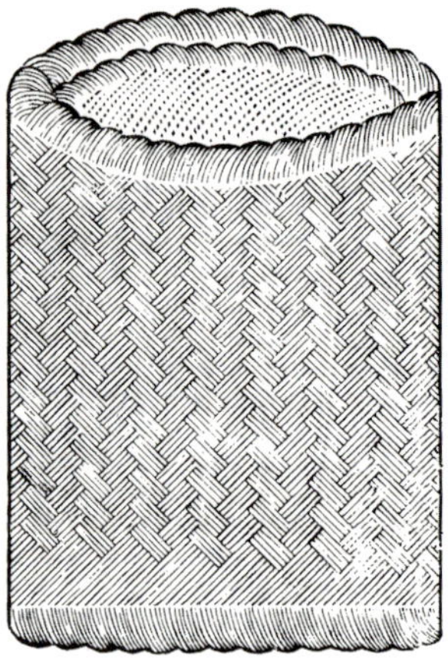

图 8-28 笆[3]

“篅，说文云：判竹，圆以盛谷，笆类也。”“䉛，集韵云：䉛篚，盛种器，盖连底小笆，便于移用。”笆、篅、䉛（图 8-29 和图 8-30）在功能上虽相似，但有一定的区别，在尺寸上也有区别。可以看出，䉛在体量上是较小的笆，一般放在室内，方便移动，是元代农家可移动的储粮竹器。而篅和笆则是体型较大的储粮竹器，篅用于室内，笆用于户外。《王祯农书》中绘制的图像显示出这三种竹器制作手法不同，笆是使用多经多纬人字编的粗竹席（或苇席）等编织而成，且是双层竹席，可以强化笆外围的承受力；篅和䉛则是使用了较大竹片，用单经单纬十字编的手法编织而成，同时䉛的底部有一个明显的竹片强化结构，上圆底方，便于其移动存放，不易倾倒。

① 王祯．王祯农书 [M]．杭州：浙江人民美术出版社，2015:370.
② 王祯．王祯农书 [M]．杭州：浙江人民美术出版社，2015:372.
③ 王祯．王祯农书 [M]．杭州：浙江人民美术出版社，2015:373.

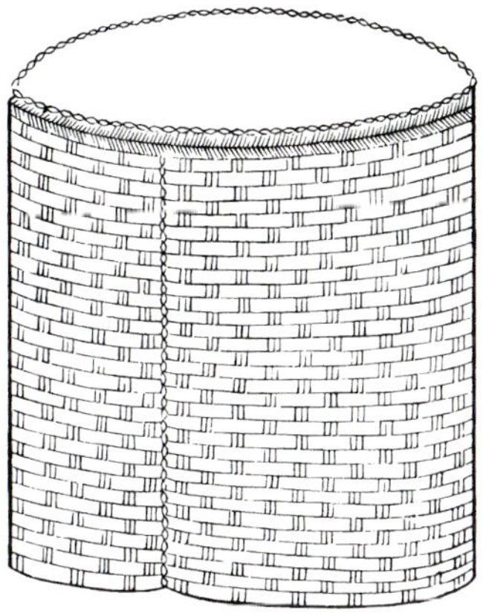

图 8-29　篅[①]

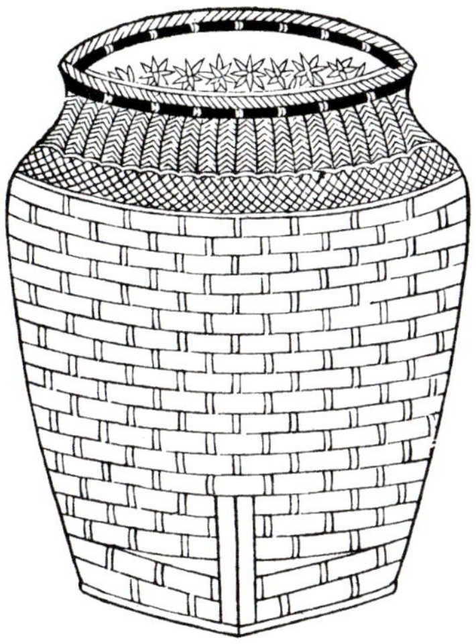

图 8-30　䉛[②]

（26）晒盘

晒盘（图 8-31），“曝谷竹器，广可五尺许，边缘微起，深可二寸。其中平阔，似圆而长。下用溜竹二茎，两端俱出一握许，以便扛移，趁日摊布谷实曝之。蚕时农家兼用为筐，但底密而不通风气，终非蚕具”。晒盘的最大特点是又大又平、底部密实、便于移动，它是专门用于晾晒谷物等农作物的竹器。但因晒盘底部密不通风，不适合长期作为蚕具使用。

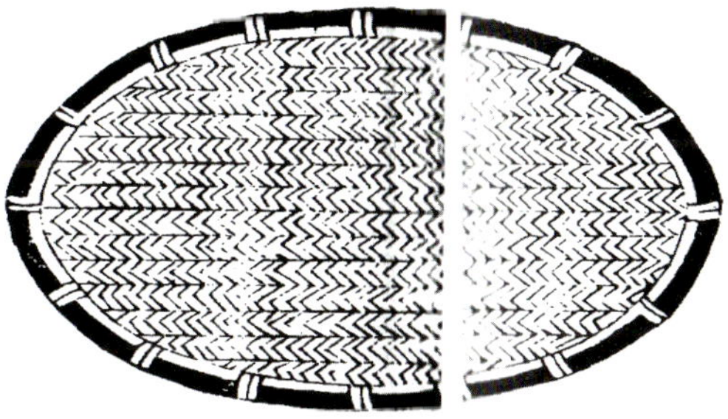

图 8-31　晒盘[③]

（27）谷盅

谷盅（图 8-32），是一种竹制的计量工具，用来丈量仓廪中所存粮食谷物的存储量。“集韵云虚器也，又谓之气笼，编竹作围，径可一尺，高或二丈，底足稍大，易于竖立，内置木撑数层。”使用竹编作为测量工具，在元代中尚不多见，这是一种很独特的竹器。

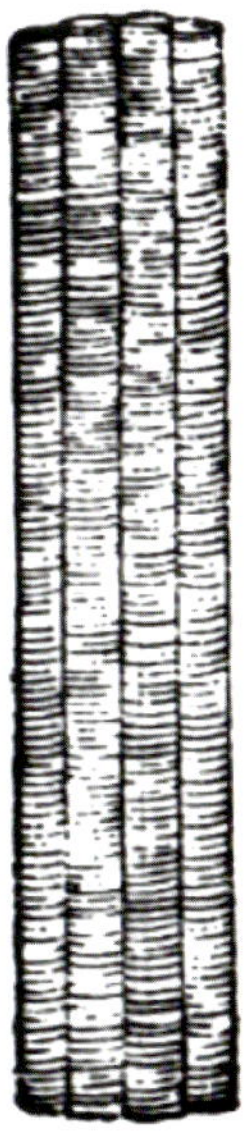

图 8-32　谷盅[④]

① 王祯．王祯农书[M]．杭州：浙江人民美术出版社，2015:374.
② 王祯．王祯农书[M]．杭州：浙江人民美术出版社，2015:375.
③ 王祯．王祯农书 [M]．杭州：浙江人民美术出版社，2015:394-395.
④ 王毓瑚．王祯农书[M]．校注版．北京：农业出版社，1981:294.

（28）甑箅

甑箅（图 8-33），“说文云：箅，蔽也。所以蔽甑底也”。“淮南子曰：明镜可以鉴形，蒸食不如竹箅。”箅在当时是相当普及的蒸煮食物的竹器，其造型相对简单，尺寸大小是可以变化的，能够适合不同的灶具。其材质也有南北的差异，“无竹处以荆柳代之，用不殊也”。它们所用材料虽不一样，但是功能基本一样。

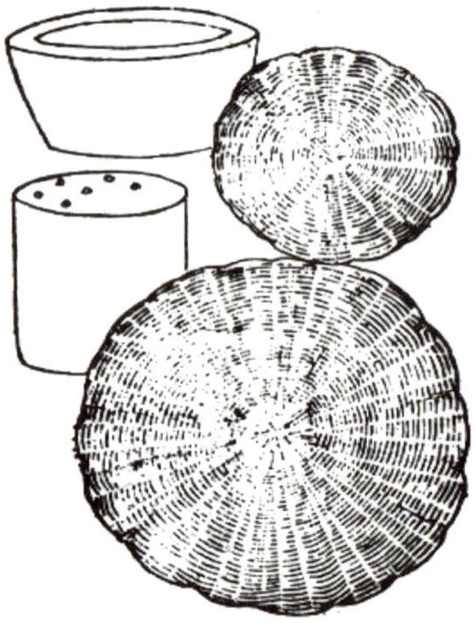

图 8-33 甑箅[1]

（29）水筹

水筹，“集韵云：竹箕也，又笼也”。“夫山田，利于水源在上，间有流泉飞下，多经嶝级，不无混杂泥沙，淤漉畦埂，农人乃编竹为笼，或木条为棬芭，承水透溜，乃不坏田。”可见水筹是一种专门用于减小水流冲刷农田的竹器，但也有用木条制成的。

（30）抄竿

抄竿，“扶麦竹也，长可及丈，麦已熟时，忽为风雨所倒，不能芟取，乃别用一人执竿，抄起卧穗，竿举则钐（刀）随钹之，殊无损失。”这是一种在收割倒伏麦子时使用的竹制工具，其实就是有特定用途的竹竿。

（31）蚕椽

蚕椽（图 8-34），“架蚕箔木也。或用竹，长一丈二尺，皆以二茎为偶，控于槌上，以架蚕箔。须直而轻者为上，久不蠹者又为上”。即蚕椽是用来支撑蚕箔（一种养蚕用的帘子）的器具，轻直、不遭虫蛀的材料是其用材的最佳选择。因为需要一丈二尺长，所以，使用竹材做这种工具是恰当的选择。

图 8-34 蚕椽[2]

（32）蚕筐

蚕筐（图 8-35），“古盛币帛竹器，今用育蚕……圆而稍长，浅而有缘，适可居蚕，蚁蚕及分居时用之。阁以竹架，易于抬饲”。蚕筐不同于一般的圆簸箕，其底部具有一定的透气性。《王祯农书》指出，蚕筐是一个椭圆形的竹编簸箕，蚕筐边缘不能太高。

（33）蚕盘

蚕盘（图 8-35），“盛蚕器也……长七尺，广五尺，以为筐。悬筐中间九寸，凡槌十悬，以居食蚕。今呼筐为盘，又有以木为框，以疏簟为底，架以木槌，用于上同”。蚕盘一般使用竹框、苇席等材料制作，但也有使用木框和竹席来制作的。

① 王毓瑚．王祯农书[M]．校注版．北京：农业出版社，1981:305.
② 王毓瑚．王祯农书[M]．校注版．北京：农业出版社，1981:379.

（34）蚕架

蚕架（图 8-35），“阁蚕盘筐具也”。也就是说，它是用来放置蚕盘、蚕筐的器具。“以细枋四茎竖之，高可八九尺，上下以竹通作横桄十层，层每皆阁养蚕盘篚，随其大小，盖篚用小架，盘用大架。”《王祯农书》强调蚕架使用竹材“作横桄”，说明竹材优于其他材料，且其柔韧性和承载能力都很好。

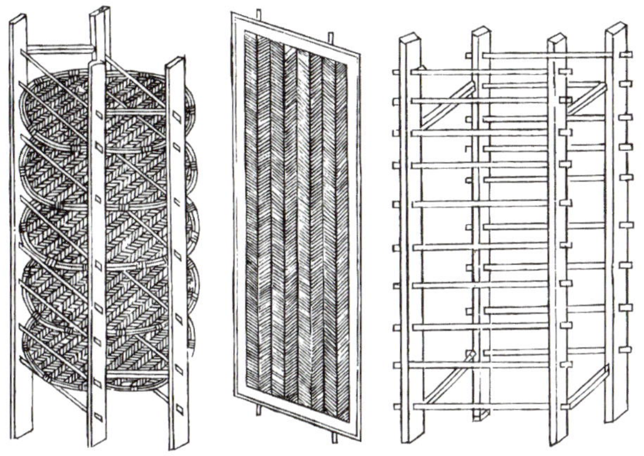

图 8-35　蚕筐、蚕盘与蚕架[①]

（35）蚕簇

蚕簇（图 8-36），“农桑直说云：簇用蒿梢、丛柴、苫席等也……又按南方蚕书云：簇箔，以杉木解枋，长六尺，阔三尺。以箭竹作马眼插茅，疏密得中，复以无叶竹条，从横搭之，簇背，铺以芦箔，而竹篾透背面缚之。即蚕可驻足，无跌坠之患……”总的来说，南方蚕簇以竹条、竹篾等竹材为主，配以芦箔、茅草等材料制作而成。

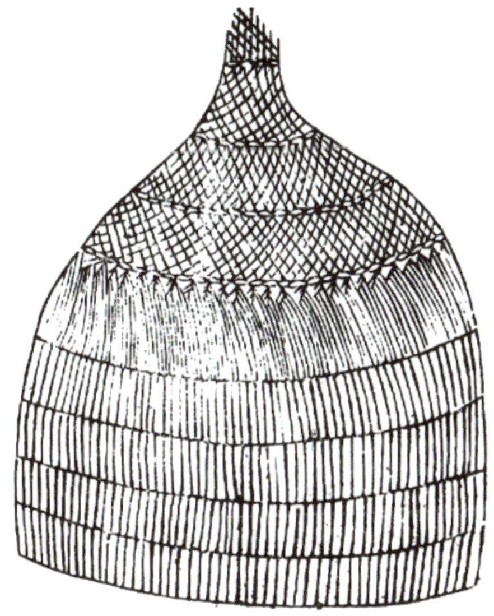

图 8-36　蚕簇[②]

（36）桑笼

桑笼（图 8-37），“集韵云：笼，大篝也。即今谓有系筐也。桑者便于携挈”。《王祯农书》对桑笼的尺寸、造型、用材等没有太多的说明，但从绘制的图形资料来看，桑笼采用竹编，造型高而圆，带双耳，可穿提梁，方便担起、运输。

图 8-37　桑笼（左图[③]，右图[④]）

① 王祯．王祯农书 [M]．杭州：浙江人民美术出版社，2015:640、642、644.
② 王祯．王祯农书 [M]．杭州：浙江人民美术出版社，2015:649.
③ 王祯．王祯农书 [M]．杭州：浙江人民美术出版社，2015:676.
④ 王毓瑚．王祯农书 [M]．校注版．北京：农业出版社，1981:649.

（37）木棉弹弓

木棉弹弓，“以竹为之，长可四尺许，上一截颇长而弯，下一截稍短而劲，控以绳弦，用弹棉英，如弹毡毛法，务使结者开，实者虚，假其功用，非弓不可”。弹棉花需使用木棉弹弓，制作木棉弹弓非竹材不可，竹材是制作弯曲的弹弓的最佳选择。竹材具有柔韧性强等特点，能方便地制作出弯曲而又有韧性的弹弓。

（38）绩篚

绩篚（图 8-38），“盛麻绩器也”。“绩，集韵云：缉也”，是一种用麻或棉搓成的线。“篚，说文曰：笼也，又姑篓也。字从竹。或以条茎编之，用则一也。”可见，绩篚是装丝线的专用工具，以竹或荆柳制成。

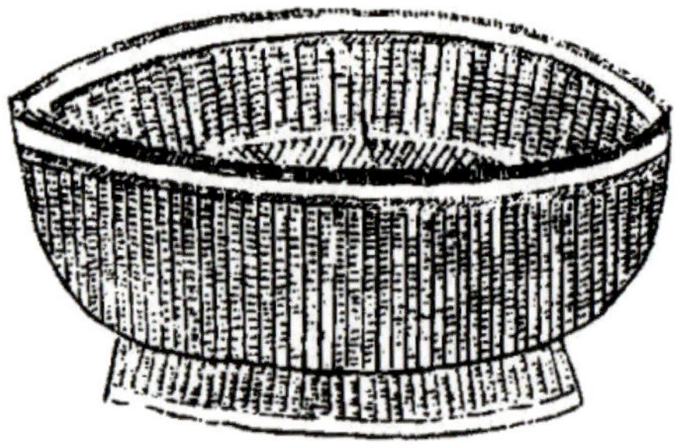

图 8-38 绩篚[1]

（39）竹篱笆

《王祯农书》介绍田庐时，对竹制篱笆墙（图 8-39）进行了描述。强调“屋以蒲蒋，扉以蘧篨、笆篱……”竹制围墙在元代已经成为一般农家建房的“标配”，用蘧篨（粗竹席）、竹篱笆搭建而成。《王祯农书》中绘制的竹篱笆的形制与北宋王希孟《千里江山图》中绘制的竹篱笆基本一致，因此可以说元代农户的竹篱笆继承了宋代竹篱笆的特点。

图 8-39 竹篱笆[2]

（40）竹砻

竹砻（图 8-40）是古代重要的生产工具，《王祯农书》对其解释为：“砻谷器，所以去谷壳也，淮人谓之砻（三声），江浙之间谓之砻（二声），编竹作围，内储泥土，状如小磨。仍以竹木排为密齿，破谷不致损米。就用拐木窍贯砻上，掉轴以绳悬檩上。众力运肘转之，日可破谷四十余斛。”

图 8-40 竹砻[3]

① 王祯．王祯农书 [M] 杭州．浙江人民美术出版社，2015:736.
② 王祯．王祯农书 [M] 杭州．浙江人民美术出版社，2015:482-483.
③ 王祯．王祯农书 [M] 杭州．浙江人民美术出版社，2015:406.

以竹木砻代替石磨，是古代劳动人民的创新发明。使用竹木为基础的砻能够有效防止谷物受损。竹砻相对石磨来说更容易制作，并可根据需要制作大小。

另一方面，竹砻经久耐用，使用竹砻能有效地提高脱谷的效率，“日可破谷四十余斛”。

（41）筒车

筒车是我国古代劳动人民发明创造的，进入元代后，筒车的形制有较大发展。《王祯农书》记载了不同种类的筒车，如“高转筒车”“驴转筒车”等（图8-41和图8-42）。

高转筒车是元代取水灌溉用的大型生产工具，“高以十丈为准，上下架木，各竖一轮，下轮半在水内，各轮径可四尺”。轮上“以受筒索”，“索上相离五寸，俱置竹筒，筒长一尺，筒索之

图8-41 高转筒车[①]

底托以木牌，长亦如之，通用铁线缚定”。筒车取水、送水均是通过竹筒完成的。

元代其他类型的筒车，工作原理基本相同，但是像高转筒车这样大型的竹制器具在元代是一个重大的创新。

图8-42 驴转筒车[②]

2.《王祯农书》中元代竹器特征

（1）元代农用竹器已经系统化。《王祯农书》记载的农用竹器至少有49种（表8-1），竹器品种虽然不如之前典籍记载得多，但该书对49种各式竹器进行了图形绘制及详细说明，并且更深入、更形象地展示了我国古代农用竹器系统。

（2）元代农用竹器更加专业化。农用竹器的专业化在元代继续进行，特别是对农耕竹器、蚕织竹器等行业器具的规范又有所强化，甚至对部分竹器的形制、尺寸、功能、加工工艺等都有所规定。

农用竹器器具种类分工也进一步专业化，同一种类的不同材质、形制的竹器，在用途上也有明确的规定。

① 王祯．王祯农书[M]．杭州：浙江人民美术出版社，2015:518-519.
② 王祯．王祯农书[M]．杭州：浙江人民美术出版社，2015:516-517.

表 8-1《王祯农书》中的竹器

序号	竹器	序号	竹器	序号	竹器	序号	竹器	序号	竹器
1	竹扬锨	11	篮	21	笆	31	谷盅	41	木棉弹弓
2	竹耙	12	掼稻簟	22	篅	32	箪	42	绩篕
3	薅马	13	麦笼	23	䉪	33	水篣	43	竹篱笆
4	笎	14	麦绰	24	畚	34	抄竿	44	竹砻
5	乔扦	15	籅	25	筥	35	蚕椽	45	筒车
6	筛谷箉	16	箱	26	筐	36	蚕筐	46	篚
7	覆壳	17	筛	27	蒉（篑）	37	蚕盘	47	竹纺车
8	种箪	18	笠	28	蓧（篠）	38	蚕架	48	箸
9	扬篮	19	箩	29	晒盘	39	蚕簇	49	筊
10	箕	20	筌	30	臂篝	40	桑笼		

（3）元代农用竹器在设计上体现了朴素“人体工学”意识。《王祯农书》记载的很多竹器都考虑了“人体工学”的要求，能满足农业生产劳作时的各种需要，如薅马、麦笼、麦绰、筛谷箉等竹器在制作之前就对竹器使用方式、人的体型进行充分考虑。

（4）元代出现了满足农耕全流程需求的新竹器。《王祯农书》不仅介绍了能够满足全部农耕生产流程需要的竹器系统，还介绍了能满足某一劳作过程中全部功能需要、能变化的竹器，如掼稻簟就是可以满足收割、脱粒、收集、晾晒、户外存储全过程使用的竹器。在元代这是一个很高的农业技术成就。

（5）元代的大型化竹器得到进一步发展。《王祯农书》记载了许多大尺度的竹器，如“高转筒车高以十丈为准”，田庐竹篱笆“方圆五亩”，蚕盘“长七尺，广五尺”，麦笼“广可六尺，深可二尺”等，均表现了元代农用竹器进一步向大型化发展，以满足不断扩大的农业生产的需要。

（6）竹器的生产效率进一步提高。《王祯农书》中记载的各类竹器的生产效率都有所提高，如“竹砻日可破谷四十余斛”，“麦笼日可收麦数亩”，筒车的使用可以大大节约人力。特别是类似于“高转筒车”这样的竹器甚至不需使用人力，可以二十四小时不停地工作，农业生产效率大大提高。

（7）元代对竹器生产和加工工艺改进不大。元代竹器除造型上有所变化外，竹器的加工制作、编织技艺没有出现较大变化，基本上延续了宋代竹器的制作方法，如仍然使用常见的十字编、人字编、三角编等编织技法。

8.3 元代绘画中的竹制家具

1. 竹床

在元代绘画作品中，画家钱选的《扶醉图》和无名氏的《竹榻憩睡图》中都有不同造型且接近全竹结构的竹床出现。河南信阳出土过战国时期的竹木床，床上部分构件使用了竹材，在此之后便鲜见竹床的资料。元代这两幅绘画作品中的两件竹床表明至少在元代，中国就已经有全竹结构的竹床，实际上全竹竹床的产生应该早于该时期。

这两件竹床的造型和制作工艺有一定区别，显示出元代竹床造型的多元化和对不同制作工艺的探索。两件竹床的竹材都是湘妃竹，主要原因：一是追求湘妃竹的肌理质感，二是追求竹材的自然朴素形式。《扶醉图》中竹床（图8-43）以双层竹竿作为框架和床腿，床面上铺竹片，在竹床面上有一圈装饰的方形结构。从竹床的肌理来看，该床是以湘妃竹作为主材料。竹床的造型结构新颖，是一个接近全竹结构的竹床，而且竹床腿部和床架接合部位由一个细致的造型结构过渡，过渡造型本身也由45°的斜口造型拼合在一起。该竹床的造型结构、各部件拼接方式均借鉴了木质家具制作经验，特别是在竹床的床面部分增加了一个木条的围合结构，这是木质家具的典型特征。

图8-43 《扶醉图》中的竹床

《竹榻憩睡图》中竹床（图 8-44）也是使用全竹结构，床面上铺小竹片。竹床由一大一小两件竹器组成，一个是床，一个是脚踏（足承）。竹床采用了榫卯结构。整个竹床无任何装饰。

该竹床全部由竹材制作而成，画面中有意突出竹床中的竹节部位，显示出竹床的素净和竹材本身质感。在加工工艺上采用竹竿切口后的热弯成型工艺，更多地保留了竹竿本身的特点。

这两种竹床的造型形式，一直被沿用至今。

图 8-44 《竹榻憩睡图》中的竹床

2. 竹椅

莫高窟九五窟壁画描绘的元代竹椅（图 8-45），上部使用竹子制作，椅面及以下使用木材制作，是一把竹木结合式的椅子。椅子的扶手及靠背使用四根竖向竹竿，且扶手及靠背有可能也是使用一根长竹竿围合而成。跟上述的竹床制作工艺相比，该竹椅的制作工艺相对简单，造型处理较为简洁。同宋代竹椅相比，该竹椅的造型和制作工艺与其有较大的差距。该壁画绘制的是佛教罗汉的形象，造型的简洁处理大概是为了更好地衬托罗汉不同凡人的形象。

图 8-45　莫高窟壁画中的竹椅

3. 抬人竹架

元代画家陈鉴如的《竹林大士出山图》创作于 1363 年。该画绘制了用来抬“竹林大上”的抬人竹架（图 8-46），其功能与传统的肩舆类似，但造型十分简洁，仅使用一根大竹竿配上帆布制作而成。这样的抬人竹架在抬人时是否方便、安全，不得而知，但其无疑是竹制品，而且竹架后面的僧人手中拿着的物件明显是一根竹制拐杖。

图 8-46 《竹林大士出山图》（现藏于辽宁省博物馆）中的竹架

8.4　元代绘画中的其他竹器

1. 《耕织图》中的生产竹器

《耕织图》在中国历史上对农业生产一直起着指导作用。自宋代以后，元、明、清历代都有人绘制《耕织图》。现存世的《耕织图》版本都是以南宋版本为基础进行临摹的作品，其主要内容一致，但是画面人物、器物等细节随着时代的变迁而有所变化，因此这为研究竹器的演变和发展提供了很好的资料。元代画家程棨临摹的《耕作图》和《蚕织图》，绘制了大量相关的竹器，从另一方面佐证了《王祯农书》中所记载的竹器。

程棨的《耕作图》与《蚕织图》记录的竹器，涉及农业生产、桑蚕养殖业等。

（1）手捧竹篓和竹杖

在《耕作图》开篇浸种中，首先看到的是用来装种子的竹制篓筐（图 8-47）。篓筐无绳无提梁，被人用手来捧着，然后直接置入水中。从画面中可以看出，篓筐的尺寸为 40 ～ 45 厘米，体积不是很大，成人可以方便地拿起。其次在浸种人的旁边，有一老人手中拄着拐杖，拐杖为竹制，拐杖头部带有弯曲造型。上述竹器均以实用性为主，没有过多的装饰。

（2）斗笠

元代斗笠（图 8-48）和宋代斗笠没有太大区别。对比《耕作图》中的斗笠和《清明上河图》中的斗笠，可以发现其造型基本没有太多的变化。

图 8-47 《耕作图》中的浸种竹箩和竹拐杖

图 8-48 《耕作图》中的斗笠

（3）竹扬锨和竹簸箕

在《耕作图》的数个劳作场景中，均呈现丰富的竹器工具，有竹扬锨、竹簸箕、竹箩、提篮等竹制工具（图 8-49）。整个场景中的竹器都被描绘得很具体、细腻。其中竹扬锨、竹簸箕等竹器造型与《王祯农书》描绘的完全一致。《耕作图》还详细绘制了这些竹器的具体使用方法。例如，通过画面可以看到，竹簸箕只要侧着使用一个边即可。另外，在整幅画卷中描绘竹簸箕使用的地方多达 8 处，可见竹簸箕的使用在当时是极为普遍的。

竹箩的形式虽然和前代并无多大区别，但是

图 8-49 《耕作图》中的竹簸箕和竹扬锨

该画特意绘制了带绳和带耳两种不同的竹箩，说明宋代箩筐既可以挑着走，也可以抬着走。

（4）竹砻和竹筛

在《耕作图》中，可以看到竹砻及其使用方式（图 8-50）。对于较大型的竹砻，在碾压稻谷时，需要 4 人一起推动其旋转。配合竹砻使用的还有竹簸箕和竹筛。

图 8-50　《耕作图》中的竹砻与竹筛

（5）竹箩筐

《耕作图》中还描绘了耕作需要的各种竹箩筐（图 8-51 至图 8-53），其大小、形制、功能略有区别，但本质上都是箩筐。元代根据不同的生产需要，将箩筐制作成各种样式，有浅口的，有深口的，有体积大的，有体积小的。从画中可以看到高提梁竹畚箕、装秧苗的大竹筐、带提梁的圆竹筐和竹箩、双耳竹箩等竹器。竹器制作使用了较常见的十字编、三角编等工艺。

图 8-52　《耕作图》中装秧苗的大竹筐

图 8-51　《耕作图》中的竹畚箕

图 8-53　《耕作图》中的圆竹筐、竹箩、提篮和双耳竹箩

（6）桑笼

桑笼（图 8-54）是比较特殊的竹器，专门用于采桑。《王祯农书》中对此有专门的记载，不过此处的桑笼与《王祯农书》中绘制的造型略有变化。在《蚕织图》中，竹筐为很深的筒状造型，竹筐口略大，高度已经到了成人的胸口以下，采用透气的三角编工艺进行编织。因为桑叶很轻，所以想要一次性多装载一点，那就必须提升桑笼的高度。采桑叶是在桑树林中进行的，挑起这高挑造型的竹笼可方便地穿梭于桑树之中，可以看出这是一个因功能需要而改变造型的竹筐。

（7）竹篮

在《耕作图》与《蚕织图》中出现了三种不同的竹篮（图 8-55），它们的造型、编织方法、功能均有不同。

第一种为播种用的竹篮，可用手提起，竹篾编织细密，呈圆柱形；第二种为采桑用的竹篮，用三角编，网格宽大，由于桑叶本身宽大，不用担心掉落，这样的竹篮使用起来轻松、透气、方便；第三种竹篮为称蚕丝重量时使用的竹篮，造型上与前两种略有不同，竹篮的提梁为交叉双提梁。

图 8-54 《蚕织图》中的桑笼

图 8-55 《耕作图》和《蚕织图》中三种不同的竹篮

（8）蚕筐和蚕架

在《蚕织图》中可以多次看到使用蚕筐的场景（图8-56）。画中蚕筐的尺寸较大，直径约100厘米，即使小一点的圆形簸箕其直径估计也有50～60厘米。蚕架的使用在《王祯农书》中有详细说明。

图8-56 《蚕织图》中的蚕筐与蚕架

（9）装布匹用大竹盒

《蚕织图》中最后的一张图，展示了一个较特别的竹器，是一个用来装布的竹盒（图8-57）。该竹盒呈矩形，尺寸比较大，长边比布匹略长，刚好能容下布匹。上盖部分与下盒部分的造型基本相同，平时使用时打开上盖，装进布匹后合上盖子，以防落入灰尘。这是一个较为大型且相对精致的竹器。

图8-57 《蚕织图》中用于装布匹的大竹盒

2.《大明宫图》中的龙舟竹帆篷

元代画王振鹏的《大明宫图》是描绘宫廷建筑的大型画作。该画从长城关口起笔，至海边帆船结束，中间是宫廷楼台、古塔、亭院、河流、山石等宫内建筑。整幅画笔触精细，重现了大明宫恢宏壮丽的景象。画中有船只十余艘，其中使用竹制帆篷的大船有5艘。

船只竹制顶篷，这在之前的绘画作品中也常常看到，但是使用竹席制作大型帆篷的做法在之前的绘画作品中从未见过。《大明宫图》是较早在大型龙舟上绘制竹制帆篷（图8-58）的作品。明代宋应星《天工开物》曾记载了这种竹制帆篷的详细技术数据[1]，说明明代的竹帆篷的制作技

图8-58 《大明宫图》（现藏于美国大都会艺术博物馆）中的大型竹制帆篷龙舟

① 宋应星．天工开物[M]．北京：中国社会出版社，2004:258-259.

术已经十分成熟，而《大明宫图》中描绘的5艘竹制帆篷船则说明在元代这种制作技术已经得到应用。由北宋张择端《清明上河图》中大量的船只还没有使用此类的竹制帆篷技术，从而推测，竹制大型帆篷制作技术是在宋元之际出现的。

明代《天工开物》曾对竹制帆篷的使用有一个说明："逐块折叠，以俟悬挂。"[①]该书中绘制的最大竹篷是由14块可折叠的竹席组合而成，而《大明宫图》中的竹篷则由16块可折叠的竹席组合而成，足见其龙舟之大。

3.《山溪水磨图》中的竹车篷等竹器

在元代《山溪水磨图》（图8-59）中可见到四辆牛车，每辆牛车都有竹席顶篷，并且车内还有专门供牛车拉货用的大竹筐等竹器，在车顶篷上放置了竹斗笠和大竹筐。

在车篷上放置的竹筐是一个圆底的敞口大竹筐（图8-60），竹筐无平底。这个造型说明该竹筐不能平放在地面上，应该是一种只能两人用手抬着的大竹筐。

牛车内放置的大竹筐为圆口，容量很大，可能是用来固定货物的。在中间牛车的尾部还可见到一个有盖的长方形带圆头的大竹箱，另有一个装着货物的无盖长方形竹筐（图8-61）。这些大竹箱、竹筐应该都是牛车上用来装货、运货的常备竹器。这些箩筐制作得较为精致，其造型与《清明上河图》中的箩筐相似。

图8-59 《山溪水磨图》（局部）
（现藏于辽宁省博物馆）

图8-60 竹篷与圆底竹筐

图8-61 竹箱与大竹筐

① 宋应星．天工开物[M]．北京：中国社会出版社，2004:260.

另外，还有一幅元代无名氏名的《时苗留犊图》，画中也描绘了一个带有竹篷的牛车，而且牛车内铺有竹席（图 8-62），这样的牛车是显然用来载客的。牛车旁边有一老者将一对带有提梁的篓筐放在地上。从篓筐的提梁造型来看，只有竹材才能做出这样的弯曲处理，因此推断，老者的这一对篓筐是竹制的，其造型也与《清明上河图》中的篓筐相似。

图 8-62 《时苗留犊图》

4. 其他绘画作品中的竹器

（1）提篮和笊篱

元代任仁发的《仕女图》和无名氏的《渔篮观音图》分别采用了不同的表现手法描绘了不同的竹制提篮和笊篱。《仕女图》中的竹篮被描绘得更细致一些，该竹篮采用三角编，篮身和提梁形成一个很雅致的椭圆形，篮内放置了两个笊篱（图 8-63）。由于《渔篮观音图》中观音手中提的是渔篮，因此可据此推测观音手中的这个笊篱是用来捕捞小鱼的（图 8-64）。

（2）竹杖

元代画家对竹制拐杖的喜爱表现在很多绘画作品中，如元代陈鉴如《竹林大士出山图》（图 8-46）、王绎与倪瓒《杨竹西小像》（图 8-65）、蔡山《罗汉图》（图 8-66）和王振鹏《神仙图》

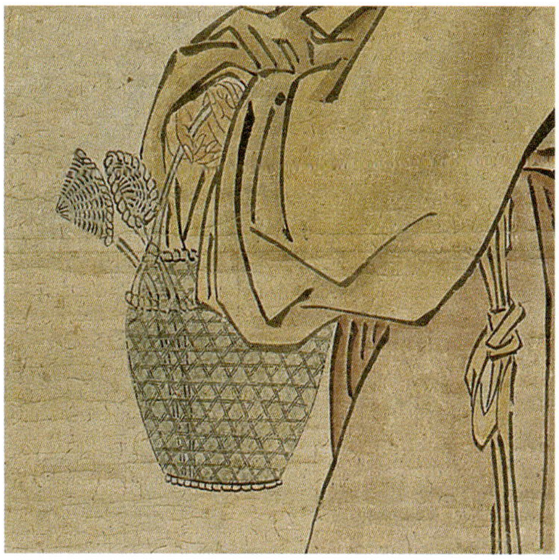

图 8-63 《仕女图》中的提篮和笊篱

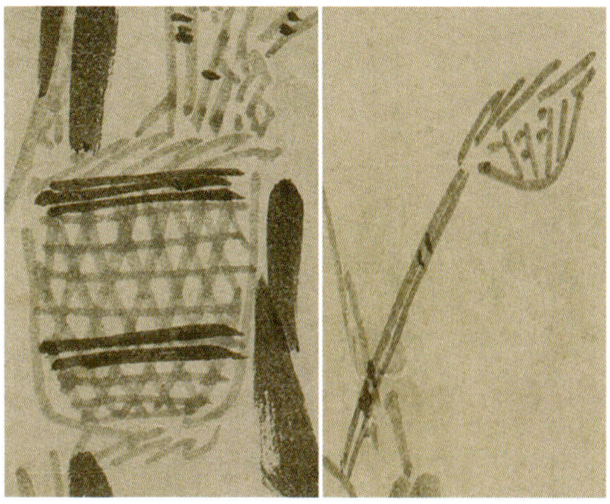

图 8-64 《渔篮观音图》（现藏于北京故宫博物院）中的提篮和笊篱

图 8-65 《杨竹西小像》（现藏于北京故宫博物院）

（图 8-67）等绘画作品中的竹拐杖等。元代竹拐杖的造型有简洁造型和怪异造型的区别，这种造型特征是对宋代绘画中竹拐杖“元素”的完全继承。

竹拐杖本是常见的竹器，但是经过宋元时期的发展，竹拐杖被赋予了更多的象征意义，因此在该时期绘画作品中，一般文人雅士或宗教人物都手持竹拐杖。在元代，竹拐杖有时还象征文人的气节，如《杨竹西小像》表现了高士杨竹西清廉谨慎的性格，烘托了杨竹西在宋亡后不愿在元朝做官的气节。相应的，为了在绘画作品中表现竹拐杖不同凡响，画家将竹拐杖的造型画得越来越奇特。

图 8-66 《罗汉图》（现藏于东京美术馆）

图 8-67 《神仙图》

（3）搭脚竹架

在元代画家刘贯道的《梦蝶图》中，庄子一只脚搭在一个竹架上（图 8-68）。这个竹架结构简单方正。这个搭脚竹架有着和“竹夫人”类似的使用功能，是在夏日乘凉时用来搭脚的。

图 8-68 《梦蝶图》中的搭脚竹架

（4）长柄竹扇

元代刘贯道还在《消夏图》中描绘了一个长柄竹扇（图 8-69），此竹扇与早期竹扇相比，没有什么不同之处。团扇在魏晋南北朝时期就已出现，其形制经过近千年的发展仍没有太大的变化。此图绘制的竹扇是元代绘画中较为清晰、精致的竹扇。长柄竹扇显示了元代对唐宋时期团扇文化的延续和认同。团扇的形象在元代绘画作品中曾多次出现。

图 8-69 《消夏图》（现藏于美国纳尔逊·艾金斯美术馆）中的长柄竹扇

（5）鸟笼

元代王振鹏在《龙池竞渡图卷》中描绘了龙舟竞渡的场景。在激烈的竞渡场景外围，绘有一只小船，船上一人划桨，另一人很悠闲地站在船上，手托一方形器物，似乎正在逗鸟。这一安逸的场景显示出这只小船的主人似乎是来游玩的。船头放置了四个编织的器物，最大的两个是竹罩一类的器物，紧随其后的是两个方形器物，该器物上有编织的孔眼。结合船上人正在逗鸟的情形，推测这几个编织器物应该是一套大小搭配的竹鸟笼（图8-70）。如果这一推测成立的话，则这幅画可以让人领略元代竹鸟笼的不同造型。

图8-70 《龙池竞渡图卷》（现藏于台北“故宫博物院”）中的鸟笼

元代竹器小结

元代竹器对宋代竹器有所继承和有所创新。由于宋元两个朝代都是农业社会，对竹器都有很大的需求，所以元代竹器必然会在种类、形制、功能等方面对宋代竹器有所保留。但是元代社会根据自己的生产和生活需要，又发展出了具有新功能的竹制品。元代竹器在成熟的竹器体系中不断向更细化的层次发展。元代留下的较完整的竹器图形资料非常珍贵。

元代是竹器的传承发展期。元代竹器在宋代竹器繁荣之后有所传承和发展。在传承上，元代竹器基本上继承宋代竹器的种类、形制等；在发展上，元代竹器进一步系统化和专业化，特别是在农耕和蚕织生产中，对一些有专门称谓和功能的竹器进一步细化和专门化。新的竹器形式有竹床、竹制帆篷、高转筒车、麦笼、麦绰、覆壳等，在传统竹器基础上进行创新的竹器有竹簸箕、装布匹的大竹盒等。

总的来说，元代竹器发展有以下特点：

(1) 系统化加深。《王祯农书》体现出元代农耕竹器的系统化、深入化发展的特点。

《王祯农书》不仅系统地记录了元代各种农耕竹器，而且对同一种类型竹器的功能也分别作了详细说明，例如，对用于储粮的笹、篅和䉛，用于运输的篣和篓以及其他各种不同用途的竹筐、竹篮的说明。

(2) 专门化进一步发展。《王祯农书》中不同类型的锨、耙，《耕织图》中各种拥有不同功能的竹筐以及各种不同形制的筒车等竹器，都有力地表现了元代竹器专门化的进一步发展。专门化发展和系统化发展是互相促进的，系统化的发展推动专门化进一步发展，专门化的发展又进一步促进了竹器的系统化。

(3) 大型化竹器有了长足的发展。元代的大型竹器有高转筒车、大型竹制帆篷、竹笐架、乔扦等，展现了元代竹器的大尺度及大体量形象。甚至连常用竹器都有向大尺寸发展的趋势，如麦笼与麦绰、掼稻簟、装秧苗的大竹筐、牛车上的圆底竹筐和车内的大竹筐等，这都是为了满足生产力发展或运输能力提升的需要。

(4) 竹器的工作效率大幅提高。生产竹器大型化发展的结果，直接推动了竹器生产效率的提升。竹器的装载能力因生产能力的提高而提升，运输用的车舟运输能力也因为车舟的大型化发展而有所提升，还出现了“批量”生产竹筐的能力。

(5) 文化的隐喻性得到了进一步加强。竹器和文人雅士、宗教信仰的联系越来越紧密，如《竹林大士出山图》《杨竹西小像图》《罗汉图》《神仙图》中的竹器，大多使用有一定文化内涵的湘妃竹进行制作。

(6) 生产类竹器首次以图形的形式被完整、系统地记录下来。

(7) 竹器器型的南北同质差异，表明元代不同地域文化得到相互交融。竹器南北差异的形象，在《王祯农书》中多次出现。国家统一、民族融合，推动了元代竹器不断发展。

第9章

明代竹器

——新发展期

在竹器发展的成就方面，明代是继承大于创新，但是根据社会发展的需要以及竹器制作技术的积累，明代也产生了一些有自己特色的新型竹器。明代刊行的《便民图纂》《天工开物》等典籍有助于人们研究明代竹器产品。

《便民图纂》是反映苏南太湖地区农业生产情况的著作。作者邝璠为明弘治七年进士，先后任苏州府吴县知县、瑞州（今江西高安县）知府、河南右参政。《便民图纂》全书共16卷，前两卷为图画部分：卷一为“农务之图”，绘有水稻从耕种至收获情景的15幅图；卷二为“女红之图”，绘有养蚕、纺织、制衣情景的16幅图。这两卷图画系以南宋楼璹《耕织图》为蓝本绘制而成。书中将历代与图相配的古体诗改成江浙一带民间通俗易懂的吴歌，因此有利于农耕技术的推广。

《天工开物》初刊于明崇祯十年（1637），共三卷十八篇，全书收录了诸如机械、砖瓦、陶瓷、硫黄、烛、纸、兵器、火药等产品的制作技术以及纺织、染色、制盐、采煤、榨油等生产技术。《天工开物》是世界上第一部关于农业和手工业生产的著作，也是中国古代一部综合性的科学技术著作，外国学者称它为“中国17世纪的工艺百科全书”。该书作者宋应星为明末科学家。

9.1 新的发展期与科技融入竹器制作

明代竹器已进入一个新的发展期。传统竹器到宋代时发展已较为成熟，沿用数百年甚至上千年的传统竹器，其规格、形制已深入人心，因此一时很难改变。想要对竹器产品进行创新，唯有生产力的进步、技术的融入才能带动竹器新品种的出现。正在这个关键时期，明代出现了一部在世界范围内都有影响的科学技术著作《天工开物》。《天工开物》的出现，说明明代已有科学技术思维。科学技术思维融入生产过程，推动了明代竹器在继承的基础上有所创新和发展。

同《王祯农书》相比，《天工开物》阐述更多的是各类器具的加工与制造工艺、技术规格参数。同样是对相关生产竹器进行介绍，《王祯农书》注重介绍竹器的造型特点和使用功能等经验性知识，而《天工开物》则注重对制作技术进行阐述和说明。也正因为如此，《天工开物》才成为中国古代综合性的科学技术著作，成为世界上第一部关于农业和手工业生产的综合性著作。《天工开物》刊出之后被日本人奉为农业生产宝典，欧洲人从该书的日本刻本中了解该书的内容后，也将该书当成“技术的百科全书”。

《天工开物》传播的新科技思维，使明代竹器的发展取得了很大成就，如出现了木竹、大型竹帆篷、弧矢以及不同类型的竹砻和筒车等新的竹器。同时，新的科技思维融入生产也为总结已有竹器的制作加工工艺提供了新的标准和要求，竹器制作不再仅凭借直觉经验，而是已开始有制作标准和依据。

9.2 《便民图纂》中的生产类竹器

图9-1至9-3引用的是明代万历年间刊本《便民图纂》中的一组插图，虽然是黑白图画，但它们描绘了明代农业生产和竹器使用的基本情况。

首先，可以看到画中农业生产的场景和人物关系与元代《耕织图》等基本一致，甚至人物造型也没有太大的改变。在第一张“浸种”图画中，竹器的改变相对较小，如斗笠的造型，前后两者大同小异（图9-1）。

观察图中的竹篮、竹箩筐、采桑竹筐等竹器（图9-2）可以看到，随着时代的变迁，这些竹器的造型略有变化，显示出明代竹器的特点，如竹篮、箩筐等竹器采用两头小、中间大的橄榄状造型，这明显不同于元代竹器的造型。

图9-1 《便民图纂》中浸种和插秧时的竹器

造型变化比较大的就是竹砻（图9-3），在造型上由元代的上竹下石结构，改为明代的上竹下竹的结构，这也是竹砻的一种新形式。

总的来说，同前代相比，在《便民图纂》中还没有看到明代竹器有太大的发展，沿用带有前代特点的竹器仍然是主流。这也反映出，经过长期的使用和开发，元代竹器的器型及功能日趋稳定。

图9-2 《便民图纂》中的竹箩筐等竹器

图 9-3 《便民图纂》中的竹砻和竹筛等

9.3 《天工开物》中的竹器

《天工开物》全书中有 123 幅插图，描绘了 130 多项生产技术及使用工具的名称、形状、工序等。在这 123 幅插图中，作者宋应星详细地描绘了明代大量竹器及其被使用的场景。

《天工开物》存世的版本较多，主要有涂本（明刊初刻本）、杨本（坊刻本，以涂本为底本而翻刻的第二版）、菅本（最早在中国以外刊行的版本）、陶本（20 世纪以来中国刊行的第一个《天工开物》新版本，在整个版本史上属于第四版）。本书内容引用的版本有两种：一种是国内的图像影印本，即陶本；另一种是日本早稻田大学馆藏的版本，即菅本。

根据对《天工开物》中插图的研究，发现其涉及竹器的品种和数量约有 25 种共 142 个，如表 9-1 所示。

表 9-1 《天工开物》中的竹器

序 号	名 称	数 量
1	竹筒水车	2
2	桔槔	1
3	竹砻	4
4	背篓	2
5	船顶篷	4
6	护栏与篱笆	6
7	马驮货架	4
8	箕	12
9	无孔筛	2

（续表）

序 号	名 称	数 量
10	竹筐	54
11	竹篮	4
12	竹斗笠	7
13	竹筛	5
14	竹席	19
15	竹制货包	2
16	排气管	1
17	连枷	2
18	竹鞭	1
19	水枧	1
20	竹椅	1
21	竹屋	2
22	木竹	2
23	船篷	2
24	弧矢	1
25	马嘴篼	3

1.《天工开物》中的竹器

（1）筒车

这是《天工开物》描绘的第一种竹器，是一种用来打水或使用水力运输的竹器。关于筒车类竹器，元代《王祯农书》已有翔实的记载。对照《天工开物》描绘的图形及文字描述，可以看出明代的此类工具在外形方面没有太大的改变，只是在技术上更加成熟。

（2）桔槔

桔槔俗称“吊杆”“称杆”，是一种原始的汲水工具。在农业灌溉方面，商代已开始使用桔槔。元代《王祯农书》也有关于桔槔的图像及文字资料，但《王祯农书》描绘的桔槔为木制，且书中没有提及可以用竹材料制作桔槔，而《天工开物》描绘的桔槔明显为竹制（图 9-4）。

图 9-4 《大工开物》中的桔槔与弹棉工具

《天工开物》对桔槔的文字描述非常简单，但是通过图形可以很清楚地了解其杠杆工作原理，这种原理的应用其实早已有之，只是该书第一次将桔槔绘成全竹结构，而且让人一眼就能看出它是一个竹制品。使用竹材制作这种装置表明明代竹子的用途已被进一步开发。根据同样的原理，明代还开发出很多的竹制品，如图 9-4 中所示的弹棉工具，就是利用杠杆原理和竹材中空、质轻、有弹性的特征制作而成。

（3）竹砻

砻在《天工开物》里有土砻、木砻、水砻等类型（图9-5），其制作和使用方法基本一样，与《便民图纂》中记录的竹砻造型区别也不大，但不论哪一种类型的砻，从中基本上都可以看到竹材的身影。《天工开物》显示竹砻可以由一个人推动，这就说明竹砻的大小、规格是可变的，可以根据不同的需要而特别设计。一般家用的竹砻一个人可以操作，作坊中的竹砻可以增大规模，由数人同时推转。

在竹砻使用的场景中，还可以看到诸多其他类型的竹篮、竹筐、竹筛、簸箕、竹席等竹器设施，这显示出在明代，竹器的使用是大量和系统的，而不是单个出现的，而且与宋元时期此类生产竹器基本上是一脉相承的。

图 9-5 《天工开物》中的各式砻

（4）背篓

在《天工开物》众多的插图中，有两处描绘了背篓的形象（图 9-6），其中一个是背在身上的背篓，另一个是放在地上的背篓。背篓的口为圆形，背篓有明显的背带，背篓的竹编网孔比较大，推测它们是用来盛装煮盐用的煤块的。

图 9-6 《天工开物》中的背篓

（5）船顶篷

《天工开物》中多处描绘了用竹席支撑的船顶篷（图 9-7），而且还可看出里外竹席的编法不一样，显示出明代船顶篷是用多层竹席铺设的。竹席的编法有十字编、人字编等，这些编法在明代应该属于很普遍的竹编工艺。

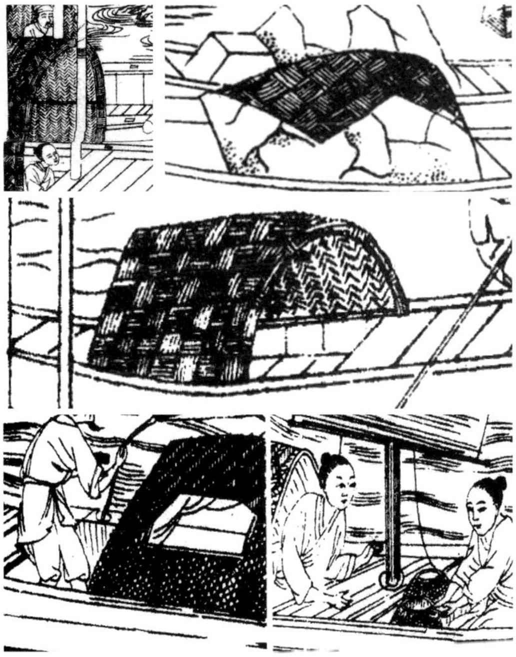

图 9-7 《天工开物》中的船顶篷

（6）护栏与篱笆

《天工开物》描绘了两处护栏和 4 处竹篱笆（图 9-8），另外在两处篱笆上绘有竹门，在篱笆墙外还绘制了竹园，用来衬托竹篱笆。不论是竹制护栏还是竹制篱笆，它们对竹材的利用及编织手法都不一样。

图 9-8 《天工开物》中的各式竹篱笆

（7）马驮货架和马嘴篼

《天工开物》中有 4 个地方描绘了马驮着竹制货架的场景（图 9-9），而且从不同角度展示了货架的造型、结构和编织的手法。在其中的一处，还精心描绘了货架卸货的方法，这让后人可以对这一竹器有更深刻的了解。

在绘制马驮货物时，宋应星还没忘记给马戴上“马嘴篼”。马嘴篼是为了避免牲口在劳作过程中偷吃身边草料的一种常见器具，一般是使用竹篾编织而成。这种马嘴篼在我国竹器图像资料中并不多见。

图 9-9 《天工开物》中的马驮货架和马嘴篼

（8）箕

《天工开物》中至少有 12 处描绘了簸箕的形象（图 9-10）。不同的簸箕，其造型、竹编技法不完全一样，其用途也不一样。例如有手持簸箕、肩挑带绳簸箕等；有不带孔的簸箕，也有带孔的运货簸箕。

其中手持簸箕，更像是元代《王祯农书》中描述的扬篮，它可借助风力分离谷物，也可用于日常生活、作坊以及矿物开采等不同场合。《天工开物》对竹簸箕的使用方式也进行了具体描绘（图 9-11）。

（9）无孔筛

无孔筛主要用于晾晒谷物或养蚕，也称蚕筐。《天工开物》中有两处描绘了无孔筛，其中一处显示的是典型的供养蚕使用的无孔筛（图 9-12）。

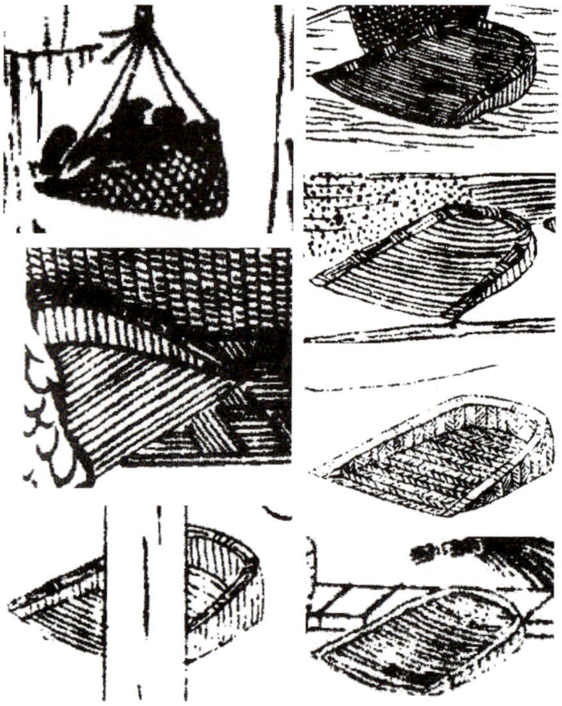

图 9-10 《天工开物》中各式竹簸箕

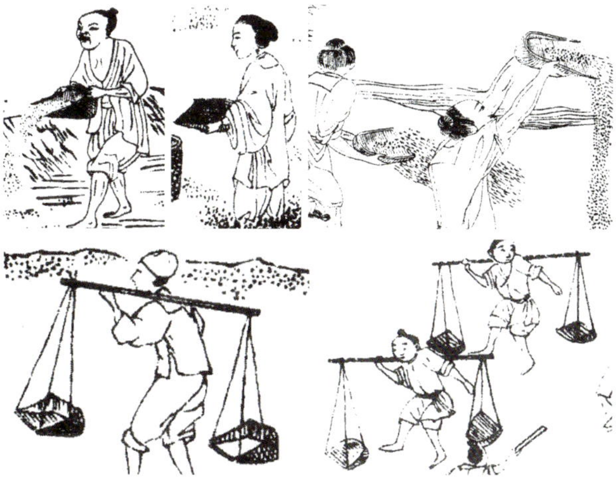

图 9-11 《天工开物》中竹簸箕的各种使用方式

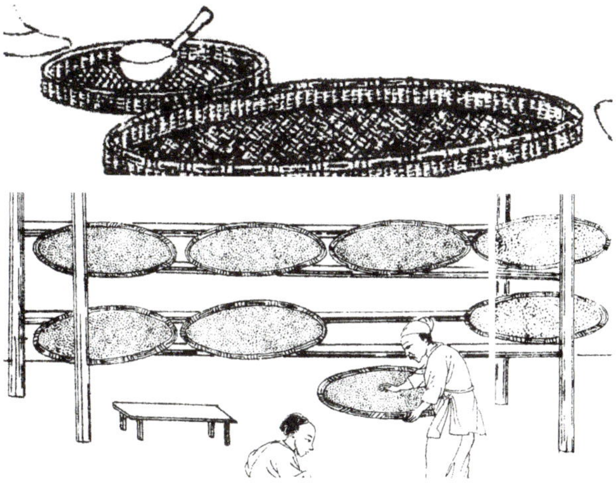

图 9-12 《天工开物》中的圆簸箕和无孔筛

（10）各式竹筐

在《天工开物》描绘的竹器中，种类最多的应该是竹筐，其中至少有 54 处描绘了竹筐，而且竹筐的品种丰富，造型、大小、用途等均有不同之处。竹筐是《天工开物》中描述的极具特色的一类竹器，显示在明代竹筐已被广泛使用。

图 9-13 所示的四个竹筐分别采用了不同的编织手法：第一个采用的是六孔编，第二个采用的是人字编，第三个采用的是竹条框架加竹编的手法，第四个采用的是十字编。

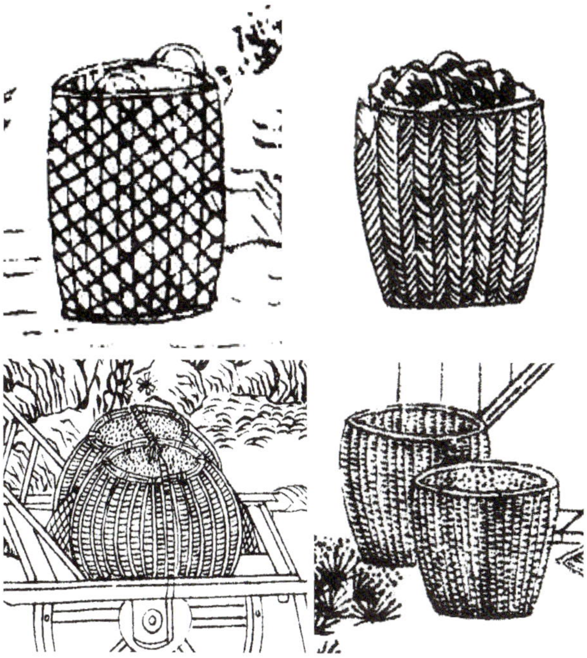

图 9-13 《天工开物》中的各式竹筐

图 9-14 所示的竹筐，其筐口处制作得很特别，其中一个是锯齿口的竹筐，另一个是锯齿形装饰的竹筐（实为圆形口）。

图 9-15 所示是圆形和椭圆形的大竹筐，是用来盛装谷物或矿物的，其编织手法基本一样。

图 9-16 所示的是手持竹筐，其尺寸相对较小，方便人手持。竹筐的造型、编织手法及功能完全不一样，特别是最下面的三个手持竹筐，不论在造型上还是在功能上都很特别。按照《天工开物》的记载，这些都是淘锡用的竹筐。使用竹器淘矿石在中国历史上早已有之，在铜绿山商周时期的遗址中就曾出土过一个专门用于淘铜矿石的竹盘。

图 9-17 所示的是造型比较独特的碗状竹筐。其中第一个大竹筐，口大底小，还带有精心制作的侧线造型；第二个是口小底大的竹筐；第三个是可以挑起来的竹筐，这个竹筐的收口设计很别致。

图 9-14 《天工开物》中的锯齿口竹筐

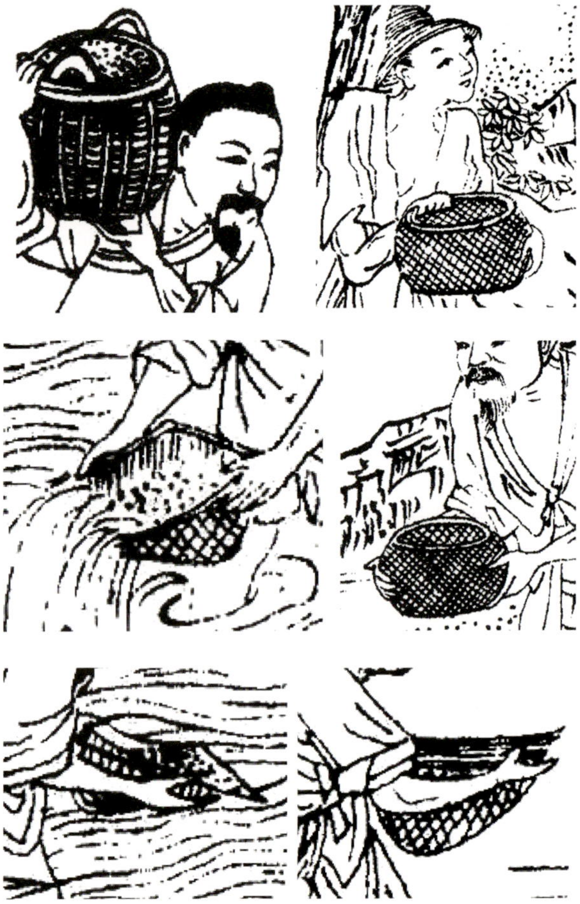

图 9-16 《天工开物》中的手持竹筐

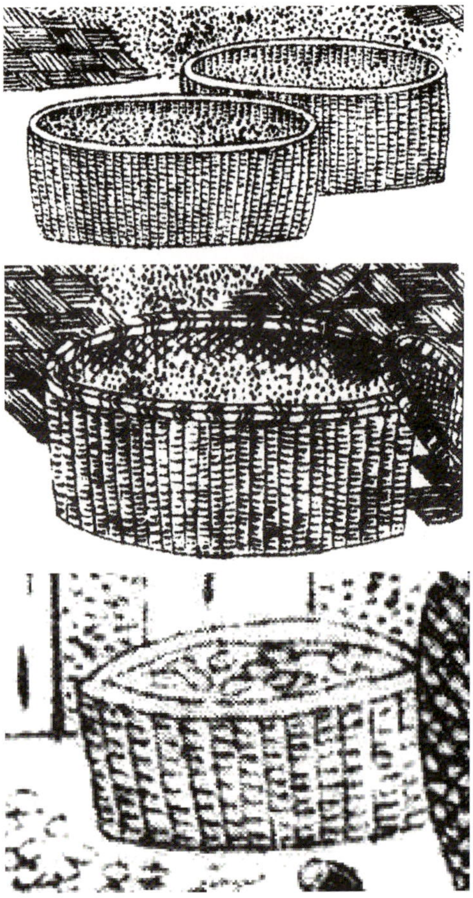

图 9-15 《天工开物》中的圆形和椭圆形竹筐

图 9-17 《天工开物》中的碗状竹筐

在图 9-18 所示的几种竹筐中，最特别的是烘烤用的竹筐，严格意义上说这个烘烤用的竹筐应该是一个两头空的竹编筒，它可以内置火盆，在蚕织生产中用来给蚕室取暖或加热。它在造型上是经过精心设计的，因此留下了优美的弧形侧线。

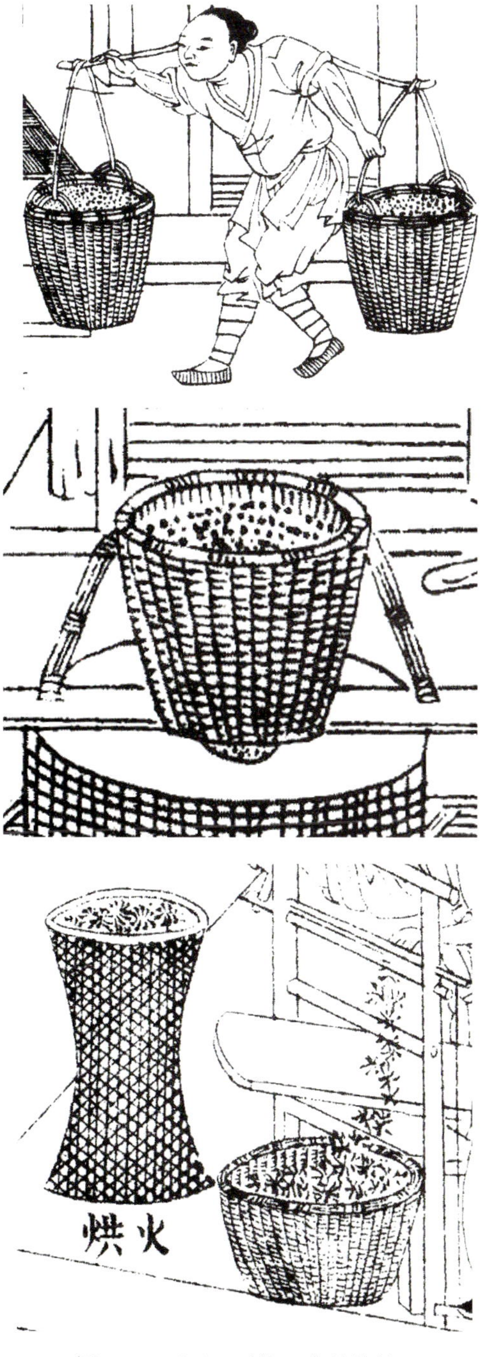

图 9-18 《天工开物》中的竹筐

图 9-19 所示的是将米装入竹筐后，放到水中淘洗的场景。这种竹筐经过特别设计，编织细密，是一种较大型的专门用于淘米的竹筐。

图 9-19 《天工开物》中的淘米箩

（11）竹篮

《天工开物》中有 4 处描绘了竹篮的形象（图 9-20），这几个竹篮均为手提竹篮，造型和结构均不相同。第一个竹篮篮身采用人字编，敞口，提梁由三根竹条捆制而成；第二个竹篮采用十字编，收口，提梁由两根竹片捆制而成；第三个竹篮采用三角编，提梁造型同第二个；第四个竹篮采用十字编，提梁十分简洁，整体造型圆中带方。

（12）竹斗笠

《天工开物》中记录竹斗笠的地方有 7 处，图 9-21 列举了其中 5 种竹斗笠，它们造型基本一致，仅有一个竹斗笠使用了横纹，其他均为竖向结构。不过有一个竹斗笠很特别，其竹斗笠顶上不封口，佩戴者头顶外露，这是一种新式竹斗笠。这种斗笠在明清时期的绘画作品中常常可以见到。

（13）竹筛

《天工开物》中记录竹筛的地方至少有 5 处（图 9-22），且均为竹筛在使用时的场景，它们在造型上的区别比较小。另外还绘制了一件筛谷簃，其造型结构和前期的筛谷簃也没有多大区别。

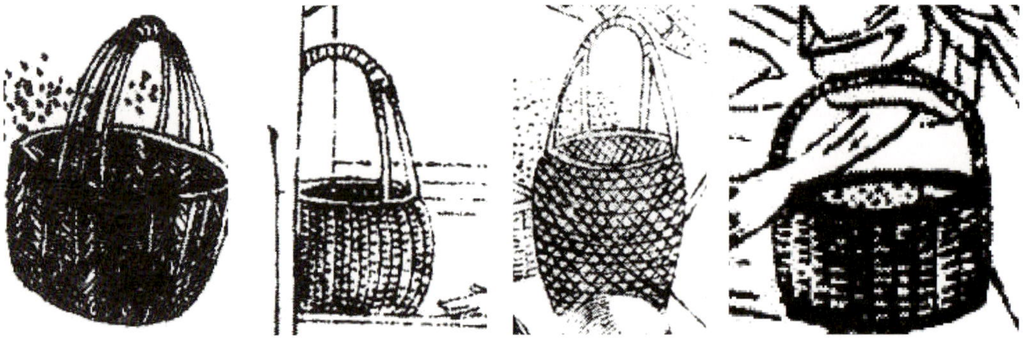

图 9-20 《天工开物》中的各式竹篮

图 9-21 《天工开物》中的各式斗笠

图 9-22 《天工开物》中的各式竹筛

（14）竹席

明代竹席的造型十分简单，编织手法也很常见，一般采用十字编、人字编、三角编等。但是在《天工开物》中，关于竹席的使用方式却介绍得很详细，竹席既可以做谷床，也可以用来遮阳挡雨，还可以做屋顶、船顶篷、篱笆墙等。《天工开物》中出现竹席的图像至少有19处（图9-23）。

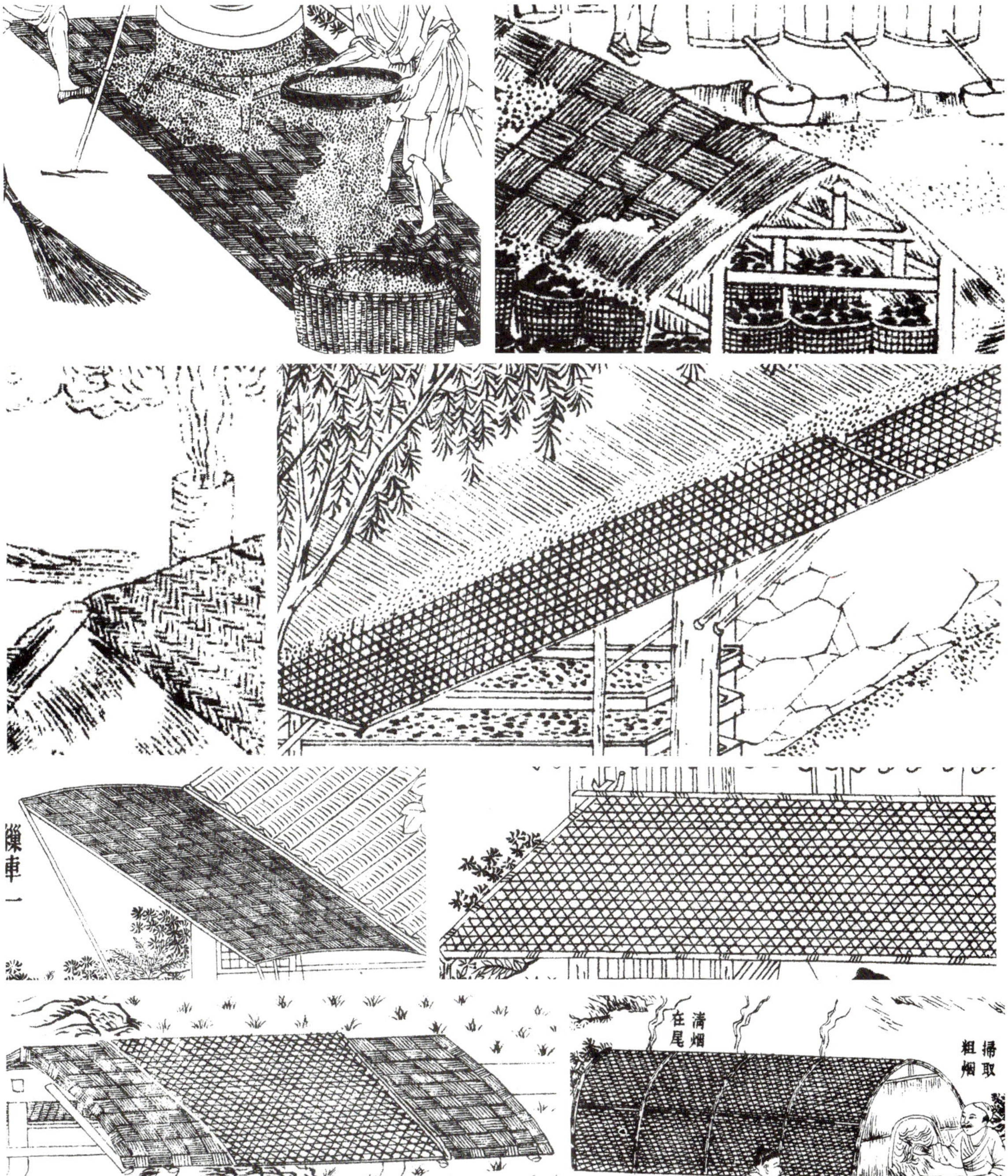

图9-23 《天工开物》中的各式竹席及其使用方式

（15）竹屋

《天工开物》虽没有明确提出竹屋的概念，但是在介绍“海水盐”与“井盐”的生产过程时，连续绘制了两处使用竹骨架结构、铺竹席做顶的竹屋（图9-24）。它们是较早用于盐业生产的竹屋图像资料。这说明在明代已经可以用竹材料制作大型竹制房屋。

（16）竹制货包

“竹制货包”（图9-25）是一个很独特的称谓，也是首次在《天工开物》中出现的竹制器具。从图像资料上看，它应该是明代码头上用来装货的一种器具。可以看到货物先由竹编包裹好，再用绳索捆住，运送到船上。竹制货包大多是明代四川、云南一带在运输船上使用的一种竹器。

图9-24 《天工开物》中的竹屋

图9-25 《天工开物》中的竹制货包

（17）竹椅

在《天工开物》描绘的图像资料中，有一处绘有精致的竹椅（图9-26）。这是一个择茧的场景，画面中夫妻二人在一张大桌上择茧，使用的竹器有竹篮和竹筐。画面的右下角有两个孩子，其中一个孩子站着，另一个孩子蹲在椅子上，而且可以看出，那是一张竹制椅子。虽然椅子只画出了一半，但是仍然能看出其制作较为精致。

图9-26 《天工开物》中的竹椅

（18）木竹

“木竹”不是指木材和竹材，而是指一种专门用于钻盐井的竹器（图9-27）。《天工开物》中记载：“其器，冶铁锥如碓嘴形，其尖使极刚利，向石上舂凿成孔。其身破竹缠绳，夹悬此锥，每舂深入数尺，则又以竹接其身，使引而长。初入丈许……随以长竹接引……大抵深者半载，浅者月余，乃得一井成就。”这种用于钻井的竹器，它可以随着钻井深度加深而不断地续接竹筒。该竹器长度以丈为单位，短的丈许，长的数丈，甚至更长。

为了使竹筒更好地接合在一起，每个竹筒端头都在切开一半后，再将切口处锯成正负形接口，这样方便两根竹筒连接。

盐井打好后，为了汲取卤水，还产生了一种专门用于汲取卤水的竹器。《天工开物》中是这样记载的：“择美竹长丈者，凿净其中节，留底不去。其喉下安消息（作者注：即在最后一节的上部安装阀门），吸水入筒，用长絙系竹沉下，其中水满。井上悬桔槔、辘轳诸具，制盘驾牛，牛拽盘转，辘轳绞絙，汲水而上。入于釜中煎炼，顷刻结盐，色成至白。”可见，该带阀门的竹器是制盐的关键工具，它主要是利用了竹筒中空的特点制作而成。

图9-27 《天工开物》中的木竹及其制作工艺

（19）船篷

《天工开物》较为详细地记录了造船业对竹材的利用，当时船上的重要部件“船篷”（图9-28）就是利用竹材制作的。“凡船制底为地，枋为宫墙，阴阳竹为覆瓦……弦篷为翼”。可见竹材在造船业中发挥着重要的作用。船篷，又叫弦篷，由竹篾和竹片制成。“凡船篷其质，乃析篾成片织就，夹维竹条，逐块折叠，以俟悬挂。”

船篷在明代已经大型化，“粮船中桅篷，合并十人力方克凑顶，头篷则两人带之有余”。船篷是明代可折叠的大型竹制品，《天工开物》详细记载了竹制船篷的制作规格、要求和技术参数等，并且从科学技术的角度对竹制船篷的制作进行了说明。

图 9-28 《天工开物》中的竹制船篷

（20）弧矢

弧矢，即弓和箭。用竹做弓箭，自古有之，但《天工开物》中对其做了详细说明（图 9-29）：“凡造弓，以竹与牛角为正中干质（东北夷无竹，以柔木为之），桑枝木为两稍。弛则竹为内体，角护其外。张则角向内，而竹居外。竹一条而角两接，桑弰则其末刻锲，以受弦驱，其本则贯插接榫于竹丫，而光削一面以贴角。”《天工开物》对竹材制弓的描述，充分体现了竹材在古代制弓过程中的不可替代性。

《天工开物》科学地阐述了制弓的相关技术参数，这在明代之前的相关资料中是没有的，体现了《天工开物》对科学技术的重视与掌握。“上力挽一百二十斤，过此则为虎力，亦不数出。中力减十之二三，下力及其半……其初造料分两，则上力挽强者，角与竹片削就时，约重七两。筋与胶，漆与缠约丝绳约重八钱，此其大略。”书中列出的数字虽然不是太精确的技术参数，但就明代而言，这样科学地使用材料来制作竹器已经十分难得。

关于制箭，《天工开物》指出："凡箭笴，中国南方竹质，北方萑柳质，北边桦质，随方不一……凡竹箭，其体自直，不用矫揉。木杆则燥时必曲，削造时以数寸之木刻槽一条，名曰箭端，将木杆逐寸戛拖而过，其身乃直。"可见，制箭杆，竹材是最佳选择。

（21）竹制排气管

《天工开物》还描绘了一种简单的竹制排气管，就是打通竹筒中节，让竹竿直接变成一个管道，利用管道通风的原理，排出矿井内的有毒气体（图9-30）。

图9-29 《天工开物》中的弧矢制作

图9-30 《天工开物》中的竹制排气管

（22）连枷

《天工开物》描绘的连枷图像，虽然不能看出其是竹制还是木制的，但与其图相配的文字注释则很明确地指出连枷有木制和竹制两种。

（23）水枧

水枧是用来引水冲洗物品的器具，从绘制的图像中，可以明显地看出它是用竹竿制作而成的（图9-31）。

图9-31 《天工开物》中的水枧

2.《天工开物》中的竹器特征

（1）《天工开物》显示明代的生产竹器进一步专业化。在中国古代竹器的发展过程中，竹器因生产分工而分化，出现了专门化的竹器。专门化的竹器至宋元时期达到成熟。到了明代，竹器已由专门化向专业化转变，也就是说某个竹器是专业用于做某一件事或具有某一种功能，而且需要专业化的制作技术，如船篷、各类筒车、各类竹砻等竹器的制作，体现出不同以往的专业化特点。

（2）《天工开物》显示明代科学技术理念与手段已融入竹器制作。《天工开物》记载的有些竹器，除传承了传统竹器特点外，而且还带有一定的技术含量，也就是说一些传统竹器被技术化了，如弧矢、桔槔、木竹、船篷等。这一类竹器本是常规竹器，但《天工开物》详细地阐述了其技术要求，如功能模式、制作技术、规格参数、性能指标等。科学技术理念与手段的融入，推动了明代竹器的进一步发展。

（3）《天工开物》显示明代对竹材的使用技术趋于成熟。无论是大型化综合竹器（如竹屋、筒车、船篷等），还是常用竹器（如篮、箕、筐、筛等）以及单一化竹器（如弧矢、木竹、排气管、水枧等）都有相应的技术规格要求，使竹器不断地向更精细化和规范化的方向发展，因此竹器的生产制作技术日趋成熟。

（4）《天工开物》显示明代竹编工艺发展缓慢。《天工开物》虽然是一部记录明代科学技术的著作，但是，其图像和说明性的文字所体现的竹编工艺与宋元相比，并没有出现太多的变化，基本还是沿用了宋元时期常见的竹编样式。

（5）《天工开物》显示明代竹器是对前朝竹器的继承和在继承基础上的发展。明代用于生产、生活的竹器大部分都有历史基础，其中大多数是从宋元时期的竹器逐步发展而来，部分竹器几乎没有变化。由于竹器经过多年的发展，已经系统化和成熟化，特别是宋元明时期仍是农业社会，没有产生更多和更大的新需求，因此竹器在创新方面的动力仍然不足。

9.4 明代竹制家具

1. 竹轿椅

在明代戴进的绘画作品《钟馗夜游图》中，有一个竹制轿椅（图 9-32），轿椅造型方正，椅面下采用圆形结构做支撑，椅子前面还设计了一个搭脚。

轿椅使用了两根长竹竿做抬杆，轿椅本身在各部件连接上采用篾绳或藤条缠紧固定，另外为了加强轿椅下部椅腿结构支撑力量，使用了在矩形构件框内加圆形支撑和竹竿交叉支撑，所有交叉连接部位也均使用篾绳或藤条固定。轿椅竹材选用的是湘妃竹。

这一轿椅与宋代《十八学士图》中湘妃竹制作的竹椅有较大的相似性，无论是材料使用，还是椅子的构造、制作手法都基本一致，所不同的是轿椅中使用了竹竿交叉的支撑结构。

图9-32 《钟馗夜游图》中的轿椅

2. 竹货挑

明代计盛在《货郎图》（图9-33）中精细地描绘了装有小鸟的圆形鸟笼和方形鸟笼，虽然看不出鸟笼材质，但是从这类鸟笼的常用制作材料来看，它们应该也是由竹材制作的。

《货郎图》中最大的竹器是货架，从画中可以看到整个货架的主体架构是由竹竿制作的，而且采用了著名的湘妃竹。货挑在北宋《清明上河图》中第一次出现后，这种竹器的制作一直延续到元明清时期，虽然后来在形式上有一定的变化，但是一直还是以竹材作为主要制作材料。计盛《货郎图》中的货架是一个大型且装饰精美的竹器，挂满了鸟笼。货架顶部和腿部有向外弯曲的造型，但其给人的感觉整体上还是以方直为主。

图9-33 计盛《货郎图》中的竹货挑

明代有代表性的货架还有《宪宗元宵行乐图》（图 9-34）中描绘的两个竹货挑，它们在造型上完全一致，仅色彩和所卖货品不一样。货架的竹框架结构一目了然，而且该竹货架基本上是“复制”北宋张择端《清明上河图》中的货架，甚至连货架中弯曲向上的独特扁担造型都是刻意模仿的。类似造型的竹货挑在明代仇英绘制的《清明上河图》（图 9-35）中也有出现。这说明明代竹货挑与宋代货挑在造型方面有一种继承关系。

图 9-34 《宪宗元宵行乐图》（现藏于中国国家博物馆）中的竹货挑

货挑作为中国传统农业社会中小商品买卖的重要载体，在商品交换中发挥了重要的作用。货挑最晚在北宋初期就已出现，实际使用时间应该更早，因为北宋初期货挑的形式已经很成熟。货挑为了减轻自身重量、能盛装大量货品、方便随时挑起和放下，选择竹制框架是最佳的。所以自宋代以来，竹制货挑一直沿用，直到晚清及民国时期，仍然能看到竹制货挑在使用，如清末的骆驼担等竹制货挑。

图 9-35 仇英《清明上河图》（现藏于辽宁省博物馆）中的竹货挑

3. 竹椅

明代谢环在《杏园雅集图》中描绘了一个由湘妃竹制作的竹椅（图 9-36）。竹椅整体造型方正，扶手和靠背是由一根长竹竿切口后热弯成型制作而成，椅面外围的结构也是由一根长竹竿采用同样的加工工艺制成。竹椅在造型上虽然没有过多装饰，但考虑了竹材的材料特性，并吸收了明代木质家具理性、简洁的特点。与《杏园雅集图》中竹椅造型风格类似的还有仇英绘画作品《竹院品古》中的竹椅（图9-37），该竹椅也是由湘妃竹制作，不过其湘妃竹的直径较小，因此竹椅在整体上显得更纤细。

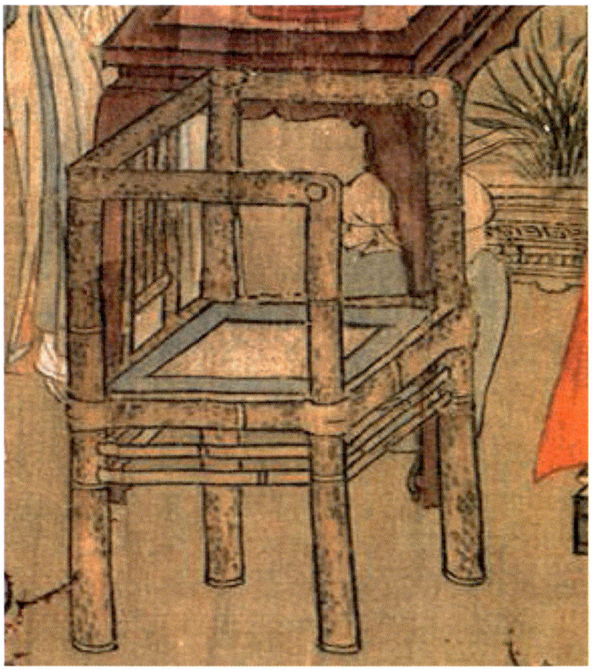

图9-36 《杏园雅集图》（现藏于美国大都会博物馆）中的竹椅

图9-37 《竹院品古》（现藏于北京故宫博物院）中的竹椅

《天工开物》中的竹椅在前文中已经有所介绍，下面将其（图9-38）与《杏园雅集图》中的竹椅做一下比较：同样是明代的竹椅，《天工开物》和《杏园雅集图》中的竹椅在造型上略有不同，《天工开物》中的竹椅更加注重竹节造型的表现，展现的是竹节形态美。另外，《天工开物》中竹椅的扶手是由一根竹竿弯曲而成的，椅背的造型也是方中有圆角过渡；《杏园雅集图》中的竹椅则显得方正而又圆润，形态饱满。

如果和同时代的木质家具比较，会发现《天工开物》中竹椅的整体造型和结构处理手法与明代木质官帽椅有很强的一致性。虽然《天工开物》中的竹椅仅绘制了一半，但从中还是可以看出，除了使用竹材不同，其他结构两者完全一致。这说明明代木质家具的发展和完善推动了明代竹制家具的发展，尤其在形制上，明代竹制家具受明代木质家具的影响更深。

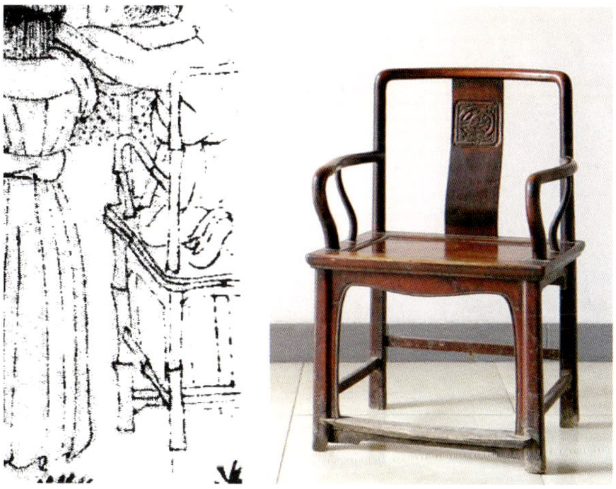

图9-38 《天工开物》中的竹椅与明代官帽椅造型

9.5 明代日用竹器

1. 明代《清明上河图》中的日用竹器

出现日用竹器最多的绘画作品当属明代仇英绘制的《清明上河图》，图中描绘了大量的日用竹器，如竹篮、竹箩、竹筐、竹篓、扇子、竹席制品等（图 9-39、图 9-40）。虽然它们有大有小，但基本上和宋元时期的竹器器型相仿，使用方式也基本一致。仇英《清明上河图》还描绘了较大型的由双人抬的大竹篓和大竹箩。仇英《清明上河图》显示出明代苏州城内的人们已大量使用竹器，说明明代各类竹器器型十分成熟并已定型，竹器已成为人们日常生活中不可缺少的生活用品。

图 9-39 仇英《清明上河图》中的竹箩、竹筐、竹篮及竹席围栏

图 9-40 仇英《清明上河图》中的大竹箩、竹篮、竹扇子、竹席篷

另外，该图中还描绘了舟车等大型运输工具中的竹器，以及竹货挑、骆驼货架、罾等竹器（图 9-41），系统地展示了明代竹器在苏州城中的使用情况。竹制帆篷虽然是元代出现的大型竹制品，但在明代《天工开物》中有详细的制作技术说明。尤其是仇英《清明上河图》中带有三个竹制帆篷的大船（图 9-42）显示出明代帆篷制作技术不仅有了发展，而且已经十分成熟。仇英生活的年代比《天工开物》刊行的时间要早近 100 年，更加说明竹制帆篷的发展在先，《天工开物》对其技术的总结在后。仇英在《清明上河图》中描绘船只出现的地方约有 40 处，大型帆篷船在画中共出现了 23 次，显示出竹制帆篷在明代中期的大型船只上已经被广泛应用。

图 9-41　仇英《清明上河图》中的驴驼货架和船上竹席顶篷等

图 9-42　仇英《清明上河图》中大型运输船上的竹制帆篷

2. 竹篮

明代绘画中涉及的竹篮作品较丰富，主要有郭诩的《访道图》和《秤书图》，计盛的《货郎图》，文徵明的《山庄客至图》以及周臣的《流民图》等。画中竹篮形态各异，造型不一。

图 9-43 所示的两个竹篮与文人有关，竹篮在造型上力求实用、雅致。其中第一个是装画用的竹篮，为满足古人长卷轴画的需要而增加了高度，并将其中部变大，比一般竹篮多出了功能性的结构，看起来更像一个“篓”。第二个竹篮是用来装书的，敞口浅底，较为朴实。这两个竹篮的编织手法基本一样。

图 9-43 《访道图》和《秤书图》中的竹篮

计盛《货郎图》中的竹篮（图 9-44）是装饰用的花篮，因此该篮精致、小巧；造型以浅圆形为主，篮子口大而底浅；提梁结构采用分段式，不同于一般竹篮。该竹篮的装饰成分较多。

文徵明《山庄客至图》中的竹篮（图 9-45）像是一种装茶壶的竹篮，联系宋元时期斗茶的竹篮，这个竹篮似乎只是用来装茶壶，而没有装炭的功能。该竹篮的尺寸不大，但提梁很高，总体

图 9-44 《货郎图》中的竹篮

图 9-45 《山庄客至图》中的竹篮

造型细长；编织手法和前面三个竹篮不同。

明代周臣《流民图》中的竹篮（图 9-46）因为是流民所用，所以注重实用性。该竹篮是流民的生活家当，竹篮呈圆形，腹大口小，带有底座。竹篮上有一个斜挎的长索，以方便携带。

3. 竹筐

明代绘画中的竹筐主要在郭诩的《秤书图》、陈洪绶的《品茶图》、周臣的《流民图》等作品中出现过。

《秤书图》（图 9-47）和《品茶图》（图 9-48）中的竹筐编织手法不同，一个是十字编，另一个是三角编，在造型上这两个竹筐都相对较大，分别是用来装书和装炭的。

《流民图》描绘的各式竹筐（图 9-49）是流民随身携带的物品，竹筐体量都不大，背在身上，相当于现代的背包，主要是用来装一些随身必需的物品。这一类竹筐是流民能用得起的廉价“行囊”。

4. 竹帽

山东鲁王[①]墓出土的文物对研究明朝早期历史具有很高的价值，该墓出土了好几件竹器，其中

① 朱檀（1370 — 1390），明太祖朱元璋的第十子，就藩于兖州。

竹编的帽子（图9-50）编织工艺精致、技术精湛。

不同于传统意义上的斗笠，该竹帽用极细的竹篾，采用人字编编织而成。在顶部可以看到由竹篾编织的八条主线交汇而成的八边形，与人字编形成明显的对比效果。该竹帽的做工细腻，编织疏密有致，不仅表现了明朝初年中国高超的竹编工艺，而且在中国竹编工艺史上也可以说该帽的编织技术已达到了很高的水平。

图9-46 《流民图》中的竹篮

图9-47 《秤书图》中的竹筐

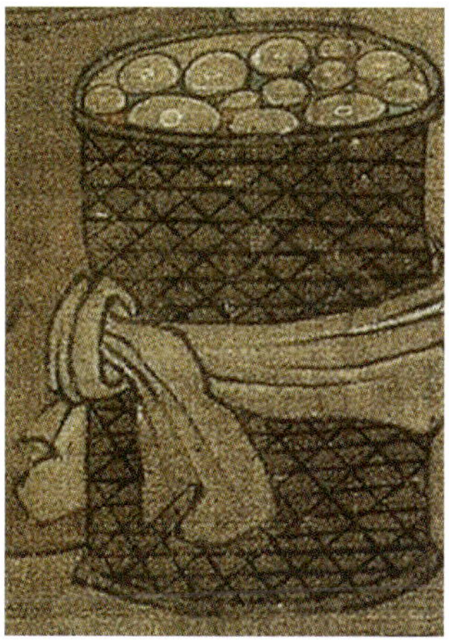

图9-48 《品茶图》中的竹筐

图9-49 《流民图》中的各式竹筐

图9-50 鲁王墓中的细编竹帽

5. 竹箱

鲁王墓出土的文物中还有竹箱等竹器，反映了明代初期竹箱等不同竹器的造型样式、制作方法和编织方法等。图 9-51 为山东博物馆展出的明代鲁王墓出土的竹箱、竹筐模型，可以看出竹箱带有盖子，其造型跟前代的竹箱已没有太大的差异。

图 9-51　鲁王墓出土的竹箱和竹筐模型

9.6　明代其他竹器

1.《渔乐图》中的竹制渔具

《渔乐图》（图 9-52）是明代周臣绘制的一幅关于捕鱼场景的画卷。在该画中，周臣描绘了明代渔民捕鱼的许多常用工具，其中大部分是竹制渔具。

渔船上的竹席顶篷，是明代渔船的“标配”。在同一画面中，周臣描绘了不同纹样的竹席顶篷及其使用方式。但总的来说，周臣画中的竹席顶篷和宋元时代的竹制顶篷没有多大区别，也没有大的改进之处，沿用的仍是传统的制作工艺。

《渔乐图》还绘制了一个已经放入水中的罾（图 9-53），其造型和宋元时期的罾没有太大的区别，使用方式也基本一致，显示出罾在五代时期出现以后，其优良的结构设计在使用中得到了人们的肯定，所以这种罾一直被使用。同样的罾在明代仇英的《清明上河图》中也有描绘（图 9-54），其造型和结构与历代的竹罾一致。由此可见，罾在明代仍然是应用十分普遍的捕鱼工具。

图 9-52　《渔乐图》（现藏于北京故宫博物院）

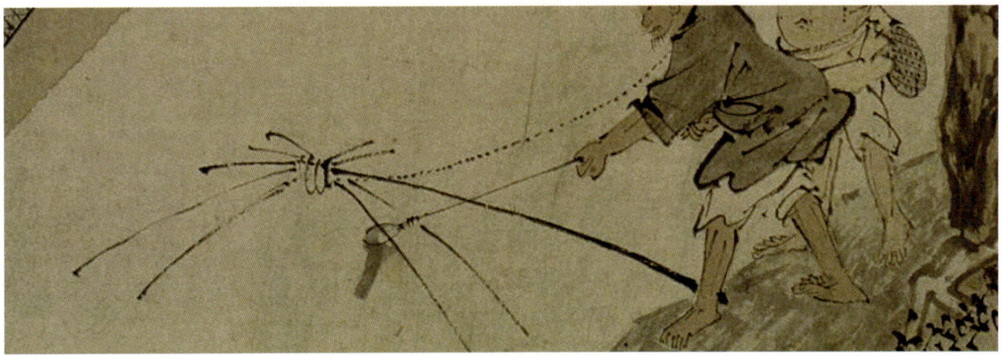

图 9-53　《渔乐图》中的罾

图 9-54 仇英《清明上河图》中的罾

明代人们在捕鱼时还使用渔篓（图 9-55），虽然画中多处描绘了渔篓的形象，但其造型基本一致，没有多大差别，说明当时渔篓的形制较为统一。渔篓的使用方式是斜背在身上，这样在捕鱼时可方便携带。

画中还描绘了两种与捕鱼有关的竹器。其中一种捕鱼竹器是竹罩（图 9-56），这种竹器是专门用来捕鱼的，口小底大。从画中可以看出，捕鱼时先用竹罩将鱼罩住，然后用手或小工具将鱼捞出来。作者在画中生动地描绘了该竹罩使用的方法。另外一种是用来装鱼的大竹筐，由一个老者在岸边看护着。竹罩和竹筐的编织方式均为最基本的三角编工艺。

图 9-55 《渔乐图》中的渔篓及其携带方式

图 9-56 《渔乐图》中的捕鱼的竹罩及装鱼的竹篚

2. 明清贡席——舒席

舒席（图 9-57）古称“竹簟”，一般是指安徽舒城、潜山一带制作的竹席。安徽潜山史称“舒州”，舒席因此而得名。据史籍记载，明代天顺年间，吏部尚书秦民悦（舒城人）将编有龙纹的舒席作为贡品带至京城，深得英宗皇帝赞许，御批为“顶山奇竹，龙舒贡席”。从此舒席即以“龙舒贡席”著称于世。

舒席从选料、裁料到最后成席共有12道工序，即裁料、开竹、破条、切头、划条、起黄、匀撕、蒸煮、刮篾、编织、收边、检验。舒席制作的最关键步骤就是编织，它不仅要求经纬编排匀称、篾纹笔直整齐，更主要的是工艺舒席要求每一位编织匠人皆懂画理。无论是山水写意画、人物工笔画，都需要精心构图、合理布局，使席面的景物远近相宜，浓淡对比鲜明，空间层次清晰。舒席编织将竹篾的特质发挥到了极致。

舒席具有篾薄柔滑、坚韧耐磨、吸水性强、凉爽消汗、不腐不蚀、折卷不断、携带方便等特点。特别是篾丝经过蒸煮处理，所制作的凉席柔软不易折断，不生竹粉虫。如果爱惜使用，一块水竹凉席能使用六七十年。竹席沾上汗渍后稍用湿布擦洗即可，而且越擦越光滑，越用越发亮，人睡上去感觉更加凉爽，在盛夏季节，人睡在这种竹席上，有“清风徐来”之感。舒席经过几个夏天后，颜色往往会由青绿转为橘红或棕红，晶莹透明。

图 9-57 舒席

3. 彩漆云龙笔

彩漆云龙笔如图 9-58 所示，全长 20.8 厘米，管径 2.1 厘米，是明代嘉靖年间的毛笔，该毛笔以竹质为胎，再绘制彩漆，从造型上虽然已经看不出其本身的特点，但它仍然是明代竹器的代表作品之一。

彩漆云龙笔的竹笔管与笔套，外表髹漆，以黑为地，描金、银、红、蓝、白诸彩漆，下端绘寿山福海，中间绘双龙戏珠，顶面描菊瓣纹，底端口沿镶金色扣。笔毫呈细腰葫芦形，该毛笔共有一对，装在一木盒中。

作为皇家用品，该毛笔体现了明代竹器装饰的最高水平。同汉代竹漆器的装饰相比，该毛笔缺少了汉代漆器的浑厚与大气，多出的是装饰上的细腻和表面上的珍贵。

图 9-58　彩漆云龙笔（现藏于台北“故宫博物院”）

4. “三朱”竹雕

早在西汉刘毋智墓中就已经出土过竹雕与竹刻装饰的竹片，说明竹刻很早就已出现。但把竹刻变成一种专门的艺术形式，这是在明代才有的。从现有的文物来看，此阶段的竹刻应该是工匠刻意为之，并形成了专门的艺术门类。竹刻有表面雕刻形式的，也有镂刻的，直至到最后发展为竹雕。竹刻一般是在竹片上进行雕刻，而竹雕则主要选择在竹根上进行雕刻，类型不同，但是因为都是在竹材上雕刻，因此可视为一个体系。

明代竹刻（图 9-59、图 9-60）的代表人物有“嘉定三朱”。其中最为有名的是明末清初的朱稚征，字叔子，号三松，江苏嘉定人，出自竹雕世家。他与祖父朱鹤（松邻）、父亲朱缨（小松）并称为“嘉定三朱”。“三朱”能画山水，精于画驴，竹雕别出心裁。竹雕传至三松时，技法愈加成熟，“三朱”声名愈盛，学之者甚众，遂使竹雕成为嘉定地区资给衣馔、家传户习的特产。

图 9-59　朱小松的竹雕笔筒（现藏于台北“故宫博物院”）

图 9-60　朱三松的竹雕笔筒（现藏于台北“故宫博物院”）

明代竹器小结

（1）明代竹器发展处于中国传统竹器发展的成熟期，在竹器形制和种类都相对成熟和固定时，其本应走向饱和阶段，但由于科技思维融入竹器制作当中，竹器有了新的发展方向，虽然这没有从本质上改变传统竹器的体系，但也促进了竹器新形式的出现，出现了一些具有一定技术含量的新竹器。

（2）明代竹器在继承上体现的最大特点是对明代之前传统竹器的沿用，大部分竹器的形制、功能和制作工艺等都沿用传统竹器。例如邝璠的《便民图纂》和仇英的《清明上河图》所描绘的写实竹器，展现出该时期的竹器已基本成熟，并且在民间广泛使用，并渗透到生活、生产的各个领域。

（3）明代竹制家具在造型和制作工艺等方面既延续了宋元时期竹器的特点，又受到明代木质家具的影响，并借鉴了明代木质家具的造型特点和气质内涵，竹制家具的内涵也有了新的表现。

（4）明代竹器的另外一个特色是竹雕的异军突起。竹雕自汉代就已出现，雕刻的形式一直存在着，但是其作为一门单独的艺术形式是从明代发展起来的。雕刻竹器同一般的传统竹器不同，其装饰性大于实用性，竹雕艺术的成就在于其独特的艺术造型和文化内涵。

第10章

清代竹器

——传承衰落期

清代是中国最后一个封建王朝，清代竹器的发展总体上继承了前代的成果。其中庶民竹器的发展是以量的变化和实用性为主要特征，与前代相比没有太大的创新改变；宫廷或官宦使用的竹器主要是突出装饰性和繁丽性，追求竹器的编织技巧、造型、装饰等形式，不太注重竹器的实用性，从而逐步走向装饰性和工艺性的发展方向，与庶民竹器的实用性逐渐分离。

10.1　竹器的饱和与工艺时代

清代竹器继承了宋元明时期竹器发展成熟期的成果。研究清代《御制耕织图》会发现清代不仅沿用前人的生产竹器，甚至对成熟的生产竹器形制也是直接继承，因而没有什么新的创造。清代《河工器具图说》虽然全面概括了河工用的竹器，但从中并没有见到清代河工竹器有所创新，它只是对元明时期的河工竹器进行综合，让这一类生产竹器更系统化和专业化罢了。令人欣慰的是清代竹制家具在种类上有所创新，特别是在明代木质家具的影响下，也发展出多种不同形式的竹制家具，如竹架子床、竹桌、墙上竹书架等，丰富了竹制家具的品种；竹制货挑在清代发展出一种新的形式——骆驼担，其结构比传统的货挑更为复杂，在功能上则更加优化和合理。

清代传统竹器最大的发展成就是竹器的工艺化发展，如沿用了数千年的竹篮在清代发展出工艺竹篮。特别是浙江将竹篮的编织工艺、制作工艺等发展到极致，一个竹篮往往采用数层竹编及不同的编法制成，从而产生复杂的立体效果；制作工艺上集竹编、竹刻、铜艺、漆艺、木工等五种工艺于一体，极尽奢华之事。精美的工艺竹篮在清代广受青睐。日用竹器也逐渐发展成竹制工艺品，而竹制工艺品比以往更加注重装饰。清代还发展出旋切工艺、竹黄工艺、竹胎编工艺、嵌竹丝工艺、竹刻与竹雕工艺、彩绘工艺等不同的工艺形式，工匠采用新的工艺形式制作了大量奢华竹器。但这一类工艺竹器在制作时往往忽视实用性，无限放大其装饰性。

清代中期，国力尚可，人们对生活中各种器具的使用要求自然有所提高。但竹器在经过前期发展后，清代竹器的种类、形制、工艺、功能等各方面都从成熟走向饱和。竹器的发展走向一个需要突破的阶段。由于没有新的突破口，因此就只能因循守旧地沿着成熟期竹器形制发展下去。清代竹器的发展在需要突破的时候却走向了更加耗时、更加耗费人力的工艺化方向，这不是某一个人或某一个群体的选择，而是清代中期“国富民强”之后，社会整体的选择，无论是皇宫内精致的竹制日用品，还是民间使用的精致工艺竹篮，无不显示出当时社会整体崇尚华丽之风。在生产力发展没有突破的情况下，清代手工制作的竹器也很难有更多的发展选择，唯有追逐工艺。

因此，清代竹器进入了“工艺时代”，竹器工艺时代的出现也预示着竹器发展在手工时代开始从成熟走向衰落。

10.2 《御制耕织图》中的竹器

清代《御制耕织图》中的竹器系统与前代相比，总体上没有改变，竹器形式延续前代风格。个别竹器由于时代的变化，不再使用，因而从画面中消失了。

由图 10-1 可以看出从明代到清代，竹席遮阳篷改由布匹遮阳篷代替，扬谷的竹器改用畚箕，而不是前代的簸箕、扬锨等竹器，这一个小的变化，反而说明竹制工具使用的退化。

从图 10-2 中也可以看出，在相同场景中，竹器相较于前代在各方面基本上都没有什么改变，竹篓、竹筐、竹笼、竹篮、竹砻、竹筛、晒席等基本沿用了前代的形式，竹篱笆和竹席制品等也与前代的同类竹器区别不大。这充分说明了竹器发展到清代，器型相对成熟，每一种竹器的器型和功能也相对稳定，甚至在尺寸方面也没有出现大的变化，能感受到的变化就是竹器更华丽。

《耕织图》从宋代到元明清时期的演变历史，显示了竹器逐步走向系统化和稳定化以及成为人们生产、生活必不可少的器具过程。至明清时期，竹器的器型、功能等实际上已经趋于稳定，不再有太大的发展空间。这一停滞不前局面一直持续到现在，例如中国广大农村有很多地方现在所使用的生产工具和生活工具依然是传统意义上的各种竹器。

图 10-1 《御制耕织图》中的遮阳篷和畚箕

图 10-2 《御制耕织图》中的各类竹器

10.3 《河工器具图说》中的河工竹器

清代完颜麟庆[①]所著的《河工器具图说》分宣防、修浚、抢护、储备四卷，绘制插图145幅，收录河工器具289种，以图谱形式详述治河工程器具的名称、沿革、构造、使用情况等，填补了我国古代系统介绍河工器具专业书籍的空白。《河工器具图说》在郭成功《河工器具图》的基础上总结了河工器具的使用情况，是研究古代水利、建筑、科技的重要著作之一。

《河工器具图说》中涉及大量的竹器图像资料，均由完颜麟庆绘制而成，这也是清代留存的为数不多的河工竹器图形资料。图10-3是《河工器具图说》中记载的打水竿、火把、雨伞和吸笆。

打水竿（图10-3）：“有长至六七丈者。东河两镶，上半用杉木，取其轻浮易举，下半用榆木，取其沉重落底；南河三镶，中用杂木，两头接束以竹，取携便利……”[②]可见打水竿是用来测试河水深浅的一种竹木工具。

火把（图10-3）：“南方以竹为之，北方多用稭束，黑夜厢工虽有灯笼，不及火把之光可以照远。”[③]以竹器作为火把使用的情况，在古代文献中记载得不多，该书关于竹火把的描述是竹子被利用的一种新方式。

雨伞（图10-3）：在中国历史上很早就有使用，此处的雨伞是一种长杆竹制雨伞。

吸笆（图10-3）：“今治淤器，有名吸笆者，其制取斗口向下，两方各系绳一，中贯竹竿，遇

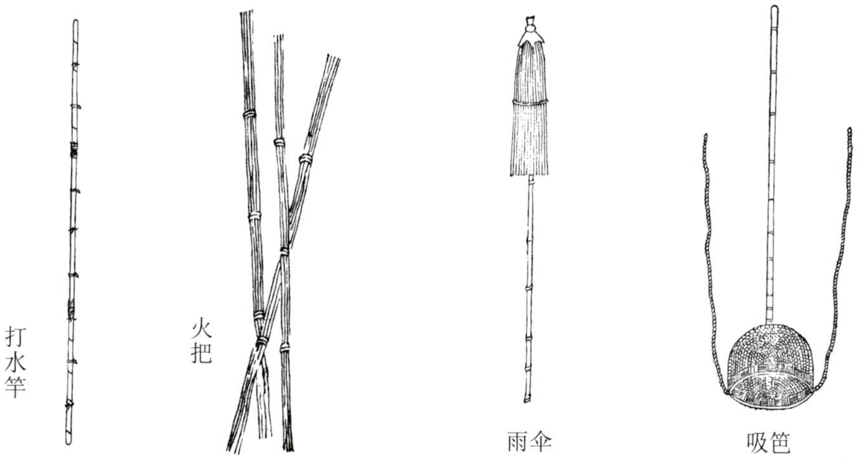

图10-3 《河工器具图说》中的打水竿、火把、雨伞和吸笆

① 完颜麟庆，字伯余，又字振祥、佛寮，号见亭，自署长白麟庆，满洲镶黄旗人。道光十三年，完颜麟庆任江南河道总督，巡视河务十年之久，时称河帅。《河工器具图说》即在其任内完成。

② 完颜麟庆．河工器具图说（外一种）[M]．杭州：浙江人民美术出版社，2015:20.

③ 完颜麟庆．河工器具图说（外一种）[M]．杭州：浙江人民美术出版社，2015:54.

有沙淤积成土埂之处，用船排泊，人持一筲插入河底，时起时落，刻不停手，自得吸引之妙，历时既久，埂去河深矣。”[①]吸笆使用了类似于今天马桶吸碗的功能，利用容器本身的空间变化来改变水压，冲走河床上的淤泥。

关于簟绳，《河工器具图说》解释：“问之蜀人，云水峻岸石又多廉棱，若用索牵，遇石辄断，不耐久，故擘竹为大辫，以麻索连贯其际，以为牵具，是名百丈。”可见簟绳是一种专门用于河边拉纤的绳索。这种绳索用竹丝编成，比一般的绳索更加耐用。

《河工器具图说》记载诸多竹器，其中对竹竿类工具（图 10-4）描绘较多。从中也可以看出，火把、竹耙、吸笆等竹器的设计和制作手法较为成熟，特别是清代河工使用的竹耙设计得十分精美，是竹材精细化设计和利用的具体表现。

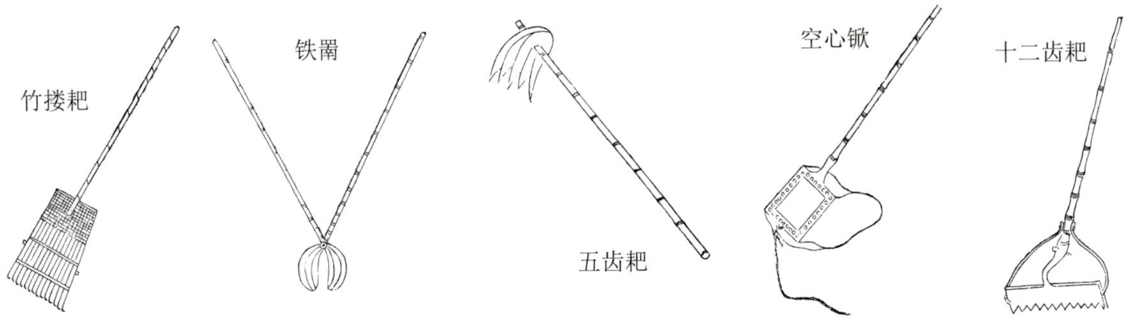

图 10-4 《河工器具图说》中的竹竿类工具

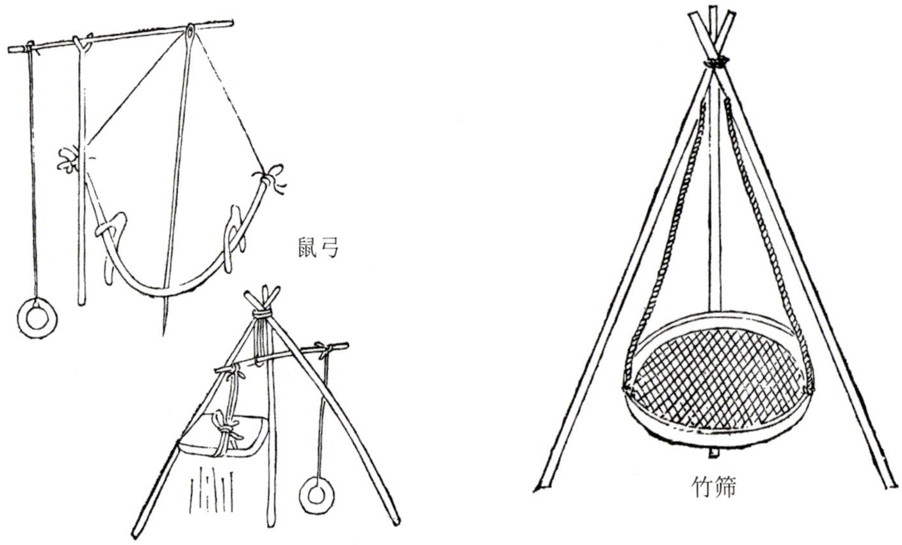

图 10-5 《河工器具图说》中的鼠弓与竹筛

① 完颜麟庆．河工器具图说（外一种）[M]．杭州：浙江人民美术出版社，2015:138.

《河工器具图说》还介绍了一些河工常用器具，如鼠弓、竹筛、土簸箕、抬土筐等。

鼠弓（图 10-5）：“趁其迎风开洞，用竹弓铁箭射之，百不一失……”[1]可见鼠弓类似于传统弓箭，主要用来射杀破坏堤坝的地鼠，是利用竹材本身弹性和韧性的材料特点制作而成。

竹筛（图 10-5）：“筛，竹器，留粗以出细者，又去谷之糠粃者，曰簸箕……凡治三合土，必须细石灰、黄土、沙土，而欲灰土之细，非此四器不为功。其用筛法，向取三竹竿鼎足支立，近上缚定，挂以长绳，贮灰土于中，从底眼筛下，承以竹篮，其遗于地者，以箕帚扫取乃得净细。”[2]

土簸箕（图 10-6）：“簸箕，扬米去糠之具……南竹北柳，其制不同，其用一也。”[3]

抬土筐（图 10-6）：“盛物竹器也，北方竹少，多以柳条编成，厢工抬土亦有用筐，以期迅速者扛即荷筐之……”[4]抬土筐在南方是用竹材编织而成，在北方则用柳条编织而成，使用方法是或抬或扛。

《河工器具图说》中绘制的畚、篓、箕、篮、筐等器具，保留了清代竹编的基本工艺手法，可以看到十字编、三角编等编法。书中还记载的各类竹器的造型与各时代的竹器没有太多的变化，基本上沿用了我国各历史时期的竹器器型。书中

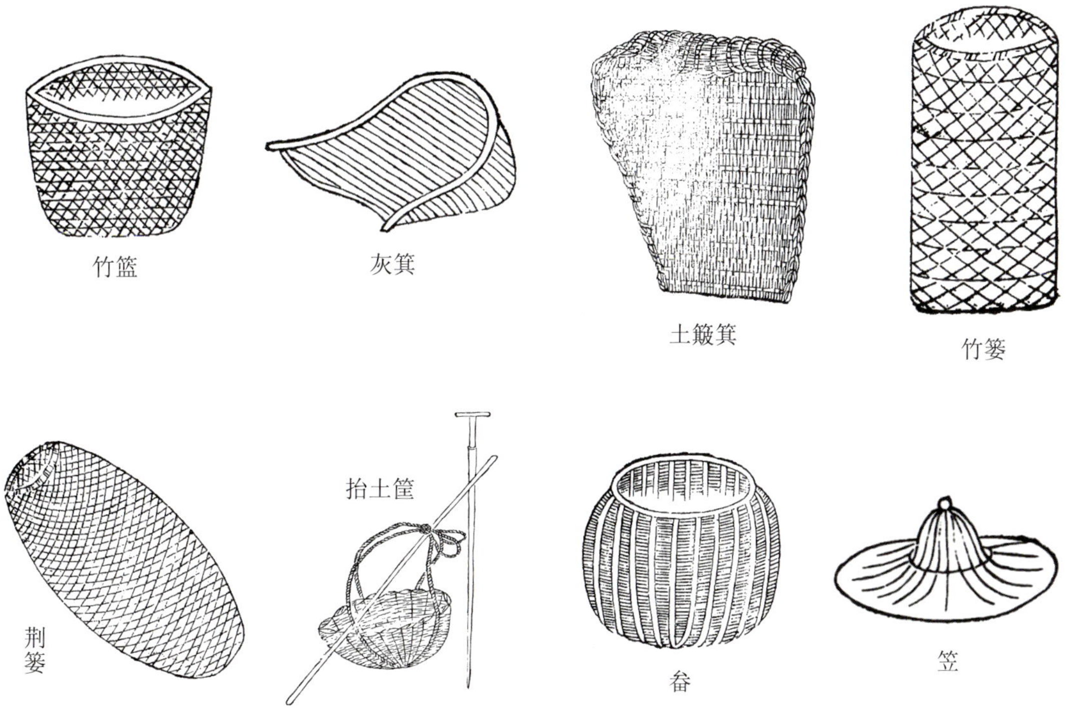

图 10-6 《河工器具图说》中的各种竹编器具

① 完颜麟庆．河工器具图说（外一种）[M]．杭州：浙江人民美术出版社，2015:72.
② 完颜麟庆．河工器具图说（外一种）[M]．杭州：浙江人民美术出版社，2015:72.
③ 完颜麟庆．河工器具图说（外一种）[M]．杭州：浙江人民美术出版社，2015:262.
④ 完颜麟庆．河工器具图说（外一种）[M]．杭州：浙江人民美术出版社，2015:70.

还对部分器具的用途和制作方法等做了说明。

水滑（图 10-7）：“每排以毛竹十，双层并叠，每三排以大竹劈片，贯串编成。”[①]

水基板（图 10-7）：“水基板一名水基跳。河底泥泞无从着脚，用木配成板，或用大竹，以谷草拧腰，排做如地平式。长一二丈，人立其上，如履平地……”[②]

水尺（图 10-7）：是用于检查水位的竹器。

竹响板（图 10-7）：是用来敲打出声的一种设备。“响板取竹片约长一尺，每二片联成一副，用时两手相搏有声。”[③]

打凌船（图 10-8）：是一种破冰船。这种船是在普通船只的底板和侧板上包上竹片，用竹片来撞碎河上的冰。因为竹材本身具有强而韧的特性，所以使用竹材来破冰是当时最合适和最先进的方式。

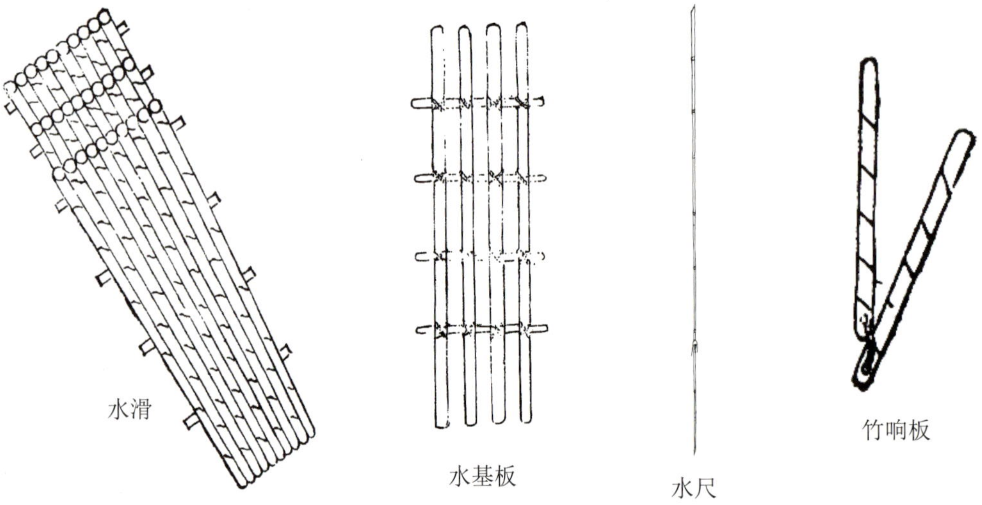

图 10-7 《河工器具图说》中的圆竹类竹器

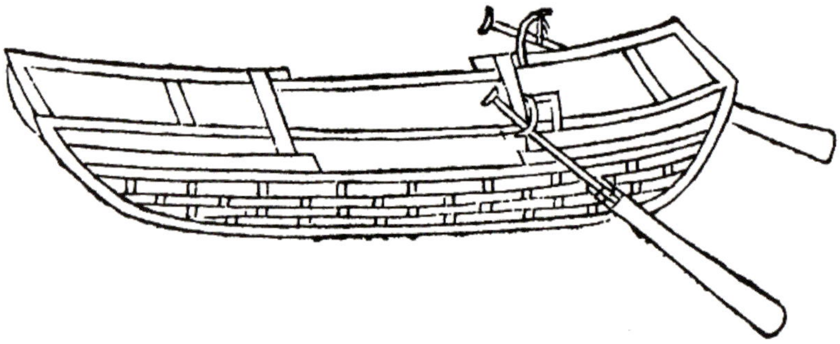

图 10-8 《河工器具图说》中的打凌船

① 完颜麟庆．河工器具图说（外一种）[M]．杭州：浙江人民美术出版社，2015:254.
② 完颜麟庆．河工器具图说（外一种）[M]．杭州：浙江人民美术出版社，2015:124.
③ 完颜麟庆．河工器具图说（外一种）[M]．杭州：浙江人民美术出版社，2015:292.

《河工器具图说》中记载河工使用的墨斗（图 10-9）是使用竹材制作的，设计很特别。“墨斗多以竹筒为之，高宽各三寸许，下留竹节做底，筒边各钉竹片长五寸，中按转轴，再用长棉线一条贮墨汁内，一头扣于轴上，一头由竹筒两孔引出，以小竹扣定，用时牵出一弹，用毕仍徐徐收环；斗内墨笔亦取竹片为之，其下削扁，用刀劈成细齿，以便沾墨界画。”[①]

笊篱（图 10-9）：“以竹丝编成，受以长竹柄”[②]，和传统的形制没有太大区别，只不过是河工使用的笊篱，其把手部分较长。

竹荡刀（图 10-9）：是比较特别的器具，“荡刀以竹为之”[③]，这在之前的记载中比较少见，特别是被作为图像资料记载下来更显其珍贵。竹荡刀使用一整片竹片加工制作而成，用于荡平制砖的泥胚等。

其实，清代李辅耀的《海宁石塘图说》[④]也记载了海宁当地河工使用的扁担、箕、筛等竹制器具。如图 10-10 所示的灰箕、灰筛均为传统的簸箕和竹筛，其形制基本上和《河工器具图说》中记载的同类工具没有什么两样。

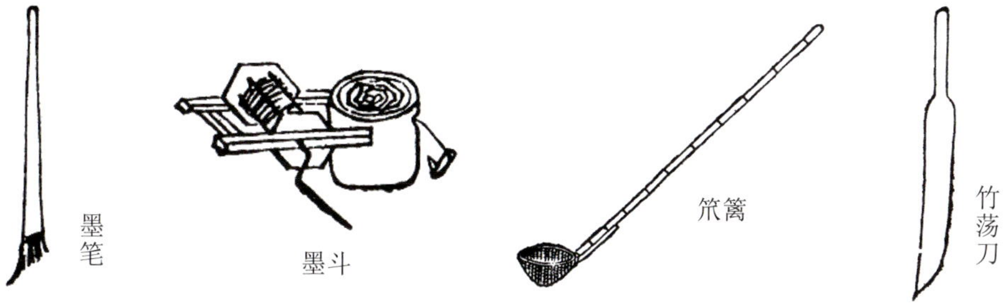

图 10-9 《河工器具图说》中的竹墨斗、笊篱和竹刀

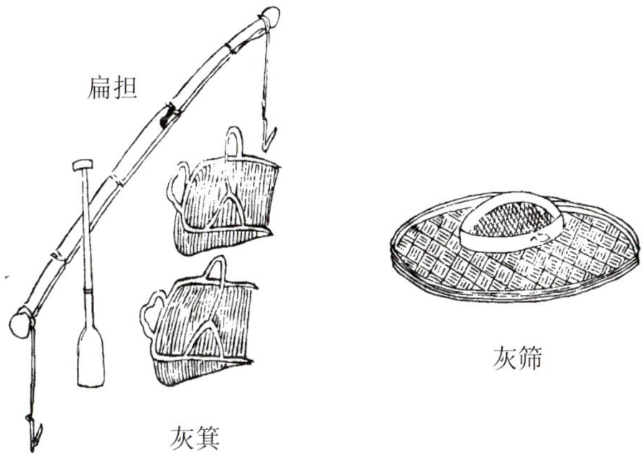

图 10-10 《海宁石塘图说》中的各类竹器

① 完颜麟庆 . 河工器具图说（外一种）[M]. 杭州：浙江人民美术出版社，2015:312.
② 完颜麟庆 . 河工器具图说（外一种）[M]. 杭州：浙江人民美术出版社，2015:314.
③ 完颜麟庆 . 河工器具图说（外一种）[M]. 杭州：浙江人民美术出版社，2015:306.
④ 《海宁石塘图说》为李辅耀督办石塘工程的系统总结。该书将海塘修筑的每一个工程步骤，乃至施工器具，一一述明，绘图 34 幅，并配有文字说明，因此具有珍贵的史料价值。

10.4 清代工艺竹篮

清代竹篮延续了清代之前竹篮的特点，但又有自己新的发展特点，特别是江浙一带，人们对竹编工艺进行了创新，并使传统竹篮有了多种不同的功能和造型，如菜篮、食篮、果篮、考篮（书篮）、花篮、鞋篮等，由此形成了极具特色的江浙竹篮体系。

清代徐珂在其《清稗类钞》记载了浙江竹篮的起源和发展。清光绪年间，刘通山、刘德山兄弟秉承祖业，对竹篮的编织手法和设计工艺进行了创新。由此竹篮的编织方法由简单的平面手法向立体编织发展，竹篮的设计和制作工艺集竹编、竹刻、铜艺、漆艺、木工等多种工艺于一体，用这种新工艺制作出的竹篮不再是普通竹篮，而是一种高档的工艺竹篮。从《清稗类钞》记载的内容来看，在清代光绪年间，浙江竹篮在制作与编织工艺上出现了重大改进，新工艺竹篮甚至成为清代当时编织工艺最讲究、制作水平最高的竹篮。例如浙江的嵊州竹编，在编织技法上有挑压编、拉花编、实编、空编等，编工十分精细，篮身大多层层相套，形如宝塔，因此又称为“塔篮”“脱篮”或“托篮”。这种竹篮一般有二至三层，多的达四层或五层，上面一层往往是“朗”层，朗层用镂空编织，编篾疏朗，工整规范。

在清代，竹篮以一种集复杂编织、多种工艺于一体的形象出现，一改传统竹篮只是一般民用竹器的特征，进而跻身精品器具行列，成为清代富商显贵们喜爱的高档用品，竹篮由日用品转变为工艺竹篮。工艺竹篮有套篮、食篮、香篮、考篮、挈篮等。

1. 套篮

套篮（图 10-11）是传统工艺竹篮中使用最多的一种。套篮一般两只一副，可以肩挑；每只三层，篮盖上一般使用漆绘工艺。挑篮用的扁担也是特制的，中间厚而阔，依势至两端渐薄、渐狭，端头镶有铜质镂花装饰。套篮一般是给做喜事、庆寿诞和造屋人家送贺礼用的，篮内盛放食品。

美国汉学家劳佛尔在《中国篮子》一书中曾记录了数件清代的套篮身影（图 10-12），其形制和现在所能看到的套篮几乎没有差别，说明在清代末年浙江竹篮的制作工艺已经十分成熟。

2. 食篮

食篮是送食物或礼物用的盛具，也可用于外出时携带食物，一般是两三层，编织和做工均十分精细。食篮的尺寸有大小之分，有十分精致的点心篮，有盛饭用的普通食篮（图 10-13、图 10-14、图 10-15、图 10-16）。还有一种大型食篮，须两人抬，用于祠堂祭祀或上坟时盛放菜肴之用，有三至五层。食篮的造型不限，有方形、八角形、圆形和椭圆形等，单层层高尺寸较大，以便放置盛食物的碗、盆等。

3. 香篮

香篮比食篮略长，是专门用来盛放香烛之类的礼佛用具，一般在两层以上，形式上以长方体为主。

图 10-11　浙江湖州的方形套篮

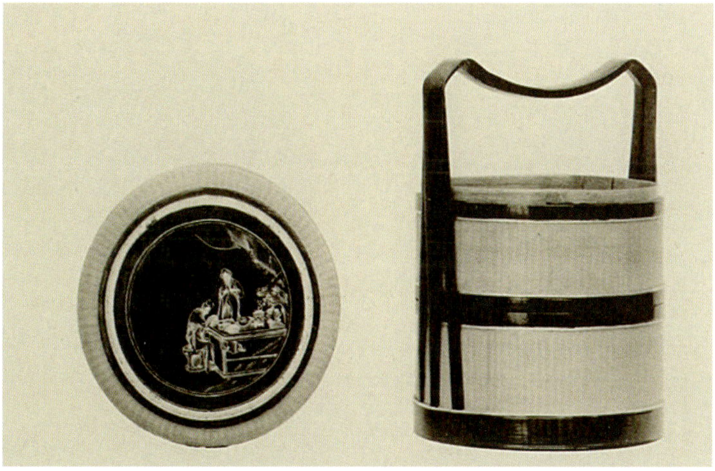

图 10-12　浙江绍兴的圆形套篮（选自《中国篮子》）

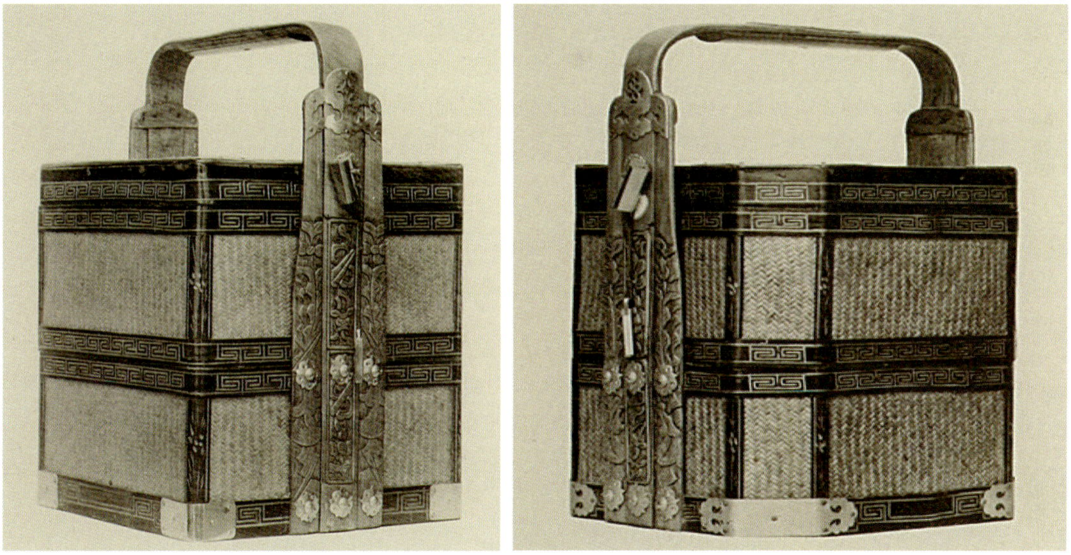

图 10-13　浙江宁波的四方食篮与八方食篮（选自《中国篮子》）

图 10-14　浙江丽水的点心篮

图 10-15　浙江丽水的食盒

图 10-16　浙江宁波的食篮

图 10-17 和图 10-18 为长八角形和长椭圆形的香篮，均为两层。最具有代表性的是《中国篮子》记录的香篮（图 10-17），其制作工艺精湛，编织装饰图案精美；装饰图案中除了编织精美的对称花形图案外，还编织了“福禄”“满堂”四个字，每层装饰图案都编有精致的外框及框内线脚造型，足见编织者的用心程度。另外在香篮上编有“卐”字纹、“T”形连续纹样等，在提梁上则使用了浮雕和透雕等装饰工艺。

图 10-17　浙江杭州的香篮（选自《中国篮子》）

图 10-18　浙江宁波的香篮

4. 考篮

考篮又称书篮、文房篮或账篮（图 10-19 和图 10-20），专门供文人盛放文房四宝和书籍类用品的竹器。明清两代，江浙一带书生赴京赶考时，就常用这种篮子。

单层考篮中一般内置一浅夹层，考篮打开后，先取出浅夹层。夹层一般放置笔墨等书写工具，里层放置书卷和纸等。双层考篮有方形、矩形、椭圆形等，另外还有一种为八边形八方考篮。图 10-21 所示为北京孔庙和国子监博物馆陈列的一个扁长形双层考篮。

图 10-19　考篮（选自《中国篮子》）

图 10-20　浙江丽水的文房篮（账篮）

图10-21 双层考篮

图10-23 民国八角挈篮

5. 挈篮

挈篮（图10-22、图10-23）只有单层，小巧精致，篮身呈碗形，提柄如元宝，一般为孩子周岁和节日时送礼物用的盛具。在浙江一带，挈篮深受人们欢迎：一是挈篮小巧，正适合存放馈赠礼品；二是元宝状的外形寓意着吉祥。

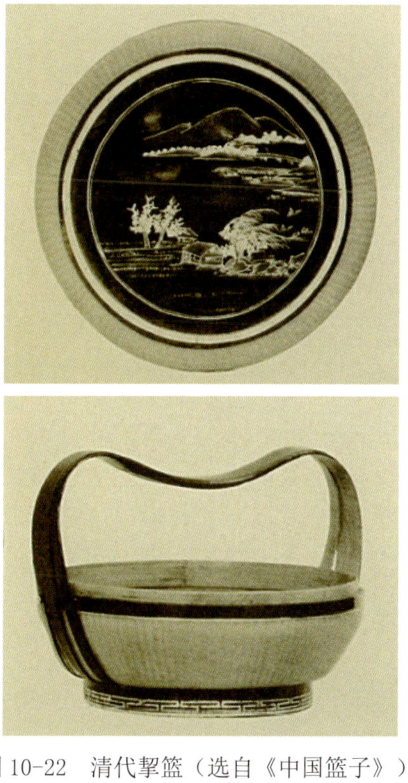

图10-22 清代挈篮（选自《中国篮子》）

6. 鞋篮

鞋篮只有单层，无盖，是民间妇女放针线等的盛具，在江浙一带十分常见。因为旧时的鞋子大多数是妇女用手工制作，故将这种放针线等的篮子称为鞋篮。从功能上来说，鞋篮更像是一种针线篮。浙江丽水地区也有将鞋篮称为布篮的。

鞋篮的竹编较密，它主要用于放置女红用具。还有部分鞋篮描绘着红色彩绘，显然这是从娘家带过来的嫁妆。图10-24所示的高脚鞋篮是鞋篮中较特别的一种。一般的鞋篮为圆形无盖竹篮（图10-25）。

图10-24 鞋篮（布篮）

图 10-25　一般的鞋篮

7. 花篮

花篮是用来装花的一种篮子，高提梁，敞口。最早的花篮形象可以参见宋代李嵩《花篮》以及明代计盛《货郎图》中的花篮。花篮高挑的提梁是为了装完花以后能方便地将花篮提起来，敞口的造型则是方便花篮盛放更多的花。图 10-26 所示的花篮是现存的清代资料中的各式竹制花篮。

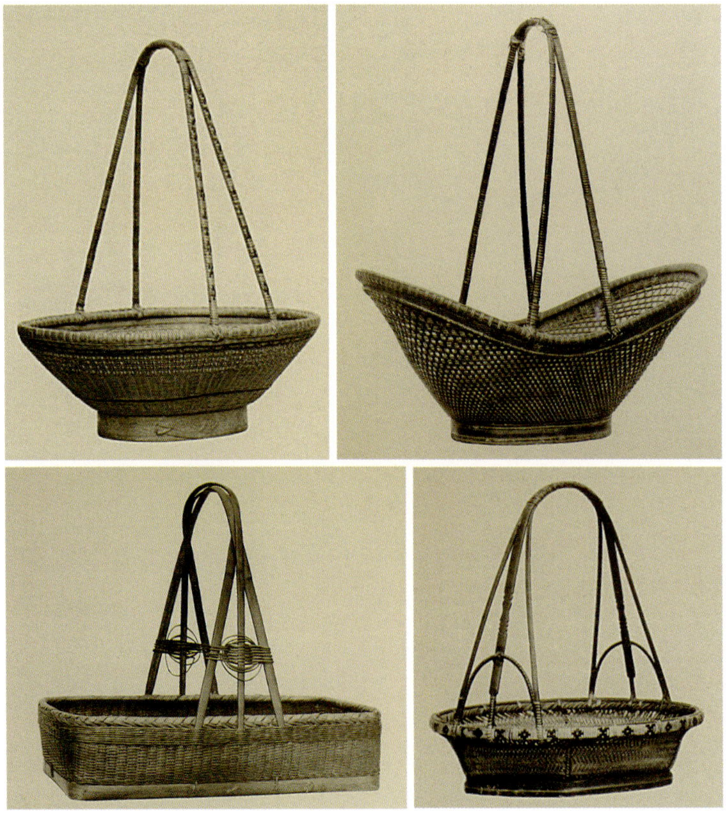

图 10-26　清代各式花篮（选自《中国篮子》）

10.5 清代竹制家具

明清时期，家具形制已十分成熟，家具体系完善，因此明清时期的家具资料丰富，但不足的是该时期竹制家具的资料相对较少。清代竹制家具有竹椅、竹桌、竹床、竹架、骆驼担等。其中竹桌、竹床和墙上竹架在清代出现了新的形式，骆驼担则是清代的新竹器品种。清代竹制家具更加注重竹器的文化内涵，与同时期其他类型的家具的发展趋势不同，清代竹制家具在造型上没有太多的浮夸和装饰，大多简洁、理性，造型为横平竖直的矩形者居多。

1. 竹椅

清代竹椅继承明代竹椅的特点，又有新的发展。郎世宁在《雍正十二月圆明园行乐图》中绘制了一张无扶手竹椅（图10-27）。该竹椅造型简洁、理性，与《天工开物》中绘制的竹椅有相似之处：椅子整体呈方直造型，突出竹节的形态和靠背形态以及腿枨结构。与《天工开物》中竹椅造型的微小区别主要有两点：一是该竹椅没有扶手，造型更加简练；二是该竹椅使用了罗锅枨的装饰造型作为椅面下面的支撑结构。竹材使用的是普通的素面竹竿。

同样能够表现明清家具理性、简洁特点的竹椅还有北京故宫博物院收藏的一把湘妃竹黑漆描金菊蝶纹靠背椅（图10-28）。该椅的造型和《雍正十二月圆明园行乐图》中的竹椅风格一致，但在造型上略有变化：一是靠背造型中有“出头”

图10-27 《雍正十二月圆明园行乐图》（现藏于台北“故宫博物院”）中的竹椅

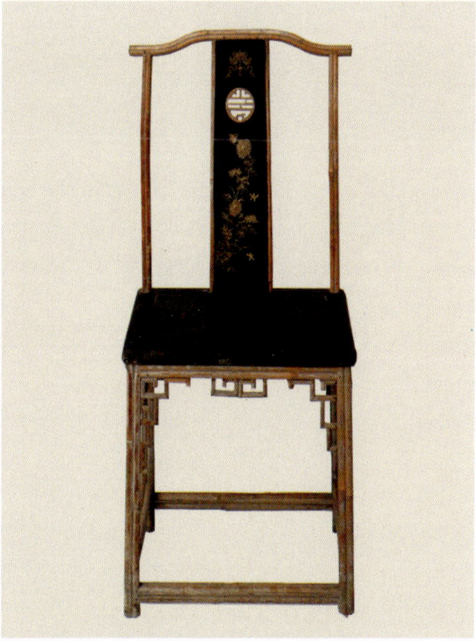

10-28 湘妃竹黑漆描金菊蝶纹靠背椅（现藏于北京故宫博物院）

的设计，二是椅面下增加了装饰性回纹构件。

北京故宫博物院收藏的《胤禛美人图之博古幽思》还描绘了另一把湘妃竹椅（图 10-29），其造型独特，没有采用传统的方形椅面，而是使用了不等长的六边形椅面，扶手与靠背则是采用三层五立面的设置，较低的扶手和靠背最高处中间有一个折线结构，扶手和靠背与椅面之间均使用以竖向为主、横向中分的竹竿装饰，体现出方直的造型特征。椅腿不是四根，而是六根，腿下接近地面处使用横向竹枨，横向竹枨下有罗锅枨。正中靠背最宽，扶手和侧面靠背宽度相仿，但比正中靠背窄。五立面的靠背椅，椅面比一般方形椅面更宽大，三级的靠背和扶手，更加有利于坐在椅子上回倚。这张竹椅虽然也是采用横平竖直的造型，但六边形椅面和三层五立面的靠背设计，让竹椅在规矩中显得活泼，在理性中蕴含情趣。

图 10-29 《胤禛美人图之博古幽思》（现藏于北京故宫博物院）中的竹椅

2. 竹桌

北京故宫博物院收藏的《胤禛美人图之消夏赏蝶》中描绘了一张用湘妃竹制作的竹桌（图 10-30）。竹桌造型规距，除桌面之外，全部使

图 10-30 《胤禛美人图之消夏赏蝶》（现藏于北京故宫博物院）中的竹桌

用竹子制作。传统竹桌的竹面一般都是使用木质材料制作，桌子的其他结构则使用竹材制作（图10-31）。该画中竹桌的桌面下使用两根竹竿支撑，再配以简单的方直形装饰结构，每根桌腿使用四根湘妃竹组合在一起。桌腿下面没有使用常见的围合加强结构。该竹桌是绘画中较早出现的竹桌形象，造型结构简洁，在装饰上也使用了较简单的图形结构，不如后期竹桌装饰图案丰富和复杂。

在《胤禛美人图》系列中，竹器所使用的竹材都是湘妃竹，显然这里的湘妃竹同美人、爱情之间有特定的关系，湘妃竹已被赋予特殊的文化内涵。

清代绘画中出现的竹桌形象不是很多，除了《胤禛美人图之消夏赏蝶》中的竹桌外，清代任熏的《绶砚作书图》也描绘了一个长竹桌（图10-32）。总的来说，清代竹桌的结构主要分为桌面、桌面下支撑装饰结构及桌腿三部分，使用木质桌面是常见搭配。桌面下支撑及装饰结构一般是竹桌的主要构造部分，通常使用竹竿围合成不同形式的装饰图案。腿枨上的装饰结构较少。对竹桌而言，主要装饰部位是桌面下的支撑结构。

图10-31　近代竹桌的结构

图10-32　《绶砚作书图》中的长竹桌

3. 竹床

竹床已在元代的绘画资料中曾以不同的造型出现过，所以清代竹床并不算新的品种，但是清代竹床的造型与元代竹床有着很大区别。华胥在《甄妃晨妆图立轴》中描绘了一张架子床（图10-33）。架子床是床身上架置四柱（或六柱）、四杆的床。架子床相对之前出现的无架竹床来说

图10-33　《甄妃晨妆图立轴》（现藏于上海博物馆）中的竹床

是一种发展和创新，这种竹床已成为更加大型和豪华的家具，特别是围栏、可悬挂床帘及附属装饰的增加，使竹床的造型和功能更加丰富。

《甄妃晨妆图立轴》中的竹床有六柱、四杆的架子，在竹床的正面床口两边多出两个立柱。床顶面使用封闭结构。床的围栏部分三面围合，正面床口位置有两片较短的围栏。围栏上使用了由数段长短不一的竹竿组成的“卍”字纹装饰图案，床正面围栏使用两组“卍”字纹图案，床背面围栏上有六组“卍”字纹图案，两个侧面分别有三组“卍”字纹图案。这种“卍”字纹的装饰结构在竹制家具的装饰中被一直沿用，它既突出了装饰效果，又寓意平安吉祥，而且符合竹材本身的造型特点。床面下使用了双层竹竿围合结构，以加强竹床的承重能力，双层围合结构内加设支撑结构，其结构特点与近代竹器相同。正面床腿由四根大湘妃竹支撑。

就总体造型而言，该竹床具有追求方直、理性和简洁的特点，与前面的竹椅在造型理念上有相似性。竹床虽有装饰构造部分，但整体上并没有破坏竹床的简洁性，这与同时期清代木质床的复杂造型和繁丽装饰的形式形成反差，当然，这与竹材本身的造型特点也有一定的关系。

4. 竹架

《胤禛美人图之裘装对镜》中描绘了一件放置画卷的竹架（图 10-34），这个竹架不同于一般的落地架，这是一个墙上竹架，也是一件特别的竹家具。在古代的绘画资料中应该是为数不多的墙上竹架。从画中绘制的形象来看，该竹架至少有 3 层，最下层为弯曲内收的造型。画面中可见到侧面有三根竖向竹竿，推测侧面应使用了四根竖向竹竿；第一层和第二层侧面使用简洁的矩形图案装饰。在竹材的使用上，按照画中描绘的形象，该竹架应该是使用紫竹制作。紫竹在古代常与宗教人物联系在一起，如观音菩萨所在的南海就有一片紫竹林。因此，使用紫竹制作的竹器往往也具有某些特定的文化寓意。

从现有的清代遗留的实物资料来看，竹架在清代已经广泛使用，但墙上竹架则非常少见。这一竹器的出现丰富了清代竹家具的种类。

图 10-34 《胤禛美人图之裘装对镜》（现藏于北京故宫博物院）中的竹架

5. 竹制隔断

在清代竹制家具中，还有一种大型的竹器——竹制隔断，它一般用于隔开室内或室外的空间，但又不完全隔开，以形成丰富的室内和室外空间效果。《胤禛美人图之立持如意》中就描绘了一个带八边形窗的竹制隔断（图 10-35）。隔断采用双层竹架结构，竹架上使用米字格加固结构，

图 10-35 《胤禛美人图之立持如意》（现藏于北京故宫博物院）中的竹隔断

所有结构均使用竹竿制作，因此它是一个纯竹材结构的大型隔断，可能是用来隔断蔓延的锦簇花团，似乎还有花架的功能。

在工艺上，这样的竹制隔断在清代并没有制作技术上的困难，但就古代大型竹器来说，这种带八边形开口造型的竹制隔断设计确实很别致，而且这在之前的资料中也很少见到。

6. 骆驼担

骆驼担，顾名思义，就是像骆驼一样的担子，苏州人还管它叫“两间半”，它相当于挑着的厨房或吃食店。这种货挑最早在清代晚期出现，如现存的清代老照片中就有对当时骆驼担的记录（图 10-36、图 10-37）。《浮生六记》（著于 1808 年）第二卷的《闲情记趣》中描写芸娘雇用的馄饨担，其实就是这种骆驼担。

从竹器发展的延续性来看，骆驼担与宋元时期的货挑有一定的关系。在农业时代，小商品买卖具有流动性，作为一种卖馄饨等熟食的食挑，在结构上一般都是炉子占一头，柜子占一头；炉子是用来煮食物，柜子是用来装物品。这样一个食挑，若想要一个人用扁担挑起来，则需要有稳定的腿部结构和精巧的内部结构。骆驼担合理地解决了这个问题。一方面，骆驼担有类似竹桌的四条腿，因此骆驼担被挑起后再放下仍然很稳定，并且可方便随时移动；另一方面，骆驼担有较大的收纳功能，它一头的竹柜一直延伸到扁担的上方。骆驼担两头的下面还各有一个镂空结构，这个结构有两个作用：一是抬高火炉和竹柜的高度，方便煮食和拿放柜子里面的东西；二是能够放置板凳、水桶和篮子等器具。

骆驼担结构设计得十分合理，在苏州及周边城市使用了上百年，直到近代才逐渐消失。之所以使用竹材制作骆驼担，是因为竹材既能满足骆驼担承重的需要，又可以减轻骆驼担自身的重量。

图 10-36 清代老照片中的骆驼担（一）

图 10-37 清代老照片中的骆驼担（二）

10.6 清代竹工艺品

由于清代竹器制作时间距离现在不算久远，与其他历史阶段不同的是，清代竹器是以实物的形式直接展现给后人的，因此可通过遗留下的竹器实物来了解清代竹器的特点。北京故宫博物院和台北“故宫博物院”收藏了很多历代皇家珍宝，其中就有竹器的身影。但遗憾的是，其馆藏的大部分竹器都是清代精心装饰或做工复杂的工艺品，那些纯粹的普通竹器现在在一般博物馆都已见不到了，因为没有人会将普通的竹器作为精品来收藏的。

1. 旋切工艺类竹器

台北“故宫博物院”收藏了两件造型小巧、精美的竹器，一件是竹雕小圆盒（图 10-38），另一件是竹雕仿古络纹壶（图 10-39）。竹雕小圆盒，高 2.99 厘米，口径 4.98 厘米，可以看出这是一个很小的竹盒，是一件只能作为摆设的工艺品。竹雕仿古络纹壶中造型最特别的地方是仿古壶肩上的四个竹环，其中两个固定在壶身上，另有两个与肩上的竹环相连接，可以看出这是一种需费时费力才能制作出来的极致雕刻工艺品。

图 10-38　竹雕小圆盒（现藏于台北“故宫博物院”）

图 10-39　竹雕仿古络纹壶
（现藏于台北“故宫博物院”）

清代这样的雕刻工艺一般较多地出现在石雕、玉雕上。

在竹雕小圆盒和竹雕仿古络纹壶上还可以看到对竹材进行旋切所产生的特殊肌理效果，这种制作手法在清代竹器制作中出现得较多，除了竹盒外，竹瓶、竹碗等竹器常常也采用这种制作方法。竹材旋切后能展现出竹材纵向纤维的肌理效果，配合器型上下截面的竹材肌理，能生动和丰富地表现竹材自身材质肌理效果。

2. 竹黄工艺类竹器

竹黄工艺是以大型的南竹为材料，将新鲜的竹黄片，经过水煮、晾干、压平等工序，然后贴到各种形状的器物上。竹黄呈浅黄色，色泽光润，类似象牙，又有“文竹”“贴黄”“翻黄”等称谓。竹黄工艺在清代中期得到迅速发展，成为一种新的竹工艺手法。

（1）单件竹黄竹器

图 10-40 和图 10-41 展示的是两个竹盒。竹盒侧面使用竹片镶嵌而成，形成了独特的肌理效果，使竹盒外型显得格外精致丰富。根据台北“故宫博物院”的资料，这两个竹盒大小分别为 9 厘米 ×7.6 厘米 ×5 厘米和 8.7 厘米 ×6 厘米 ×5.1 厘米，是一种小巧而精致的竹盒。竹黄工

图 10-40　文竹柿式盒（现藏于台北“故宫博物院”）

图 10-41　文竹桃式盒（现藏于台北“故宫博物院”）

艺可以制作各种不同器型，如盘、碗、盒、笔筒、香筒等。特别是竹黄工艺可以突破圆竹在造型上的局限性，能够铺成比较大的平面，如图 10-42 所示的竹黄海棠形盘的长度可达 13.6 厘米。

图 10-42　竹黄海棠形盘（现藏于台北“故宫博物院”）

图 10-43　南瓜式竹盒（现藏于台北“故宫博物院”）

在台北“故宫博物院”收藏的竹黄工艺品中还有一种更富丽的南瓜式竹盒（图 10-43）。竹盒呈南瓜形，盒外带有几何纹理和浮雕，盒内使用金漆。这件竹器对竹黄工艺要求很高，贴黄复杂，已不再是生活器具。

（2）套件竹黄竹器

套件竹黄竹器在造型上更丰富，由不同的器型组合而成。因竹黄贴面工艺的局限性，套件竹黄竹器基本上都是尺寸较小的日用品（图 10-44）。

图 10-44　文竹嵌玉炕几式文具盒
（现藏于北京故宫博物院）

套件竹黄竹器在清代也曾大量出现，从宫廷收藏的竹黄竹器来看，它们基本上都是装饰性大于功能性，如图 10-44 所示的竹黄竹器本身就是一件艺术品，其竹器的实用功能已可有可无。

在北京故宫博物院馆收藏的套件竹黄竹器中，还有精致的竹黄雕刻类竹器：一种是在竹黄竹器表面刻以浮雕，另一种是使用竹黄工艺制作完全镂空的造型。北京故宫博物院收藏的文竹夔纹海棠式两层套盒（图 10-45）中就同时使用了这两种工艺。

图 10-45　文竹夔纹海棠式两层套盒
（现藏于北京故宫博物院）

（3）其他竹黄竹器

在清代的贴黄工艺竹器中，还有一件贴黄方竹笔筒（图 10-46），该笔筒高 15 厘米，口、底边长 12 厘米，采用了完全的贴黄工艺，也就是其外表全部是用经过加工后的竹黄贴上去的，但是在做造型的时候为了体现竹材的美，还使用了仿竹造型。这件竹器体现出的工艺构思是先丢弃竹材原有的形态和肌理形象，经过复杂的工艺加工后，再表现竹材的形态和肌理效果，这是一件为了展现高超工艺水平而制作的作品。

图 10-46　贴黄方竹笔筒（现藏于北京故宫博物院）

北京故宫博物院还收藏了一件使用贴黄制作的家具——杉木包竹黄画案（图 10-47），该画案高 86.5 厘米、长 194.2 厘米、宽 82 厘米，是一件较大型的家具。画案使用杉木制作，使用细小的竹黄工艺包裹全身。由于所用的竹之“内簧”大料难得，故在使用上往往是惜料如金。一般来说，贴黄成器的多为一些小件文玩，即“文竹无大器”，而将贴黄用于家具装饰上则更是少之又少，所以这件画案算是清代大型竹黄工艺品的代表作。

图 10-47　杉木包竹黄画案
（现藏于北京故宫博物院）

3. 竹胎编工艺类竹器

竹编包胎的做法就是将极细的竹篾编织在生活器具的外部，在清代之前的实物和资料中很少见到，但在清代的竹器中出现得比较多。例如，竹编锡胎的碗（图 10-48），既能隔热，还能起到不同材质可进行相互对比的效果。这样的竹制品是精致的竹器，但是手工制作如此细致的竹编需要耗费大量的时间。

清代的民间竹器，有很多也使用这种编织手法，不过一般都是采用粗略的竹编包住生活和生产器物，如四川竹胎编的茶具等。

图 10-48　锡胎竹编竹器（现藏于台北“故宫博物院”）

4. 竹丝工艺类竹器

在故宫收藏的竹器中，还有一种达到了竹材利用极致的竹器制作工艺，这种工艺就是竹丝工艺，即把竹篾细分成竹丝，再把竹丝一根根嵌入器物中。用这种制作工艺制作竹器耗时更多，但嵌丝工艺的肌理效果和表现力特别强，竹丝可以满足任何造型，一根竹丝可以弯曲填充不同的形态，如文竹嵌竹丝嵌玉荷花鸳鸯如意（图 10-49）就是在如意柄的平面形态中，嵌入弯曲竹丝，使之如水面波纹，在平面的柄上创作出了丰富的造型效果。在文竹嵌竹丝冠架（图 10-50）中，竹丝成功地塑造了弯曲的立体形态和方直的回纹形态。竹丝工艺既能表现竹丝的柔软特征，又能表现竹丝的直线感。

图 10-49　文竹嵌竹丝嵌玉荷花鸳鸯如意
（现藏于北京故宫博物院）

嵌竹丝工艺经常和竹黄工艺结合使用，使清代竹工艺品显得更富丽、华美。

5. 竹雕刻工艺类竹器

清代的竹刻与竹雕工艺类竹器达到了很高的工艺水平。竹刻与竹雕工艺在清代得到了长足的发展，这从清代保存下来的竹器中可见一斑。清代竹雕刻的方法主要有阴刻、阳刻、圆雕、透雕、深浅浮雕或高浮雕等，表现形式多样，竹雕刻工艺的特点被发挥得淋漓尽致，让人叹为观止。

图 10-50　文竹嵌竹丝冠架（现藏于北京故宫博物院）

竹雕刻工艺品一般与文化类器具联系较为紧密，竹雕刻工艺类竹器的出现显示在明清时期，竹文化内涵已经逐步脱离一般的生产和生活竹器，逐渐凝结到只跟文化有关的竹器上，使得这类竹器逐渐地脱离了实用功能，转而仅仅作为竹制工艺品和装饰品而存在。

清代的竹雕刻作品有在实用竹器上雕刻的，也有为纯粹工艺品进行雕刻的。相比明代，清代竹雕刻种类增加了很多，其中具有一定实用功能的雕刻竹器主要有臂搁、笔筒、香炉、碗、盒、壶、印等（图 10-51 至图 10-58），纯粹的竹雕刻工艺品主要有竹根雕、竹杆雕等，竹雕刻工艺品所

图 10-51 竹雕饕餮纹活环提梁执壶（现藏于北京故宫博物院）

图 10-52 竹雕松树水丞（现藏于北京故宫博物院）

图 10-53 竹雕“孟姜匜”铭文臂搁（现藏于北京故宫博物院）

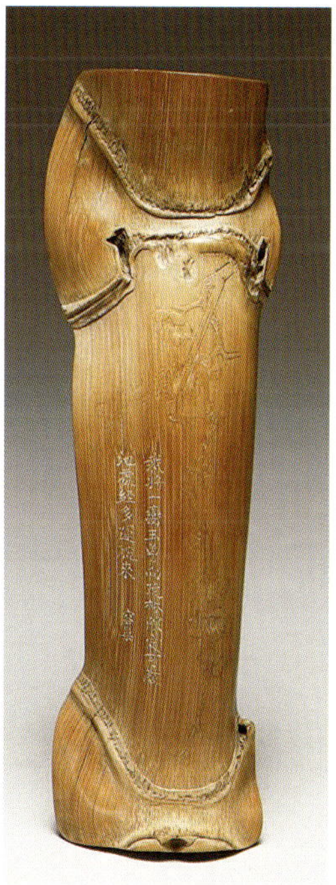

图 10-54 竹雕梅花臂搁（现藏于台北“故宫博物院”）

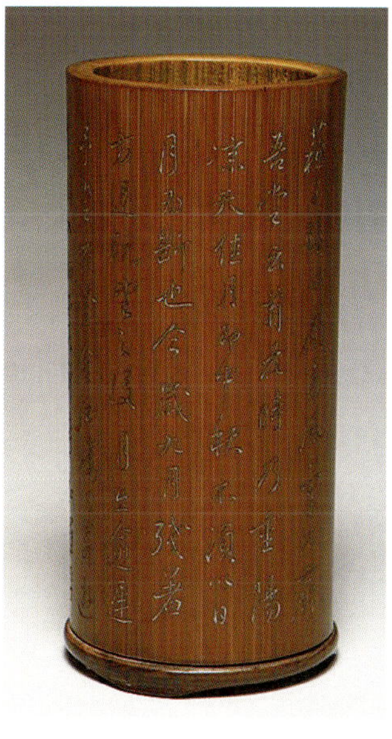

图 10-55 竹雕文字笔筒（现藏于台北“故宫博物院”）

图 10-56 潘西凤铭笔筒

图 10-57 “乾隆御赏”竹根印（现藏于北京故宫博物院）

图 10-58 竹雕出狩图笔筒（现藏于台北“故宫博物院”）

图 10-60 竹雕八仙（钟离权、张果老、蓝采和）（现藏于“台北故宫博物院”）

表现的题材涉及中国传统文化的各个方面，如有寓意吉祥的动植物、传统故事、神话传说等（图 10-59、图 10-60）。

图 10-59 竹雕花鸟（现藏于台北“故宫博物院”）

清代早期的竹雕刻工艺品继承了明代的竹雕刻工艺特点，相对简洁质朴，多体现竹材本身的质地美。但是到清代中后期，竹雕刻一改简洁质朴的特点，逐步走向造型复杂、奇特和工艺繁丽的道路（图 10-61、图 10-62）。

图 10-61 竹雕花鸟盆景（现藏于台北“故宫博物院”）

图 10-62　竹雕人物船（现藏于台北“故宫博物院”）

6. 彩绘工艺类竹器

彩绘工艺类竹器自周代出现后，就一直为后代所沿用，清代也不例外，也有在竹器上使用彩绘工艺的。不过清代的竹器更倾向于展现竹材自身的材质，如前述的各类型工艺竹器，基本上都是在展现竹材的质感、肌理等，对竹材的彩绘工艺反而使用得不多，这应是受竹文化内涵的影响，也就是说竹材本身已有美好的象征和寓意，如果将竹制品完全彩绘，反而无法表现竹材自身的美感和天然特质。

图 10-63 所示的清代毛笔使用了彩绘工艺。其中一支竹毛笔采用黑地彩绘，上绘醒目的红蝙蝠，再配以黄绿色纹样，略有仿古的风格；另一支毛笔上的彩绘则是直接在竹制底上绘制，在

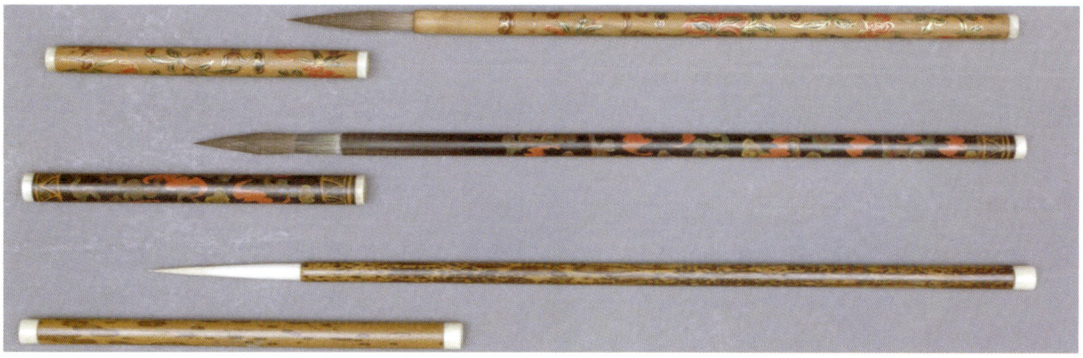

图 10-63 彩绘竹毛笔（现藏于北京故宫博物院）

彩绘的同时不忘在竹竿上留白，露出竹材的纹理。

竹毛笔作为中国最常见和使用最多的竹器，其造型特征在清代没有太多的改变。相比前代，清代的彩绘竹毛笔出现较少，多为素面竹毛笔，即使是制作精良的竹毛笔，也是以素面为主要表现形式，以展现竹材本身的美感（图 10-64 至图 10-66）。

图 10-64　竹笔床（现藏于台北“故宫博物院”）

图 10-65　小紫颖竹管笔（现藏于台北“故宫博物院”）

图 10-66　嵌象牙竹竿小楷笔（现藏于台北“故宫博物院”）

10.7　清代其他竹器

清代民间使用的竹器，类型不同于宫廷使用的竹器，民间对竹器的追求永远达不到也没必要达到宫廷那样的高度。作为器物，将其制作出来就是供大众使用的，因此，从产品使用的角度来看，清代民间留下的竹器实物反而比官方拥有的竹器更丰富、更实用、更有代表性。

1. 竹发篓

“身体发肤，受之父母”，在中国古代，人的头发是不能被轻易丢掉的，因此，在生活中就有一种器具专门是用来装掉下来的头发的，这种竹器称为发篓（图 10-67）。发篓一般以竹制的较多，放在梳妆台下面或旁边，每天早上梳洗的时候，可以将掉下来的头发放到发篓之中。这种物件是清代竹器实物中比较特别的一种，当然现在已经没有人再需要它。

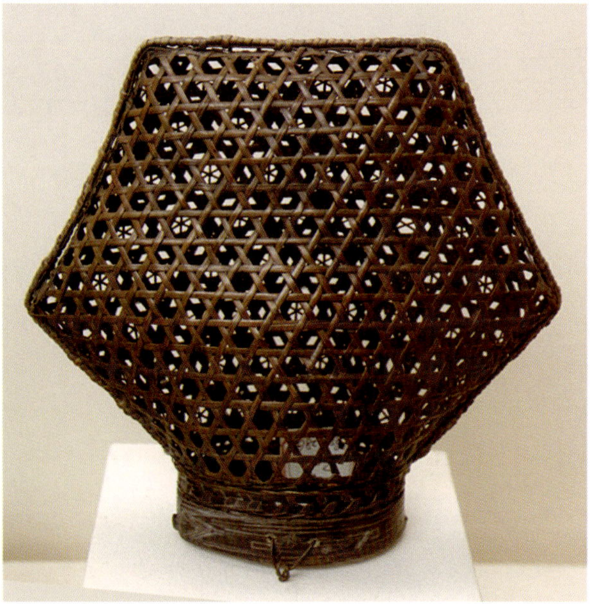

图 10-67　竹发篓

2. 包胎竹编器

在清代留存的竹器中，包胎竹编器极具代表性。上层社会使用的包胎竹编器是一种精致竹器，以精美为追求；而普通老百姓使用的生活和生产器具，虽然也追求精美，但更注重实用功能。对比之下，可以看到民间包胎竹编器简单实用，竹编采用较宽竹篾，编织网孔较大，这样既保护了内胎，也更方便使用。类似的竹器在民间十分常见，如图 10-68 所示的浙江丽水的葫芦胎竹编。

图 10-68　浙江丽水的葫芦胎竹编

3. 带盖竹席箩

带盖竹席箩是清代一种比较独特的竹器，它使用人字编和采用宽竹篾编织而成，箩上带有一个高高的竹编盖，用来包裹下面的竹箩，竹箩四周可以用绳捆紧。这种竹箩在清代徐扬《姑苏繁华图》绘画中曾多处出现（图 10-69），其功能同《天工开物》中的竹席货包类似，但吸收了竹箩的造型和结构，这样造型方便捆扎，方便挑运。图 10-70 是挑夫所用的带盖竹席箩实物。

图 10-69　《姑苏繁华图》中的船运竹席箩
（现藏于辽宁省博物馆）

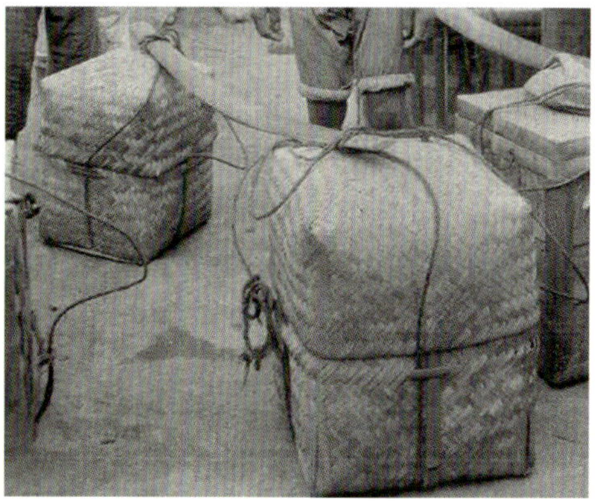

图 10-70　挑夫的带盖竹席箩

4. 竹编蛐蛐篓

蛐蛐篓有多种形式，如竹编、柳编、草编等，竹编蛐蛐篓比较常见。图 10-71 所示的这件清代蛐蛐篓造型十分独特，具有一定的代表性。它的主体结构是一节带节竹筒，破开竹筒下面部分，使用竹篾与之编织，留下竹节作为瓶口。这件竹器充分利用了竹筒本身的形态和特点制作而成。

5. 竹兵帽

竹兵帽（图 10-72、图 10-73）是清朝特有的竹制器具。根据帽子的造型推断，这样的竹帽可能是由我国南方地区原有的竹斗笠改造而来的。竹兵帽既适应南方地区的气候需要，又符合清代官兵的穿戴要求。从细部看，竹兵帽结构严密，编织牢固，是一种比较实用的竹器。

清代竹器远不止本书中提到的这些，但这些竹器有一定的代表性，基本能展示清代竹器的面貌，从这些竹器中可领略到清代竹器的一般特点。

图 10-71　竹编蛐蛐篓

图 10-72　清代竹兵帽（一）

图 10-73　清代竹兵帽（二）

清代竹器小结

清代竹器的发展呈现出停滞与衰落的状况，其主要表现为竹器品种、形制等发展呈现固化和难以创新的局面，因此竹器的发展遇到了瓶颈。

（1）清代是竹器发展的传承衰落期。清代竹器传承了明代竹器的主要特点和形制，如清代农耕类竹器、蚕织类竹器、渔业类竹器、竹制家具等主要生产和生活竹器均延续了前代竹器的特点，没有太多的创新。清代竹器在前人基础上有所创新发展的成就主要是竹器工艺化，其中一方面是竹器制作工艺的多样化，另一方面是实用竹器的工艺化、装饰化。竹器工艺化发展让清代竹器在发展方向上进入了“贵族式”的上层发展路线，“贵族式”的工艺化发展是竹器进入衰落期的标志，因为竹器手工制作技术已经达到极限，无法向更高水平发展。

（2）工艺竹篮是清代竹器新的发展形式。工艺竹篮为中国竹器的精致化发展提供了新的标杆，是中国古代竹器装饰的最高形式，也是清代最具代表性的竹器品种。

（3）清代竹制家具种类丰富并逐渐成熟。

在中国家具历史上，竹制家具是出现得比较晚的，到唐代才开始出现。早期的竹制家具以竹椅居多，发展至清代，竹制家具的品种已经有竹椅、竹桌、竹架、竹货挑、竹床、竹隔离架（屏风）等多个品种，每个品种又有多种形式，可谓丰富多彩，制作工艺和装饰也十分讲究，因此传统竹制家具的发展逐渐走向成熟。

（4）竹制工艺品成为特色品种活跃在工艺品历史舞台上。清代竹制工艺品制作技术异常发达，采用竹黄、竹刻、竹雕、竹胎编、嵌竹丝、彩绘等各种不同工艺制作的工艺品，种类繁多。清代竹制工艺品在传统竹器基础上发展为一种新的竹器类别。

第11章 手工业时代之后的竹器

传统竹器一直是依靠手工制作的，不论是竹编器，还是原竹制作的竹器，都是由手工制作。因此，中国传统竹器的数千年发展都是竹器在手工时代的发展。

如果说跨越中国几千年的历史长河并经历原始社会、农业社会和手工业社会的竹器文明，一直是处于一个漫长的“前手工时代”的话，那么时过境迁，如今的竹器设计、制造及其消费正与现代工业的高科技手段、信息化网络环境和低碳生活相结合，进入了一个竹器“后手工时代”。

竹器的后手工时代将会经历竹器的工业时代、竹器的后工业时代等不同的历史阶段，这些阶段的出现将给中国竹器的发展带来前所未有的机遇和挑战。近现代西方工业革命的发生，人类生产方式的变革等，使中国的传统竹器迎来了竹器的工业时代；而紧随其后的则是改变世界的第三次浪潮——信息化时代，人类迎来了后工业时代。从中国广阔的地域空间来说，中国目前处在农业时代、工业时代、后工业时代并存的时期，中国竹器的发展需要跨越农业时代、工业时代和后工业时代，这样才能实现中国竹器的华丽转型。

1. 竹器的工业时代

工业时代主要是以机器、电力在生产和生活中的广泛运用为特征。工业革命带来的是人类生产效率的迅速提高，电力和机器生产要求原材料必须标准化，只有使用标准化的原材料，才能进行快速、批量的生产。而竹材很显然是非标准化的原始材料：竹竿自身底径和口径不统一；竹竿自身有节；竹竿为中空，壁厚不一致；不同竹竿直径不统一，不同竹竿长度不统一；竹编很难实现机器生产。这些都是竹器走向工业化生产的障碍。因此，从手工业时代走向工业时代，竹器加工亟待解决的就是竹材的标准化问题。

在工业时代，竹材的标准化有两个方向：一是使原始竹材向标准化集成材的转化，二是对原始不规则竹材进行打散重构。

竹材的集成材转化主要体现在利用现有大型设备将原有不规则的竹材切开，压成竹板材，形成标准化的竹板型材，再在竹板型材的基础上进行工业化生产的二次开发。这样竹材可以实现类似于现有木集成板的模式，方便加工生产各类板式家具、板式日用器具等，可以有效实现竹材生产加工的机械化和批量化。

竹材的打散重构是将竹材切分为块状、条状、线状和点状等标准化的材料，然后对分解后的标准化竹材进行开发设计。例如，常见的竹制麻将席、各类竹块制作的隔热垫等，还有用竹丝或竹条制作的各式现代灯具等，都是通过切分竹材以实现标准化，这样才能适应工业时代机器生产的需要，才能有效提高竹产品的生产效率。

2. 竹器的后工业时代

后工业时代的主要特征就是信息化的快速发展，人类进入了以计算机和互联网为基础的信息时代。信息化时代也是信息创造巨大价值的时代。信息化是当今时代发展的大趋势，代表着先进生产力。按照美国未来学专家托夫勒（Alvin Toffler）的观点，第三次改变世界的浪潮是信息革命。信息革命大约是从 20 世纪 50 年代中期开始的，其代表性的象征为“计算机”，主要是以信息技术为主体。随着农业时代和工业时代的衰落，人类社会正在向信息时代过渡，跨进“第三次浪潮”文明，其社会形态是由工业社会发展到信息社会。

信息社会与农业社会、工业社会最大的区

别就是不再以体能和机械能为主，而是以智能为主。信息化时代的历史背景是大机器、大工业和大量人员所从事的大规模流水线生产方式不再是主流，而第三产业即服务性产业将明显增加，信息类无形产业将成为关键资源。

中国竹器发展到后工业时代，传统竹器的造型特征、功能用途等已经不再适应新的社会形式，工业化时代大批量、标准化、大规模流水线生产的模式也不能满足新的社会需求。后工业时代下中国竹器的文化内涵，即竹器物质与非物质的文化都将成为后工业时代最重要的关键资源。竹文化消费成为中国竹器未来发展的重要方向，如传统的手工制作工艺不再是生产竹器的主要目的，但手工制作的过程已变成一种新的“体验经济”，成为竹器的手工艺文化体验；传统的竹篮不再作为生活的必需品出现，功能变得模糊，但传统竹篮所体现的竹文化变成了人们关注的新焦点；等等。

在后工业时代，工业时代的标准化、批量化生产竹器也因为人们需求的多样化而发生变化。个性化定制、小众化发展、现代文化理念认同等都重新定义着工业时代竹器生产的标准。竹器不再以量大、生产效率高为标准，而是以个性化、小众化、高质量为标准。

后工业时代人类进入文化消费时代，不论是传统竹器的物质与非物质文化，还是工业时代竹器的标准化、批量化生产，它们都因社会需求的改变而发生变化。中国的竹器及竹文化将在新的生产和生活方式中散发出新的光芒。

附录　古代典籍中的“竹”部文字及竹器文字

“竹”部文字	原文释义	竹器文字	《说文解字》	《玉篇》	《广韵》
竹 (zhú)	冬生草也。象形。下垂者，箁箬也。凡竹之属皆从竹。		√	√	√
箭 (jiàn)	矢也。	1	√	√	√
箘 (jùn/qūn)	箘簬也。一曰博棋也。		√	√	√
簬 (lù)	箘簬也。从竹路声。《夏书》曰：“惟箘簬楛。”		√	√	√
筱 (xiǎo)	箭属。小竹也。		√	√	√
簜 (dàng)	大竹也。《夏书》曰：“瑶、琨、筱、簜。”簜可为干，筱可为矢。		√	√	√
籢 (wéi)	竹也。		√	√	√
笋 (sǔn)	竹胎也。		√	√	√
箈 (tái)	竹胎也。		√	√	√
箁 (póu/bù/fú/pú)	竹箬也。		√	√	√
箬 (ruò)	楚谓竹皮曰箬。		√	√	√
節 (jié)	竹约也。		√	√	√
筡 (tú)	折竹笢也。		√	√	√
籋 (mí)	筡也。		√	√	√
笢 (mǐn)	竹肤也。		√	√	√
笨 (bèn)	竹里也。		√	√	√
蓊 (wēng)	竹貌。		√	√	√
篸 (cēn/zān/cǎn)	差也。		√	√	√
篆 (zhuàn)	引书也。		√	√	√
籀 (zhòu)	读书也。《春秋传》曰“卜籀”云。		√	√	√
篇 (piān)	书也。一曰关西谓榜曰篇。	2	√	√	√
籍 (jí)	簿书也。	3	√	√	√
篁 (huáng)	竹田也。		√	√	√
篺 (jiǎng)	剖竹未去节谓之篺。		√	√	√
箼 (yè)	籥也。	4	√	√	√
籥 (yuè)	书僮竹笘也。	5	√	√	√
籕 (liú)	竹声也。		√	√	√
簡 (jiǎn)	牒也。	6	√	√	√
笐 (háng/hàng)	竹列也。		√	√	√
篰 (bù)	蒚爰也。	7	√	√	
等 (děng)	齐简也。		√	√	√
笵 (fàn)	法也。		√	√	√
笺 (jiān)	表识书也。	8	√	√	√
符 (fú)	信也。汉制以竹，长六寸，分而相合。	9	√	√	√
筮 (shì)	《易》卦用蓍也。	10	√	√	√
笄 (jī)	簪也。	11	√	√	√
筐 (jī)	取虮比也。	12	√	√	
篗 (yuè)	收丝者也。	13	√	√	
筳 (tíng)	维丝管也。	14	√	√	
筦 (guǎn)	筟也。	15	√	√	√
筟 (fū)	筳也。	16	√	√	√
笮 (zuó/zé)	迫也。在瓦之下，棼上。	17	√	√	√

“竹”部文字	原文释义	竹器文字	《说文解字》	《玉篇》	《广韵》
簾（lián）	堂簾也。	18	√	√	√
簀（zé）	牀栈也。	19	√	√	√
笫（zǐ）	牀簀也。	20	√	√	√
筵（yán）	竹席也。《周礼》曰：“度堂以筵，筵一丈。”	21	√	√	√
簟（diàn）	竹席也。	22	√	√	√
籧（qú）	籧篨，粗竹席也。	23	√	√	√
篨（chú）	籧篨也。	24	√	√	√
籭（shāi）	竹器也。可以取粗去细。	25	√	√	√
籓（fān/biān）	大箕也。一曰蔽也。	26	√	√	√
籅（yù）	漉米籔也。	27	√	√	√
籔（sǒu/shǔ）	炊籅也。	28	√	√	√
箅（bì）	蔽也，所以蔽甑底。	29	√	√	√
箱（shāo）	饭筥也。受五升。秦谓筥曰箱。	30	√	√	√
箱（shāo）	陈留谓饭帚曰箱。一曰饭器，容五升。一曰宋、魏谓箸筒为箱。	31	√	√	√
筥（jǔ）	箱也。	32	√	√	√
笥（sì）	饭及衣之器也。	33	√	√	√
箪（dān）	笥也。汉津令：箪，小筐也。《传》曰：“箪食壶浆。”	34	√	√	√
篚（shāi）	篚箄，竹器也。	35	√	√	√
箄（pái/bēi）	篚箄也。	36	√	√	√
篿（tuán）	圆竹器也。	37	√	√	√
箸（zhù）	饭攲也。	38	√	√	√
簍（lǒu）	竹笼也。	39	√	√	√
筤（láng）	篮也。	40	√	√	√
籃（lán）	大篝也。	41	√	√	
篝（gōu）	客也。可熏衣。宋楚谓竹篝墙以居也。	42	√	√	√
客（luò）	桮客也。	43	√	√	√
夅（gòng）	桮客也。或曰盛箸笼。	44	√	√	√
籢（lián）	镜籢也。	45	√	√	√
篹（zuǎn）	竹器也。	46	√	√	√
籯（yíng）	笭也。	47	√	√	√
箾（sān）	竹器也。	48	√	√	√
簋（guǐ）	黍稷方器也。	49	√	√	√
簠（fǔ）	黍稷圆器也。	50	√	√	√
籩（biān）	竹豆也。	51	√	√	√
笹（dùn）	篅也。	52	√	√	√
篅（chuán）	以判竹，圆以盛谷也。	53	√	√	√
簏（lù）	竹高箧也。	54	√	√	
簜（dàng）	大竹筒也。	55	√	√	√
筩（tǒng）	断竹也。	56	√	√	√
箯（biān）	竹舆也。	57	√	√	√
笯（nú）	鸟笼也。	58	√	√	√
竿（gān）	竹梃也。	59	√	√	√
籗（zhuó）	罩鱼者也。	60	√	√	√
箇（gè）	竹枚也。		√	√	
筊（jiǎo）	竹索也。	61	√	√	√
筰（zuó）	筊也。	62	√	√	√

“竹”部文字	原文释义	竹器文字	《说文解字》	《玉篇》	《广韵》
𥳍 (qián/zhān)	蔽絮簀也。	63	√	√	√
箑 (shà)	扇也。	64	√	√	√
籠 (lóng/lǒng)	举土器也。一曰笭也。	65	√	√	√
𥷼 (ráng/rǎng)	袌也。	66	√	√	√
笠 (hù)	可以收绳也。从竹，象形，中象人手所推握也。	67	√	√	√
簝 (liáo)	宗庙盛肉竹器也。	68	√	√	√
簴 (jǔ)	饮牛筐也。方曰筐，圆曰簴。	69	√	√	√
篼 (dōu)	饮马器也。	70	√	√	√
籚 (lú)	积竹，矛戟矜也。	71	√	√	
箝 (qián)	籋也。	72	√	√	√
籋 (niè)	箝也。	73	√	√	√
簦 (dēng)	笠盖也。	74	√	√	√
笠 (lì)	簦无柄也。	75	√	√	√
箱 (xiāng)	大车牝服也。	76	√	√	√
篚 (fěi)	车笭也。	77	√	√	√
笭 (líng)	车笭也。一曰笭籯也。	78	√	√	√
䈣 (tán)	搔马也。	79	√	√	√
策 (cè)	马棰也。	80	√	√	
箠 (chuí)	击马也。	81	√	√	√
𥬠 (zhuā/duò)	棰也。	82	√	√	√
笍 (zhuì/ruì)	羊车驺棰也。	83	√	√	√
籣 (lán)	所以盛弩矢，人所负也。	84	√	√	
箙 (fú)	弩矢箙也。	85	√	√	√
𥬗 (chuǎng/zhū)	梣双也。	86	√	√	√
笘 (shān)	折竹棰也。颍川人名小儿所书写为笘。	87	√	√	√
笪 (dá)	笞也。		√	√	√
笞 (chī)	击也。		√	√	
籤 (qiān)	验也。一曰锐也，贯也。		√	√	√
𥳈 (tún/diàn)	榜也。	88	√	√	√
箴 (zhēn)	缀衣箴也。	89	√	√	√
箾 (shuò/xiāo/qiào)	以竿击人也。		√	√	√
竽 (yú)	管三十六簧也。	90	√	√	√
笙 (shēng)	十三簧。象凤之身也。笙，正月之音。物生，故谓之笙。大者谓之巢，小者谓之和。古者随作笙。	91	√	√	√
簧 (huáng)	笙中簧也。古者女娲作簧。	92	√	√	√
篪 (chí/shi/tí)	簧属。	93	√	√	
箫 (xiāo)	参差管乐。象凤之翼。	94	√	√	√
筒 (tǒng)	通箫也。	95	√	√	√
籁 (lài)	三孔龠也。大者谓之笙，其中谓之籁，小者谓之箹。	96	√	√	√
箹 (yuē/yào/chuò)	小籁也。	97	√	√	√
管 (guǎn)	如篪，六孔。十二月之音。物开地牙，故谓之管。	98	√	√	√
篎 (miǎo)	小管谓之篎。	99	√	√	√
笛 (dí)	七孔筒也。羌笛三孔。	100	√	√	√
筑 (zhù)	以竹曲，五弦之乐也。	101	√	√	√
筝 (zhēng)	鼓弦竹身乐也。	102	√	√	√
箛 (gū)	吹鞭也。	103	√	√	√
篍 (qiū)	吹筒也。	104	√	√	√

“竹”部文字	原文释义	竹器文字	《说文解字》	《玉篇》	《广韵》
籌（chóu）	壶矢也。	105	√	√	√
簺（sài）	行棋相塞谓之簺。		√	√	√
簙（bó）	局戏也。六箸十二棋也。古者乌胄作簙。		√	√	√
箄（bì）	藩落也。	106	√	√	√
籎（ài）	蔽不见也。	107	√	√	√
籢（dàn/jìn/yán）	谁射所蔽者也。	108	√	√	√
篽（yù）	禁苑也。		√	√	√
筭（suàn）	长六寸。计历数者。言常弄乃不误也。	109	√	√	√
算（suàn）	数也。		√	√	√
笑（xiào）	此字本阙。		√	√	√
簃（yí）	阁边小屋也。	110	√	√	√
筠（yún/jūn）	竹皮也。		√	√	√
笏（hù）	公及士所搢也。	111	√	√	√
箟（bì）	导也。今俗谓之箟。	112	√	√	√
篙（gāo）	所以进船也。	113	√	√	√
箕（jī）	簸也。从竹；𠀠，象形；下其丌也。凡箕之属皆从箕。	114	√	√	√
簸（bò/bǒ）	扬米去糠也。	115	√	√	√
箬（jùn）				√	√
箟（jùn）				√	
簵（lù）				√	√
篠（xiǎo）				√	√
箙				√	√
箰（sǔn）				√	√
箣				√	
篔				√	
籑（sǔn/zhuàn）				√	√
簴（jù）				√	
籊				√	√
箚	竹牍也。	116		√	
筴（cè）	谋也，筹也。	117		√	√
簛（shāi）	同“籭”。竹器也，可以除粗取细。	118		√	√
篩（shāi）	同“簛”。	119		√	√
籓（fán）	同“藩”。蔽也亦箕也。	120		√	
筲（shāo）	同“箾”。饭帚也。	121		√	√
簏（lú）	盛饭器也。	122		√	√
籚	同“簏”。	123		√	
箈（kè）	杯也，箈笼也。	124		√	
箓（lù）	同“簏”。说文曰竹高箧也。	125		√	√
籗（zhuó/huò）	鱼笼也，尔雅云籗谓之罩。	126		√	√
籓（yáo）	同“筊”，小箫也，十六管，长尺二寸，又竹索也。	127		√	√
箑（shà）	同“篓”。扇也，自关而东谓之篓，自关而西谓之扇。	128		√	√
籛	同“箈”。	129		√	√
簻（zhuā）	箠也。	130		√	
籑	榜也。	131		√	
篴（zhú/dí）	同“笛”。	132		√	
篙	箩属，形小而高。	133		√	√
笷（yào）	屋危也。	134		√	√

“竹”部文字	原文释义	竹器文字	《说文解字》	《玉篇》	《广韵》
籞 (yù)				√	√
笇 (suàn)	同“筭”。竹器。	135		√	√
箚 (sǒu)	同“籔”。	136		√	
篓	同“籔”。	137		√	
篾 (mǐn)				√	√
篾				√	√
籮 (luó)	竹器也。	138		√	√
籊 (tì)				√	√
篃 (mèi)				√	√
簰 (lìn)				√	√
籉 (qióng)	姑篓也。	139		√	√
笷 (báo)				√	√
篔 (yú)				√	
篟 (qiǎn)				√	√
籭 (xiǎn)				√	√
笆 (bā)	竹有刺。			√	√
笳 (jiā)	卷葭。叶吹之。	140		√	√
笴 (gǎn)				√	√
籛 (jiǎn)				√	√
箌 (dū)				√	√
篃 (méng)				√	√
箶 (hú)				√	√
箱				√	√
箕	竹箭也。	141		√	
篑 (kuài)	竹箭也。	142		√	√
筀 (yín)				√	√
筣 (lí)	织竹为筣笆障也。	143		√	√
篶 (yān)				√	√
簇 (rán)				√	√
籧 (tí)				√	√
笔 (róng)				√	√
篺 (mó/wú)				√	√
箳 (fú)				√	√
籟 (gǎn)	竹也，又箱类。	144		√	√
笵 (féi)				√	√
笂				√	√
篅 (duān)				√	√
篝 (gōu)				√	√
笃				√	√
篸 (sǎn)				√	√
笒 (hán)				√	√
箘 (hán)				√	√
篖 (duò)				√	√
第 (fú)	车后第。	145		√	√
筫 (rǎn)				√	√
箐 (qìng/jīng)	棺车上覆也。	146		√	√
簡 (lìn)				√	

“竹”部文字	原文释义	竹器文字	《说文解字》	《玉篇》	《广韵》
簪(zān)				√	√
篤(dù)				√	√
篷(péng)	船连帐也，亦篷也。	147		√	
筝	同“篷”。	148		√	√
第(dì)				√	√
箵(xīng)	笭也。	149		√	√
篓(cuō/zhǎ)	炭笼束炭为篓也。	150		√	√
篗				√	√
竚(zhù)				√	
般(pán)	篾也，又捕鱼笱也。	151		√	√
笈(jí)	负书箱也。	152		√	√
籛(jiǎn/jiān)				√	√
英(yǎng)				√	√
箴(chéng)				√	√
篙(báo)	织篙也。	153		√	√
箳(píng)	箳篂车轓。	154		√	√
篂(xīng)	箳篂车轓。	155		√	√
簹(dāng)	车笃管，又“筼筜”，竹名。	156		√	√
筼(yún)	“筼筜”，竹名。			√	
簇(cù)				√	
箛				√	
笡(qiè)				√	
笹(yì)				√	√
笐(háng)	笐篖竹笪。	157		√	√
篖(táng)	笐篖竹笪。	158		√	√
篙(jiāo)	大管也。	159		√	√
篙	柷敔也。	160		√	√
籈(zhēn/jiān)	尔雅曰所以鼓敔谓之籈。	161		√	√
笶(tì)	车篢。	162		√	
篥(táng)	罩也。	163		√	√
箭(zhuó)	渌米具。	164		√	√
篣(péng)	笼也。	165		√	√
笚(dā)				√	√
簻(wèi)	箭也。	166		√	√
笉(qǐn)				√	
篪(chí)	管有七孔也。	167		√	√
箎(chí)	同“篪”。	168		√	
筐(kuāng)	蚕筐方曰筐。	169		√	√
簂(guó/guì)	筐也。	170		√	√
篑(kuì)	同“簂”。	171		√	√
篲(huì)	扫帚。	172		√	√
簪(huì)	古文“篲”。	173		√	√
箧(qiè)	笥也。	174		√	√
箅(diǎn)				√	√
篂	古文“篥”。	175		√	√
箌(zhào/dào)	捕具也，又作罩。	176		√	
筏(fá)	箄也。	177		√	√

“竹”部文字	原文释义	竹器文字	《说文解字》	《玉篇》	《广韵》
箽 (dǒng)	竹器也。	178		√	
篡				√	
箆 (pí/bì)	箣也。	179		√	√
箇 (zhù)				√	
笛 (qū)	养蚕具也。	180		√	
簙 (bù/bó)	笛也。	181		√	√
笲 (fán)	竹器也。	182		√	√
笨	篗也。	183		√	
筀 (qū)	关也，山谷遮兽也。又饭器也。	184		√	
筯 (zhù)	匙筯，与“箸”同。	185		√	√
簇 (cù)				√	√
箽 (rèn)	单席也。	186		√	√
筀 (guì)				√	√
筌 (quán)	捕鱼笱。	187		√	√
篹 (zhuàn/zuàn/suǎn)	器名。	188		√	√
篞 (niè)	中箢曰篞。	189		√	√
箖 (lín/lǐn)				√	√
箊 (yū)				√	√
箄 (pái/pì)	箄筏。	190		√	√
篯 (qián)				√	√
籉 (tái)	笠子。	191		√	√
籬 (lí)	藩篱。	192		√	√
筶 (yán)	管长一尺四寸。	193		√	√
筊				√	
箷 (sī)				√	
箵				√	√
箣				√	√
篥 (lì)	竹门也。	194		√	√
簝 (liáo)				√	√
巢 (cháo)	大笙，有十九簧。	195		√	
箵	牛筐也。	196		√	
箘				√	
簪 (zān)	冠簪也。	197		√	√
筸 (máng)				√	
篣 (méng)				√	√
箳 (bìng/píng)				√	√
篘 (chōu)	酒笼。	198		√	√
箜 (kōng)	箜篌。	199		√	√
篲 (suí)	笼也。	200		√	√
箔 (bó)	簾也。	201		√	√
簷 (yán)	屋簷，与“檐”同。	202		√	√
箏 (zhēng)				√	√
篓 (léng)				√	
簪 (céng)	簦簪，笠也。	203		√	
簪 (cáo)				√	
籐 (téng)	簬器。	204		√	
笎 (yuán)				√	

“竹”部文字	原文释义	竹器文字	《说文解字》	《玉篇》	《广韵》
篔（xuān）				√	
筊（jiǎo/jiào）	筈也。	205		√	√
簙（xún）				√	√
篵				√	√
篢（gōng/gǎn）	笠名。	206		√	√
笁（jiāng）				√	
籠（lóng）	筐也。	207		√	
簧（hóng）				√	
篵（cóng）	笼也。	208		√	√
籦（zhōng）				√	√
笋				√	
笗（dōng）				√	√
籛（jī）				√	
筎（rú）	竹筎以塞舟。			√	
簵（lú）				√	√
箁（wú）				√	
簽（qiān）				√	
篈（fēng）				√	
箃（zōu）				√	√
箲（xiān）				√	
篺（páo）				√	
箰（suǒ）	织物。	209		√	
籈（líng/liǔ）				√	√
籋（biè/mí）	竹篾也。			√	
篁（liú）				√	√
篹（huái）				√	
筗（chōng）				√	
筁（cuō）				√	
箆（pí）	笼也。	210		√	
箂（lái）				√	
筃（yīn）				√	
笻（qiū）				√	
箎（chī）				√	
籇（tuí）	竹笔也。	211		√	
筅（xiǎn）	筅帚。	212		√	√
篭（lóng）				√	
篬（qiāng）				√	
篃（mèi）				√	√
筫（zhí）	笙。	213		√	
笌（yá）				√	
笁（yáng）				√	
篰（shū）				√	
笉（yǐn）				√	
籓（fàn）				√	
篹（ruǎn）				√	
竻（tǐng）				√	
箒（zhǒu）	帚字。	214		√	√

“竹”部文字	原文释义	竹器文字	《说文解字》	《玉篇》	《广韵》
籦 (shàn)				√	
笯 (liǎn)				√	√
簅 (chǎn)	大籥。	215		√	√
篜 (cí)				√	
籑 (xuǎn)				√	√
箔 (zhǎo)				√	√
篙 (wěi)				√	
簑 (qǐ)				√	
笓 (zǐ)				√	
箨				√	
箛 (ruǐ)				√	
笖 (yǐ)				√	
篓				√	
笙 (zhǐ)				√	
箷 (shī)	衣架。	216		√	√
簦	籧篨。	217		√	√
笕 (jiǎn)	以竹通水也。	218		√	√
篙 (xiè)				√	√
篾 (miè)				√	√
箶 (hú)	破箶为圆。	219		√	√
籬 (lì)				√	√
篱 (mǎn)	竹器也。	220		√	√
箸 (shì)	同“篱”，竹器也。	221		√	
簰	说文筵。	222		√	
笄 (zhì)	箪也。	223		√	√
簑 (suǒ)				√	√
筦 (huì/kuì/wěi)				√	
盒 (hé)	籧篨也。	224		√	√
筀 (chéng)	筵。	225		√	√
箳 (wěi)				√	
簹 (dàng)				√	
籧	瑟。	226		√	
篲 (huì)				√	
篻 (lěi)				√	√
笶 (shǐ)	矢字。	227		√	
箕 (sǎi)				√	
篓 (huǎn)				√	
箬 (kǔ)				√	√
簟 (lǐ)				√	√
笏 (wěn)				√	
筀 (zhù)				√	
簳 (gǎn)	箭簳。	228		√	√
笴 (gě)	同“簳”。	229		√	
箒 (zhòu)				√	√
範 (fàn)				√	√
笅				√	
箎 (chí)				√	

“竹”部文字	原文释义	竹器文字	《说文解字》	《玉篇》	《广韵》
笆 (qǐ)	箄。	230		√	
箰 (zhǎng)				√	
簵 (lǔ)				√	
籭 (xiè)				√	
箺 (chūn)				√	
簯 (qǐn)				√	
笧 (shěn)				√	
篔				√	
籑 (suàn)	器也。	231		√	
籩 (qiǎng)				√	
簩 (láo)				√	√
籗 (cuì)				√	
笊 (zhào)	笊篱。	232		√	√
箪 (zhào)	捕鱼具。	233		√	√
箽 (zhòng)				√	
箎 (zhì)				√	
箟 (jì)				√	√
篒 (yì)				√	√
簉 (zào)				√	
篴 (suì)				√	√
篸				√	
簣	土笼也。	234		√	√
簏 (shù)	筐	235		√	
篙 (jǔ/jù/wǎn)	织具。	236		√	√
箄 (bì)	竹箄也。	237		√	√
笠 (chóu/dòu)	礼器。	238		√	
籍 (jì)				√	
箳 (pài)				√	
篎				√	
籑 (zuì)				√	√
簍 (sòu)				√	
簾 (qiàn/zhǎn)	笼。	239		√	
籙 (léi/luò)	床。	240		√	
笐 (hàng)	竹竿。	241		√	
簸 (fù)	竹簸以盖也。	242		√	
箪 (dàn)				√	
籑 (xiàn)				√	
筲				√	√
篇 (shàn)	《集韵》：音扇。箑也。	243		√	√
篬 (quān)				√	
篰 (nǎn)				√	√
箐 (jìng)				√	
笱	觅鱼具。	244		√	
笵				√	
篟				√	√
箳 (dìng)	器。	245		√	
箵				√	√

“竹”部文字	原文释义	竹器文字	《说文解字》	《玉篇》	《广韵》
篴 (jù)				√	
筝 (zhèng)				√	
篢 (è)				√	
竻 (lè/jīn)				√	√
箺 (niè)				√	√
箤 (chè)				√	√
笨 (nà/nèi/yǐ)				√	
箵 (tà)				√	√
籴 (zá)	簾。	246		√	
箧 (xiá)				√	
篛 (tà)				√	√
簭 (jí)	覆。	247		√	√
簎	杓。	248		√	
籆 (yuè)	取鱼具。	249		√	√
篗 (yuè)	同“籆”。	250		√	√
籗 (zhuó)				√	
笭 (lù)	笭角以射鸟。	251		√	
箻 (lù)	同“笭”。	252		√	
箤 (zú)	笭。	253		√	
笜 (zhú)				√	
箼 (wū)				√	
簐 (gǔ)	篚。	254		√	
觚 (hú)	箱也。	255		√	√
簶 (lù)	胡簶箭室。	256		√	√
篢 (mài/mì)	笏篢，畚带也。	257		√	
箟				√	
籜 (tuò)				√	√
篗 (yù)	《类篇》：收丝具也。	258		√	
簭 (sè)	筛簭。	259		√	√
笓 (yì)	竹索。	260		√	
箙	《集韵》：盛弓弩器也。与“箙”同。	261		√	
篛 (ruò)				√	
桷 (jué)	椽。	262		√	
箅 (bǐ/bié)				√	√
笮	屋上版亦做笮。《集韵》：迫也。同“笮”，屋上板也。	263		√	
篷				√	√
劄 (zhā/zhá)				√	√
箛 (gǔ)	刷也。	264		√	
筈 (kuò)				√	√
笸 (pō)	篁。	265		√	
箕 (jī)	音屐。	266		√	
箶	同“箶”。	267		√	
筴 (dàn)				√	√
篱 (lí)				√	
箕 (jī)				√	
笄				√	
筏 (róng)					√

“竹”部文字	原文释义	竹器文字	《说文解字》	《玉篇》	《广韵》
䈶 (róng)	䈶䇶，矢也。	268			√
笻 (qióng)					√
䈏	同“篅”。盛穀圆笆。	269			√
籠 (bēi)					√
䈪 (chī)	竹器。	270			√
笡					√
簳 (hú)					√
箍 (gū)	以篾束物。	271			√
箻					√
筋 (jīn)					√
籛					√
纂					√
籩					√
㲃 (qiú)	笼也。	272			√
篌 (hóu)	箜篌。	273			√
箽 (dǒng)	亦姓。又竹器也。	274			√
篵 (sǒng)	箸桶。	275			√
簸 (huǐ)					√
簄 (hù)	海中取鱼竹，名曰簄。	276			√
簔 (xì)					√
箉 (guǎi/dài)	竹具用之鱼笱竹器也。	277			√
笋 (sǔn)					√
纂					√
箲 (xiǎn)	箲帚，饭具。	278			√
簻 (jiǎn)					√
箇 (gě)					√
簂 (guǎ/jué)	篗簂，收丝具。	279			√
笱 (gǒu)	鱼笱，取鱼竹器。	280			√
箼 (dǎn)	箱属，又作簦。	281			√
簦	同“箼”。	282			√
簒 (mù)	竹筥。	283			√
籓 (fèi)	籧篨。	284			√
箭	“箭”古文。	285			√
簟	车轴。	286			√
籑 (zhuàn)					√
簆 (kòu)	织具。	287			√
篸 (qìn)	墨工人具。	288			√
笒 (cén/jìn)					√
箙 (fù)					√
籀					√
箊					√
籙					√
竺 (zhú/dǔ)					√
築					√
籛	笪也。	289			√
篤 (dǔ)					√
簶 (lù)	圖簶。	290			√

“竹”部文字	原文释义	竹器文字	《说文解字》	《玉篇》	《广韵》
簎 (cè)	取鱼箈也。	291			√
筆 (bǐ)	秦蒙恬所造。	292			√
箣 (mò)	捕鳝（同“鳅”）竹器。	293			√
箸 (xiá)					√
簒					√
笧 (cè/zhà)	“册”的古文。	294			√
篱					√
簣					√
簋 (xī)	簨簋。	295			√
荅 (dá)					√

注：

（1）关于“竹”部文字的原文释义，凡《说文解字》中记载的“竹”部文字，以《说文解字》中的原文释义为主；《说文解字》没有记载的“竹”部文字，以《玉篇》中的原文释义为主；《说文解字》和《玉篇》中均没有记载的“竹”部文字，以《广韵》中的原文释义为主。

（2）凡标有数字序号的“竹”部文字均为竹器文字，竹器文字共计 295 个。

（3）《说文解字》中的“竹”部文字，不论是否为竹器文字，均附上其原文释义；《玉篇》《广韵》对属于竹器文字的竹部文字才附其原文释义。

（4）部分没有标出拼音的“竹”部文字，是因为该字发音不详，无法标注。

（5）后面标有“√”的，表示在该典籍中有此文字。

参考文献

[1] 李约瑟．中国科学技术史（第一卷：导论）[M]. 北京：科学出版社，1990.
[2] 顾立雅．中国之诞生 [M]. 伦敦：Jonathan Cape Thirty Bedford Square，1936.
[3] 劳佛尔．中国篮子 [M]. 叶胜男，郑晨，译．杭州：西泠印社出版社 2014.
[4] 湖南省文物考古研究所．湖南洪江市高庙新石器时代遗址 [J]. 考古，2006.
[5] 张应军．武陵竹编文化研究 [M]. 成都：西南交通大学出版社，2015.
[6] 浙江省文物考古研究所，余姚市文物保护管理所，河姆渡遗址博物馆．浙江余姚田螺山新石器时代遗址 2004 年发掘简报 [J]. 文物，2007.
[7] 浙江省文物管理委员会．吴兴钱山漾遗址第一、二次挖掘报告 [J]. 考古学报，1960.
[8] 浙江省文物考古研究所，湖州市博物馆．毗山考古发掘报告 [M]. 北京：文物出版社，2006.
[9] 潘艺，杨一蕾．试述竹材在古代采矿中的作用 [J]. 江汉考古，2002.
[10] 李家和，刘诗中，曹柯平．江西九江神墩遗址发掘简报 [J]. 江汉考古，1987.
[11] 李家和．江西德安石灰山商代遗址试掘 [J]. 东南文化，1989.
[12] 江西省文物考古研究所，德安县博物馆．江西德安县陈家墩遗址发掘简报 [J]. 南方文物，1995.
[13] 刘诗中，卢本姗．江西铜岭铜矿遗址的发掘与研究 [J]. 考古学报，1998.
[14] 关传友．论先秦时期我国的竹资源及利用 [J]. 竹子研究汇刊，2004.
[15] 张宗登．先秦楚地竹制器具考析 [J]. 艺术探索，2015.
[16] 王秀梅．中华经典名著全本全注全译丛书：诗经 [M]. 北京：中华书局，2015.
[17] 徐中舒．甲骨文字典 [M].3 版．成都：四川出版集团，四川辞书出版社，2014.
[18] 中国社会科学研究院．殷周金文集成（1—6 卷）[M]. 北京：中华书局，1988.
[19] 北京大学中国考古学研究中心，浙江省文物考古研究所．田螺山遗址自然遗存综合研究 [M]. 北京：文物出版社，2011.
[20] 樊宝敏，李智勇．黄河流域竹类资源历史分布状况研究 [J]. 林业科学，2005.
[21] 浙江省文物考古研究所，诸暨博物馆，浦江博物馆．浦阳江流域考古报告之二：楼家桥、塘山背、尖山湾 [M]. 北京：文物出版社，2010.
[22] 湖北省文物考古研究所．江陵九店东周墓 [D]. 北京：科学出版社，1995.
[23] 余静贵．先秦楚国竹器的设计之美初探 [J]. 竹子研究汇刊，2015.
[24] 岳南．旷世绝响：擂鼓墩曾侯乙墓发掘记 [M]. 北京：商务印书馆，2012.
[25] 河南省文物研究所．信阳孙砦遗址发掘报告 [J]. 华夏考古，1959.
[26] 河南信阳地区文管会，光山县文管会．春秋早期黄君孟夫妇墓发掘报告 [J]. 考古，1983.
[27] 湖湘省宜昌地区文物工作队．当阳金家山九号春秋楚墓 [J]. 文物，1982.
[28] 江西省文物考古研究所．江西靖安县李洲坳东周墓葬 [J]. 考古，2008.
[29] 固始侯古堆 1 号墓发掘组．固始侯古堆 1 号墓发掘简报 [J]. 文物，1981.
[30] 荆州铁路考古队．江陵秦家咀楚墓发掘简报 [J]. 江汉考古，1988.
[31] 河南省文物研究所．信阳楚墓 [M]. 北京：文物出版社，1986.
[32] 湖北省文物考古研究所．江陵雨台山楚墓发掘简报 [J]. 考古，1980.
[33] 江西省历史博物馆，贵溪县文化馆．江西贵溪崖墓发掘简报 [J]. 文物，1980.
[34] 四川省文管会，雅安地区文化馆，荥经县文化馆．四川荥经曾家沟战国墓群第一、二次发掘 [J]. 考古，1984.

[35] 随县擂鼓墩一号墓考古发掘队．湖北随县曾侯乙墓发掘简报 [J]. 文物，1979.
[36] 谭维四．曾侯乙墓文物艺术 [M]. 武汉：湖北美术出版社，1992.
[37] 成都市文物考古研究所．成都市商业街船棺、独木棺墓葬发掘报告 [J]. 文物，2002.
[38] 湖北省荆州地区博物馆．江陵天星观 1 号楚墓 [J]. 考古，1982.
[39] 河南省文物考古研究所．新蔡葛陵楚墓 [M]. 郑州：大象出版社，2003.
[40] 湖北省文物考古研究所，荆门市博物馆，襄荆高速公路考古队．荆门左冢楚墓 [M]. 北京：文物出版社，2006.
[41] 四川省博物馆，青川县文化馆．青川县出土秦更修田律木犊：四川青川县战国墓发掘简报 [J]. 文物，1982.
[42] 湖北省文物考古研究所．湖北江陵县九店东周墓发掘纪要 [J]. 考古，1995.
[43] 湖北省宜昌地区博物馆．湖北枝江县姚家港楚墓发掘报告 [J]. 考古，1988.
[44] 荆州博物馆．湖北荆州望山桥 1 号楚墓发掘简报 [J]. 文物，2017.
[45] 湖北省文化局文物工作队．湖北江陵三座楚墓出土大批重要文物 [J]. 文物，1966.
[46] 湖北省荆门市博物馆．荆门郭店 1 号楚墓 [J]. 文物，1997.
[47] 湖北省荆州地区博物馆．江陵马山 1 号楚墓 [M]. 北京：文物出版社，1985.
[48] 襄阳市博物馆，老河口市博物馆．湖北老河口安岗 1 号楚墓发掘简报 [J]. 文物，2017.
[49] 北省文物考古研究所，襄阳市博物馆，老河口市博物馆．北老河口安岗 2 号楚墓发掘简报 [J]. 文物，2017.
[50] 湖北省荆沙铁路考古队包山墓地整理小组．门市包山楚墓发掘简报 [J]. 文物，1988.
[51] 北省博物馆，荆州地区博物馆，江陵县文物工作组发掘小组．北江陵拍马山楚墓发掘简报 [J]. 考古，1973.
[52] 成都市文物考古工作队，浦江县文物管理所．都市蒲江县船棺墓发掘简报 [J]. 文物，2002.
[53] 容庚．金文编 [M]. 北京：中华书局，1985.
[54] 江西省文物考古研究所，铜岭遗址发掘队．江西瑞昌铜岭商周矿冶遗址第一期发掘简报 [J]. 江西文物，1990.
[55] 河南信阳地区文管会，光山县文管会．春秋早期黄君孟夫妇墓发掘报告 [J]. 考古，1983.
[56] 李科友．浅谈贵溪崖墓出土的纺织器材和纺织品 [J]. 江西历史文物，1987.
[57] 吴顺青，徐梦林，王红星．荆门包山号墓部分遗物的清理与复原 [J]. 文物，1988.
[58] 湖北省博物馆．图说楚文化 [M]. 武汉：湖北美术出版社，2006.
[59] 郭建邦 试论固始侯古堆大墓陪葬坑出土的代步工具：肩舆 [J]. 中原文物，1981.
[60]《灌县都江堰水利志》编委会．灌县都江堰水利志（内部发行）[X]. 1983.
[61] 李吉甫．元和郡县志．
[62] 班固．《汉书•沟洫志》．
[63] 荆州地区博物馆．江陵王家台 15 号秦墓 [J]. 文物，1995.
[64] 湖北省荆州地区博物馆．江陵扬家山 135 号秦墓发掘简报 [J]. 文物，1993.
[65] 湖北省文物考古研究所等．云梦龙岗秦汉墓地第一次发掘简报 [J]. 江汉考古，1990.
[66] 湖北省江陵县文物局，荆州地区博物馆．江陵岳山秦汉墓 [J]. 考古学报，2000.
[67] 广西壮族自治区文物工作队．广西贵县罗泊湾 1 号墓发掘简报 [J]. 文物，1978.
[68] 荆州博物馆．湖北荆州谢家桥 1 号汉墓发掘简报 [J]. 文物，2009（4）:26-42.
[69] 湖南省博物馆，中国科学院考古研究所．长沙马王堆 1 号汉墓 [M]. 北京：文物出版社，1973.
[70] 纪南城凤凤山一六八号汉墓发掘整理组．湖北江陵凤凰山一六八号汉墓发掘简报 [J]. 文物，1975.
[71] 长江流域第二期文物考古工作人员训练班．湖北江陵凤凰山西汉墓发掘简报 [J]. 文物，1974.
[72] 甘肃居延考古队．居延汉代遗址的发掘和新出土的简册文物 [J]. 文物，1978.
[73] 甘肃省博物馆，敦煌县文化馆．敦煌马圈湾汉代烽隧遗址发掘简报 [J]. 文物，1981.
[74] 甘肃省文物考古研究所．甘肃敦煌汉代悬泉置遗址发掘简报 [J]. 文物，2000.
[75] 张家山二四七号汉墓竹简整理小组．张家山汉墓竹简 [M]. 北京：文物出版社，2006.

[76] 扬州市文物考古研究所．江苏扬州西汉刘毋智墓发掘简报 [J]. 文物，2010.
[77] 湖北省博物馆．湖北云梦西汉墓发掘简报 [J]. 文物，1973.
[78] 湖北省文物考古研究所，随州市曾都区考古队．湖北随州市周家寨墓地 M8 发掘简报 [J]. 考古，2017.
[79] 湖北省文物考古研究所，云梦县博物馆．湖北云梦睡虎地 M7 发掘简报 [J]. 文物，2008.
[80] 仪征市博物馆．江苏仪征国庆前庄 12 号墓发掘简报 [J]. 东南文化，2017.
[81] 荆州博物馆．湖北荆沙市瓦坟园西汉墓发掘简报 [J]. 考古，1995.
[82] 四川省文物考古研究所等．绵阳永兴双包山 2 号西汉木椁墓发掘简报 [J]. 文物，1996.
[83] 山东省文物考古研究所．山东日照海曲西汉墓（M106）发掘简报 [J]. 文物，2010.
[84] 彭峪．汉代县令家族的身后事——山东青岛土山屯墓群 [J]. 大众考古，2018.
[85] 广州市文物管理委员会．广州西村皇帝冈 42 号东汉木椁墓发掘简报 [J]. 考古通讯，1958.
[86] 张安治．中国美术全集•绘画编 1•原始社会至南北朝绘画 [M]. 北京：文物出版社，1988.
[87] 许慎．说文解字 [M]. 徐鉉，校订．北京：中华书局，2013.
[88] 长沙市文物工作队，长沙市文物考古研究所 长沙走马楼 J22 发掘简报 [J]. 文物，1999.
[89] 湖南省博物馆，中国科学院考古研究所．长沙马王堆一号汉墓（上）[M]. 北京：文物出版社，1973.
[90] 湖南省博物馆，中国科学院考古研究所．长沙马王堆一号汉墓（下）[M]. 北京：文物出版社，1973.
[91] 长江流域第二期文物考古工作人员训练班．湖北江陵凤凰山西汉墓发掘简报 [J]. 文物，1974.
[92] 宋广林．乐浪郡出土汉代漆绘竹箧装饰画风格辨析 [J]. 装饰，2015.
[93] 中国社会科学研究院考古研究所，广州市文物管理委员会，广州市博物馆．广州汉墓（下）[M]. 北京：文物出版社，1981.
[94] 罗宗真．魏晋南北朝考古 [M]. 北京：文物出版社，2001.
[95] 李蔚然．南京六朝墓葬的发现与研究 [M]. 成都：四川大学出版社，1998.
[96] 韦正．六朝墓葬的考古学研究 [M]. 北京：北京大学出版社，2011.
[97] 张安治．中国美术全集•绘画编•原始社会至南北朝绘画 [M]. 北京：人民美术出版社，1986.
[98] 张宝玺．嘉峪关酒泉魏晋十六国墓壁画 [M]. 兰州：甘肃人民美术出版社，2001.
[99] 吴建．中国敦煌壁画全集 2•西魏 [M]. 天津：天津人民美术出版社，2002.
[100] 赵立春．中国石窟雕塑精华•河北响堂山石窟 [M]. 重庆：重庆出版社，2000.
[101] 吴澄渊．新编中国书法大字典．[M]. 北京：世界图书出版公司：2001.
[102] 段文傑．中国敦煌壁画全集 7•敦煌中唐 [M]. 天津：天津人民美术出版社，2006.
[103] 昭陵博物馆．昭陵唐墓壁画 [M]. 北京：文物出版社，2006.
[104] 关友惠．中国敦煌壁画全集 8•晚唐 [M]. 天津：天津人民美术出版社，2001.
[105] 段文傑．中国敦煌壁画全集 9•敦煌五代•宋 [M]. 天津：天津人民美术出版社，2006.
[106] 刘季富．“竹夫人”词源小考及其他 [J]. 安阳师范学院学报，2006.
[107] 刘宏，刘旭，吉学平，等．云南省威信县长安乡瓦石棺木岩悬棺考古发掘 [J]. 云南地理环境研究，2001.
[108] 白寿彝．中国通史 [M]. 上海：上海人民出版社，1999.
[109] 王祯．王祯农书 [M]. 王毓瑚校注版．北京：农业出版社，1981.
[110] 王祯．王祯农书 [M]. 杭州：浙江人民美术出版社，2015.
[111] 宋应星．天工开物 [M]. 北京：中国社会出版社，2004.
[112] 完颜麟庆．河工器具图说（外一种）[M]. 杭州：浙江人民美术出版社，2015.
[113] 夏征农．辞海（缩印版）[M]. 上海：上海辞书出版社，1989.
[114] 余江帆．江西竹资源与产品图志 [M]. 北京：中国林业出版社，2012.

鸣　谢

作者在写作本丛书过程中，先后得到以下协作单位、指导专家和热心人士提供的不同形式的帮助，在此谨向他们表示衷心的感谢！

协作单位（排名不分先后）：

中国竹子博物馆
蜀南竹海博物馆
南山竹海竹文化园
北京故宫博物院
台北故宫博物院
南京博物院
湖北省博物馆
贵州民族博物馆
湖南省博物馆
荆州博物馆
信阳博物馆
铜绿山铜矿遗址博物馆
瑞昌博物馆
四川省博物馆
南投县竹山文化园
南投县竹艺博物馆
中国竹艺城
上海竹产业博览会
中华民族园
云南民族村
丽江木府民俗馆
林芝八一镇尼洋阁
《竹子学报》杂志社
江南大学设计学院
江南大学设计科学与文化研究所
福建农林大学
南京林业大学
上海金融学院
天津城建大学
天津市城市艺术研究会
丹麦 VIA 大学学院
竹器图片被本书收录的竹器厂家
竹器图片被本书收录的竹器店

指导专家（排名不分先后）：

张福昌（江南大学）
过伟敏（江南大学）
李亮之（上海金融学院）
吴智慧（南京林业大学）
张清萍（南京林业大学）
董建文（福建农林大学）
吴良如（国家林业局竹子研究开发中心）
寻胜兰（江南大学）
王安霞（江南大学）
张　焘（江南大学）
李世国（江南大学）
尚金凯（天津城建大学）
Jan Uwe Wolff（丹麦 VIA 大学学院）
Torben Lundberg（丹麦 VIA 大学学院）
汤礼广（合肥工业大学出版社）
张秋玲（清华大学出版社）
孙学瑞（天津市政协）
牟　跃（天津师范大学）

热心人士（排名不分先后）：

黄映镭（无锡）
黄　河（广州）
张　迅（美国西雅图）
沈卓娅（广州）
张寒凝（无锡）
王庆斌（郑州）
沈　法（宁波）
李凌虹（苏州）
许继峰（南京）
植田宪（日本千叶）
赵英玉（日本神户）
陈立萍（宁波）
郭洪刚（天津）
华亦雄（苏州）
王　珊（青岛）
许衍凤（烟台）
赵熙斌（北京）
刘婷玉（六盘水）
张嘉诚（遵义）
皮永生（重庆）
陈　晨（天津）
蒋　兰（沈阳）
葛亚平（驻马店）
岳　婷（德宏）
唐　蓉（荆门）
吴　淼（焦作）
张宗登（株洲）
傅儒牛（天津）
张嘉琪（天津）
陆冀宁（重庆）
郭　菲（成都）
刘传兵（深圳）
陈庆军（上海）
吴振韩（南京）
顾媛媛（南京）
高锐涛（广州）
冯　鸣（大连）
李　鹏（南京）
任新宇（南京）
张　雯（苏州）
蒋　励（苏州）
吕太锋（青岛）
邵　丹（大连）
李巨韬（天津）
兰　娟（天津）

任文永（宁波）
郑　翔（武夷山）
巫远福（无锡）
丁荣纯（黄山）
夏柱仁（黄山）
夏　玲（合肥）
傅启华（建瓯）
何继新（天津）
殷陈君（天津）
王　璞（天津）
郑志恒（天津）
黄　迪（天津）
晋海燕（天津）

吴雪妍（青岛）
唐国庆（青岛）
张　月（天津）
赵　值（杭州）
孙　振（合肥）
李　娟（合肥）
王　磊（合肥）
孙婷婷（合肥）
孙冠荣（南京）
张　刚（南京）
董春华（天津）
王　珊（天津）
赵　丽（石家庄）

杨婧艺（杭州）
尹沛祯（天津）
张文静（天津）
张　希（天津）
赵宇耀（天津）
刘　薇（天津）
万　源（天津）
李诗楠（天津）
张乐乐（天津）
倪晓雨（天津）
王　娜（天津）